The Real North Korea
리얼 노스 코리아

**리얼 노스 코리아** The Real North Korea
좌와 우의 눈이 아닌 현실의 눈으로 보다

2013년 9월 27일 초판 1쇄
2018년 3월 25일 초판 3쇄

지은이 | 안드레이 란코프
옮긴이 | 김수빈

편　집 | 김희중, 이민재
디자인 | 산들꽃꽃
제　작 | 영신사

펴낸이 | 장의덕
펴낸곳 | 도서출판 개마고원
등　록 | 1989년 9월 4일 제2-877호
주　소 | 경기도 고양시 일산동구 호수로 662 삼성라끄빌 1018호
전　화 | (031) 907-1012, 1018
팩　스 | (031) 907-1044
이메일 | webmaster@kaema.co.kr

ISBN 978-89-5769-185-4 (03300)

이 도서의 국립중앙도서관 출판시도서목록(CIP)은
e-CIP 홈페이지(http://www.nl.go.kr/ecip)와 국가자료공동목록시스템
(http://www.nl.go.kr/kolisnet)에서 이용하실 수 있습니다. (CIP 제어번호: CIP2013018508)

The Real North Korea
# 리얼 노스 코리아
좌와 우의 눈이 아닌 현실의 눈으로 보다

안드레이 란코프 지음 | 김수빈 옮김

개마고원

Copyright © 2013 by Oxford University Press, Inc.
"THE REAL NORTH KOREA: LIFE AND POLITICS IN THE FAILED STALINIST UTOPIA was
originally published in English in 2013. This translation is
published by arrangement with Oxford University Press."

All right reserved
Korean translation Copyright©2013 by KAEMAGOWON PUBLISHING HOUSE
Korean translation arranged with Oxford University Press
through EYA(Eric Yang Agency)

이 책의 한국어판 저작권은 EYA(Eric Yang Agency)를 통해 Oxford University Press와
독점계약한 도서출판 개마고원에 있습니다.
저작권법에 의하여 한국 내에서 보호를 받는 저작물이므로 무단전재와 복제를 금합니다.

# 감사의 말

이 책에서 다루고 있는 수많은 주제들에 대해 나와 토론했던 많은 사람들의 지원과 격려가 없었더라면 이 책이 빛을 보기란 불가능했을 것이다. 많은 사람들 중에서도 나는 뤼디거 풍크, 스콧 스나이더, 존 박, 스티븐 해거드, 니콜라스 에버슈타트, 마커스 놀런드, 표도르 테르티츠키, 타티아나 가브루센코, 김영일, 김석향, 유호열, 남성욱, 류길재, 김병연, 그리고 주평을 언급하고 싶다.

특히 나의 완벽하지 못한 영어를 교정하고 대부분의 원고를 타자한 피터 워드에게 고마울 따름이다. 그는 또한 내게 문체나 소재에 대해서도 조언을 해주었고 내 생각이나 주장에 대해 값진 비평도 해주었다.

이 책에서 북한의 최근 사회적·경제적 발전에 대해 다룰 때는 한국연구재단의 지원을 받은 연구(NRF-2010-330-B00187) 결과를 많이 참조했다. 또한 이 책에 자신의 사진 소장품 중 일부를 사용할 수 있도록 허락해준 '모라비우스'에게 깊은 감사를 표하고 싶다.

# 한국어판 서문

나의 책이 한국어로 출판된다는 사실을 알게 되어 큰 영광이다. 이 책이 한국어로 출간된다는 사실은 조금 놀랍기도 했는데, 대체로 이 책은 서방의 독자들을 염두에 두고 쓴 것이며 초심자들에게 북한을 전반적으로 소개하는 것이 목적이었기 때문이다. 한국의 독자들이 이 책을 읽을 때 이를 염두에 두었으면 한다.

이런 유의 소개가 상당히 절실하다고 생각한 것은 안타깝게도 외신에서 찾을 수 있는 북한에 관한 정보가 결함 투성이기 때문이다. 선정주의와 근거 없는 추측, 과도한 일반화가 북한 문제에 대한 논의를 잠식하고 있어서다. 북한 정부가 '비이성적'이라고 오해하게 만드는 오래된 클리셰가 끝없이 반복되고 있다. 그 결과 서방의 대중에게 북한은 세계를 위협하는 데에서 변태적인 쾌락을 느낄 뿐만 아니라 정말로 핵전쟁을 시작할 수도 있는 '비이성적'이고 '예측 불가능한' 광신도들에 의해 운영되는 국가로 비쳐지고 있다.

이러한 측면에서 남한의 독자들은 좀 더 운이 좋다고 할 수 있다.

북한에 관련된 소식을 매일 접하며 북한 문제를 보다 심도 있게 다루는 간행물에 정기적으로 접근이 가능하기 때문이다. 그러나 한국에서 북한에 대한 냉철하고 이성적인 논의는 다른 문제로 인해 어렵다. 북한 문제는 남한의 국내 정치 및 이념 갈등과 깊게 얽혀 있기 때문이다. 한국의 '보수'와 '진보' 모두는 북한이라는 국가의 본질과 대북 정책이 어떻게 시행되어야 하는지에 대해 각자의 추측에만 매달리는 경향이 있다. 안타깝게도 이러한 추측들은 북한의 정치 상황에 대한 합리적인 평가보다는 이념이나 국내 정치적 논쟁에 더 많이 좌우되곤 한다. 한국의 대중은 한국의 대내 정책의 프리즘을 통해 북한을 보고 있으며, 이 프리즘은 현실을 크게 왜곡하고 있다.

이 책의 영문판 원고를 출판사에 보낸 것은 새로운 북한 지도부가 막 등장하고 있던 2012년 여름이었다. 그 후로 1년 이상이 지났다. 김정일의 북한이 김일성의 북한과 매우 달랐던 것처럼, 김정은의 북한은 그 아버지의 북한과 다를 것이라고 추측할 수 있다.

언론인과 정치논평가들 그리고 의사결정자들이 가장 많이 논하는 문제는 과연 새로운 북한 지도부가 중국과 베트남에 놀라운 경제적 성공을 안겨주었던 것과 비슷한 시장 개혁을 실시할 것인가이다.

이 책에서 나는 김정일의 통치 시절에는 그러한 개혁이 일어나지 않을 것이라고 주장했다. 분단된 한반도에서의 개혁은 중국식의 경제성장보다는 동독류의 붕괴를 가져올 것이기 때문이다. 그러나 새로운 북한의 지도자와 그 측근들이 김일성과 김정일 시절에는 완벽했던 그 오래된 논리를 거부할 만한 이유도 충분하다. 이러한 정치 노선의 반전은 김정은이 스위스에서 유학 생활을 하면서 서구 문명에 노출되었기 때문도 아니며, 그가 영특하기 때문도 아니다. 역사는 서방의 명문학교를 졸업한 많은 이들이 보수적이며 잔혹한 독재자가 될 수 있음을 보여준 바 있다. 김정은이 개혁 실시를 고려할 수 있는 이유는 그의 개인적인 성향 때문보다는 오늘날 북한에서의 삶이 처한 객관적인 현실 때문이다.

한 가지 중요한 측면에서 김정은은 자신의 아버지와 다르다는 점을 잊어선 안 된다. 그는 매우 젊다. 그리고 그의 나이는 의사결정에서 엄청난 차이를 만드는 요인이 된다.

김정일은 시대에 뒤떨어진 주체식 사회주의가 붕괴되는 것을 막기 위해, 아래로부터의 단계적인 붕괴를 지연시키기 위해 할 수 있는 것을 했다. 김정일은 풍요로운 남녘의 동포를 마주하고 있는 상황에서 개혁은 상당히 위험한 선택임을 정확히 이해하고 있었으며, 개혁을 하지 않겠다는 자신의 정책이 현 체제를 10~20년 정도 더 유지시킬 수 있다고 믿었다. 60대의 나이에, 자신보다도 더 나이가 많은 조언가들에게 둘러싸인 사람에게 이는 매우 합리적인 정책이다. 장기적으로는 시장 세력이 성장하고 외부세계에 대한 정보가 단계적으로 유포되면서 현 체제를 지속 불가능하게 만들겠지만, 김정일과 그 측근들은 최후의 위기가 자신들이 죽고 난 다음에야 일어날 것이라고 믿었다. 다시 말해, 김정일의 주된 전략적 목표는 자신의 침대에서 자연사하는 것이었다. 그리고 알다시피 김정일은 2011년 12월 그 목표를 달성했다.

김정은은 다르다. 그가 아버지의 반反개혁적이고 보수적인 노선을 따른다 할지라도 현 체제가 앞으로 40~50년을 버틸 가능성은 매우 낮다. 느릿한 붕괴는 멈출 수가 없어 보이며, 따라서 최후의 위기는 김정은이 아직 40대 정도밖에 되지 않았을 때 닥칠 가능성이 있다.

반면에 개혁은 매우 위험하기는 하지만 좁으나마 진짜 생존의 활로를 제공한다. 김정은과 그 측근들이 북한을 중국처럼 상당히 안정적인 개발독재 국가로 만드는 것이 불가능한 것은 아니다. 그 가능성이 얼마나 높은지는 얼마든지 반문할 수 있다. 나는 개인적으로 여전히 그러한 가능성은 특별히 높지 않다고 보며, 따라서 개혁의 시도는 김정일이 두려워했던 북한 체제의 격렬한 내부 폭발로 이어질 것이라고 본다. 그렇지만 북한 정권이 생존하는 것도 완전히 불가능한 것은 아니다.

김정은이 지금 처한 난관은 비유로 가장 적절하게 표현할 수 있을 듯하다. 암과 같이 심각한 질환을 앓고 있는 사람을 떠올려보자. 의사가 질환을 다스리는 데는 두 가지 방법이 있다고 한다. 첫째로는 수술을 받는 것이다. 수술을 하여 살아날 확률은 30% 정도이지만, 살아나기만 하면 암에서 완치되어 정상적으로 오래 살 수가 있다. 둘째로 화학요법을 받을 수 있다. 이는 단지 암세포의 성장속도를 늦추는 것이다. 결국 환자는 5~7년 후에는 죽게 된다.

두 방법 중 어떤 것을 선택하느냐는 대체로 환자의 나이에 의해 결정된다. 젊은 환자에게는 위험을 감수하고라도 수술을 택하는 것이 분명 합리적이다. 그러나 나이 든 환자에게는 보상에 비해 위험이 훨씬 더 크다. 김정은은 젊으며 수년 내로 젊은 측근들에게 둘러싸일 것이다. 이들에게 개혁의 위험은 감수할 만한 것일 수 있다.

사실 지난해에는 평양에서 개혁정책이 논의되고 있음을 암시하는 많은 사건들이 있었다. 온건한 토지 개혁 구상을 담은 6·28방침이나 국영기업의 관리체계를 바꾸고자 하는 시도들, 그리고 2002년 개혁 시도의 아버지인 박봉주를 새로운 총리로 임명한 일 등을 들 수 있다. 물론 이런 소식들이 충분히 강력한 메시지는 아니다. 그렇지만 이러한 소식들의 조합은 평양 지도부의 몇몇 사람들이 개혁을 고려하고 있을 가능성을 보여준다.

그러나 우리가 마침내 북한의 개혁이 시작되었음을 알게 되더라도 과도하게 흥분해서는 안 된다. 북한의 단계적인 변화는 갑작스럽고 격렬한 붕괴나 현상의 지속보다는 분명 나은 대안이겠지만, 이로써 모든 주요한 문제들이 즉각적으로 해결되리라 기대해서는 안 된다.

먼저, 개혁을 추진하는 북한은 매우 불안정할 것이다. 남한과 외부세계는 북한의 변화를 환영하고 장려해야 하겠으나, 그렇다고 해서 남한과 주변의 정부들이 북한 정부의 붕괴 가능성(남한 정치권에서는 '북한 급변사태'라고 이르는)에 대한 은밀한 대비를 게을리해선 안 된다. 이러한 붕괴는 보수파의 역습으로 발생할 수도 있지만, 그보다는 보다 급진적인 개혁과 남한과의 통일을 요구하는 대중들에 의해 촉발될 가능성이 훨씬 더 높아 보인다. 그러한 가능성에 대해 나는 이 책에서 상세히 논했다.

심지어 북한의 개혁가들이 통제를 잘 유지하게 되더라도 모든 문제가 단숨에 해결된다는 걸 의미하는 것은 아니다.

개혁을 안정적으로 추진하는 북한은 핵확산에 연루될 가능성은 줄어들겠지만 틀림없이 핵을 계속 보유하고 있을 것이다. 자국 국민들의 유순함을 믿는 민주주의 국가와는 달리, 계속되는 내부 불안의 위험과 마주하고 있는 북한은 핵무기를 계속 보유하고자 할 것이다. 핵무장을 한 권위주의 정부는 반란이 일어나도 외부세계가 반군을 지원할 것을 두려워하지 않아도 된다. 경제협력을 위해 핵개발을 포기한 세계의 유일한 독재자였던 카다피의 안타까운 운명은 북한의 의사결정자들에게 또 다른 교훈이 되었다.

중국에서 경제 개혁은 정치적인 자유화와 인권 상황의 극적인 개선 또한 가져왔다. 중국은 여전히 권위주의 정권이지만, 대부분의 중국인들은 이제 마오쩌둥 시절이라면 감옥에 가거나 심지어 처형당할 수도 있었을 일을 아무런 해도 당하지 않고 할 수 있다. 그러나 북한이라는 독특한 경우에서는 시장 지향적인 개혁이 반드시 인권의 상당한 개선을 예고하는 것은 아니다. 풍요로운 남한이 갖고 있는, 마치 중력과도 같은 인력에 대항하기 위해 북한 정부는 앞으로도 계속 매우 억압적으로 남아야 한다고 결정할 것이다. 그러므로 김정은이 이끄는 '개발독재' 하에서의 인권 침해는 오늘날의 북한과 별반 다르지 않을 정도로 심각할 것이다.

남한의 많은 정치인들, 특히 '진보' 진영의 정치인들이 믿는 것과는 달리, 북한의 개혁이 곧 한반도의 평화롭고 관리 가능한 통일을 향해 단계적으로 나아가는 것을 의미하지는 않는다. 개혁이 성공할 경우, 그 결과는 한반도 분단상태의 지속이 될 것이다. 시간이 흐르면서 남북간의 감정적·문화적 결속력은 점차 약해질 것이다. 게다가 전직 관료 겸 사업가들이 많이 포진해 있는 새로운 북한 엘리트로서는 자신들이 갖고 있는 사실상의 북한 통제권을 내어줄 이유가 거의 없다. 남북간의 경제적 격차가 상당히 줄어들면 남한의 풍요가 그 매력의 상당 부분을 잃게 될 것이므로, 북한의 일반 주민들도 통일에 대한 관심이 줄어들 것이다.

세계는 비슷한 상황들을 많이 목격한 바 있다. 이는 남아메리카와 중동을 살펴보는 것으로 충분하다. 이들 지역 국가들은 같은 언어와 기본적으로 비슷한 문화를 공유하지만 확연히 다른 국가적 정체성을 갖고 있다. 처음에 중동과 남아메리카가 여러 개의 국가로 분리된 것은 자의적인 정치적 결정의 결과였다. 한두 세대에 걸쳐 남아메리카와 중동 모두에서 지역을 통일하기 위한 운동이 있었다. 그러나 시간이 지나자 국경은 굳어졌고 새로운 국가적 정체성이 나타났다. 한반도에서도 마찬가지일 수 있다. 따라서 북한의 성공적인 개혁과 그에 뒤이은 장기간의 공존은 통일의 꿈에 치명타가 될 수 있다.

그러나 나는 김정일 시대보다는 김정은 시대에 더욱 가능성이 높은 시장 지향적 개혁이 성공적인 북한의 개발독재를 만들기보다는 정권의 붕괴를 가속화할 것이라고 여기는 편이다.

안타깝게도 남한의 대중은 이러한 만일의 사태에 매우 준비가 되어 있지 않은 것으로 보인다. 북한의 내부 폭발 가능성에 대해 이야기하는 것은 도발적이고 남북관계에 나쁜 것으로 여겨지곤 했기에, 오랜 시간 그러한 시나리오에 대해 공개적으로 논의하기조차 어려웠다. 이는 매우 안타까운 상황이다. 대부분의 남한 사람들은 고통스럽고 큰 대가를 치러야 하는 흡수통일을 그리 선호하지 않지만, 흡수통일은 여전히 가장 높은 가능성을 지니고 있다. 사실 나는 여전히 모든 가능한 시나리오 중 흡수통일의 가능성이 가장 높다고 본다. 그러므로 단지 다수가 원하지 않는다는 이유로 그러한 만일의 사태가 일어나지 않을 것이라고 가정하는 것은 위험하리만큼 경솔한 태도이며, 진지한 정치인과 분석가들은 마땅히 이를 삼가야 한다.

좋든 싫든 북한의 궁극적인 운명은 한반도와 한반도에 사는 사람들의 궁극적인 운명을 결정할 주요인이다. 이는 이념에 얽매인 희망적 사고의 프리즘을 통해 협의하기에는 너무나 중요한 문제이며, 무시하기에도 너무나 중요한 문제이다. 나는 이 책이 독자들의 관심을 이 매우 중요한 문제의 몇몇 측면들로 환기시킬 수 있기를 바란다.

# 서문

북한이란 나라가 언급될 때 평범한 서구인이라면 무엇을 떠올릴까? 미디어에서 늘상 반복되는 문구들이리라. "미친 국가" "세계에서 마지막으로 남은 스탈린주의 정권" "벼랑 끝 핵전술" 등을 비롯한 클리셰들이 북한에 대한 일반의 이해를 지배하고 있다. 무엇보다도 북한은 "비이성적인" 국가라고들 말한다. 그 행동을 예측하기가 불가능하고 상식을 벗어나 있으며, 심지어는 어쩌면 물리학의 법칙까지도 거스르는 국가라는 게다.

그러나 이런 클리셰들은 대부분 틀린 것들이다. 북한은 비이성적인 국가가 아니다. 모든 난관에도 불구하고 지금까지 생존을 유지하고 있다는 사실이야말로 가장 훌륭한 증거이다. 북한은 본질적으로 살아 있는 정치학 화석이요, 오래 전에 흘러간 시대의 유물이다. 북한과 비슷했던 체제들은 알아볼 수 없을 정도로 변화되었거나 오래 전에 사라졌고, 이제는 혐오로서 기억에 남아 있다(기억이라도 한다면). 반면에 평양의 체제는 여전히 국가의 통제권을 완전히 장악하고 있다. 이는 놀라운 솜씨이다. 특히 북한이 매우 비우호적인 (게다가 점점 더 악화되고 있는) 주변 환경 속에서 운영되어야 했음을 고려해보면 이는 실로 놀라운 것이다.

북한은 부족한 자원과 빈사 상태의 경제를 가진 작은 나라다. 그럼에도 불구하고 북한은 지금까지 생존해왔으며, 놀랄 만큼 많은 강대국들을 포함한 보다 덩치 큰 나라들을 성공적으로 조종해왔다. 비이성적이어서는 결코 이런 성과를 얻을 수 없다. 북한이 비이성적이고 변덕스러운 행동을 즐겨한다고 보는 인식에는 실체가 없다. 북한의 지도자들은 사실 자신들이 무엇을 하는지에 대해 완벽하게 이해하고 있다. 그들은 미친 사람도 아니고 이념의 광신도도 아니다. 외려 그들은 매우 효율적이고 냉철한 모사꾼이며, 어쩌면 현대에 가장 뛰어난 마키아벨리 정치학의 실천가일지도 모른다.

북한에 대한 다른 묘사들에 대해서는 어떤가? 정말로 북한은 "광적인 이념적 열성"으로 움직이는 나라인가? 북한은 "예측을 불허할 정도로 공격적"인가? 북한의 공식 매체에서 쏟아내는 기괴할 정도로 호전적이고 종종 터무니없는 표현들이나 때때로 일으키는 무력 도발과 핵무기 개발이 이를 입증하는 것처럼 보인다. 그러나 평양의 의사결정을 보다 자세히 들여다보면 이러한 주장들에 대해 고개를 갸웃하게 된다. 평양의 벼랑 끝 전술은 때때로 위험해 보이기는 하지만, 지금껏 북한의 지도자들은 어디서 멈추어야 하는지, 어떻게 해야 선을 넘지 않는지, 그리고 어떻게 해야 전면전이 발생할 정도로 긴장을 고조시키지 않을 수 있는지를 알고 있었다. 그들은 무력 시위를 능란하게 (그리고 매우 이성적으로) 전략의 일환으로 구사했으며, 많은 경우 성공적으로 주변국들을 조종해왔다.

이 책은 무엇보다도 북한의 행태의 내부적 논리에 관한 책이다. 이러한 내부적 논리는 오랜 기간에 걸쳐 만들어진 북한 사회의 특이성에 기인한다. 나는 북한이 어떻게 국제적 골칫거리가 되었는지를 설명하기 위해 이 책을 썼다. 또한 왜 북한의 지도자들이 국제사회의 왕따로 남는 것 외에 다른 선택지를 갖지 못했는지를 설명하고자 한다.

이 책은 먼저 북한의 역사에 대한 간략한 묘사로 시작된다. 현재 북한의 지도층이 맞닥뜨리고 있는 난관을 이해하기 위해서는 북한의 역사에 대한 이해가 필수적이다. 김씨 가문 체제는 사회 조작social engineering에 대한 대담한 실험으로서 시작되었다. 체제의 엘리트들이 이 실험을 이끌었으며, 이들의 노력은 스탈린의 러시아에게 많은 지원을 받았고 종종 러시아의 직접적인 통제를 받기도 했다. 그러나 북한 체제는 주민들의 상당한 지지를 얻기도 했다.

그러나 처음의 장밋빛 기대와 대중적 열기는 슬프게도 잘못된 것이었다. 북한 사회는 곧 점차로 비효율적이고 지속불가능한 경제 모델에 발목을 잡히게 되었고, 외부에서의 지속적인 지원에 의존하게 되었다. 세습적이고 누구의 도전도 받지 않으며 스스로 변화하지도 않는 북한 엘리트의 본성 때문에 문제는 더 악화되었다. 곤경에서 빠져나갈 뾰족한 방법 없이 시간이 흐르면서, 북한의 경제적·정치적 지위는 용인할 만한 수준에서 재앙 직전의 수준으로 바뀌었다.

슬프고 기묘하게도 북한의 의사결정자들이 마주친 가장 큰 문제는 북한의 쌍둥이 나라 대한민국이 충격적일 정도로 경제적 성공을 이룬 데서 생겨난 것이었다. 1945년 당시에는 이를 깨닫기란 불가능했으나, 남한은 북한의 의사결정자들이 택한 (부분적으로는 강요받기도 한) 선택보다 훨씬 더 효율적이고 유망한 것으로 나중에 증명된 선택을 했다.

어쨌든 매우 성공적인 국가인 남한의 존재는 북한의 엘리트에게 거의 극복이 불가능한 끊임없는 문제들을 안겨주었다.

1990년경, 소련의 지원이 갑자기 고갈돼버린 이후 상황은 최악으로 치달았다. 그리하여 북한의 엘리트와 김씨 가문은 개혁을 거부하고, 상황을 최대한으로 통제하며, 외교를 통해 (필요할 경우 약간의 핵 협박을 곁들여) 북한 경제의 생존에 필수적이 된 외부의 지원을 뜯어내기로 결정하게 된다. 이러한 결정은 대규모의 기근과 수용소에서의 수많은 죽음으로 이어졌지만 지금까지는 주효했다. 다른 공산주의 체제들과는 달리 북한 체제는 불가능해 보이는 상황 속에서도 살아남았다.

곧 보게 될 것이지만, 북한의 엘리트는 광적인 이념 전도사들도 아니며 비이성적이고 가학적인 살인마들도 아니다. 때때로 그들이 이 둘 다인 것처럼 (그리고 그렇게 보이고 싶어하는 것처럼) 보이기는 하지만 말이다. 사실 북한 엘리트 중 일부는 때때로 자신들의 정책이 인민들에게 끼친 고통에 대해 미안함을 느끼는 꽤 괜찮은 사람들일 수도 있다. 그러나 현재의 상황 속에서, 그들은 이 방법 외에는 어떻게 자신들의 통제를 유지하고, 자신들의 재산(국제 기준에 비해 매우 부실하다)뿐만 아니라 보다 더 중요하게는 그들의 행동의 자유와 목숨을 (그들이 사랑하는 이들의 행동의 자유와 목숨을 비롯하여) 지킬 수 있는지 그 방법을 알지 못한다. 이들의 방식은 종종 편집증적으로 묘사되곤 한다. 그러나 나는 북한 정책결정자들의 궁극적 목표인 체제 생존의 측면에서 볼 때 지금의 북한 정책 외에 다른 대안이 없을 거라고 주장하려 한다. 이들의 현행 생존 전략은 평범한 인민들에게 심각한 고통을 초래할 수 있으며, 진정한 경제적 성장을 불가능하게 할 수 있고, 중대한 국제적 안보 리스크를 만들 수 있다. 그러나 한편 이들의 전략은 소수의 세습 엘리트가 권력을 유지하고 (어느 정도의) 사치를 향유할 수 있게끔 보장하기도 한다. 그리고 슬프게도, 북한의 의사결정권자들에게 받아들여질 만한 다른 대안은 존재하지 않는다.

종종 중국 스타일의 시장 지향적 개혁이 북한 문제에 대한 해답으로 제시되곤 했다. 몇몇은 북한의 의사결정권자들을 꾀거나 협박하여 개혁을 시작하게 할 수 있다고 믿고, 다른 몇몇은 외부 세계가 북한의 일에 간섭하지 않으면 북한의 의사결정권자들이 마침내 정신을 차리고 자기네 인민을 위해 올바른 행동을 할 것이라고 믿는다. 그러나 곧 보게 될 것이지만, 북한이 중국의 방식을 따르기를 고집스레 거부하는 데는 타당한 논리가 있다. 물론 그들의 두려움은 과장된 것일 수는 있으나, 결코 근거 없는 것이 아니다.

이 책은 꽤나 비관적으로 보일지도 모른다. 나는 문제를 완화시키고 피해를 줄이는 방법들이 있다고 주장하겠지만, 북한 문제를 단숨에 아무런 고통 없이 해결할 수 있는 마법의 약물 따위는 존재하지 않는 것 같다.

이 책이 막 출판되려 할 때 북한에서는 새로운 지도층이 등장하기 시작했다. 새로운 지도층의 등장은 북한의 보다 나은 미래에 대한 기대와 희망을 불러일으켰다. 그러나 북한의 과거는 우리에게 낙관론이 들어설 틈을 거의 주지 않는다. 그러나 통통하고 쾌활해 보이는 새로운 지도자 김정은이 과거와 결별하고 북한을 개혁하는 게 불가능한 것은 아니다. 그는 여전히 아버지의 수하들과 조언자들에게 둘러싸여 있지만 그들의 생존 전략에 동의하지 않을 수도 있다. 그가 상황을 개선시키려는 시도를 할 가능성은 분명히 존재한다. 그런 시도들은 성공할 수도 있지만 고참들이 옳았을 수도 있다. 체제에 변화를 시도하는 것이 상황을 악화시키고 정권의 걷잡을 수 없는 내파內破로 이어질 수도 있기 때문이다. 북한의 여러 이웃들에게는 악몽과도 같은 시나리오다.

어쨌든 우리는 뭔가 중대한 변화를 목전에 두고 있는지도 모른다. 심지어는 북한의 변화를 보게 될지도 모른다. 북한의 과거 실험들과 오늘날의 슬픈 현실을 고려할 때, 기적을 기대해서는 안 된다. 과거의 전례를 길잡이로 삼아 보면, 변화는 지금의 안타까운 현실보다는 더 나을지라도 고통스럽고 위험할 것이다.

북한 주민들에게나 외부인들에게나 최악의 상황은 아직 도래하지 않은 것일지도 모른다. 헝가리에서는 이런 말을 한다. "공산주의보다 더 최악인 게 무엇인가? 공산주의 다음에 온 것들이다." 우리는 아직 마지막이 어떻게 될 것인지는 모르지만, 북한의 마지막 변화는 손쉽거나 아무런 문제 없이 진행될 것 같지는 않다. 나는 책의 말미에 가능한 시나리오들에 대해 논의했다. 독자들은 몇몇 해결책이 다른 것들보다 더 구미에 맞다고 느낄 것이다. 허나 어떤 것도 완벽한 것은 아니다.

북한 정권은 성가시고, 벼랑 끝 핵전술과 핵확산 위험 때문에 때때로는 외부세계에 위험할 수 있다. 그러나 북한 정권의 가장 큰 희생자들은 바로 이 불운한 국가에 살고 있는 2400만의 북한 주민들 대다수이다. 이들은 정권의 일차적 피해자이자 역사의 희생자이기도 하다. 북한의 지도자들은 '사악'하거나 어떠한 이데올로기적 망상에 빠져 있어서 지금과 같이 행동하는 것이 아니다. 그들은 현재의 정책 외에는 다른 대안이 없다고, 그리고 다른 정책 대안은 그들과 그들의 가족에게 쇠락을 가져올 것이라고 굳게 믿고 있기 때문에 그리 하는 것이다. 안타깝게도 그들의 추정과 우려는 상당한 근거를 갖고 있으며, 그래서 이들 상위 1만 명(그리고 이들의 100~200만 명의 수하들)의 걱정은 이해할 만하다. 그러나 이들의 염려가 정권에 의해 삶이 황폐화된, 그리고 계속 황폐화되고 있는 대다수의 북한 주민들에게는 아무런 위로가 되지는 못할 것이다.

 차례

- 감사의 말  5
- 한국어판 서문  6
- 서문  13

## 제1장 김일성은 어떻게 북한을 세웠나

- 김일성 대위, 고향에 돌아오다  25
- 두 개의 한국, 전쟁으로  34
- 모스크바와 베이징 사이에서: 김일성의 외교  42
- 남쪽과의 관계  56
- 명령 사회  66
- 수용소의 나라  79
- 김일성이 말하는 세계  84
- 사회적 재앙 속 작은 위안  97
- '주체'의 탄생, 김정일의 부상, 그리고 초스탈린주의 경제의 느릿한 종말  104

## 제2장 위기의 20년

- 그리고 세상이 바뀌었다  115
- 다시 태어난 자본주의  123
- 국가가 시들다  130
- '탈북'이라는 대안  137
- 낙원, 혹은 자본주의 지옥  142
- 변화하는 세계관  147

## 제3장 내부적 생존의 논리

- 개혁 – 집단적인 정치적 자살  158
- 병 속의 요정, 다시 병 속으로: (그리 성공적이지 못한) 시장 활동 단속  169
- 2009년의 화폐개혁: 가까스로 모면한 재앙  177
- '샛별장군'의 뒤늦은 부상  185
- 새 시대의 갑작스러운 시작  190

### 제4장 생존 외교

- 핵 카드 놀음 205
- 원조 극대화 외교 211
- 한편 남한에서는… (386의 부상과 그 결과) 220
- 햇볕의 10년 226
- 햇볕이 지다 238
- 중국의 등장 246

### 보론 향후 20년, 북한에서는 무슨 일이 일어날 것인가

- 북한이 당분간은 (그러나 영원히는 아니게) 지속하게 되는 이유 257
- 다가오는 위기의 윤곽 261
- 안정은 회복된다 – 그러나 어떻게? 268

### 제5장 북한을 어찌할 것인가

- 왜 채찍은 충분히 강력하지 못한가 279
- 왜 당근은 충분히 달콤하지 않은가
  (그리고 왜 '전략적 인내' 또한 좋은 생각이 아닌가) 284
- 장기적으로 생각하기 290
- 대화의 숨은 이점들 295
- 주민에게 다가가기 305
- 남한의 탈북자들: 왜 그들이 중요한가 309

### 제6장 미래를 위한 준비

- 완벽한 폭풍 317
- 잠정적인 연방제: 그나마 가장 수용할 만한 대안 328
- 진통제 339

- **결론** 345
- **주석** 351
- **찾아보기** 363

제1장

The Real North Korea

김일성은
어떻게
북한을 세웠나

 북한의 과거를 보지 않고서는 오늘날의 북한을 이해할 수 없다. 북한은 지금껏 단 한 번도 '개혁', 다시 말해 정부가 주도하고 통제하는 체계적인 변화를 겪어본 적이 없다. 그러나 이것이 북한이 전혀 변화하지 않았다는 걸 의미하지는 않는다. 김정일 시절의 북한은 1953년부터 1994년까지 존재했던 김일성의 북한과는 극적으로 달랐다. 그럼에도 불구하고 김일성 치하에서 일어난 일들이 오늘날 북한 사회의 많은 부분들을 결정했다.

김일성 시절의 북한은 분명 매우 독특한 곳이었다. 아마도 전세계에서 가장 기이한 곳이었으리라. 북한은 건국 당시 소련의 의존국client state이었지만 엄청난 지지와 기대를 받았다. 곧 북한은 스탈린주의 국가의 전형으로 발전했고, 숱한 외부의 도전에도 불구하고 이 체제로 1990년대 초까지 별다른 변화 없이 생존할 수 있었다. 이 시기를 거치면서 김씨 가문 체제가 성장하고 발달했으며, 또한 북한은 완전히 적대적인 환경 속에서 어떻게 대처해야 살아남는지 익힐 수 있었다.

## 김일성 대위, 고향에 돌아오다

1945년 9월 가을의 어느날(정확한 일시는 여전히 논쟁의 대상이지만 9월 19일로 추정된다), 소련 군복을 입은 일군의 동양인들이 소련의 증기선 푸가체프호를 타고 원산항에 상륙했다. 원산은 당시 막 소련군에 점령된 상태였다. 그중에 소련군 대위 계급장을 달고 있는 30대 초반의 건장한 남성이 있었다. 동료들은 그를 김일성이라고 불렀다. 소련군 제88독립여단 제1(한국인)대대의 지휘관이었다.

이 젊은 소련군 대위는 나중에 북한의 최고 지도자로 등극하게 된다. 1945년 당시, 그는 20여 년을 외국에서 보내고 갓 환향한 터였다. 1930년대엔 중국 동북부에서 게릴라 부대 지도자로 활약했으며, 1940년대 초 소련군 제88여단의 대대장이 되었다. 무엇보다 그는 그해 10월 조선의 소련군 사령부가 들어서게 되는 평양 출신이었다.[1]

1945년 10월 말, 짧고 격렬한 군사작전이 성공한 이후, 소련군은 한반도 북부에서 완전한 지배권을 행사하게 되었다. 소련군의 장성들이 마음만 먹었다면 한반도의 남부까지도 점령할 수 있었겠으나 그 당시 모스크바는 워싱턴과의 합의를 존중하고자 했다. 그 합의는 한반도를 잠정적으로 미국과 소련 두 국가의 주둔지로 분할하는 내용을 담고 있었다. 미군과 소련군의 작전구역을 나누는 잠정적 군사분계선을 설정하는 데 두 명의 미군 대령들(이들 중 하나는 나중에 미국의 국무장관이 된다)이 골몰한 시간은 30분 정도였다. 깔끔하게 위도 38°선을 두고 나누어진 두 구역은, 면적은 거의 동일했으나 인구와 산업적 가능성은 크게 달랐다. 남쪽은 두 배 가까운 인구가 있었으나 산업은 매우 부실한 상태였다. 일본의 식민지였던 시절, 한반도의 남부는 농지가

대부분인 벽지에 불과했다.[2]

소련이 한반도의 북부를 장악했을 당시, 그들은 이 나라의 정치적·사회적 현실을 거의 이해하지 못했다. 소련군이 1945년 8월 한반도로 진격하면서 단 한 명의 한국어 통역관도 데려가지 않았다는 사실이 이를 뒷받침한다. 당시 소련군에는 일본군을 상대하기 위한 일본어 통역만 있었다. 8월 말이 되어서야 처음으로 한국어를 말할 수 있는 장교(대부분 한국계 소련 시민들이었다)들이 한반도에 도착했다.

최근에 비밀 등급이 해제된 소련의 문서를 보면, 1946년 초까지 모스크바는 북한의 미래에 대해 뚜렷한 계획이 없었던 것으로 보인다. 어쨌든 미국과 소련의 전시 동맹은 곧 끝이 나고, 냉전이 시작되었다. 초강대국끼리의 반목이 시작됐고 어느 쪽도 물러설 생각이 없었다. 그리하여 1946년 초, 소련은 자신들이 점령하고 있던 지역에 우호적이고 통제 가능한 정권을 세우고자 했다.(미국 또한 반도의 남쪽에 비슷한 계획을 갖고 있었던 것으로 추정된다.) 당시의 시대적 상황 때문에 새로운 정권은 오직 공산주의 정권일 수밖에 없었다. 그런데 한 가지 문제가 있었다. 북한에는 공산주의자가 (거의) 없었던 것이다.

조선의 공산주의 운동은 1920년대 초에 시작됐고, 마르크스주의가 식민지 조선 지식인들 사이에서 유행했었다. 그러나 일본의 매서운 식민 통치 때문에 1945년 당시 조선의 공산주의 운동은 대부분 국외에서 이루어지고 있었다. 국내에서 활동하던 소수의 공산주의자들조차 대부분 소련의 영향권 밖인 서울에 머물러 있었다. 그래서 1945년 말부터 소련군 사령부는 각지에서 활약하던 조선인 공산주의 운동가들을 북한으로 불러 모으기 시작했다. 일단의 조선 출신 소련 관료와 기술자들이 북한으로 들어왔다. 1920년대부터 중국공산당에서 활동해

온 많은 조선인들도 압록강을 건넜다. 한반도 남쪽의 공산주의 운동가들도 미국의 통치를 피해 월북했다. 이들은 1945년~1946년, 잠시 동안 활발히 분출하던 남한의 공산주의 운동을 이끌었지만, 이후 미군정의 억압에 밀려 지하로 숨어들어야 했다. 마지막 집단은 게릴라 출신이자 소련군 소속으로 전쟁을 치른 김일성과 그 일파였다.[3]

결과적으로 한반도의 미래에 가장 큰 영향을 끼친 집단은 바로 이 김일성 일파였으나, 초기에는 가장 별 볼 일 없는 집단으로 여겨졌다. 1930년대, 일본이 점령하고 있던 만주에서 항일 게릴라 전투를 벌인 바 있는 이들은 비록 용감히 싸우기는 했으나 규모가 작았고 큰 성과를 거두진 못했다. 1940년을 전후해 일본군의 토벌이 거세지자, 생존자들은 국경을 넘어가 소련군에 입대해, 일본과 치르게 될 미래의 전쟁을 위한 재훈련을 받았다. 얄궂게도 일본군이 너무 빨리 항복하는 바람에, 이들은 일제와의 결전에 직접 참여할 수 없었다. 그러나 종전 이후 소련군 지휘부는 이들의 쓸모를 찾아냈다. 중국과 조선 출신의 이 게릴라 전투원들이 소련 점령군의 조언자이자 매개자가 될 수 있으리라 보고, 이들을 북한으로 보냈던 것이다.

김일성은 이들 게릴라 부대의 일원이었다. 북한 선전선동가들의 노력과 현재의 눈높이에서 과거를 돌아볼 때 생기는 왜곡으로 인해, 역사가들은 1945년 이전에 김일성이 갖고 있던 정치적 무게를 과장하는 경향이 있다. 그렇더라도 김일성은 해방 공간에서 이미 중요한 지도자로 비쳐지기는 했을 것이다. 그의 젊은 나이와 그다지 영웅적으로 보이지 않는 외모에도 불구하고 말이다.(1945년 당시 북한에서 그를 목격했던 한 사람은 필자에게 나중에 민족의 태양이자 불패의 대원수가 될 사내의 첫인상을 다음과 같이 묘사했다. "그는 동네 중국 음식점의 뚱뚱한 배달부를 연상시

컸다.")

1945년에서 1946년 사이에 벌어진 사건들은 대단히 복잡하지만, 간단히 말하자면 소련군은 북한에 건설될 공산주의 정권의 지도자로 김일성을 선택했다. 소련이 무엇 때문에 그런 결정을 하게 된 것인지를 정확히 알기란 불가능하지만, 김일성의 개인적인 특징과 행적이 소련의 관료들에게 매력적으로 다가갔던 듯하다. 그는 러시아어를 꽤 잘했으며, 나중에 기괴할 정도로 과장되기는 하였으나 그의 전공戰功 역시 사실이었고 또한 많은 조선인들에게 알려져 있었다. 그가 평안도 출신이었으며, 스탈린이 경멸하고 불신했던 코민테른의 혁명가·이론가 집단과 아무런 연관이 없었다는 사실도 이점으로 작용했다.

김일성은 타이타닉호가 침몰한 1912년 4월 15일에 김성주라는 이름으로 태어났다. 1930년대부터 그는 김일성이라는 가명을 사용했다. 필승불패의 대원수이자 민족의 태양을 위한 완벽한 전기를 만들고자 북한의 공식 역사가들은 김일성이 가난한 조선의 농민의 아들이었다고 서술한다. 그러나 이는 사실과 다르다. 동아시아의 1세대 공산주의 지도자 대부분(이를테면 마오쩌둥)과 마찬가지로 이 미래의 북한 독재자는 평균 이상의 수입을 갖고 있던 중산층 가정에서 태어나 현대식 교육을 받을 수 있었다. 김일성의 아버지는 개신교 학교를 졸업하여 한약을 조제하고 가르치는 일로 그럭저럭 잘살고 있었으며, 기독교 운동가이기도 했다.

1920년, 가족이 중국 동북부로 이주하면서 김일성은 유년기의 대부분을 중국에서 보냈다. 김일성은 고등학교 과정을 거의 마쳤는데 이는 당시 세대로서는 상당한 교육 수준이었다. 소수의 조선인들만이 그 정도 교육을 받을 수 있었다.

덕분에 김일성은 괜찮은 급료를 받는 사무직이나 사업가 또는 교육자로서의 삶을 살 수도 있었다. 그러나 그는 다른 삶을 택했다. 1930년 초 그는 일본의 만주 침략에 대항하여 싸우는 공산주의 유격대에 가남한다.

북한의 공식 역사서에서는 언제나 '위대한 수령님'이 외국과 갖고 있었던 연계를 과소평가한다. 때문에 김일성이 10년 가까이 중국공산당원으로 활동했다는 사실이나 중국의 유격대에서 초급장교로 복무했다는 사실에 대해 침묵한다. 대신 공식 사서에서는 '경애하는 수령님'이 스무 살의 나이로 조선 항일유격대를 창설했다고 주장한다.(놀랄 일도 아니다. 공식 사서에 따르면 김일성은 14세에 조선 공산주의 운동의 최고 지도자가 되었다 한다.) 실상, 1945년 이전까지 김일성의 군 경력은 전부 중국이나 소련의 지휘 아래 쌓은 것이었다.⁴

젊은 김성주는 무엇 때문에 유격대원으로서의 거칠고 고된 삶을 선택했으며, 10년이 넘도록 그러한 삶을 계속 이어간 것은 무엇 때문이었을까? 그는 분명 이상주의자였고 대의를 숭상하는 투사였다. 그의 경우 그 대의는 바로 공산주의의 대의였다. 그러나 독자들은 동아시아에서 공산주의 이데올로기가 어떻게 이해되었는지를 염두에 둘 필요가 있다. 유럽의 공산주의자들이 무엇보다도 사회적 불의를 개선하고자 하는 열망에 이끌렸던 데 견줘, 동아시아의 공산주의에는 사회적인 측면과 민족주의적 측면 모두가 있었다. 김일성과 마오쩌둥, 그리고 호치민이 젊은 이상주의자였던 1920년대와 1930년대의 동아시아에서 공산주의는 민족중흥과 근대화를 향한 지름길로 여겨졌다. 사회문제를 해결하는 방법일 뿐만 아니라 후진성과 식민지적 의존을 뛰어넘을 수 있는 방법이기도 했다는 것이다. 말년의 김일성은 자신이 공산주의

소련 군부가 개최한 '김일성 장군 환영 대회'에 모습을 드러낸 청년 김일성(1945년 10월, 평양) 모스크바의 기대와 달리 김일성은 위성국가의 꼭두각시 지도자로 머물 생각이 없었고, 그런 그에게 한국전쟁은 천재일우의 기회로 작용했다.

자이자 민족주의자였다고 회고한다. 솔직히 말하자면, 김일성 세대에 속한 대부분의 동아시아 공산주의자들도 마찬가지였을 것이다.

소련군에 의해 권좌에 올랐음에도 불구하고 김일성은 모스크바를 비롯한 그 누구의 꼭두각시도 될 의향이 없었다. 1940년대에 이 유격대 출신의 젊은 지도자는 여전히 국제공산주의의 대의를 신실하게 따르고 있었지만, 자기 지지자들 대다수와 마찬가지로 그는 다른 나라가 얼마나 진보적이고 혁명적이든 간에 그들을 위해 조선의 국익을 희생하고 싶지 않았다. 소련의 입장에서 보자면, 1945년에서 1946년 당시 소련의 관리들은 잘못된 선택을 한 셈이다. 공산주의보다는 민족주의 세계관이 더 강한 한 영리한 사내를 북한의 지도자로 선택한 것이다. 머지않아 그는 모스크바(와 베이징)의 외교관들에게 눈엣가시가 되었다. 그렇지만 1940년대 말 조선의 상황을 미루어 보건대, 소련이 다른 사람을 선택했더라도 그 결과는 크게 다르지 않았을 것이다. 이후에 벌어진 사건들은 북한의 공산주의 지도자들이(다른 동아시아의 공산주의 지도자들과 마찬가지로) 고분고분한 꼭두각시가 아니었음을 보여준다. 여기엔 특히 그들의 뿌리 깊은 민족주의적 신념이 작용했다. 불행히도, 북한 지도자들의 자주성에 대한 완고한 고집은 주민들에게 언제나 좋은 것은 아니었다. 1950년대 말 동아시아의 독재자들이 그토록 받아들이기를 거부했던 스탈린 이후의 공산주의는 사실 동아시아의 공산주의 체제보다 주민들에게 훨씬 관대했기 때문이다.

그러나 이런 복잡한 맥락은 세월이 흐른 뒤에야 명확해졌다. 당시 김일성의 속내야 어땠든 간에 갓 태어난 북한 정권은 1945년~1948년 사이 소련의 철저한 관리·감독에 따라 움직였다. 소련의 고문관들은 북한의 토지개혁법 초안을 작성했으며, 스탈린 본인이 1948년의 북한 헌법 초안을 편집했다. 소련 헌병은 새로운 공산주의 정권에 반대하는 사람들을 체포해 시베리아의 수용소로 보냈다. 당시만 해도 북한에는 제대로 된 수감시설이 존재하지 않았기 때문이다.

비교적 평범한 행정조치들도 모스크바의 허가를 받아야 했다. 북한 지도부에서 발표하는 연설문들은 소련 대사관의 사전검열을 거쳐야 했다. 보다 중요한 결정에 대해서는 소련 고위 지도부의 승인이 필요했다. 소련의 최고의사결정기구인 정치국은 북한 꼭두각시 의회의 의제를 일일이 승인했으며, 심지어 1948년 2월에 북한 인민군 창설 기념 열병식을 하는 것에 대해서도 '허가'를 내렸다.[5]

이와 관련해 재미있는 일화가 있다. 1946년 12월 처음으로 북한에서 총선이 실시되었을 때의 일이다. 12월 15일, 북한의 정치 문제를 관할하고 있던 테렌티 스티코프Terenti Shtykov 장군은 북한 의회의 구성을 놓고 다른 소련군 장성 둘과 논의했다.(이 자리엔 단 한 명의 북한 사람도 없었다.) 소련의 장성들은 의회에 231명의 의원들이 있어야 한다고 결정했다. 그들은 또한 각 정당간 의석 배분과 여성 의원의 숫자, 보다 전반적으로는 의석의 사회집단별 배분까지 정했다. 의회의 실제 구성을 살펴보면 소련군 장성들의 결정이 큰 변화 없이 그대로 이행되었음을 알 수 있다.[6]

1946년부터 1950년 사이에 북한은 소련 고문관의 지도와 도움을 받으며, 당시 신생 공산주의 정권의 표준적 개혁들을 빠르게 수행했다. 1946년 봄에 실시된 급진적인 토지개혁은 농민들에게 토지를 재분배했고, 토지를 몰수당한 대부분의 지주들은 38선을 넘어 남하했다. 비슷한 시기에 모든 산업이 국유화되었다.(소규모의 독립 수공업은 1950년대 말까지 용인되었다.) 정치 부문에서는 조선노동당이라는 이름의 레닌주의 정당이 사회 전반에 걸쳐 지배력을 조금씩 넓혀가고 있었다.

김일성을 비롯한 많은 공산주의 지도자들의 집안이 기독교와 연관 있었음에도 불구하고, 기독교인들은 잔혹한 박해를 받았다. 지주들과 마찬가지로 많은 사업가와 기독교 운동가들이 당시에는 경계가 허술했던 군사분계선을 넘어 남쪽으로 향했다. 누구도 정확한 통계를 알지는 못하나, 1945년부터 1951년에 걸쳐 월남한 북한 주민의 숫자는 대략 120~150만 명으로 추산된다. 이는 전체 북한 주민의 10~15%에 해당한다. 정권에 대항할 가능성을 가진 주민들이 저항보다 이주를 선택함으로써 북한은 한층 동질적인 성격을 띠게 됐다.

언뜻 보기에 1940년대 말의 북한은 냉전주의자들이 한때 '소련의 위성 정권'이라고 불렀던 것의 거의 완벽한 사례로 보인다. 그러한 관점은 분명 나름의 근거를 갖고 있으나 완전한 것은 아니다. 북한은 괴뢰국가였을 수는 있으나, 그것이 이 새로운 정권이 인기가 없었다거나 주민들의 지지를 받지 못했음을 의미하는 것은 아니다.

1980년대 말 마르크스주의 좌파가 남한에서 정치적·지적 세력으로 재부상했을 때 초기 북한 정권의 본질이 무엇이었느냐는 문제가 서울의 지식인들과 학계에서 뜨거운 (그리고 주로 이념적인) 논쟁의 주제가 되었다. 좌파 성향의 역사가들과 언론인들은 1945년부터 1950년까지 북한에서 일어난 사건들을, 소련의 지원으로 촉발되었을 수는 있으나 전반적으로 자생적이고 독립적으로 발생한 대중혁명으로 묘사하곤 했다. 남한의 좌파 역사가들이 북한에 대한 소련의 지배력이 실상 어느 정도였는지를 보여주는 새로운 문서들, 즉 그들의 환상을 깨는 역사적 증거를 놀라우리 만큼 무시한 것도 그리 놀랄 만한 일은 아니다.

한편 남한의 우파는 이승만 정권이 '한반도에서 유일하게 합법적인 정부'였음을 증명하는 데 기이할 만큼 과도하게 집착한다. 우파 성향의 역사가들은 김일성 정권이 초기에 얻었던 대중적 인기를 증명하는 사료에 눈을 주지 않는다.[7]

본질적으로 이념 투쟁인 이 논쟁은 아마 앞으로도 10년여나 수년 동안은 계속될 것 같다. 그런데 때때로 독설과 비방으로 가득차는 이 논쟁은 잘못된 이분법에 기초하고 있다. 1940년대 말의 사건들은 외세의 지배임과 동시에 대중혁명이기 때문이다. 소련의 지도부와 공산주의 이념이 갓 태어난 북한 체제와 사회의 얼개를 결정한 것은 분명하다. 그럼에도 불구하고 공산주의 사업이 약속한 것들은 당시 북한 주민들이 바라던 방향과 일치했다. 감시와 통제가 있지만 자애로운 국가가 시행하는 보편적인 평등과 부유함의 꿈은 거부하기 어려운 것이었다. 특히 그러한 청사진이 마르크스-레닌주의의 '근대적'이고 '과학적'인 어휘들로 표현되고 소련의 놀라워 보이는 성공에 뒷받침될 때에는 더욱 그러했다. 무엇보다 당시에는 소비에트사회주의공화국연방이 최신예 전투기를 만들고 세계 최고의 발레단을 가졌다는 것은 모르는 이가 없었던 반면, 1930년대 소련에서 수백만 명의 농부들이 굶어 죽었다는 사실을 아는 사람은 거의 없었다. 그래서 북한 정부의 정책은, 비록 소련의 고문관들에 의해 시행되었지만 대개 주민들의 열렬한 지지를 받았다.

## 두 개의 한국, 전쟁으로

1946년 말로 접어들자 한반도의 분단은 이제 엄연한 현실이 되었고, 1948년에는 두 개의 한국이 공식적인 형태로 등장했다. 그해 8월 15일, 서울에서는 대한민국의 건국이 선포되었으며 9월 9일에는 조선민주주의인민공화국이 평양에서 선언되었다. 두 나라는 서로를 인정하지 않았다. 모두가 자신만이 한반도의 유일한 합법 정부라고 주장했다. 60년이 지난 지금에도 정확히 따지자면 그렇게 되어 있다.

때때로 양측은 자신들이 한반도 전체를 관할하고 있다는 가상의 지배력을 강조하고자 조금은 우스꽝스러운 극단적 모습을 보이기도 했다. 일례로, 1972년까지 조선민주주의인민공화국의 헌법상 수도는 서울(평양이 아니다!)이었다. 대한민국은 지금도 북한 행정구역의 도지

사들을 임명하고 있다. 우연하게도 이 다섯 개 도의 지사들의 통합 사무실(이북5도위원회－옮긴이)은 필자가 이 책을 쓰고 있는 대학교에서 멀지 않은 곳에 있다. 그리고 이 사무실은 필자가 방문할 때마다 여러 가지 행정 업무로 분주하다. 두 개의 한국은 여전히 나라의 통일을 궁극의 정치적 목적이라고 주장한다. 곧 보게 되겠지만, 오늘날 이러한 주장들은 점점 더 얄팍하고 표리부동해지고 있다. 그러나 1940년대 말에는 평양과 서울 모두 진심을 말하고 있었다.

좌파와 우파 모두 통일을 위해 무력을 사용하고자 했다. 그러나 이승만정부가 호전적인 표현만 구사했을 뿐 실질적인 전쟁 준비라 할 만한 움직임이 없었던 반면, 북한 지도부는 미국 제국주의와 그 꼭두각시들의 굴레에서 신음하는 남한 민중들을 위한 '해방' 전쟁의 승인을 줄기차게 모스크바에 요청하고 있었다. 김일성과 공산당 지도자들은 미국이 개입할 시간과 의지가 생기지 않을 만큼 빠른 승리를 장담하며 스탈린을 설득했다. 김일성은 남한의 공산주의자들이 작성한 보고서들을 인용했다. 보고서는 북한 전차가 국경을 넘어오고 있다는 소식이 들리자마자 남한의 모든 민중들이 이승만의 친미 패거리들에 대항해 궐기할 것이라고 주장했다.[8]

스탈린은 처음에 자신이 임명한 북한 지도자들의 호전성에 냉담했다. 그는 삼류 공산주의 지도자들의 과도한 민족주의적 열정 때문에 당시까지 유일한 핵무기 보유국이던 미국과 전면전을 벌이고 싶지는 않았다. 그러나 1949년 말이 되자 상황이 달라졌다. 그해 8월경 소련은 처음으로 핵실험에 성공했으며, 10월에는 공산주의자들이 중국에서 권력을 잡았다. 게다가 소련의 정보 보고에 따르면 미국은 한국을 전략적 이익에 필수적인 대상으로 여기지 않았다. 상황이 바뀜에 따라 한반도에서의 도박은 덜 위험해 보였고, 김일성은 연신 압박을 가했다.

1950년 초, 마침내 스탈린은 손을 들었다. 1월 30일 스티코프 대사는 김일성을 만나 스탈린이 계획을 승인했음을 알려준다. 대사가 스탈린에게 보낸 전문에 따르면, "김일성은 나의 전언을 듣고 매우 만족스러워했다. (…) 김일성은 스스로 재차 확인려는 듯, 이 문제로 스탈린 동지를 만날 수 있다는 뜻이냐고 내게 물었다." 물론이었다. 1950년 4월, 김일성은 모스크바로 달려가 작전계획에 대해 논의하며 몇 주를 보낸다. 그는 여기서도 신속한 승리를 자신했다. 소련의 메모에 따르면 그는 스탈린에게 이렇게 맹세했다고 한다. "공격은 빠르게 진행될 것이고 사흘이면 전쟁에서 승리할 수 있습니다. 남한 내 게릴라 운동은 더욱 강성해졌고 대규모 반란이 일어날 것으로 기대하고 있습니다." 이에 따라 소련의 장성들이 평양에 파견돼 작전계획을 세웠고, 1950년 6월 남한의 해방을 위한 모든 준비가 완료되었다.

전쟁은 1950년 6월 25일에 발발했다. 초반에는 모든 상황이 평양 지도부의 낙관적인 기대대로 진행됐다. 예견되었던 남한의 대규모 봉기는 일어나지 않았으나 8월 초순에 이미 북한은 한반도의 95% 가량을 점령하고 있었다. 그러나 미국이 참전을 결의함으로써 전쟁 구도는 크게 요동치게 된다.

미국의 대규모 개입은 9월에 시작되었다. 몇 주 만에 북한군은 거의 궤멸되었고 북한 지도부는 중국 국경까지 도망쳐야 했다. 결국 중국도 참전을 결정했고, 그해 11월 말 거대한 역습을 시작했다. 중국 인민군 역사상 가장 성공적이라 기록해둘 만한 대규모 작전이었다.

피비린내 나는 전투와 살육이 반복된 후, 1951년 봄에 이르러 전선은 고착되었다. 그러나 참호전과 공습空襲이 이후에도 2년간 이어졌다.

허무하게도 마지막 전선은 1945년에 그어진 최초의 군사분계선과 거의 비슷하게 그어져 있었다. 1953년, 정전협정이 체결되었고 전선은 비무장지대가 되어 두 개의 한국을 가르는 경계가 되었다. 수백만 명이 죽었지만 전쟁은 서로 무승부로 끝났다.

한국전쟁은 김일성 개인의 권력을 크게 강화시켰다. 전쟁 이전 그의 위치는 여러 명의 북한 공산주의 지도자 가운데 소련의 지원을 등에 업은 덕에 조금 더 특별한 지위를 누리는 정도에 지나지 않았다. 그러나 전후 김일성은 의심의 여지 없는 국가적 지도자로 부상했다. 전시에 조선노동당에 가입해 향후 수십 년간 북한 관료제의 핵심으로 남을 사람들은 바로 '김일성당'에 가입한 셈이었다. 김일성은 그들이 아는 유일한 지도자였다. 자연히 김일성은 이 기회를 자신의 유격대 동지들을 권력의 상층부로 끌어올리는 데 활용했다.

지상전에는 참전하지 않기로 한 소련의 결정 또한 김일성에게 큰 도움이 되었다. 전쟁 이후부터 북한은 중국의 힘을 빌어 소련의 지배력에 대항하는 수단으로 활용했다. 베이징과 모스크바의 관계는 공식적 외교 수사와는 전혀 다르게 좋았던 적이 결코 없었기 때문에 더욱 그랬다. 두 공산주의 강대국들의 관계는 1950년대 말부터 악화되어 공개적인 적대행위를 하기까지에 이르렀고, 북한 지도부는 이러한 대립을 십분 활용했다. 실제로 1940년대 말에 북한 전역을 장악하고 있던 소련의 통제력이 1953년부터는 급격히 약화되었고, 김일성은 '위대한 소비에트 연방'이 북한의 내정에 간섭할 여지를 줄이기 위한 대책을 강구하기 시작했다. 대표적인 친소련 관료들이 쫓겨났으며, 친소련 세력의 지도자 허가이許哥而는 강등된 후 자택에서 사망한 채로 발견되었다.(공식적으로는 자살로 발표되었다.)

당시만 해도 숙청의 대상은 대체로 식민지 시기 지하에서 활동했던 '국내파' 공산주의자들이었다. 1953년 이후 3년간 대부분의 열성 국내파 공산주의자들이 숙청되었다. 몇몇 주요 지도자들이 재판을 받았으며 그 밖의 인사들은 재판도 없이 총살당하거나 투옥되었다. 죄목은 스탈린주의 정권에서 흔히 써먹던 것들이었다. 조선 공산주의 운동의 창시자 박헌영은 미국과 일본의 사주를 받은 스파이 혐의를 받았다. (늘 그렇듯, 이런 혐의는 우스울 정도로 일관성이 없기 마련이지만 누군들 신경이나 쓰겠는가?) 대부분 숙청은 주요 혐의자들의 처형과 가족과 일가친척들의 종신형을 의미했다.

그러나 김일성은 곧 예상치 못한 중대한 정치적 도전에 직면한다. 그의 스탈린주의적 행보는 당시 모스크바에서 벌어지고 있던 탈脫스탈린주의 움직임에 영향받은 북한의 고위 관료들 사이에서 불만을 야기했다. 김일성에 반대했던 당 고위 간부 가운데는 스탈린주의적 정책 때문에 고통을 겪고 있던 주민들을 위해 나선 경우도 있었으나, 이를 기회로 자신들의 지위 향상을 꾀하는 이들도 있었다. 북한 지도부의 친중파와 친소파는 북한을 스탈린 사후 소련 지도부가 채택한 (그리고 중국도 잠시 지지했던) 보다 온건한 정치 노선으로 이동시키고자 했다. 이를 위해서 그들은 김일성이 권좌에서 물러나길 원했다. 소련과 중국은 이 계획을 알고 있었으며 은근히 지지하고 있었다. 1956년 8월, 조선노동당 중앙위원회 회의에서 반대파들은 공개적으로 김일성과 그의 정책에 대해 도전했다.(8월 종파사건을 가리킨다.―옮긴이)

이 도전은 곧 분쇄된다. 가장 큰 원인은 민족주의 성향이 강하고 전쟁을 통해 단련되어 모스크바에 덜 의존적인 조국을 원하던 당내 젊은 간부들이 반대파의 이러한 자유화 제안에 아무런 매력을 느끼지 못하고 김일성을 옹위했기 때문이었다. 도전자들을 물리친 김일성은 1957년~1959년에 소련이나 중국쪽에 붙은 당원들을 남김없이 색출해 (그 연관성의 진실 여부에 관계없이) 숙청했다.[9]

1950년대의 숙청은 북한 지도부의 대대적인 교체로 이어졌다. 1950년대 말부터 북한의 당 및 국가 요직의 대부분은 항일유격대원 출신들과 김일성이 임명한 인물들(그리고 소수이나 그 수가 점차 늘어나고 있던 김일성의 가족들)이 독차지했다. 이들은 1980년~1990년대에 차례로 사망하기 전까지 거의 아무런 도전도 받지 않고 권력을 누렸다.

이들 중 극소수만이 고등학교를 졸업하였으며 대다수는 어떠한 형태로든 정규교육을 받은 적이 없었다. 가난한 농민의 자식이었던 이들은 초등학교를 다닐 형편도 못 되었다.[10] 그들의 경력은 근대 국가를 경영하는 데 아무런 도움도 못 되었다. 그럼에도 불구하고 그들은 김일성에게 절대적으로 충성했으며 조국의 미래에 대한 그의 비전을 공유했다. 그리고 그것이야말로 정말로 중요한 것이었다.

### 좋은 친구들

공산주의 역사에서 볼 수 있는 슬픈 사실 중 하나는 대부분의 공산주의 국가 건국자들이 제 동료들의 손에 최후를 맞이했다는 것이다. 스스로가 만든 기계의 희생자가 된 것이다. 북한도 예외가 아니다. 다른 점이 있다면 북한의 건국자들은 중국이나 헝가리의 건국자들보다 더 꼴사나운 최후를 맞았다는 것 정도이리라.

1949년 당시 선출된 조선노동당의 중앙위원들이 결국 어떠한 운명을 맞았는가를 살펴보자. 공산주의 체제에서 당 중앙위원회는 내각을 비롯한 당과 국가의 어떠한 조직보다도 권위 있는 최고의 집행기구이다.

1949년의 당 중앙위원회는 엄밀히 말해 조선노동당이 하나로 통합된 이래 최초로 생긴 대표기관이었다. 그전까지 조선노동당은 북쪽과 남쪽에서 따로 운영되고 있었다.

그해 당 중앙위원회는 10명의 중앙위원을 두고 있었다. 당시 위원장을 맡고 있던 당 의장 김일성은 1994년 세상을 떠날 때까지 북한의 독재자로 남는다. 그리고 부의장으로 박헌영과 허가이가 있었다.

식민지 시기 지하 공산주의 운동을 이끌었던 박헌영은 오랜 세월 동안 남조선노동당의 당수였다. 조선노동당이 하나로 통합되면서 그는 당 내 2인자의 위치에 올랐으며, 조선민주주의인민공화국의 외무성 장관에 임명되었다. 그러나 1953년 그는 직위를 박탈당했고 이윽고 체포된다. 1955년 인민재판을 받은 박헌영은 '미제의 간첩'이라는 죄목으로 처형당했다.

또 다른 부의장 허가이는 북한 정부와 당 기구 설립을 위해 북한에 파견된 조선 혈통의 노회한 소련 관리였다. 1949년 그는 당의 제1비서이기도 했다. 모스크바와 가까웠던 허가이는 김일성이 소련과 거리를 두기로 작정했을 때 최초의 목표물이 되었다. 1951년 허가이는 '정치적 과오'로 비판을 받았으며 1953년 자택에서 총상으로 숨진 채 발견되었다. 공식 보고서는 자살로 결론지었으나 김일성의 명령에 따라 살해되었을 수도 있다. 아마도 진실은 영영 알 수 없을 것이다.

1949년 중앙위원회 위원이었던 리승엽은 남한의 좌파에서 나름의 입지를 구축했던 인물로, 당시 남한에서의 빨치산 활동을 담당하고 있었다. 1953년 그는 북한 역사상 가장 요란했던 재판 쇼(남로당 숙청 사건—옮긴이)의 주요 피고로 등장한다. 그는 미국의 스파이로서 북한에서 쿠데타를 일으키고 원산에 대규모의 미군 강하를 획책했다는 죄목으로 사형을 언도받았다.

최초의 중앙위원회 위원 10인 가운데 단 두 명만이 동료가 아닌 적의 손에 죽음을 맞았다. 남한 내 지하 공산당 조직의 지도자였던 김삼룡은 남한 경찰에 체포돼 한국전쟁 초기에 황급히 처형되었다. 만주 항일유격대 출신인 김책은 1951년 1월 미군의 공습으로 사망했다.

나머지 네 명의 중앙위원 가운데 김두봉이 가장 영향력이 큰 인물일 것이다. 1949년 김두봉은 북한의 초대 국가수반이었다. 국가수반의 자리는 대체로 상징적인 의미를 지니고 있을 뿐이었지만, 근대 국어학의 창시자인 이 대학자에게는 제법 어울리는 자리였다. 그는 정치와 거리를 두고자 노력했지만 별다른 도움이 되지는 못했다. 1957년 김두봉은 숙청되어 공개적인 모욕을 당했고, 이후 행방불명됐다. 옥사했는지 또는 처형당했는지도 알려져 있지 않다.

또 다른 중앙위원이자 당시 내무상이었던 박일우도 비슷한 운명을 맞았다. 그는 1955년 숙청되었고 그 이후의 행방은 묘연하다. 오늘날까지도 그의 최후에 대해서는 알려진 것이 없다.

1949년의 중앙위원회에서 유일한 여성이었던 박정애는 그나마 운이 좋았다. 동료들보다 더 오래 살아남은 그녀는 1960년대 말에 숙청되어 유배지에 보내졌다. 20여 년에 걸친 귀양살이를 버텨낸 박정애는 1980년대 후반에 다시 정계에 나타났으나 과거의 영향력을 회복하지는 못했다.

김일성을 제외하면 1949년의 중앙위원들 중 자연사한 이는 허헌이 유일하다. 1949년 당시에 이미 63세의 고령에다 건강도 좋지 않았던 그는 2년 후 세상을 떠났다.

결국 1949년 북한을 다스렸던 10인 가운데 단 두 명만이 박해를 피하고서 제 명대로 죽음을 맞은 셈이다. 남은 여덟 명 중 둘은 적에게 살해됐고, 여섯은 동지들 손에 숙청당했다. 이들을 신실한 이상주의자이자 비극적인 희생자로 보아야 할까, 아니면 이들 또한 권좌에 있을 때 수많은 사람들을 형장으로 보냈다는 사실을 상기해야 할까? 이러한 의문은 그저 의문으로 남겨두는 것이 가장 좋을지도 모른다….

## 모스크바와 베이징 사이에서: 김일성의 외교

앞서 언급했던 대로, 건국 초기 북한은 그저 또 다른 '인민민주주의' 국가에 지나지 않았다. 이 표현은 갓 출범한 친소련 국가들이 애용하던 것이다. 그러나 1950년대 말부터 상황이 달라지기 시작했고, 그 결과는 20세기에 유래를 찾기 힘든 독특한 국가의 탄생이었다. 북한은 문화인류학자·역사학자·사회학자를 모두 매료시킬 만한 주제였다.

김일성의 북한이 탄생하게 된 데는 여러 가지 이유가 있었다. 먼저, 예컨대 지도부의 인적 구성 변화를 들 수 있다. 제1세대 지도부 대부분은 대학을 졸업했으며, 민족주의적 바탕에 근대성과 상대성을 내재한 세계시민적 세계관을 결합한 입장을 취했다. 그러나 곧 이들 지도부는 전통적 동아시아 농민의 가치관과 꿈, 열망을 갖고 있던 항일유격대원 출신들로 대체되었다. 그들은 마오쩌둥이나 폴 포트처럼 근대 이전의 농민들이 품고 있던 이상향을 실현시키고 싶어했다.(물론 이런 좋은 뜻에도 불구하고 이들은 많은 농민들을 학살하고 굶어 죽게 만들었다.) 한국전쟁의 영향도 중요한 요인이었다. 한국전쟁은 북한 사회를 거의 완벽한 병영국가로 만드는 (북한의 공식 선전물이 선호하는 표현대로라면 "전국을 요새화"하는) 데 일조했다.

　그러나 이러한 추세들은 모두 1950년대 말 커다란 지정학적 변화가 있은 후에야 가능했다. 바로 중-소 갈등이었다. 이후 30여 년 가까이, 두 공산국가는 반목을 거듭하며 때때로 선생 일보직전까지 이르기도 했다. 두 나라는 모두 제 나름의 공산주의를 선전하고 있었다. 소련의 공산주의는 밋밋해 보였고, 낭만적 이상에 불타는 한 서방의 운동권 대학생들을 매료시키기에 부족했다. 하지만 소련판 공산주의는 보다 자유로웠으며, 평범한 시민들의 일상적 욕구에 대해 좀 더 귀를 기울이는 편이었고 경제적으로도 아주 약간은 더 효율적이었다.(혹은 '덜 비효율적'이었달까?) 한편, 중국판 공산주의는 언제나 끝없는 이념적 동원과 사심 없는 헌신, 대의를 위한 희생, 그리고 전능한 지도자의 이미지로 가득차 있었다.

　스탈린 사후 소비에트사회주의공화국연방의 변화는 심대한 것이었다. 1953년 이후 10여 년 동안, 소련의 정치범의 수는 120만 명에서 1000~2000명으로 급격하게 감소했다. 협동농장에 소속된 농민들의 국내 거주 이전 제한은 사라졌으며(서구인들의 통념과는 달리 소련의 도시 주민들은 단기간 여행하는 것에 심각한 제한을 겪은 적이 결코 없었다), 대규모 주택 건설 사업이 시작되었다. 소비재 가격은 보통의 소련 시민이 감당할 수 있을 정도로 안정되었다. 같은 기간 중국에서는 농업의 집산화集產化(토지의 사적 소유 철폐 등)와 대약진이란 이름을 단 광기어린 급진적 이상주의운동이 시작되었다. 이러한 실험은 잽싸게 열광의 대상을 스탈린의 러시아에서 마오쩌둥의 중국으로 돌린 (사르트르 같은) 파리의 카페 붙박이들에게는 매력적으로 보였을지도 모른다. 그러나 중국의 주민들에게 이 '대담한 사회적 실험'은 현대 역사상 최악의 기근으로 2000~3000만 명이 사망하는 재앙을 가져다주었다.

처음에 북한은 엄격하고 독재적인 중국판 공산주의에 더 끌렸다. 마오이즘Maoism의 이상은 김일성이 건설하고 싶었던 완벽한 조선의 이상과 잘 어울렸다. 북한 지도부의 비전에 따르면, 주민들은 국가 소유의 거대한 농장과 공장에서 열심히 일하고, 지치지 않는 이념적 열의와 조국에 대한 사랑으로 고무돼 생산성 기록을 경신할 것이었다. 국가는 모든 구성원에게 거의 동일한 양의 식량과 생필품을 공급할 것이며 이기적인 수익 추구는 용납되지 않을 것이었다. 화폐의 필요성도 점차 감소할 것이었다. 그러한 사회는 소수의 헌신적이고 이타적인 관료들과 전능한 '위대한 수령'에 의해 다스려질 것이며 수령의 말이 곧 법이 될 것이었다. 분명 당대 많은 북한 주민들은 이러한 이상에 매료되어 있었다.(전세계 농민 반군이 비슷한 꿈을 가진 것은 우연이 아니다.)

미래의 풍요를 이야기할 때, 김일성의 약속은 그리 허황되거나 과도한 것이 아니었다. 1960년 초, 김일성은 자신의 비전을 다음과 같은 유명한 표현으로 제시했다. 가까운 미래에 모든 북한 주민들은 "쌀밥에 고깃국을 먹고, 비단옷을 입고 기와집에서 살게 될 것"이라는 거였다. 위대한 수령이 수차례 반복한 이 약속은 오늘날에는 더없이 소박하게 들린다. 그러나 우리는 수백 년간 조선의 농민들이 매일 쌀밥을 먹을 형편이 못 되었으며(보리와 수수가 이들의 주식이었다), 고깃국은 명절에나 맛볼 수 있는 것이었고, 지주들만이 초가집이 아닌 기와집에서 살 수 있었음을 상기할 필요가 있다. 김일성은 주민들에게 자신의 체제가 주민들의 삶의 질을 근대 이전보다 한결 호화롭게 만들어줄 것이라 약속했다. 그러나 그 이상의 호사스런 삶을 약속한 건 아니었다.

중국의 편에 서기로 한 김일성의 결정에 이념적 고려는 일부에 지나지 않았다. 현실적이고 정치적인 계산 또한 한몫을 했다. 1956년에 겪었던 정적들의 도전 이후, 김일성과 그의 지지자들은 소련을 그런 위험한 자유주의적 사상의 근원으로 보기 시작했다. 김일성에 대한 개인숭배가 스탈린주의적 양상을 띠고 있던 상황에서 이들은 소련의 '개인숭배 타파' 구호가 손쉽게 김일성을 겨냥할 수 있음을 두려워했다.

8월 종파사건 이후 북한과 소련의 관계는 악화되기 시작했다. 1962년에서 1963년 사이에는 공개적으로 적대하다시피 할 정도였다. 공식 매체에서 소련에 대한 언급은 거의 사라졌으며, 소련의 고문관들은 고국으로 돌려보내졌다. 소련을 비롯한 동구권 국가 출신으로 해외 유학 중에 북한 남성들과 결혼한 수백 명의 여성들도 비슷한 운명에 처했다. 북한 남성들은 외국인 처와 이혼하라는 명령을 받았고, 부인들은 그 즉시 북한에서 추방당했다. 1960년까지 '이념적으로 수상쩍은' 소련과 동구 공산국가에 유학 가 있던 북한 학생들은 모두 소환되었고, 그 뒤로 약 20년 동안 학생 교류는 중단되었다. 훗날 교류가 재개된 이후에도 그 규모는 과거에 크게 못 미쳤다.

소련과 북한의 공식지인 『프라우다Pravda』와 『로동신문』은 공개적으로 설전을 벌였다. 『로동신문』은 소련이 착취적이며 북한의 약점을 이용하려 든다고 비난했으며, 『프라우다』는 소련의 중요한 경제원조에 대해 갑자기 함구하기 시작한 북한 지도부의 배은망덕함을 개탄했다.(실제로 북한의 언론매체는 1960년부터 소련이 붕괴한 1991년까지 소련이 지속적으로 제공하고 있던 경제원조에 대해 거의 언급하지 않았다.) 모스크바에 주재하고 있던 북한 대사는 김일성을 강도 높게 비판하는 편지를 쓴 후 모스크바에 망명을 요청했다. 소련 정부는 그의 망명을 허용했다. 공산권에서 전례를 찾기 힘든 경우였다.

평양과 모스크바의 관계는 1965년 이후 부분적으로 회복되었다. 소련의 지도자가 충동적이고 개혁 성향이었던 흐루시초프에서 더 보수적인 브레즈네프로 바뀐 것도 일정한 영향을 주기는 했지만, 보다 중요한 이유는 따로 있었다. 첫째로, 소련과의 관계가 험악해지면서 소련으로부터의 경제원조가 줄었지만 중국은 이를 벌충해줄 의사가 없었거나 그럴 능력이 없어 보였다. 둘째로, 1966년에 중국은 문화혁명의 핏빛 격랑에 휘말린다. 북한의 엘리트에게 문화혁명은 그야말로 혼돈 그 자체였다. 그들의 눈에 문화혁명은 소련식 자유화보다 더 위험해 보였을 것이다.(1966년, 사석에서 김일성은 브레즈네프에게 프롤레타리아 문화대혁명을 두고 "거대한 어리석음"이라고 묘사했다.)[11]

사실 1960년대 말은 북한과 중국 사이에 심대한 위기가 있었던 시기였다. 대사들이 소환되었고, 국경 지대에서는 긴장이 감돌았다. 먼 훗날인 1984년 5월, 김일성은 동독의 지도자들과 가진 비밀 회담에서 당시 국경을 침범하는 중국 군인들 문제를 다루는 데 얼마나 큰 인내심이 필요했는지 회고한다.[12] 심지어 김일성은 북한 대표단이 탑승한 비행기가 소련 영공을 지나가게 해달라고 모스크바에 요청하기도 했다. 중국이 북한 비행기를 강제로 착륙시킬지도 모른다는 불안감을 공개적으로 드러낸 것이다.[13] 중국의 홍위병들은 공개적으로 김일성을 힐난했다. 그가 사치스럽고 태만한 삶을 사는 "신봉건적 지배자"라는 것이었다.[14]

1970년대 초, 북한은 마침내 '등거리' 외교로 전환한다. 1990년대 초까지 유지된 이 노선은 서로에게 적대적인 두 조력국—중국과 소련—사이에서 균형 외교를 펼치는 것이 그 본질이었다. 북한의 정치가와 외교관들은 중국과 소련의 경쟁관계가 새로운 상황으로 접어들면서 그 근본적인 불안정성에도 불구하고 자신들에게 놀라운 정치적 기회가 생겼음을 깨달은 것이다. 조금만 간교해지면 별 대가를 치르지 않고도 양쪽으로부터 원조를 얻어낼 수 있었다.

원조는 점차로 중요해졌다. 광적인 이념 선전에도 불구하고 한때는 동아시아에서 가장 발달한 국가였던 북한의 경제는 1960년대 말부터 침체로 빠져들고 있었다. 외부 원조가 꾸준히 유입되지 않는다면 북한은 경제적으로 독자생존이 불가능할 수도 있었다.

모스크바와 베이징 그 어느 쪽도 북한에 환상을 갖고 있지 않았다. 그들은 자신들이 이용당하고 있다는 걸 확실히 알고 있었지만 평양에 원조를 제공하는 것 외에 다른 대안이 없다고 보았다. 이는 부분적으로는 미군의 존재를 의식한 데 따른 것이다. 중국의 동북부 및 러시아의 극동부와 인접한 북한을 남한과 일본에 주둔한 미군과의 직접 대치를 피할 완충지대로 남겨둘 필요가 있었던 것이다. 그러나 보다 근본적으로는 서로 경쟁관계에 있는 공산주의의 두 거인들이, 북한이 그들의 싸움에서 중립으로 남는 데 대가를 지불했다고 보는 편이 옳다. 물론 모스크바와 베이징은 평양이 조건 없이 자신들의 편에 서주기를 바랐지만 그럴 일은 없었기 때문에 적어도 상대편으로 붙는 것은 막아야 했다. 그리고 이런 역학을 꿰뚫어본 북한 외교관들은 서로 다투고 있는 두 후원자들로부터 큰 양보 없이 원조를 쥐어짜냈다.

1970년대 초, 북한은 모스크바와 중국에 대한 경제적 의존으로부터 벗어나고자 국제시장에서 많은 돈을 빌리기 시작했다. 1차 오일쇼크 직후인 1973년만 해도 공산주의 국가들은 모범 채무국이었고, 국제시장에는 새로운 오일달러가 넘치고 있었다. 그래서 차관을 얻는 것이 그리 어렵지 않았다. 북한 지도자들은 이 추가적인 수입으로 자국 경제를 발목잡고 있던 경기침체를 극복하고자 했을 것이다. 그러나 뜻대로 되지 않았다. 차관은 위신 세우기에 급급한 사업이나 잘못 구상된 사업(또는 둘 다)에 낭비되었고, 오래 지나지 않아 평양은 이자 지급을 거부했다. 1979년에서 1980년 사이, 북한은 디폴트(채무불이행)를 선언한 최초의 공산국가가 되었다. 이로 인해 북한은 2007년 기준으로 원금 6억 달러에 1억2000만 달러의 이자를 더한 빚을 진 상태이다.[15] 북한의 국제금융계 진출이 대실패로 끝남으로써 국가 신용등급은 크게 추락했다.

비슷한 시기인 1970년대 중반, 보다 꼴사나운 사건들이 일어나기 시작했다. 북한의 외교관들과 관료들이 값비싼 밀수품과 불법 약물, 위조화폐를 다량으로 소지한 채 여행하다가 발각되는 일들이 점차 늘어난 것이었다. 1976년 8월, 노르웨이 경찰은 대량의 밀수 담배와 4000병의 밀수 주류를 판매하는 북한 외교관을 체포했다. 당시 스칸디나비아 반도의 정부들은 주류에 과도한 세금을 부과하고 있었기 때문에 면세주류의 판매는 수지맞는 장사였다. 평양의 관료들은 대량의 면세주류와 담배를 외교관 수하물에 담아 수송했고, 노르웨이의 북한 대사관은 이 가운데 약 100만 달러어치(2011년 물가 기준으로는 적어도 세 배는 될 것이다)를 암시장에 판 것으로 추정된다.

노르웨이와 덴마크에서 벌어진 사건 이후 똑같은 밀매 네트워크가 다른 북구 국가인 핀란드와 스웨덴에서도 발각되었다. 스웨덴에서의 밀매 행각은 아마도 가장 큰 규모였을 것이다. 당시 사건은 스웨덴 언론에 크게 보도되었는데, 짓궂은 스웨덴 학생들이 북한대사관 입구에 '주류 협동조합'이라는 팻말을 달아놓자 대사관에서 크게 화를 낸 해프닝도 있었다.

얼마 지나지 않아 북한 당국자들은 훨씬 더 위험한 물질에 손을 대기 시작한다. 1976년 5월 이집트 세관은 북한 외교관의 수하물에서 대마초를 발견했다. 북한 요원들은 칼까지 휘두르며 저항했지만 이집트 경찰에게 제압당했다. 외교관 여권 덕택에 겨우 기소를 면할 수 있었다. 비슷한 사건이 노르웨이에서도 있었다. 같은 해 8월, 북한 외교관들이 지역의 마약상들에게 대량의 대마초를 건네주다 적발되었다. 이후에도 수십 년간 북한 관료들과 외교관들은 때때로 세계 곳곳에서 마약을 밀수하다 발각되었다.

마약 외에도 북한은 고품질의 미국 달러 위폐(이른바 수퍼노트)까지 만들어 퍼트리기 시작한 것으로 보인다. 그러나 이에 대한 증거들은 대부분 정황상의 것들이다.[16]

이러한 밀수 행위들은 국외에서 활동하는 북한 사절단의 달라진 처지와 연관지어 해석되곤 했다. 1970년대 중반 불경기가 심각해지자 국외에 파견된 사절단들도 주체 원리에 따라야 했다. 다시 말해, 어떻게든 북한대사관 직원들 스스로 돈을 벌어 자신들의 체재비를 충당해야 했다는 것이다.

그러나 일반의 오해와는 달리, 이러한 불법 행위들은 결코 주된 외화벌이 수단으로 발전하지 못했다. 북한 정권의 입장에서도 밀수나 위조는 악영향이 더 컸다. 이러한 사건들은 큰 수입도 되지 않으면서 북한 정부를 혐오스럽게 보이게 만들었기 때문이다. 2000년대 초반부터 이러한 행위들이 결국 줄어들었음을 알 수 있는데 왜 진즉에 그리 하지 않았을까.

1970년대 북한 외교정책의 또 다른 기괴한 면모로 북한 정보기구가 납치를 선호했다는 사실을 꼽을 수 있다. 최초의 사례는 1950년대 말까지 거슬러 올라간다. 당시 북한 정보기구는 소련에서 반대자들을 납치하려고 시도했었다. 모든 작전이 성공한 것은 아니었다. 젊은 시인이자 김일성의 반대자였던 호진Ho Chin(필명 림운)은 탈출에 성공했고 소련으로부터 망명을 허가받았다. 그곳에서 그는 유명한 저널리스트이자 역사가가 되었다. 그러나 모두가 이렇게 운이 좋은 것은 아니었다. 한 젊은 북한 음악가는 모스크바 시내에서 북한 요원들에게 납치된 이후 영영 소식이 끊겼다. 이 사건은 모스크바와 평양 사이에 중대한 위기를 불러왔다. 소련은 북한 대사를 추방했는데, 이러한 사례 역시 공산권 역사에서 극히 드문 일이었다.

1970년대 말에는 일본과 남한이 이러한 납치극의 주된 목표가 되었다. 과거와는 달리 납치 대상이 반대자나 탈북자가 아니었다. 그냥 길거리의 갑남을녀들이었다. 우발적으로 보이는 경우가 많았다. 북한 특수부대원이 일본 해변에 잠복해 있다가 마침 불운하게도 그곳을 지나가고 있던 아무나 잡아가는 식이었다. 이러한 납치극은 너무나 기괴했기 때문에 많은 저명한 언론인과 학자들(전부는 아니었지만 대부분 좌파 성향이었다)이 1980~1990년대에 엄청난 양의 잉크를 써가면서 1970년대 일본 시민들의 수상한 실종 사건과 북한은 아무 관계가 없다고 주장했다.

이 사람들을 바보처럼 보이게 만든 것은 바로 김정일 자신이었다. 2002년 김정일은 이러한 납치극에 대한 책임을 인정하고 그때까지 살아 있는 몇몇 사람을 일본으로 돌려보낼 것을 지시했다. 일본과의 관계를 개선하기 위한 조치였으나 결과는 정반대로 나타났다. 우익 세력의 망상으로 여겨졌던 납치 혐의가 순식간에 완전한 진실로 밝혀진 것이다. 일본 대중은 폭발했다. 일본 정부는 즉각 모든 납북자들의 송환을 요구했다. 북한 당국은 모든 생존자들이 송환되었으며 다른 납북자들은 이미 사망했다고(당시는 2002년이었다) 답했다. 물론 이를 믿는 사람은 거의 없었고, 그 결과 한때 북한 정권으로서는 무척 중요했던 일본과의 교역이 완전히 중단되었다.[17]

북한 지도자들은 그들로서는 드물게 과거의 잘못을 솔직하게 인정하려 한 것인데 역설적으로 그 때문에 화를 키운 셈이다. 여기서 교훈을 얻은 북한이 또 다른 과거사와 관련해 비슷한 상황을 맞았을 때 주저할 것이라는 데에는 의심의 여지가 없다.

분명 납북된 일본인들은 일어와 일본의 일상에 대한 지식을 북한 요원들에게 가르치기 위해 동원되었을 것이다. 한 예로, 1978년에 납북된 호스티스 출신(당시 그녀는 22세였다)인 다구치 야에코田口八重子는 훗날 일본 국적으로 위장해 활동한 북한 정보요원 김현희를 훈련시켰다. 납북자들을 요원 양성에 활용하는 방침은 좀 이상한 면이 있었다. 북한은 일어를 모국어로 사용하면서 현대 일본에 대한 직접적인 지식을 갖고 있으며 북한에 매우 우호적이기까지 한 총련 사람들을 활용할 수도 있었기 때문이었다.

1950년대 초, 약 70만 명의 조선인들이 일본에 살았다. 대부분이 1930년대와 1940년대에 일본으로 왔는데, 보다 나은 삶의 터전을 찾기 위해 이주하거나 일제에 의해 저임금 노동력으로 강제로 끌려온 것이었다. 1951년에 재일 조선인들은 공식적으로 일본 국적을 상실했다. 이후 그들은 심각한 차별을 받으며 단순 노동이나 반쯤은 불법적인 직업에 종사해야 했다. 이런 사정으로 일본 좌파들과 연대하기도 했지만, 결국 이들을 조직화하는 데 성공한 것은 좌파 민족주의자들이었다. 덕분에 실제 이북 출신은 소수였음에도 1950년대 말 대부분의 재일 조선인들이 북한 시민권을 선택한다. 그리고 이들 '재외 조선민주주의인민공화국민'들이 앞서 말한 총련을 만든다.

1950년대 말부터 1960년대 초, 친북 활동가들은 많은 재일 조선인들을 설득해 북한으로 '귀환'시키는 데 성공한다. 이들 북송자의 숫자는 9만3000명에 달했는데, 대부분은 자신들이 '귀환'하는 나라에 살아본 경험이 없는 사람들이었다. 그들은 차별에서 벗어나 조국에서 완벽한 새 사회를 건설하는 데 이바지하고 싶어 했다. 북한의 프로파간다가 이들을 꾀어낸 것은 사실이지만 최근의 연구가 보여주듯, 일본의 우익 단체들도 일본의 '제5열(적과 내통하는 집단-옮긴이)'로 보았던 재일 조선인들의 수를 줄일 수 있다는 기대에 이러한 이주를 장려했다.[18]

북한에 귀환한 이들 대부분은 모국의 궁핍한 현실을 보고 크게 실망했다. 동시에 돌아갈 방도가 없다는 것도 깨달았다. 가난한 경찰국가에 갇힌 이들은 얄궂은 입장에 처했다. 특권 계층이자 차별받는 계층이 된 것이다. 이념적인 측면에서 귀환자들은 불신의 대상이었다. 다른 한편으로 이들 대부분은 '사회주의 낙원'으로 가지 않을 정도로 현명했던 다른 가족들로부터 송금을 받고 있었다. 덕분에 이들은 북한 기준으로 유복한 삶을 살 수 있었다. 편지에 수령과 그 체제에 대한 찬양만 담겨 있으면 귀환자들은 일본의 친척들에게 돈을 부탁하는 것이 허용되었다.

1990년대에 들어 송금은 바닥을 드러냈다. 예상할 수 있듯 이는 귀환 2세대와 3세대에게 지대한 영향을 미쳤다. 주된 원인은 세대교체였다. 귀환자들의 가까운 친척들이 하나둘씩 세상을 떠나기 시작했고, 그 아래 세대는 한 번도 만난 적 없는 사람들에게 돈을 보내줄 의사가 없었다. 비슷한 시기에 재일 조선인들의 젊은 세대들이 일본 시민권을

북송선 만경봉호를 타고 귀국하는 재일 조선인들. 일본에서의 차별을 벗고 사회주의 모국 발전에 기여하겠다는 소망을 품고 찾은 인민공화국이었지만 그들은 그곳에서도 이방인으로 살아야 했다.

받아들이거나 남한 여권으로 바꾸면서 총련의 인적 기반도 흔들리기 시작했다. 그럼에도 불구하고 1990년대 초까지 일본에서 보내오는 송금은 평양의 주요 수입 원천이었다.

### 여성 노동?

다른 지역에서의 공산주의와 마찬가지로 소비에트 공산주의는 지극히 남성 중심적이었다. 1960년대와 1970년대의 공산주의 국가 최고 관료들은 후진 맞춤 양복을 입은 나이 든 남성들로 기억되어 있다. 공산주의 국가 권력의 정점에 여성은 거의 찾기 어려웠다.

물론 언제나 그랬던 것은 아니다. 1900년대 초, 마르크스주의는 당대 주요 이념들 가운데 가장 여성주의적이었다. 마르크스주의는 단지 법적인 성평등뿐만 아니라 남성과 여성의 완전한 경제적·사회적 평등을 요구했다. 1920년~1930년대의 소련에서는 실제로 차별철폐 정책이 있었다. 여성 파일럿·여성 엔지니어·여군 장교 등의 공훈은 언론으로부터 격찬을 받았다.

그러나 1930년대 말이 되면서 상황이 바뀐다. 스탈린 시대의 러시아 정부가 전통적인 가족과 그에 연계된 가치의 정치적 유용성을 발견한 것이다. 그때부터, 여성노동의 중요성에는 이의가 제기되지 않긴 했지만(사실상 계속 장려되었다), 여성의 일차적인 사회적 기능은 아내와 어머니로 국한되었다.

소련군이 1945년 조선에 공산주의를 전파했을 때, 소비에트 공산주의는 가장 민족주의적이고 반여성주의적인 입장을 가졌다. 그럼에도 1946년에 선포된 성평등법을 비롯하여 성평등을 이루기 위한 조치가 강제되었다. 성평등법은 축첩풍습을 철폐했고, 이혼에 대한 (대체로 사회적인) 제약을 완화했으며 법으로 여성의 재산권을 보호했다.

그렇지만 북한의 고위급 정치 무대에서 여성들의 참여는 저조했다. 1945년부터 2000년 사이의 북한 각료들 260여 명 중 여성은 단 여섯에 불과했다. 김일성 시절의 북한에서 여자는 정치나 행정을 직업으로 선망해서는 안 된다는 것이 통념이었다. 여자라면 적당한 남편을 찾고 가능하다면 어머니, 딸, 그리고 며느리로서 일차적인 의무를 다할 수 있는 여유를 가질 수 있는 직업을 구해야 한다는 생각이 일반적이었다.

사실 여성노동은 필수적인 것으로 여겨지진 않았다. 다른 공산주의 국가들과는 달리 북한은 전업주부가 되고 싶어 하는 여성들에게 상당히 긍정적인 태도를 보였다. 1970년대 소련과 동유럽에서 전업주부란 보기 드문 생물이었으나 같은 시기 북한에서는 결혼한 여성의 최대 1/3까지가 집에 머물렀던 것으로 추정된다.(정확한 통계는 존재하지 않는다.)

최고 지도부에 여성이 거의 보이지 않았던 것은 놀라운 일이 아니다. 1940년대와 1950년대 북한에는 마르크스주의 초기 시절부터 활동해 온 영웅적이고 혁명적인 (그리고 여성주의자인) 소수의 여성 정치인들이 있었다. 가장 주목할 만한 인물은 과거 소련의 정보원이었으며 나중에 중앙위원이 된 박정애(베라 최)였다. 그녀는 김일성의 열렬한 지지자였지만 1960년대에 숙청을 피할 수 없었다.

다른 예로는 저명한 좌파 법조인 허헌의 딸이었던 허정숙이 있다. 그녀는 중국의 국공 내전에서 직접 싸우기도 했고 팔로군 정치국 지도위원으로 활약했다. 북한에서 그녀는 법무상(법무장관)의 지위에까지 올라 북한의 대숙청 초기 단계를 주관했다. 그러나 1960년대 허정숙은 고위 정치 무대에서 밀려나 형식적인 지위로 좌천되었다.

1960년대부터 북한 정계의 고위직에 오른 거의 모든 여성들은 김씨 가문의 일원이었다. 예를 들어 김일성의 두번째 부인이었던 김성애가 있다. 1970년대에 김성애는 분명 정치적인 야심을 가졌으나 양아들인 김정일이 부상함으로써 좌절했다. 또 다른 인물로는 김정일의 여동생인 김경희를 들 수 있다. 김정은 체제 초기에 그를 도와 섭정하던 이들 가운데 하나이다.

사회주의 경제가 붕괴하면서 북한 사회 전반에 걸쳐 상대적으로 여성의 지위가 급격히 향상되었다. 1990년대에 남성들은 제대로 가동도 되지 않는 공장에 출근한 반면, 주부들은 다양한 비공식적 경제 활동을 할 수 있었다. 그 결과 대부분의 북한 가정에서 여성이 주된 밥벌이를 하게 되었다.

예상할 수 있듯 수입의 증대는 성별에 따른 노동 분업은 물론이고 양성간의 관계 전반에도 확연한 변화를 가져왔다.(일례로, 여성이 신청한 이혼도 늘었다.) 동유럽 국가에서 국가의 사회주의 경제 붕괴는 전반적으로 성평등의 붕괴로 이어졌다. 반대로 북한에서는 경제위기가 여성의 지위 향상을 가져왔다. 적어도 기근으로 죽지 않는 여성들에 대해서는 그렇다.

## 남쪽과의 관계

한국전쟁은 평화협정으로 끝나지 않았다. 1953년에 정전협정만 조인되었다. 대한민국 정부는 정전협정에 서명하기를 거부했다. 실제 원인은 복잡했지만 공식적으로는 정전협정이 북한이라는 국가를 반쯤 인정하는 것과 다름없다는 이유를 들었다.

1960년대 말까지 모든 외국 정부는 두 개의 한국 중 어디와 친선을 유지할지 선택해야 했다. 만일 어느 외국 정부가 평양과 외교관계를 맺는다면 그 즉시 서울과는 자동적으로 관계가 단절됐다.(그 반대도 마찬가지였다.) 이러한 원칙은 1969년에 조용히 철회되었다. 외국 정부가 두 개의 한국과 동시에 외교관계를 유지하는 것이 가능해진 것이다.[19] 그러나 두 나라 간의 갈등은 여전히 동결 상태일 뿐 해소된 것은 아니다.

1953년의 정전협정 직후 수년간 북한 정부는 남한 문제에 관심을 보이지 않았다. 김일성은 경제를 재건하고 정적을 제거하느라 바빴다. 남한에서 혁명이 일어날 것처럼 보이지도 않았다. 남한의 좌파들은 국가의 탄압과 자진 망명(저명한 남한의 좌파들 대부분이 월북했으며 1950년대에 숙청당했다)으로 전멸된 상태였다. 또한 김일성은 소련이 더는 대규모 남침을 허락하지 않을 것임을 알았다. 남한에 주둔한 미군 때문에 전쟁은 아무리 보아도 자살행위였다.

그러나 1960년대 초반의 몇몇 사건들은 평양이 통일 문제에 가졌던 수동적인 접근법을 재검토하게 만들었다. 1960년 4·19혁명은 서울의 이승만정권을 무너뜨렸다. 혁명 직후 들어선 불안정한 민주정권은 이듬해 군부에 의해 다시 전복됐다. 김일성은 이 일련의 사건들을 남한에서의 혁명이 가능하다는 증거로 보았다. 실제로 1960년대와 1970년대에 남한에선 정권에 반대하는 대중집회가 자주 일어났으며, 서울에서 벌어진 대규모 시위들은 평양의 낙관주의를 키웠다.

평양에 대한 소련의 영향력 감퇴 또한 통일에 대한 희망을 북돋았다. 이러한 상황에서 김일성은 모스크바의 눈치를 볼 필요 없이 남한에서 벌어지는 사건들을 자신에게 유용하게 이용할 수 있으리라 여겼다.

북한의 사고방식에 큰 영향을 끼친 또 다른 사건으로는 베트남에서의 점증하는 전쟁 가능성이었다. 실제로 베트남과 한국은 많은 공통점을 갖고 있다. 두 나라의 역사와 문화는 상당히 유사하며, 제2차 세계대전 이후 북쪽의 공산주의 국가와 남쪽의 자본주의 국가로 나뉘었다는 것도 닮았다. 북한의 동무들과 마찬가지로 북베트남 또한 모스크바와 중국의 압력 때문에 마지못해 정전협정에 서명했다. 그러나 북한과는 달리, 북베트남은 강압에 의해 마지못해 한 약속을 지키지 않았고 남베트남 농촌 지역에서 활동하는 공산주의 게릴라에 대한 지원을 늘리기 시작했다. 이는 결국 대대적인 미군의 개입으로 이어졌으나, 1960년대 말이 되자 미군의 개입이 실패로 돌아가고 있음이 명백해졌다. 평양의 지도자들에게 베트남은 점차 고무적인 사례로 여겨졌다.

시간이 흐른 오늘날 뒤돌아보면, 그러한 기대가 근거 없다는 건 분명하다. 남한은 남베트남이 아니었기 때문이다. 1960년대 남한 정부는 놀라울 정도로 효율적인 경제발전을 추진하고 있었던 반면, 남베트남 정부는 그야말로 부패 · 비효율 · 파벌 싸움의 온상이었다. 1950년에서 1951년까지 북한 점령기의 끔찍한 경험은 대부분의 남한 사람들을 열렬한 반공주의자로 만들었다. 속으로야 당시 서울의 정부를 어떻게 평가했든지 간에, 그들은 김일성을 더 큰 악으로 보았다. 게다가 남한의 지형은 게릴라 투쟁에도 적합치 않았다. 1970년대의 녹화사업 이전까지 남한의 국토 대부분은 나무가 없어 황량했고, 언덕이 많아 빨치산들은 헬리콥터나 경비행기의 밥이 될 수밖에 없었다.

그러나 이런 것들은 나중에서야 분명해진 사실들이고, 1960년대 말 북한 정부는 통일을 위한 또 다른 도전을 시작했다. 매우 극렬한 이 시도는 때때로 "제2차 한국전쟁"이라고 일컬어지기도 했다.[20] 북한의 통일 전략은 흔히 '통일전선' 전략이라고 알려진 공산주의의 방식을 따르고 있었다. 먼저 북한은 남한의 비밀 공산주의 조직(또는 주체사상파)이 주도하고 조종하는 대규모 좌파 야당 운동을 희망했다. 먼저 이 야당 연합이 친미 군사정부를 무너뜨리고 나면, 친북 비밀조직이 다른 임시적인 연합 세력들을 버리고 (혹은 필요할 경우 파괴하고) 진정한 공산주의 혁명을 위해 부상할 것이었다.

그 스스로가 빨치산 유격대원 출신이었던 김일성과 그의 동료들은 남한에서도 무장 게릴라 활동이 태동할 것이란 큰 희망을 품고 있었다. 베트남의 사례를 모방하여, 그들은 (대개 남한 출신인) 소수의 북한 특수부대원들이 남한의 무장 게릴라 활동을 싹트게 하는 씨앗이 될 것이라 기대했다.

1960년대, 몇몇 남한의 지식인들이 좌선회하는 것에 고무되어, 평양은 서울에 지하조직을 건설하려는 시도를 몇 차례 했다. 가장 성공적인 시도는 1964년의 통일혁명당이었다. 그러나 통혁당은 결코 대중적인 지지를 이끌어내지 못했으며, 결국 남한 당국에 의해 분쇄되고 말았다. 당 지도부의 몇몇은 처형당했고, 나머지 당원들은 수년간 옥살이를 했다.

이후에도 친북 지하조직을 재건하여 촉망받는 젊은 좌파들을 포섭하려는 시도가 있었다. 필자는 개인적으로 한때 잠수함(남한에 요원이나 활동가를 보내거나 데려올 때 가장 많이 사용하던 방법이다)을 통해 평양과 교류했던 사람들을 알고 있다. 필자가 개인적으로 아는 세 명의 경우, 평양 방문은 곧바로 북한에 대한 환멸로 이어졌다.

나중에 더 자세히 다룰 것이지만, 남한의 좌파는 1980년대에 재부상한다. 그러나 자칭 '인권의 옹호자이자 권위주의의 적'인 남한의 좌파들이 평양의 스탈린주의적 세습 독재정권에 대해 놀랄 만큼 높은 수준의 동조(적어도 용인)를 보여주었다는 것을 부인하기는 어렵다. 주도적인 좌파 운동가들 중 일부가 때때로 평양의 후원을 받았다는 건 불가능한 일이 아니며, 그 후원이 사실로 입증되기도 했다.(나는 지금 스스로 그러한 후원을 받았음을 인정한 송두율 교수에 대해 말하고 있는 것이다.) 그렇다고 남한 우파들 사이에서 널리 퍼져 있는 음모론을 믿어서도 안 된다. 남한 좌파의 재부상과 김일성 대원수에 대한 상당한 인기는 평양의 스파이들의 활동과는 거의 관계가 없으며, 그보다는 남한 자본주의와 정치구조의 특이성을 반영하는 것이다. 이 모든 걸 감안해볼 때, 북한의 통일전선 전략은 성공적이지 못했다.

군사작전 또한 실패로 끝났다. 1968년 1월 21일, 북한의 특수부대원 31명이 서울에 침투했다. 청와대를 습격하여 안에 있는 모두를 살육하는 것이 이들의 목적이었다. 김일성은 이 대담한 공격이 남한 내 게릴라의 활약이라 여겨질 것이고 혁명에 좋은 영향을, 어쩌면 대규모 무장 항쟁을 촉발시킬 수도 있다고 생각한 듯하다. 습격은 최후의 몇 분을 앞두고 저지당했으며 서울 한복판에서는 총격전이 벌어졌다. 특수부대원들 중 한 명은 북으로 탈출해 영웅 대접을 받았고 마침내 장군의 지위에 오른다. 다른 한 명은 생포되어 나중에 남한에서 목사가 되기에 이른다. 나머지는 모두 사살당했다.

1968년 말에는 120여 명의 특수부대원들이 동해로 상륙해 베트남 스타일의 게릴라 진지를 세우고자 했던 일이 있었다. 이들은 몇몇 마을을 점거하고 주민들에게 사상 주입을 시작했다. 농민들은 위대한 수령님의 위대함과 북녘 동포들이 얼마나 행복하게 사는지, 그리고 다가오는 사회주의 낙원의 경이로움에 대한 장광설을 들어야 했다. 그러나 이 특수부대원들은 사상적으로 경직돼 있어 선전가로서는 북베트남 동무들만큼의 솜씨를 보이지 못했고 마을 주민들을 감화시키는 데 실패했다. 기대했던 폭동은 일어나지 않았고, 오히려 특수부대원들이 남한의 군대에 소탕됐다.

동시에 북한은 종종 미군과 남한군의 정찰 병력을 공격하여 비무장지대에서의 긴장을 고조시키곤 했다. 1968년 1월, 청와대 습격사건 직후 북한 해군은 미 해군의 정보선인 푸에블로호를 나포해 1년 넘게 배와 승무원들을 포로로 붙잡아두었다. 당시 이 사건은 공산진영의 대전략 일부로 여겨졌다. 그러나 소련 외교관들의 전언에 따르면 푸에블로호가 나포된 그날 밤, 소련의 전문가들은 밤을 지새우며 어떻게 하면 미국과 북한의 전쟁에 소련이 휘말리지 않을 수 있을까를 고민했다

북한은 '남조선 해방'의 실현가능성이 사라진 뒤에도 종종 위험천만한 모험주의를 드러내곤 했다. 김정일이 지시한 것으로 알려진 KAL858기 폭파사건은 그 희생자 대부분이 중동에서 귀환하던 평범한 노동자들이었다는 점에서 북한이 지금껏 저지른 테러 가운데 최악으로 기록해둘 만하다. (『동아일보』, 1987년 11월 30일자)

고 한다. 그리고 마침내 그럴 듯한 핑계를 찾아냈다. 1961년에 북한과 소련이 체결한 협정에 따르면 소련은 북한을 군사적 공격행위로부터 보호할 의무가 있다. 그러나 푸에블로호 나포는 북한의 공격행위이므로 소련이 여기에 개입할 의무는 없다는 논리였다.

어쨌든 1971년과 1972년 사이 무렵엔 이러한 모험적이고 때때로 유혈이 낭자했던 노력들이 아무런 효과도 없다는 것이 분명해졌다. 남한의 대중들은 총을 들고 산으로 들어갈 기색이 전혀 없었다. 보통의 남한 사람들은 여전히 반공주의자들로 남아 있었고, 그렇지 않은 경우에도 북한을 매우 의심스럽게 여겼다.

이러한 상황 속에서 북한 지도부는 입장을 바꿔 남한과 비밀 협상을 시작했다. 모종의 한시적 공존(다가오는 혁명 전까지는)이 필요하다는 판단에서였다. 1972년 7월 4일, 남한과 북한은 남북공동성명을 발표한다. 남과 북이 궁극적으로 평화통일을 위해 협력한다는 내용을 담고 있었다. 그야말로 수사修辭에 불과한 것이었지만 공동성명은 두 개의 한국이 필요할 때 대화를 시작하고 교류할 수 있는 기본틀을 제시했다. 상호 불인정 정책은 오늘날까지 계속되고 있지만 (그리고 앞으로도 당분간 그럴 듯싶지만) 1972년 이후로 서울과 평양은 여러 가지 방식으로 직접 소통을 유지해오고 있다.

그러나 이후에도 잊을 만하면 혁명적 모험주의로 퇴보하는 사건이 발생했다. 1983년, 북한 공작원들은 버마(미얀마)의 랭군에 강력한 폭탄을 설치한다. 당시 남한 대통령 전두환이 그곳을 방문할 예정이었다. 폭탄이 너무 일찍 폭발하는 바람에 대통령은 살아남았지만 다른 고위 각료들이 사망했다. 버마어를 전혀 하지 못했던 세 명의 북한 공작원들은 탈출에 성공하지 못했다. 두 명은 자살을 기도했으나 실패하고 생포됐으며, 다른 하나는 버마군과의 총격전 끝에 사살됐다. 버마(버마는 결코 북한과 사이가 나쁜 적이 없었다)는 물론이고 중국조차도 이 모험주의에 분통을 터뜨렸다.

공공연한 폭력행위의 또 다른 사례는 1987년 11월에 북한 정보요원 둘이 저지른 남한 여객기 폭파 사건이다. 이는 서울이 1988년 올림픽을 개최하기에 불안한 장소라는 인상을 심어주기 위해 자행된 것으로 보인다. 폭파로 인해 115명의 승무원과 승객들(대부분이 중동에서 고향으로 돌아오던 건설 노동자들이었다)이 사망했다. 범인들 중 한 명은 생포되었고 다른 하나는 자결했는데, 이 공작의 정치적인 효과는 제로에 가까웠다.

이밖에도 공개되지 않았거나 취소된 유사한 작전들이 있을지도 모른다. 그러나 1970년대 중반부터 북한 지도부는 모든 것을 고려해볼 때 남한에서 혁명이 일어날 가능성이 없다고 결론 내렸다. 평양의 의제에 남한의 '혁명군'을 지원하겠다는 말이 사라진 적은 없었으나, 시간이 지날수록 그 강도는 점차 줄어들었다. 경제가 산산조각이 나기 시작한 1990년대 초반부터 평양의 의제는 공격이 아닌 방어의 필요성에 초점이 맞춰졌다.

### 우상

김씨 가문에 대한 개인숭배는 건국 초기부터 현재까지 이어지고 있는 북한 사회의 기괴한 특징이다. 여타 종교들과 마찬가지로 북한의 개인숭배 또한 여러 우상을 만들어냈다. 통상 김씨 가문의 주요 인물 네 명이 우상으로 표현될 만큼 위대하다고 여겨진다. 김일성 대원수, 김정일 원수(사후 2012년부터는 대원수 칭호 부여), 김정은 장군, 그리고 김정숙 장군(김일성의 첫 부인이자 김정일의 어머니)이 그들이다. 가족의 다른 일원들도 우상으로 표현되는 경우가 있기는 하나 이 네 명의 모습은 북한 전역에서 볼 수 있으며 여러 가지 형태로 등장한다.

북한은 초상화의 나라다. 건국 초기에도 김일성의 초상화는 흔했지만 1970년대부터는 모든 가정이 위대한 수령님의 초상화를 가지고 있어야 한다는 명령이 내려졌다. 국가는 주민들에게 초상화를 주고 거실에 걸어놓도록 지시했다. 초상화가 걸린 벽에는 다른 장식이 허용되지 않았으며 초상화를 주기적으로 깨끗하게 닦아야 했다. 1972년부터는 북한의 모든 공장과 철도역, 공항 입구에 김일성의 초상화가 걸리기 시작했다. 1980년대 중반부터는 초상화가 모든 철도 및 지하철 차량에도 걸렸으나 무슨 이유인지 버스나 전차에는 걸려 있지 않다. 1970년대 말부터 북한 주민들은 정형화된 김정일의 초상화를 수령님 초상화 옆에 놓으라는 지시를 받았다.

1990년대부터는 한층 더 복잡해졌다. 이때부터 모든 북한의 가정에는 세 개의 초상화를 두게 되었다. 김일성 초상화와 김정일 초상화, 그리고 이 두 위대한 지도자들이 뭔가 중요한 이야기를 하고 있는 모습의 초상화였다. 특권층들은 운좋게도 다른 제3의 초상화를 가질 수 있었다. 바로 김정숙의 초상화이다. 알 수 없는 이유로 많은 사무실에서는 위대한 수령 동지와 경애하는 지도자 동지의 초상만을 두고 있다.

개인숭배의 또 다른 중요한 우상으로는 1970년대 초부터 북한의 모든 성인들이 평생 부착하고 다니도록 되어 있는 배지badge가 있다. 통상적으로 배지에는 김일성이 그려져 있다.(드물지만, 김정일이 김일성과 같이 그려져 있는 경우도 있다.) 배지들은 엄청나게 많으며, 경험 많은 관찰자라면 어느 북한 사람이 부착하고 있는 배지만 보더라도 그 사람에 대해 많은 것을 알 수 있다. 일부 중요한 기관의 관리들은 독특한 종류의 배지를 지급받는다.

동상도 빼놓을 수 없다. 김일성 동상은 1940년대 말부터 등장하기 시작했지만 대부분은 1970년대와 1980년대에 건립되었다. 주요 시·도 중심지마다 김일성의 동상이 있다. 동상이 없는 경우, 해당 지역에는 김씨 가문의 인물 한 명이 그려진 커다란 벽화가 대신 놓여 있을 것이다. 이러한 벽화는 도시의 주요 갈림길이나 가끔씩 시골에서도 볼 수 있다.

공식 명절 기간에는 모든 북한 주민이 동네의 동상을 찾아 절을 하고 대원수에게 헌화해야 한다.(보통 김일성에 대해서이지만 몇몇 도시에서는 김씨 가문의 다른 일원을 기념하기도 한다.) 가장 거대하고 중요한

평양 김일성 광장에 나란히 걸린 김씨 부자의 초상. 우상숭배에 관한 한 북한은 인류 역사의 맨꼭대기에 자리해 있다고 해도 과언이 아니다.

동상은 평양 시내 만수대에 있다. 22$m$ 높이의 이 동상에는 원래 금박이 입혀져 있었으나 1977년 어떠한 이유로 금박을 벗겨내고 금빛 페인트로 칠했다. 2012년 4월, 이 동상에게 친구가 생겼다. 김정일 원수(이제는 대원수)의 동상이 아버지 동상 옆에 세워진 것이다. 아버지의 동상은 성형수술을 좀 받았다. 원래 매우 근엄해 보였던 얼굴에 안경과 미소가 덧씌워졌다. 흥미롭게도 김정일 생전에는 그의 동상이 거의 세워지지 않았다.

신성한 물건들이 으레 그렇듯, 비상시에 동상과 초상화는 최우선적으로 보호되어야 한다. 북한 주민들은 초상화를 반드시 지켜야 한다고 교육받는다. 일례로 2007년, 북한의 공식 매체는 그해 8월에 일어났다고 하는 사건을 대대적으로 보도했다.

극심한 홍수 속에서 북한 이천군의 공장 노동자 강형권 씨가 물살을 헤치며 대피하고 있었다. 물에 잠긴 집을 벗어나면서 그는 그의 삶에서 가장 중요한 두 가지를 챙겼다. 그의 다섯 살배기 딸과 김일성 대원수와 김정일 원수의 초상화들이었다. 갑자기 물살이 세지는 바람에 그는 딸을 놓쳤고, 그대로 물속에 잠겨버렸다. 그러나 그는 신성한 그림들만은 놓치지 않았다. 북한 언론은 강형권 씨를 살아 있는 영웅으로 극찬하며 주민들이 그를 본받기를 권했다.

## 명령 사회

김일성이 통치하던 수십 년간, 북한은 일반 시민의 공적·사적 삶에 대한 국가의 통제가 그 어떠한 국가에서도 볼 수 없었던 수준으로까지 이뤄지는 사회가 됐다. 그것은 이 사회적 실험의 원형인 스탈린 시대의 러시아도 도달하지 못한 경지였다. 어떠한 의미에서 김일성과 그 지지자들은 스탈린을 능가한 것이다.

북한의 경제 생활에서 사적 동기는 거의 절멸되었으며 화폐의 역할은 크게 감소했다. 김일성의 북한에서 자유롭게 사고팔 수 있는 물건은 거의 없었다. 1957년에 쌀과 기타 곡물의 개인적인 매매가 금지되었으며, 곡물(북한 주민들의 식생활에서 가장 중요한 열량의 원천이다)은 오직 국가가 분배했다. 이때부터 1990년대까지 곡물은 거의 대부분 배급체제를 통해서만 구할 수 있었다. 모든 북한 주민들은 일일 섭취량이 고정된 곡물을 배급표와 교환할 수 있었다.

배급량은 직업에 따라 결정되었다. 평범한 성인 노동자는 하루에 700g의 곡물을 배급받았고, 주부는 거의 300g 정도를 받았다. 격한 육체 노동을 하는 사람(탄광 노동자나 제트기 조종사)은 가장 많은 900g을 받을 수 있었다. 배급량 중 쌀과 다른 (영양가가 덜한) 곡물의 비율은 거주 지역에 따라 달랐다. 풍족했던 1970년대에 평양의 특권 계층은 배급량의 절반 이상을 쌀로 받았으나 시골에서는 배급량의 거의 전부가 옥수수나 밀가루였다. 쌀은 특별한 날에나 받을 수 있는 사치품이었다.

1973년, 경제가 악화되기 시작하면서 배급량이 처음으로 줄어들었다. 일반 성인의 배급량은 607g으로 줄었다. 두번째 감소는 1987년이었다. 일반 성인의 배급량이 547g으로 줄었다. 이러한 감소는 공식적으로는 '자발적 기부'로 취급되었지만, 그 누구도 북한 주민들에게 그들의 식량을 국가에 '기부'하겠느냐고 묻지 않았다.

배급제는 곡물에만 적용된 것이 아니었다. 다른 식품들도 배급제로 분배되었다. 주민들은 간장·달걀·배추 등을 비롯한 전통적인 한국 음식 재료를 배급받았다. 고기는 1년에 수차례, 보통 명절 전에 비정기적으로 배급되었다. 생선을 비롯한 해산물들은 비교적 자주 배급되는 편이었다. 가을에는 때때로 사과나 수박 같은 과일도 배급되곤 했다.[21]

배급 방식에 차이는 있지만 대부분의 기본 소비재들도 배급제로 분배되었다. 1960년대와 1970년대 소비사회의 상징과도 같았던 손목시계와 흑백 텔레비전 등은 작업장을 통해 배분되었다. 몇몇 경우에는 높은 성과를 낸 사람에게 특별히 값비싼 물건을 '위대한 수령님의 선물'로 제공하기도 했다. 이러한 방식의 분배는 국가의 이데올로기 선전을 위해서도 좋았다. 북한 주민들에게 누구의 지혜와 노력 덕택에 자신들이 잘 먹고 잘 사는지를 상기시키기 때문이다.

흔히 주장되는 것과는 달리, 북한에서 사적 시장이 완전히 금지된 적은 없다. 비록 이런 저런 규제가 있고 소규모이기는 했지만 시장은 존재했다. 그러나 김일성 시절의 북한 주민들은 시장에서 장을 보는 일이 별로 없었다. 시장에 매물로 나오는 물건들은 바가지가 많았고 대개 사치품으로 여겨졌다. 닭 한 마리를 사는 데 자기 월 소득의 절반 이상을 부담할 사람은 없을 것이다. 1980년대 초 북한 시장에서 닭 한 마리의 가격이 그랬다. 따라서 대부분의 경우 북한 주민들은 배급으로 받는 것에 퍽 만족하고 있었다.

모든 신체 건강한 북한의 남성들은 국가를 위해 일을 해야 했다. 이 의무는 매우 효율적으로 강제되었다. 1956년에서 1958년 사이에 모든 중소 공장들이 국유화되었고, 농부들은 협동농장에서 일하도록 강요받았다. 이 '협동농장'은 이름과는 달리 본질적으로 국가 소유의, 국가가 경영하는 농장이었다. 농부들 또한 700g의 배급을 받고 일했다. 다른 점이라면 도시에서는 한 달에 두 번 배급을 받았지만 이들 농부들은 1년에 한 번, 추수가 끝난 후에 배급을 받았다는 것이었다.

협동농장으로의 전환은 모든 공산주의 국가에서 볼 수 있는 특징이지만 북한의 협동농장은 특이한 점이 있었다. 가장 중요한 특징은 북한 농부들에게는 매우 작은 크기의 텃밭만 허용되었다는 사실이다. 스탈린 체제의 소련에서 농부는 보통 300평 이상의 개인 텃밭을 소유했지만, 김일성 체제의 북한에서 개인 텃밭은 30평을 넘을 수 없었다. 게다가 이렇게 작은 텃밭조차도 모든 농부들이 가질 수 있는 게 아니었다. 북한 당국은 다른 소득이나 영양섭취 수단이 없어야 농부들이 국가 소유의 논밭에 모든 시간과 정력을 쏟아부을 것이라고 판단했다.

이는 소련의 방식과 사뭇 다르다. 1930년대의 강요된 집단농장화

이후에도, 농부들의 개인 텃밭이 소련의 전체 감자(당시 러시아에서 열량의 주된 원천이었다) 생산량의 절반 이상과 기타 채소 생산량의 상당 부분을 담당했다. 이러한 상황은 수십 년이 지나도 크게 바뀌지 않았다. 1970년대 초반, 소련의 소비자들은 60% 이상의 감자와 달걀을 개인 농장으로부터 공급받았고, 사적 농업은 전체 과일·채소·육류·유제품 공급의 40%를 담당했다.[22] 공산주의 베트남에서도 유사한 경우를 볼 수 있다. 농부들은 전체 토지의 5% 정도를 개인 텃밭으로 사용할 수 있었다. 1960년대와 1970년대 사이, 북베트남의 농부들은 개인적 농사일에는 국가로부터 비료 등을 지원받지 못했음에도 불구하고, 수입의 60~75%를 이 '5% 텃밭'에서 거두었다.[23] 북한의 농부들에겐 이러한 선택지가 애초부터 없었다. 정책입안자들은 개인 소유 농장을 가꾸고자 하는 유혹이 없어져야 협동농장에서 보다 효율적으로 일하리라고 생각한 것이다.

소련에서는 보통 사람들이 스스로 직업을 구하러 다녔지만, 북한의 체제는 그런 위험한 자유주의적인 행동을 용납하지 않았다. 고등학교를 졸업하고 나면 직업이 배정되었다. 학업 성적이 우수하고 정치적으로 믿을 수 있는 사람들에게는 대학 입학 시험을 치를 기회가 주어졌다. 직업을 바꾸는 것은 가능했지만 사전에 당국의 허가를 얻어야 했고 많은 문서작업이 필요했다.(여성이 결혼하고 나서 전업주부가 되는 것은 예외였다.)

김일성 치하 북한에서 가장 현저한 특성은 당국이 주민들의 일상생활을 놀라운 수준으로 통제했다는 것이다. 1960년대부터 1990년대까지의 북한에 비하면, 스탈린 시대의 러시아조차도 상대적으로 자유로운 곳으로 보일 정도다. 북한 정부는 개인 삶의 거의 모든 영역을 통제하고자 부단히 노력했으며 그 노력은 매우 성공적이었다.

거주지 이전은 오직 당국의 허가를 받아야만 가능했다. 허가는 보통 국가경제의 필요(실제이든 혹은 그렇다고 여겨졌든 간에)에 따라 어떤 사람이 다른 곳에서 일을 해야 할 때에 내려졌다. 다만 여성은 결혼 후 남편이 거주하는 곳으로 이사할 수 있었고, 실제로 그렇게 하도록 기대되었으므로 예외였다.

장기간의 거주뿐만 아니라 짧은 여행도 당국의 사전 허가를 받아야 했다. 북한 주민은 지역 당국에서 발행하는 특별 허가 없이는 살던 행정 구역을 벗어날 수 없었다. 유일한 예외는 공식 거소 등록이 되어 있는 지역에 인접한 곳을 방문할 경우였다. 만일 허가증 없이 거주 구역을 벗어났다가 적발되면 거주 구역으로 '추방'되고 조사와 함께 그에 따른 처벌을 받게 된다.

공무로 여행하는 것이 아닐 경우 여행허가증을 받기 위해서는 합당한 사유가 필요했다. 여행 신청은 신청자가 일하는 곳의 당 서기에게 1차로 허락을 구한 다음 흔히 지역 관청의 제2부라고 일컬어지는 곳(이 부서는 경찰들로 이루어져 있다)의 승인을 받아야 했다. 여행허가증은 목적지와 여행 기간을 명시하고 있으며, 표를 구매하거나 여관 또는 친지의 집에서 숙박할 때 제시되어야 했다. 평양이나 비무장지대 근처와 같은 특별한 곳을 방문할 때에는 내무성이 승인한 특별허가증이 필요한데 이 '한정 수량 허가증'은 구하기가 극히 어려웠다.

조금 다른 이야기이지만, 북한의 '여행허가증' 제도는 다른 공산주의 국가들과 비교해서도 유별난 구석이 있다. 소련 출신인 필자는 예전에 일반 서구인들이, 소련 시민들이 국내를 여행할 때는 공식 허가를 받아야 했었다고 생각한다는 걸 알고 놀란 적이 있다. 적어도 스탈린 이후의 소련에서는 그렇지 않았다.(그리고 대부분 도시의 경우에는 심지어 스탈린 시절에도 그렇지 않았다.) 소련에 보통 사람들이 여행할 수 없는 구역이 있기는 했지만 이들 구역은 멀리 떨어져 있었고 그 수도 적었다. 원하는 도시에서 살 수 있는 권리는 물론 제한되었지만, 기본적으로 구소련에서 짧은 기간의 여행에는 아무런 제약이 없었다.

국내 여행 통제는 물론이고 전반적인 감시를 수행하는 데 특별한 역할을 맡고 있는 북한만의 독특한 기구가 있다. '인민반'이라고 알려진 이 조직의 감시 기능은 1990년 초반부터 쇠퇴했지만, 이 기구는 여전히 존재하고 있다.

통상적인 인민반은 20~40가구로 이루어진다. 대부분의 북한 마을에서처럼 주택들이 따로 떨어져 있는 경우에는 인민반 하나가 한 블록의 모든 거주자들을 포함한다. 반면 아파트 같은 주거지역에서는 인민반 하나가 한 라인의 모든 가구(건물이 그리 크지 않은 경우 인접한 라인 두세 개를 묶기도 한다)를 포함한다. 인민반 소속에서 벗어날 수 있는 사람은 기본적으로 없다. 나이와 성별을 불문하고 모든 북한 주민들은 각자의 인민반에 속한다.

인민반의 반장은 언제나 여성이 맡는다. 대개 중년의 여성이다. 반장의 업무는 동네를 관리하는 일반적인 일(쓰레기 청소 등)부터 감시에 관련된 일까지 다양하다. 반장은 자기 관할 인민반에 속한 모든 가구의 소득과 재산, 소비 성향에 대해 파악하고 있어야 한다. 필자는 연구 프로젝트를 위해 과거 인민반 반장을 맡았던 몇몇 사람들을 인터뷰한 적이 있는데 이들 대부분이 교육중에 들었다는 다음과 같은 말에 놀랐던 기억이 있다. "인민반 반장은 각 가정에 숟가락과 젓가락이 몇 개나 있는지 알아야 한다!"

경찰은 인민반의 활동을 감독한다. 모든 인민반에는 '상주 경찰관'이 배정되어 있고, 상주 경찰관은 주기적으로 인민반 반장을 만난다. (사실 반장 임명은 이 경관의 허가를 받아야 한다.) 이때 인민반 반장은 자기 관할 구역에서 발견한 의심스런 행동들을 보고해야 한다.

인민반은 주민들의 이동을 통제하는 데에도 중요한 역할을 한다. 매일 저녁 인민반 반장은 관할 인민반에서 하룻밤 머물고자 하는 모든 외부 방문객들을 기록해야 한다. 친척이나 친구가 하루 묵고 갈 때도 해당 가구는 이를 인민반 반장에게 보고해야 한다. 그럼 반장은 이 방문객의 신분증을 (방문객이 다른 시나 도에서 왔으면 여행허가증 또한) 확인한다. 1년에 수차례, 특별 지정된 경관과 인민반 반장이 새벽에 불심검문을 벌이기도 한다. 각 가구에 보고한 대로의 인원이 숙박하고 있는지 확인하기 위해서이다. 불심검문 때 이들은 라디오에 붙어 있는 봉인도 확인한다. 외국 방송이 나오는 채널 선택이 불가능하게 되어 있는지를 확인하는 것이다.

인민반 제도 외에도 언제나 감시 및 사상주입이 가능하게끔 하는 제도가 있었다.(그리고 엄밀하게는 여전히 존재한다.) 바로 '조직생활' 정책이다. '조직생활'이 품고 있는 의미는 모든 북한 주민은 그의 사회 활동을 통제하고 지시하는 특정한 '조직'에 소속되어 있어야 한다는 것이다. 조직생활 정책을 간략하게 설명하자면, 거의 모든 북한 주민들은 14세에 소년단에 가입해야 한다. 이들 중 소수는 집권당인 조선노동당에 가입할 수 있다. 일반에 알려진 것과는 달리, 당원이 된다는 것 자체는 특권이 아니다. 사실 노동당의 평당원들은 종종 일반 주민들보다 더 엄격한 요구를 받는다. 그러나 어떠한 식으로든 사회적 지위를 상승시키는 데 필수 요건이었기 때문에(거의 모든 경우 노동당원들만 승진이 가능했다), 김일성 시절에는 신분 상승의 욕구와 야심을 가진 이들일수록 당원이 되기를 갈망했다.

노동당에 가입하지 못한 주민들은 30세가 될 때까지 소년단원으로 머무르다 각사의 식장에서 직업총동맹에 가입한다.(농부들은 직업총동맹 대신 농업근로자동맹에 가입한다.) 주부들도 감시와 사상주입의 촘촘한 그물망을 벗어나지 못한다. 여성이 결혼 후 직장을 그만두면 자동으로 민주여성동맹에 가입되어 '조직생활'에 대한 지도를 받는다.

모든 북한 주민이 직장에서는 위에서 언급한 다섯 개의 '조직' 중 하나에 소속되어 있으며, 사는 동네에서는 인민반에 소속되어 있다는 사실이 중요하다. 이 제도의 중요성은 1990년대부터 줄어들었지만 여전히 작동하고 있다.

보통 '조직생활'은 지루하고도 잦은 모임의 연속이다. 통상적으로 매주 세 번의 모임이 있는데 각 모임은 보통 1~2시간 정도 진행된다. 모임 중 두 번은 사상 주입을 위한 것으로, 참석자들은 위대한 김일성 수령과 그 가족의 위대함과 조선노동당이 이룩한 빛나는 성과, 그리고 북한 경제가 이룩한 전무후무한 승리에 대해 교육을 받는다. 미국 제국주의의 악랄한 본성과 남한 민중들의 궁핍함과 고통에 대한 이야기도 자주 나온다.(그러나 곧 다루게 될 것이지만 최근 10여 년 동안에는 남한 주민의 고통에 대해선 약간 다른 식으로 다루어졌다.)

그런데 매주 이루어지는 세 번의 모임 중 나머지 하나는 그 성격이 꽤 다르다. '생활총화'라고 불리지만 그보다는 '자기비판 및 상호비판 시간'이라고 풀어서 설명해야 더 이해하기 쉽다. 생활총화의 모든 참석자(다시 말해 14세 이상의 모든 북한 주민)는 지난 한 주를 돌아보면서 자신이 행한 잘못과 건전하지 못한 행위들을 간략하게 보고해야 한다.

같은 '조직' 소속의 다른 사람들은 바로 그 자리에서 해당 발표자의 잘못(발표자가 발표한 잘못이든 발표하지 않은 다른 잘못이든)을 비판해야 한다. 물론 생활총화는 실제로는 연극적인 면모가 더 두드러진다. 세상 사는 법을 아는 주민들이 심각한 문제가 벌어질 만한 일은 이야기하면 안 된다는 걸 알기 때문이다. 통상적으로 참석자들은 근무교대 시간에 늦거나 위대한 수령님의 초상화를 관리하는 데 충분히 부지런하지 못했다는 등의 잘못을 보고한다.(놀랍게도 후자는 그리 큰 탈선으로 여겨지지 않는다.) 그럼에도 불구하고 이런 자기비판과 상호비판의 시간은 주민들을 통제하는 데 유용하고, 드물게는 중대한 이념적 탈선을 발견하게도 한다.

김일성 시절 북한의 특징 중 하나는 세습 집단의 재부상이었다. 각 집단은 분명하게 규정된 특권과 제한을 갖고 있었다. 이런 측면에서 김일성의 북한은 고정된 세습 계급이 존재했던 전근대 사회와 놀라울 정도로 유사하다. 1957년부터 북한 당국은 모든 북한 주민들의 가족 배경을 점검하는 지난한 작업을 실시했다. 이 대규모 프로젝트는 1960년대 중반에 대부분 완료되었고 본질적으로 카스트와 유사한 제도를 탄생시켰다.

북한 주민들은 이 제도를 '성분'으로 지칭한다. 성분 제도에 따르면, 모든 북한 주민들은 '핵심' '동요' '적대'의 세 가지 계층 중 하나에 속한다. 대부분의 경우 주민들은 부계 조상들이 1940년대와 1950년대에 무엇을 했는지에 따라 분류된다.

옛 지주나 기독교인, 승려, 사기업가, 일제에 부역했던 사람들을 비롯하여 다른 '의심 분자'(예를 들어 매춘부나 무당)들의 자손들은 적대 계층으로 분류된다. 이들은 상당한 차별을 받는다. 적대 계층 출신의 사람들은 좋은 대학에 입학할 수 없으며 주요 도시에 거주할 수 없다. 이런 규제는 문제가 된 장본인의 증손자까지도 적용된다 .

반면에 부계의 조상이 김씨 가문 체제의 성립이나 방어에 크게 공헌한 사림일 경우 핵심 계층으로 간주된다. 이 특권 계층에는 한국전쟁 당시 전사자나 북한 체제에서 그 행동을 찬양받은 사람들의 후손들도 포함된다. 원칙적으로 이 계층 출신들만이 고위직에 오를 수 있다.

또한 원칙적으로 북한 주민은 자신은 물론 자식의 계층도 바꿀 수 없다. 나쁜 출신성분을 지닌 이가 좋은 성분으로 재분류되는 건 아주 예외적인 경우에만 가능하다. 이를테면 홍수 속에서 김일성의 초상화를 구하는 것과 같은 영웅적인 행위를 했을 때 말이다.

출신성분은 부계로 대물림된다. 필자는 혁명유격대원의 자손으로 성분이 매우 좋은 부인이 있는 가족을 알고 있다. 그러나 그의 남편은 소지주의 자손이었고, 때문에 이 부부의 자식들은 좋은 대학에 입학할 수가 없었다. 물론 이토록 성분의 차이가 큰 결혼은 드물다.(이들은 필자가 평생 목격한, 가장 오랫동안 완벽한 결혼생활을 유지한 부부였다.) 다른 계층화된 사회와 마찬가지로 북한에서도 젊은이들, 그리고 그들의 부모들은 더욱 낮은 출신성분과 결혼하는 것을 탐탁하게 여기지 않는다. 따라서 결혼은 보통 사회적 지위가 비슷한 가족들끼리 이루어진다. 필자가 만나본 북한 주민들은 결혼 상대를 고르는 데 출신성분이 중요하며, 심지어 결정적이기까지 하다는 이야기를 수도 없이 했다.

성분 제도는 근대적인 감수성을 가진 이들에게 매우 불공정한 것으로 보일 수 있지만, 주민들을 통제하는 데는 분명 효과적인 방식이다. 김일성의 북한에서 정권에 반대하려는 사람들은 저항을 시도할 경우 자신만이 그 대가를 치르는 게 아님을 잘 알고 있다. 정권에 도전하려는 사람들은 자신들의 직계 가족들이 몇 대에 걸쳐 차별의 대상이 될 것임을 안다. 말할 필요 없이, 이는 주민들로 하여금 체제를 바꾸고자 할 엄두조차 내지 못하게 한다.

모든 공산주의 체제들은 자기 체제의 주민들이 허용되지 않은 외부 세계의 정보로부터 격리돼야 한다고 생각했다.(그리고 거기에는 충분히 납득할 만한 이유가 있다.) 그러나 그 어떤 체제도 정보통제에 있어 북한에 견줄 수 없다. 이토록 놀라울 정도의 폐쇄성은 분단 국가로서 북한이 처한 독특하면서도 취약한 여건의 결과다.

애초 북한 정권이 1960년대에 강력한 고립정책을 도입했던 것은 아마도 북한 주민들이 '수정주의'로 돌아선 소련으로부터 위험한 자유주의적 사상에 물들지 않도록 하기 위해서였을 것이다. 그러나 1970년대가 되면서 북한 지도자들의 가장 큰 정치적 걱정은 남쪽의 '경제 기적'이 되었다. 지배 엘리트들은 다른 사회적·정치적 체제를 사는 남쪽의 동포들이 누리는 풍요에 대해 평범한 북한 주민들이 알지 못하도록 막아야 했다. 시간이 지날수록 두 한국의 격차는 벌어졌고, 북한 체제를 폐쇄적으로 유지하는 것의 정치적 중요성 또한 점점 더 커져갔다.

북한은 평시에도 채널 조정이 가능한 라디오의 사용을 금지시킨 유일한 나라였다. 1960년대부터 오늘날까지 북한에서 공식적으로 판매되는 모든 라디오는 채널이 고정되어 있어 소수의 공식 채널 방송만을 들을 수 있다. 현금을 주고 상점에서 산 라디오나 해외에서 산 라디오(이는 불법이 아니다)는 구입 즉시 경찰에게 제출하여 기술자에 의해 채널 선택이 고정되도록 손봐야 한다. 기술적인 지식이 있는 사람이라면 쉽게 이 채널 고정을 해제할 수 있다. 따라서 모든 개인 소유의 라디오에는 봉인이 부착된다. 앞서 언급한 불심검문 때 인민반 관리자와 경찰은 이 봉인이 그대로 있는지를 확인한다.

이는 소련과는 명백히 대조되는 모습이다. 스탈린 사후, 외국의 방송을 듣는 것은 합법적인 행위였다. 그 방송의 내용이 체제전복적이라고 할지라도 말이다. 소련에서 외국 방송은 자주 전파 교란을 받았지만 이는 주요 도시의 바깥에서는 별로 통하지 않았다. 그리고 고급의 단파 라디오는 상점에서 쉽게 구입이 가능했다. 1984년의 연구에 따르면 소련의 성인 중 14~18%는 〈미국의 소리〉(미국 해외정보국이 홍보용으로 운영하던 방송. 지금은 독립기구가 됐다.—옮긴이)를 듣고, 7~10%는 〈BBC〉를, 그리고 8~12%는 〈자유라디오〉(CIA에서 지원한 대소련 선전 방송—옮긴이)를 들었다고 한다.[24] 그런데 이런 '퇴폐적일 정도의 자유'는 북한 사람들을 놀라게 했다. 1980년대 중반 필자로부터 소련에서는 외국의 방송을 듣는 게 완전히 합법적이라는 사실을 들은 북한의 하급 관리가 받은 충격을 기억한다. 어처구니없을 정도의 자유주의에 기겁한 그는 내게 "만약에 방송이 이념적으로 불건전하면 어떻게 하는가?"라고 물었다.

1960년대 말, 북한 당국은 북한 주민들이 당시 개인적으로 가지고 있던 외국 서적(대부분 소련 및 일본 서적)을 물리적으로 파손하는 대규모 캠페인을 벌였다. 도서관에 있는 모든 비기술 분야의 외국 발행물은 (지금까지도) 특별한 구역에 보관되어 있으며 비밀 취급 인가를 받은 사람들만이 읽을 수 있다. 놀랍게도 이는 공산주의 '형제' 국가의 발행물에 대해서도 마찬가지였다. 모스크바의 『프라우다』와 베이징의 『인민일보』는 『워싱턴 포스트』나 『조선일보』와 마찬가지로 체제 전복의 위험을 가진 것으로 여겨졌다.

북한 당국은 위험한 정보가 라디오나 인쇄물 같은 매체뿐만 아니라 북한 주민과 외국인끼리의 감독되지 않은 교류를 통해서도 침투해 들어올 수 있다는 걸 알았다. 그리하여 당국은 그러한 인간 교류를 최소화하고자 신경을 썼다. 북한 주민들은 분명한 공식 업무 외에 외국인과 접촉하는 일은 위험한 행위로 비칠 수 있다는 걸 언제나 알고 있었다.

필자가 1980년대 중반 평양에 살았을 때, 필자를 비롯한 소련의 교환학생들은 일상에 대한 엄청난 구속을 감내해야 했다. 어떤 제약들(예를 들어 영화관 출입을 금지하는 것 등)은 그 구실을 찾기 힘들었지만, 전체적인 함의는 분명했다. 이념적으로 오염된 소련의 학생들과 북한 주민들의 통제되지 않은 교류가 발생할 가능성을 완전히 차단하고고자 한 것이었다. 우리는 북한 학생들과 함께 수업을 들을 수 없었다. 그들의 집에 방문할 수도 없었고, 특정 박물관에도 갈 수 없었다. 심지어 외국인들은 주요 도서관의 열람실에 들어갈 수도 없었다. 대부분의 북한 성인들이 우리와 개인적인 접촉을 회피했음은 말할 것도 없다.

마지막으로, 조지 오웰도 혀를 내두를 제한사항이 있다. 북한 당국은 주민들로 하여금 외국의 매체는 물론이고 과거의 북한 공식 매체로부터도 격리시키고자 노력을 다했다. 북한의 모든 정기간행물과 사회적·정치적 주제를 다룬 상당수의 발행물들이 주기적으로 도서관의 열람실에서 특별 허가를 받은 사람만이 출입할 수 있는 곳으로 옮겨졌다. 정기간행물의 이동은 자동으로 이루어졌고, 신문의 경우에는 10~15년 이전의 모든 신문들이 일반에 비공개 처리되었다. 북한 정권의 정책 변화를 주민들이 눈치채지 못하게 하기 위한 것이다. 예를 들어 1970년대와 1980년대의 북한 정부는 자신들이 1940년대에 위대한 소련군과 스탈린 동지에게 바치곤 했던 찬사를 주민들이 알기를 원하지 않았다. 또한 1960년대 초 북한의 언론에 자주 등장했던 '소련식 수정주의'를 비판한 장광설이 알려지는 것도 바라지 않았다.

## 수용소의 나라

김일성정권은 잔혹한 면모를 두루 갖고 있었다. 그중에서도 주목할 만한 점은 국가가 공개적으로 폭력을 사용하기보다는 이념적 일탈의 예방을 강조했다는 것이다. 사상적으로 불건전한 생각들을 표현한 주민은 우선 '조직생활'과 인민반 제도를 통해 처리된다. 대부분의 주민들은 자신들이 언제든 감시의 대상이 될 수 있다는 걸 잘 알고 있고, 규칙을 위반하거나 공식 이데올로기에 조금이라도 회의를 표해서는 안 된다는 걸 잘 알고 있다. 그럼에도 불구하고 정치적 박해는 김일성 시절 북한의 일상사였다. 끊임없는 감시와 통제는 물론이고, 임의 체포와 폭력의 제도화된 사용은 내부 안정을 유지하는 데 중요했다.

그 결과 북한은 대규모의 수용소 제도를 갖추게 되었다. 수용자의 수는 1980년대 초 15만 명가량으로 추정되었다. 사실 이 숫자는 이후 수십 년 동안 안정적으로 유지돼왔다. 2011년에는 그 수가 15만4000명 정도로 추정됐다. 수용자 수가 더 많을 것이라는 견해도 있다.[25] 추정치는 위성 사진과 수용소에서 살아남은 사람들 그리고 전직 경비원들의 증언을 통해 수집한 것인데, 북한 정부는 수용자의 숫자에 대한 통계는 물론이고 수용소의 존재 자체를 인정한 적이 없다.[26]

어쨌든 위의 수치는 김일성 시절에 북한 인구의 0.6~0.7%가 정치범이었다는 것을 보여준다. 비교하자면, 이 비율은 스탈린 말기 소련의 인구 대비 정치범 비율보다 조금 더 높은 수준이다. 북한의 탄압 체제를 살펴보면 스탈린 모델을 따른 듯하지만 마오쩌둥의 영향을 받은 특징 또한 갖고 있다.

먼저, 이 체제는 보기 드물게 비밀스럽다. 북한의 정책결정자들은 스탈린의 소련에서는 통상적으로 열리던 공개재판이란 섬뜩한 전통을 거부했다. 북한 역사에 기록된 마지막 공개재판은 1955년에 조선공산당의 창설자이자 공산주의 1세대 중 가장 저명한 인물이었던 박헌영이 미국과 일본의 첩자라는 죄목으로 사형을 언도받았을 때 이루어졌다. 이후 김일성의 정적들은 흔적도 없이 사라지기 시작했다. 정부는 저명한 고위 인사가 어느날 남한이나 미국의 오랜 첩자였음이 밝혀졌다는 걸 대중에게 굳이 알리지 않았다. 설사 그러한 내용이 발표되더라도 이는 지배 엘리트들에게만 공개되었다. 물론 공식석상에서 사라졌다고 해서 반드시 그가 죽었다는 의미는 아니었다. 수년 내지 수십 년이 지나고 나서 그간의 행적에 대한 아무런 설명 없이 공식석상에 복귀하는 경우도 있었다.

여러 증거로 판단해보건대, 일반적으로 북한의 정치범은 자기 재판에 참석하지도 못하며 심지어 자신이 얼마나 복역을 하게 되는지도 알지 못한다. 정치범은 보통 직장이나 거리에서 보안원들에게 잡혀 심문기관에 끌려간 다음(체포될 때 누구에게도 이 사실을 알려서는 안 된다), 수용소로 보내진다. 소련과의 가장 큰 차이점은, 소련에서는 숙청이 가장 악랄하게 이루어졌던 스탈린 시절에도 최소한의 절차를 갖추기 위한 (10여 분 가량의) 가짜 재판이 필수였다는 것이다. 반면 북한의 정치범은 형 집행관을 만나고 나서야 자신이 무슨 범죄를 저질렀는지 알게 된다. 데이빗 호크는 북한에서 보통 '체포'라고 일컫는 것은 오히려 '강제 행방불명'이라고 불러야 마땅하다고 말한 바 있는데 그 말이 맞을지도 모른다.[27] 북한에서는 일반적인 범죄자들만이 재판이라는 사치를 누릴 수 있다. 그 재판이 아무리 편파적이고 불공정하더라도 말이다.

구소련을 비롯한 다른 국가들과는 달리, 북한은 일반 재소자를 수용하는 곳과 정치범을 수용하는 곳을 확연히 구분해놓았다. 정치범 수용소는 '관리소'라고 불리며, 현재 이러한 수용소는 여섯 개가 운영 중이다. 과거에는 열 개 이상의 관리소가 운영 중이었으나 몇몇은 폐쇄되고 나머지 관리소의 규모가 더 커졌다.

또 다른 주목할 만한 특징은 북한의 억압 제도가 가족책임제(연좌제)로 이루어져 있다는 것이다. 김일성 시절에 생겨난 연좌제는 1990년대 후반 김정일이 권좌에 오른 뒤로 많이 완화되었다. 한 사람이 정치범으로 잡히면 그의 가족 전부가, 보다 엄밀하게 말하자면 그와 주소지를 공유하는 모든 사람들과 그의 친척들이 수용소에 보내진다. 그러나 정치범 본인과 같이 수용되지는 않는다. 연좌제의 광범한 적용 역시 스탈린 시절과의 차이점이다. 스탈린 시절에는 가장 주요한 숙청 대상의 가족들만이 수용소로 보내졌으나, 김일성 치하에서는 상대적으로 가벼운 정치범에게도 연좌제가 일상적으로 적용되었다.

사실 북한 체제의 안정성에 기여한 요인에 연좌제도 포함될 수 있을 것이다. 북한의 억압 체제는 매우 비밀스럽게 유지되고 있지만 누군가가 정치적으로 부적합한 말을 하거나 행동을 하면 그 사람뿐만이 아니라 전 가족이 사라진다는 건 북한 주민들 사이에서 기초 상식에 가까웠다. 자신의 목숨을 걸 각오가 되어 있는 사람들도 전 가족이 (아직 태어나지도 않은 후손들까지도) 끔찍한 대가를 치러야 할 것이라는 두려움 앞에선 주저하기 마련이다.

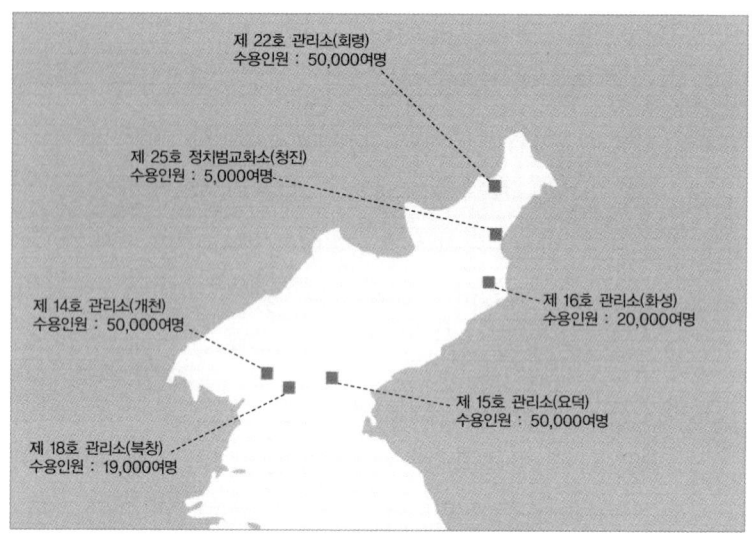

북한의 정치범 수용소는 1947년 처음 세워진 이래 이합집산을 거치며 현재는 6개소가 운영되고 있으며, 2011년 기준 약 15만4000명이 수감돼 있는 것으로 알려졌다.

　연좌제의 대표적인 사례는 북한 수용소에서 살아남은 사람들 가운데 가장 유명한 사람인 강철환의 운명을 들 수 있다. 강철환은 일곱 살 때 가족들과 함께 15호 관리소(요덕수용소로 더 잘 알려져 있다.─옮긴이)에 수용돼 10년을 보냈다. 총련 출신의 운동가였던 그의 할머니와 평양에도 상당한 영향력을 행사하고 있었던 악명 높은 총련 지도자 한덕수와의 해묵은 갈등 때문이었다. 강철환의 가족은 '사회주의 조국'으로의 귀환을 택한 사람들과 함께 북한으로 들어왔으며, 그의 할아버지는 성공한 사업가로서 만수대의 거대한 김일성 동상을 세우는 데 많은 돈을 기부했다. 그러나 강철환의 가족이 북한에 입국하자 한덕수는 과거의 한풀이를 작심했고, 성공적인 북한 공작원의 딸이었던 강철환의 어머니를 제외한 모든 가족이 수용소로 보내졌다. 어린이들이 많았기 때문에 수용소 내에도 학교가 있었다. 정치범이 교사 역할을 했다. 강철환도 이런 수용소 학교를 졸업했다.[28]

이 이야기는 다른 측면에서도 흥미롭다. 가족을 곤경에 빠뜨린 것은 강철환의 할머니가 지닌 민족주의 혁명가적 열정이었는데, 주요한 처벌은 정치와는 거리가 먼 사업가였던 강철환의 할아버지에게 내려졌다. 역설적이기는 하나 이는 북한 사회가 얼마나 뿌리 깊게 가부장적인지를 보여주는 사례라 할 수 있다. 남자가 가장으로서 집안에서 벌어지는 모든 일을 감독하고 부적절한 행동은 중단시켜야 한다는 관념 아래 남성이 '그의' 여자가 저지른 잘못에 책임을 져야 한다는 것이다.

수용소 내부는 통제가 비교적 덜한 편인 '혁명화구역'과 보다 엄격한 '완전통제구역'으로 나뉜다. 완전통제구역의 수용자들은 가족들과 함께 살 권리를 박탈당하며 죄수와 같은 처지에서 살아간다. 이들은 종신 수감되는 것으로 간주된다. 반면 혁명화구역은 악명 높은 소련의 굴락gulag과 같은 수용소에 비하면 상대적으로 느슨한 편이다. 이 구역은 18호 관리소와 15호 관리소 두 군데에만 존재하는 것으로 알려져 있다. 혁명화구역에서는 수용자들이 가족들과 함께 독립적인 가옥에서나 가족 거주지에서 살 수 있다. 그들은 거기서 노역을 하며, 보통 우리가 수감자에 대해서 떠올리는 것과는 달리 지정된 구역 내에서는 이동이 가능하다. 예외적인 경우에 수용자는 집에 편지를 쓸 수도 있다.(물론 이는 드문 경우로 18호 관리소에서만 허용됐던 것으로 알려져 있다.) 그러나 대부분의 경우, 수용자는 외부와 완전히 격리된다. 친구나 가족들은 그에게 무슨 일이 일어났는지 모르지만 이것저것 묻고 다니면 곤란하다는 걸 안다. 북한 수용소의 두 구역 간 가장 중요한 차이점은 혁명화구역의 수용자들은 때때로 석방되기도 한다는 것이다. 완전통제

구역보다 혁명화구역에 대한 정보가 더 풍부한 것은 그런 연유다.

정치범의 가족들은 해당 정치범이 사망할 경우 석방될 수 있는 것으로 보이지만, 실제로 그런지는 확실치 않다. 또한 주요 정치범은 대개 가족들과 떨어져 완전통제구역과 같은 다른 구역으로 보내지며, 살아 돌아올 가능성이 거의 없다. 수용소에서의 삶은 10~12시간의 강도 높은 노역과 그 뒤의 지루한 이념 주입 수업으로 이루어진다. 한 달에 하루 휴일이 있으며 작업 할당량을 채우지 못하면 매를 맞거나 배식량이 줄어드는 처벌을 받는다. 사실 정량의 배식이라 하더라도 모조리 저질의 옥수수로 만든 것들이라 겨우 생존할 수 있을 정도다.

반항은 물론이고 어떠한 숨은 일탈의 여지도 남기지 않기 위해, 국가안전보위부라는 명칭을 지닌 북한의 정치경찰은 폭넓은 정보원들로 이루어진 네트워크를 보유하고 있다. 필자가 개인적으로 아는 보위부 출신의 탈북자들은 북한의 성인 50명당 한 명꼴로 정보원이 있을 것이라 추정한다. 이에 근거한다면 25만에서 30만 명의 북한 주민이 보위부로부터 돈을 받는 정보원인 셈이다. 그리고 일생에서 그런 경험을 해 본 주민의 수는 그보다 더 많을 것이다.

## 김일성이 말하는 세계

그렇다면 평범한 북한 주민이 가져야 하는 세계관은 무엇인가? 어떠한 사상과 개념들이 통제·검열되지 않은 외부 정보로부터 보호되어야 하는가? 김일성 시대의 북한 이데올로기는 극단적인 민족주의와 유교적 전통주의가 강하게 가미된, 레닌주의와 마오이즘의 독특한 혼합을 보여준다.

1960년대 후반의 북한의 '이념적 풍경'에서 가장 놀라운 부분은 위대한 수령이자 민족의 태양이며, 불패의 장군인 김일성 원수(결국 대원수가 된다)에 대한 개인숭배일 것이다. 김일성에 대한 개인숭배는 처음엔 마오쩌둥이나 스탈린의 전례를 모방하는 정도였지만, 1970년대 초에 들어서는 현대 세계에서 달리 견줄 데 없는 차원으로 격상된다. 김일성 숭배는 단순히 강렬하다는 수준을 넘어서, 여타 공산주의 지도자들에 대한 숭배와는 구별되는 특징이 있었다. 마오쩌둥이나 스탈린은 공식적으로 마르크스·엥겔스·레닌과 같은 공산주의 큰 스승들의 가장 훌륭한 제자로 표현되었다. 다시 말해, 마오나 스탈린은 마르크스주의의 지혜와 전지성을 한몸에 구현하는 가장 최근의 현신일 따름이었다. 예컨대 스탈린의 모습은 종종 마르크스·엥겔스·레닌의 초상을 배경으로 하여 그려지곤 했다. 그들과 스탈린이 이념적으로 동등하다는 것을 보여주기 위함이다. 중국에서는 이 단체 초상화에 마오쩌둥의 모습을 포개놓은 버전이 내걸렸다. 중국식 공산주의의 다섯 아버지들을 동시에 보여주는 셈이다.

김일성은 결코 그렇게 표현된 적이 없다. 1950년대 초반에 제작된 북한 선전물에서 김일성을 "스탈린의 충실한 제자"로 소개한 바 있지만, 당시는 소련이 북한의 이념적 담론장에서 최고의 지위를 차지하던 시절이다. 1950년대 후반으로 가면서 그러한 평가는 자취를 감췄다. 물론 북한 체제가 이념적으로 마르크스와 레닌에게 신세 지고 있다는 점은 마지못해 인정되었기에 그 이후에도 때때로 그들의 초상화를 볼 수 있었다.(일반에 공개된 마지막 마르크스 초상화는 김정은이 새로운 지도자로 즉위한 2012년 4월에 사라진 것으로 보인다.) 그러나 이런 초상화는 대부분 나라 밖을 겨냥한 것이었다. 다른 공산주의 국가에서 방북한 고위 관리들에게 보이거나 유용한 서구의 진보 인사들과의 관계를 보다 돈독히 하기 위한 용도였다. 대내적으로 김일성은 어떠한 외국의 지도자나 철학자, 사상가의 후예 또는 제자로 표현되지 않았다. 그는 스스로의 힘으로 '불멸의 주체사상'을 창시한 사람이었고 조선 5000년 역사에서 가장 위대한 사람이었다. 조선을 전세계의 명운을 좌우하는 요소로 보는 (브루스 커밍스의 표현을 빌리자면) '민족유아론national solipsism'적 경향은, 북한의 세계관에서 언제나 중요한 부분을 차지했다. 결국 '조선 5000년 역사에서 가장 위대한 사람'이라는 표현은 김일성이 전 인류에서 가장 위대한 자라는 뜻이다.

북한에서 간행되는 매체에서 김일성과 김정일의 이름은 굵은 글씨로 새겨진다.(김정은의 이름은 김정일이 사망하고 얼마 지나지 않은 2011년 12월 하순부터 굵은 글씨로 인쇄되기 시작했다.) 모든 주요 기사는 김일성이나 김정일이 남긴 말을 적절하게 인용하면서 시작해야 한다. 이는 순전히 학술적인 간행물도 마찬가지다. 액체물리학이나 분자생물학에 대한 논문이라고 해서 이를 피해갈 수 없다. 행인지 불행인지 김일성이 과학에 관한 많은 연설문과 글을 남긴 덕분에 과학자들은 언제든지 적절한 인용구를 찾을 수 있다.

김일성과 그 직계가족에 대한 명칭은 1970년대에 이미 공식화되었다. 그래서 모든 북한 주민들은 '위대한 수령(김일성)'과 '경애하는 지도자(김정일)'를 구분할 줄 알며, '백두산 3대 장군'이 김일성과 그의 부인 김정숙, 그리고 그들의 아들 김정일이라는 것도 잘 알고 있다. 김정일이 사망하고 아들 김정은이 권좌에 올랐을 때, 김정은에게는 '최고지도자'라는 명칭이 붙었다.

공식 선전물은 김일성 가문이 지난 150년의 조선 역사에 중대한 역할을 해왔다고 주장한다. 1970년대에 북한의 학생들은 1919년의 3·1운동이 평양에서 시작됐으며(실제로는 서울이다), 3·1운동의 주요 지도자가 김일성의 아버지인 김형직이었다고 배우기 시작했다. 심지어 이들은 당시 일곱 살에 지나지 않았던 김일성도 3·1운동에 참여했다고 주장한다. 실제로 김형직은 당시의 많은 지식인들이 그러하였듯 독립운동에 동조하고 있었고, 반일 운동에 참가한 일로 잠시 투옥되기도 했었다. 그러나 그는 민족주의 운동의 지도자는커녕 눈에 띄는 운동가도 아니었다.

북한의 공식 역사서는 1920년대에 조선공산당이 조선에 마르크스주의를 뿌리내리기 위해 헌신한 공을 인정하지 않는다. 조선공산당을 설립하는 데 참여했던 거의 모든 이들이 나중에 김일성에게 숙청됐다는 사실을 생각해보면 놀랄 일은 아니다. 북한의 공식 역사에 따르면 조선의 공산주의 역사는 김일성이 1926년에 타도제국주의동맹을 결성하면서 시작되었다고 한다. 김일성 혼자서 14세의 나이로 조선 공산주의 운동을 시작했다는 것이다. 그러나 북한의 그 누구도 김씨 가문의 초인적 능력에 의심을 표하지 않았다.

북한의 공식 역사에서 두드러지게 반복되는 특징은 김일성과 그 일가에 대한 외국의 영향 또는 그 연계를 축소하거나 숨기려 한다는 것이다. 이러한 체계적인 조작의 일환으로 공식 역사에서는 김정일이 소련 하바로프스크 지역의 군부대에서 태어났다는 걸 인정하지 않는다. 주체혁명 위업의 후계자이자 북한이라는 극렬민족주의 국가의 미래 지도자가 절대 이국 땅에서 태어났을 리 없다는 것이다! 북한의 선전가들은 1940년대 초 백두산에 있었다고 하는 유격대 밀영密營을 창조해

낸다. 김정일이 바로 그곳에서 태어났다는 것이다.

이 이야기는 이후 흥미롭게 전개된다. 1990년, 소련이 조용히 무너진 후 소련의 영향이 위험하다고 여겨지지 않으면서, 북한의 공식 매체는 마침내 김일성이 1940년대 초 소련에서 활동했음을 인정했다. 그러나 그렇다고 하여 백두산 밀영에 얽힌 이야기를 폐기한 것은 아니었다. 백두산 밀영 서사는 이미 공식 선전의 초석이 된 상태였다. 그래서 오늘날 북한 주민은 김일성이 1940년대 초 소련에서 망명 생활을 하는 동시에 개인적으로 북한 지역으로 유격대를 이끌고 대담한 공격을 감행했다고 믿어야 한다.(소련의 문서는 이것이 사실이 아님을 보여준다.) 공식 선전에 따르면, 김일성은 임신중이던 부인과 함께 유격대를 이끌고 있었으며 그리하여 첫 아이가 백두산의 신성한 (그리고 순수한 조선의) 산자락에서 태어났다고 한다. 이 믿기 어려운 주장을 뒷받침하기 위해 북한 당국은 이 백두산 밀영의 복제품을 김정일이 태어났다고 하는 통나무 오두막과 함께 만들었고, 그곳을 의무적으로 순례해야 하는 곳으로 만들었다.

사회 내부에 흐르는 정보의 완전한 통제와 외부 세계와의 절연을 통해 북한의 선전가들은 전세계 누구도 꿈꾸지 못한 일들을 할 수 있었다. 그들은 다른 사회에서 당연한 상식으로 여겨지는 것들조차도 주민들 눈 밖으로 감출 수 있었다. 동시에 이들은 아무런 문제없이 과장과 허언을 일삼을 수 있었다.

### 군주들 그리고 여자들

어떠한 왕조 국가에서나 그렇듯, 지배자의 개인적·성적 삶은 그 자체로 정치적이다. 권력의 정점에 오르고자 하는 이들은 모두 전임자들의 선택을 받는다. 이는 가족사를 국가 중대사와 구분하기가 어렵다는 것을 의미한다.

김일성과 김정일의 개인적인 삶은 대단히 복잡하며 예기치 않은 극적 사선들로 가득하다. TV드라마 프로듀서가 특히 좋아할 만한 소재인데, 평양에서 벌어진 김씨 가문의 격정과 질투의 스토리는 높은 시청률을 기록할 것이다.

김일성은 결혼을 세 번 했다. 그의 첫번째 부인에 대해서는 알려진 것이 거의 없어 때로는 과연 실존 인물인지 물음이 제기되곤 한다. 유격대원이었으리라 여겨지는 이 첫 부인과의 사이에서는 자녀가 없었던 것으로 보인다.

1930년대 말, 김일성은 김정숙이라는 여성과 두번째 결혼을 한다. 역시 유격대원이었던 그녀는 김일성과 함께 1940년대 말 소련 국경을 넘었다. 글을 겨우 깨친 수준이었지만 동료들에게 친절했으며 인기가 많았다. 그녀는 세 아이를 낳았고 그중 첫째가 훗날 북한의 지도자가 된 김정일이었다. 김정숙은 1949년 출산중 사망한다. 얼마 후 일성은 당시 자신의 집무실에서 일하고 있던 김성애와 결혼했다. 김성애는 정계에 모습을 드러내지 않다가 1960년대 말부터 공식 정치 무대에 얼굴을 비치기 시작했다. 그러나 의붓아들인 김정일이 부상하면서 김성애는 곧 무대에서 밀려났다. 김성애는 세 아이를 낳았는데 김정일이 후계자로 낙점되자 모두 고위 외교관의 자격으로 평양에서 멀리 떨어진 곳에 파견됐다. 만족할 만한 삶을 살게 해주는 동시에 정치적으로 무해한 위치에 두는 것이었다. 현재 주폴란드 북한 대사로 재직 중인 김평일이 김성애의 맏아들이다.

젊은 시절 김정일은 바람둥이로 유명했다. 단지 그가 왕위를 이어받을 왕자이기 때문만이 아니라 실제로 매력적이기도 했던 것으로 보인다.(들려오는 이야기들을 믿어보자면 그렇다.) 그는 유머감각이 있었고 영화와 대중문화에 대한 식견도 풍부했다. 조금 뚱뚱하긴 했지만 모터사이클 타는 것을 즐겼다고 한다. 김정일은 공식적으로 혼인신고를 한 적이 없는 것으로 알려졌는데, 그래서 정식 아내와 동거하는 여자친구와의 경계가 불분명했다. 어쨌든 왕위 계승 문제와 관련해서 언급될 만한 김정일의 여자는 두 명이다.

김정일의 알려진 첫번째 파트너는 유명한 영화배우였던 성혜림이다. 그는 김정일과 같이 살기 위해 이혼까지 감수했고, 1971년엔 경애하는 지도자의 장남인 김정남을 낳는다. 그러나 성혜림은 마지막까지 김일성의 인정을 받지 못했다. 분명 그녀가 남한 출신 공산주의자(김일성은 남한 공산주의자들을 전혀 신뢰하지 않았다)의 딸이기 때문이었을 것이다. 어쨌든 성혜림과 김정일의 관계는 1970년대 초 종지부를 찍었고, 그녀는 모스크바로 망명해 편안한 삶을 살다 2002년에 사망한다. 성혜림의 아들인 김정남 또한 나머지 가족들과 불편한 관계가 된다. 2000년대 초부터 마카오에서 거주하고 있는 김정남은 때때로 아버지의 심기를 건드리는 일(외신 기자들과 가진 솔직한 인터뷰 등을 포함해서)을 벌이곤 했다.

한편 김정일은 고영희라는 또 다른 미녀와 사랑에 빠진다. 그녀는 재일조선인 가정에서 태어난 무용수였다. 1990년대 후반 들어 고영희는 약간의 정치적 영향력을 행사하는 듯했지만, 2004년 비교적 젊은 52세에 세상을 떠났다. 그녀는 아들 둘을 남겼는데 둘째가 바로 김정일을 후계하는 김정은이다.

고영희가 죽은 이후, 김정일은 그의 비서였던 야심만만한 여성 김옥과 관계를 맺기 시작한 것으로 알려졌다. 2011년 12월 김정일이 사망 후에 치러진 몇몇 장례의식에 김옥이 등장함으로써 그녀가 북한에서 특별한 지위를 갖고 있다는 것이 확인되었다.

2008년 말, 김정일은 마침내 그의 삼남인 김정은을 후계자로 선택한다. 그리고 김정은은 2012년 6월부터 그간의 관습을 깨고 공개석상에 젊고 매력 넘치는 아내 리설주와 함께 등장하기 시작했다. 리설주의 배경에 대해서는 별로 드러난 것이 없으며, 그녀가 값비싼 디올 핸드백을 좋아한다는 정도만이 알려져 있다.

김일성 시절의 미디어에서 묘사된 북한은 모든 주민들이 상상할 수 없을 정도로 행복을 구가하는 인민의 낙원이었다. 그 시기 북한의 문화 창작물은 스탈린 시절의 소비에트 예술과는 달리 내부에 있는 적을 거의 언급하지 않았다. 그보다는 북한 주민들은 전지전능하고 위대한 어버이 수령의 보호를 받는 행복한 어린이들로 묘사됐다. 북한의 지폐에는 "세상에 부럼(부러움) 없어라"라는 모토가 적혀 있다. 북한은 하늘 아래 가장 행복한 나라라고 주민들에게 주지시키는 것이다.

과거의 방식을 본받아 2011년 북한의 언론은 '전세계 행복지수 평가'를 보도했다. 그에 따르면 중국에 사는 사람들이 가장 행복하고 북한이 그 다음이었다. 스스로를 차석에 놓은 것은 겸양이 아니라 중국이 더 잘사는 나라임을 북한 주민들이 너무나 잘 알고 있기 때문이었다. 말할 것도 없이, 행복지수가 가장 밑바닥인 곳은 미국과 남한이었다.

북한과 외부세계 사이에는 현격한 차이가 있다고 선전되었다. 예상할 수 있듯이 공산주의 국가들은 상대적으로 풍요로운 것으로 간주되었다. 그렇다 하더라도 김일성 시절의 선전물은 소련의 우주인이나 형가리의 농장 아가씨들을 찬양하는 데 많은 시간을 할애하지 않았다. 이러한 측면에서도 북한의 선전 방식은 다른 공산진영 국가들과 눈에 띄게 다르다. 앞서 보았듯 김일성 시절의 북한 지도부는 다른 공산국가들이 위험할 정도로 자유주의적이며 이념적 부패의 근원이라고 보았다. 그래서 주민들이 공산국가들이 이룬 성과들에 과도한 관심을 기울이는 걸 바라지 않았다.

선전가들은 또한 제3세계 국가들, 그중에서도 특히 스스로를 사회주의로 규정한 국가들을 호의적으로 표현했다. 개발도상국들의 소식을 다룰 때면 북한의 언론은 아시아, 아프리카 그리고 라틴아메리카에서 주체사상이 얼마나 인기가 높은지 되풀이해 보도하곤 했다. 1970년대의 『로동신문』 보도에 따르면 아프리카 대륙의 많은 주민들이 김일성의 저작을 즐겨 읽었다고 한다.

전세계적인 주체사상 운동을 일으키는 것이 짧은 기간이나마 북한의 대·내외적 선전에서 중요한 부분을 차지했었다. 대부분의 선전은 제3세계에서 이루어졌다. 이미 선진화된 서구에서는 주체사상을 받아들일 사람도 별로 없을 뿐더러 비용 부담이 컸기 때문이다. 한편 공산진영에서 주체사상이 뿌리내릴 확률은 심지어 영국이나 스위스보다도 낮았다. 무엇보다 이들 공산국가의 감시기구들은 올바른 공산주의 이념, 정확히 말하면 각국의 지도자들이 받아들인 버전의 공산주의에 복종할 것을 강제하는 데 탁월했기 때문이다. 공산국가들의 보통 사람들 또한 주체사상에 무관심했다. 주체사상은 통상적으로 그들의 공식 이념을 어쭙잖게 흉내낸 것처럼 보였다.

그리하여 북한의 외교·정보기관은 그나마 가능성이 있어 보이는 개발도상국에 모든 노력을 집중했다. 1970년대에 그들은 평양의 후원

아래 김일성 사상의 전파를 위한 학습 단체와 연구기관들을 제3세계 곳곳에 설립했다. 계획이 의도한 대로 진행되지는 않았다. 사업가 기질을 가진 많은 운동가들은 돈을 받는 것만 좋아했지, 위대한 수령님에 대한 헌신성은 현지 정치판에서 그들이 가진 영향력만큼이나 의심스러웠다. 그럼에도 전세계적 주체사상 운동을 위한 지원은 1980년대 들어 줄어들기는 했지만 완전히 중단되지 않았다. 대내 선전용으로 쓸모가 있었기 때문이다. 북한의 지도부는 외국인들이 북한을 방문해 경애하는 지도자 동지의 동상에 헌화하고 '지상에서 가장 위대한 사람'에 대한 변함없는 존경을 고백하는 모습이 북한 주민들에게 좋은 인상으로 남을 것임을 알았다. 그때마다 북한 정부는 왕복 항공비와 숙소를 제공해야 했지만 국내 정치적으로 볼 땐 손해볼 것 없는 투자였다.

김일성 시절, 언론은 공산진영이나 제3세계가 북한보다는 열악하지만 꽤 풍요롭다고 보도했다. 서구 국가들에 대해서는 달랐다. 특히 모든 악의 화신이나 다름없는 미국에겐 가혹한 평가를 내렸다. 미국은 전세계의 자원을 훔쳐서 살아가는 침략자들의 나라이자 피에 굶주린 전쟁광과 가학적 변태들의 국가였다. 북한 아이들은 유치원서부터 한국전쟁 당시에 역겨운 양키들이 저지른 가학적이고 잔혹한 행위에 대한 이야기를 끊임없이 듣는다. 또한 그 마귀들이 똑같은 짓을 남한에서도 자행했다고 배운다. 북한 매체에서 미국인들을 가리켜 가장 흔히 사용하는 표현은 바로 "두 발 달린 미제 승냥이놈들"이다.

물론 지상 최악의 나라는 "빛도 공기도 없는 땅"인 남한이다. 1990년대 말까지 남한은 주민들이 극심한 궁핍 속에 살고 있는 미국의 식민지로 묘사되었다. 당시의 영화나 그림에 나타난 남한의 도시 풍경은 생지옥이다. 누더기 차림의 사람들은 판잣집에서 살며 미군 부대에서 나오는 쓰레기에서 먹을거리를 뒤진다. 역겨운 '양키들'도 그림에서 자주 등장한다. 툭 튀어나온 코를 가진 못생기고 뚱뚱한 미군 병사들이 지프를 타고 있거나(지프가 한국 여학생을 치더라도 그들은 만족스레 웃고 있을 것이다), 사거리에서 자동소총을 들고 언제든지 무고한 한국인들을 죽일 자세로 서 있는 모습으로.

북한의 초등학교 1학년 교과서에는 남한의 어느 교장이 수업료를 내지 못한 어린이를 때리며 학교 밖으로 내쫓는 장면이 실려 있다.[29] 고등학교에서는 "오늘날 남한에는 700만 명의 실업자가 있다. 수많은 사람들이 직업소개소 앞에 줄을 섰지만 일자리는 생기지 않는다. 공장들은 하나씩 문을 닫고 있으며 지금 일하고 있는 사람들도 언제 쫓겨날지 모른다"[30]고 가르친다.(말할 것도 없이, 이러한 이야기들은 완전한 날조다. 남한에서 초등교육은 무상이고 최악의 경제 위기를 겪을 때조차 실업자가 700만 명인 적은 없었다.)

저항의 스토리도 있다. 영웅적인 남한 주민들이 비밀리에 김일성과 김정일의 저작을 인쇄하고, 위대한 수령과 경애하는 지도자 동지의 초상이 걸려 있는 지하실에서 혁명 모의를 벌인다는 것이다. 이들은 체포되어 친미 괴뢰경찰에게 형언할 수 없는 고초를 겪으면서도 주체사상에 대한 충성을 외친다.

이런 선전에 담긴 노골적인 함의는 대다수 남한 주민들이 풍요롭고 행복한 북녘의 동포들을 부러워하고 있으며, 그들 또한 언젠가는 위대한 수령의 품에서 행복을 찾고 싶어 한다는 것이다. 단지 대규모 미군의 존재와 이들에 협조하는 소수 앞잡이들의 철권통치가 이러한 위대한 꿈을 실현시키는 걸 가로막고 있을 뿐이다.

김일성 시절의 보통 북한 주민들은 이러한 선전을 얼마나 믿고 있었을까? 1980년대 말까지 대부분의 북한 주민들은 현재와는 다른 시절을 알지 못했고 공식 루트 말고는 어떤 정보도 얻을 수 없었다. 특별히 교육 수준이 높거나 외국 생활을 경험해본 사람들 중에서는 의문을 품은 이들이 존재했을 것이나. 그러나 그런 사람들은 침묵이 금이라는 걸 알 만큼 현명했다. 북한에서, 고강도의 선전 작업은 주민 스스로 수행하는 정보 차단과 수십 년간 지속되어온 이념적 메시지와 결합되었다. 때문에 공식적인 세계관은 대부분 주민들에게 별 의문 없이 받아들여졌다. 그러나 사람들은 자신의 삶을 살아가는 데 바빴고, 때문에 베네수엘라나 짐바브웨의 주체사상 신봉자들이 얼마나 신실한지 따위에는 별로 신경 쓰지 않았다.

### 시체 숫자 세기

북한 정권은 모든 것을 정치화하는 경향이 있는데 이는 수학 교재의 경우에도 예외가 아니다. 2003년(공식 연호로는 주체 91년)에 발행된 초등학교 2학년 수학 교재를 한번 들여다보자. 이 교과서는 수학이 어떻게 정치화될 수 있는가를 보여주는 걸작이다. 그 가운데 몇몇 대표적인 보석들을 소개하고자 한다.

먼저 17페이지의 퀴즈를 함께 풀어보자. "조국해방전쟁(북한이 공식적으로 한국전쟁을 일컫는 표현) 당시, 조선인민군의 용감한 아저씨들이 첫번째 전투에서 265명의 미제놈들을 죽였다. 두번째 전투에서는 첫번째보다 70명을 더 죽였다. 두번째 전투에서 죽인 미제놈들은 몇 명인가? 죽은 미제놈들의 총 숫자는?"

24페이지에서는 "미제놈"들이 좀 더 나은 대접을 받는다. 일부나마 비참한 죽음을 면하는 것이다. "조국해방전쟁 중 용감한 조선인민군 아저씨들이 도적질을 하고 있던 374명의 미제놈들을 죽였다. 포로로 잡힌 미제놈들의 수는 죽은 놈들보다 133명이 더 많다. 포로로 잡힌 수는 몇 명인가?"

시체를 세는 데 수학을 사용하는 사례는 꽤 많아 이 교과서에는 유사한 문제가 너덧 개 더 있다. 북한의 어린이들은 남한의 또래들도 미제놈들과 밤낮없이 싸운다고 믿어야 하는데, 이 또한 간단한 수학을 배우는 데 좋은 도구가 된다.

138페이지에는 이러한 문제가 있다. "미제 승냥이들과 그 졸개들에 대항하여 싸우고 있는 남조선의 어린이들이 한 묶음에 150장이 들어 있는 선전물 45묶음을 나누어주었다. 또한 한 묶음에 50장이 들어 있는 선전물 50묶음도 덧붙여줬다. 사용된 선전물들은 총 몇 장인가?" 131페이지에도 선전물 살포를 다룬 문제가 나온다. "차돌이는 미제 승냥이들의 지배를 받고 있는 남조선에 산다. 하루는 차돌이가 선전물 다섯 묶음을 전달했다. 한 묶음에는 185장의 선전물이 들어 있다. 차돌이가 전달한 선전물은 총 몇 장인가?"

그렇지만 북한 소년들은 남한의 삶을 너무 좋게 바라봐서는 안 된다. 남한에서의 삶은 영웅적인 투쟁으로만 이루어진 게 아니라 커다란 고통도 함께한다. 47페이지에서는 다음과 같은 문제를 볼 수 있다. "미제 승냥이들의 발에 짓눌려 고통 받고 있는 한 남조선 마을에 홍수가 닥쳐 집 78채가 부서졌다. 일부가 손실된 집들은 부서진 집들보다 15채가 더 많다. 부서지거나 손실된 집들은 모두 몇 채인가?"

남한이 겪고 있는 고통은 북한 주민들이 누리고 있는 풍요로움과 좋은 대비를 보인다. 같은 페이지에서, 수해를 입은 남한의 집들에 대한 문제에 이어 바로 다음과 같은 문제가 등장한다. "영식이 사는 마을에 많은 새 집들이 지어지고 있다. 이중 120채는 2층집이다. 3층짜리 집들은 2층집들보다 60채가 더 많다. 영식의 마을에 지어지고 있는 집들의 총 수는?"

물론 높은 노동생산성 성과도 교과서의 단골 소재다. 가장 자주 언급되는 것은 로봇·트랙터·텔레비전·집이다. 흥미롭게도 어떤 문제들은 출제자의 의도와 다른 결과를 내기도 한다. 예를 들어 116페이지의 다음 문제를 보자. "한 공장에서 노동자들이 사흘 동안 세탁기 27대를 생산했다. 노동자들이 하루에 같은 수의 세탁기를 만든다고 할 때, 하루에 만드는 세탁기의 수는 몇 대인가?" 문제를 푸는 학생은 하루에 겨우 세탁기 9대를 만드는 공장을 떠올려야 한다. 그러나 교과서 저자들은 이를 이상하게 여기지 않는 듯하다. 하기야 세탁기는 북한에서 매우 희귀한 사치품이다.

운동가들은 모든 것이 정치적이라고 말하길 좋아한다. 일반적으로 정말 그러한지는 모르겠지만, 북한의 초등학교 수학 교과서는 분명히 그렇다.

## 사회적 재앙 속 작은 위안

김일성 시절의 이러한 북한 모습은 자유민주주의가 완전히 정착됐거나 갖춰져 나가고 있는 국가에 거주하는 사람들에게 극도로 혐오스러울 것이다. 김일성은 조지 오웰의 악몽에 가장 근접한 사회를 1960년대에 이미 완성했고, 이를 30년 가까이 유지시켰다고 해도 과언이 아니다.

비슷한 삶을 경험해본 적 없는 대부분의 사람들은 아마도 보통의 북한 주민들이 그런 정권 치하에서 사느라 옴짝달싹 못하고 불만에 가득 차 있으리라고 상상할 것이다. 그러나 실제로는 그와 다르다. 북한에서 살았을 때 필자는 북한 주민들의 일상 생활이 무척 '평범'하다는 사실에 크게 놀랐다. 김일성 시절의 북한 주민들은, 행진하는 군인마냥 지도자의 긴 연설문을 외우며 걸어다니는(비록 이런 행동들이 그들 인생의 일부이긴 했지만) 그런 세뇌된 기계와는 거리가 멀었다. 그렇다고 그들이 민주화운동을 시작할 때를 기다리거나 지하 출판된 불온서적들을 공부하는 운동가인 것은 아니었다.(그것이 북한처럼 통제된 사회에서 지하 출판이 존재하기 어렵기 때문만은 아니었다.) 또 그렇다고 해서 그들이 위에서 내려오는 명령이면 뭐든지 순종하며 따르는 노예들도 아니었다.

물론 북한에는 열성분자도, 반역자도 있었고 체제에 의해 망가진 사람들도 있었지만, 모든 것을 감안해볼 때 대부분의 북한 주민들은 이들 부류 중 어디에도 속하지 않았다. 전세계 대부분의 사람들과 마찬가지로 북한 주민들 또한 정치에 유달리 많은 관심을 기울이지 않았다. 비록 국가에서 강제한 의식이 있었으며, 이런 저런 성명서를 의무적으로 낭독해야 했지만 말이다. 김일성 시절의 북한 주민들이 주로 관심을 가졌던 것은 다른 사회에 사는 사람들이 관심을 가지는 것과 별반 다르지 않았다. 가족을 사랑했고, 승진하고 싶었고, 자식들에게 교육을 제공하고 싶었으며, 병에 걸릴까 걱정했고, 사랑에 빠지기도 했다. 낭만을, 좋은 음식과 좋은 책을 즐겼고 한 잔의 술도 마다하지 않았다. 다른 나라에 사는 사람들에 비해 정치적이거나 이념적인 것들이 삶에서 보다 두드러지긴 했으나 이것이 북한 주민들의 인생 대부분을 채색하고 있는 건 아니었다.

게다가 1950년대와 1960년대에 김일성의 민족주의적 스탈린주의가 제시한 약속들은 대다수 북한 주민들에게 매력적으로 보였다. 우리가 지금 알고 있는 것을 당시의 북한 주민들이 알았더라면 북한 체제가 출범할 때 그렇게 환호하지는 않았을 것이다. 하지만 체제 선택의 결과는 돌이킬 수 없게 되기 전까진 또렷하게 보이지 않았다. 김일성의 체제는 근대화와 경제적 성장(우선은 산업생산에서, 다음엔 생활수준에까지)을 장담했다. 비천한 출신의 사람들에게도 사회 진출의 문호를 개방함과 동시에 물질적 평등을 유지하겠다고 공언했다. 일제 식민지 시절을 살았던 평범한 조선인이 증오했던 친일파들을 단죄할 것을 약속했다. 김일성의 체제는 분명 민주적이진 않았지만 그 비민주적 성격은 대부분의 사람들에게 작은 문제로 여겨졌다.

우리는 김일성이 체제를 구축한 시절에는 절대다수가 전근대 사회에서 겨우 연명하던 농민의 아들딸이었다는 사실을 잊으면 안 된다. 주민들은 이론, 즉 간접적으로라도 민주주의를 경험해본 적이 없었다. 그리고 김일성의 체제는 주민들이 이전에 겪었던 것(봉건 절대군주제, 그리고 매우 잔혹했던 식민 체제)보다는 한결 나아 보였다.

외부 세계로부터의 정보도 매력적인 대안을 알려주지 않았다. 서구 선진국들은 식민주의와 연관돼 좋지 않은 이미지로 남아 있었으며 흉내 낼 만한 대상이 되기에는 너무 멀리 있었다. 알려진 것도 많지 않았다. 남한은 1960년대 말까지 특별히 매력적인 대안이 되지 못했다. 이념적으로 편향된 역사가들이 오늘날 주장하는 것과는 달리, 최악의 상태에서도 이승만의 남한 정권은 북한보다 훨씬 관대한 편이었다. 그러나 이승만 정권이 충분히 잔혹했던 것도 분명한 사실이다. 통계에 따르면 1945년부터 1955년까지 정치적 이유로 자행된 학살은 북쪽보다는 남쪽이 더 많았다. 빨치산 소탕 작전 때문이었다. 남한 체제는 또한 북한보다 더 불평등한 소득분배 구조를 갖고 있었고 대부분 친일파들이 장악하고 있었다. 그래서 1960년대 말까지는, 내부 사정에 밝고 아무런 편향을 갖고 있지 않은 관찰자라도, 딱히 남한 체제가 김일성의 민족주의적 스탈린주의 체제보다 훨씬 선호할 만하다고 느끼지 않았을 것이다.

당시에는 물질적인 상황조차도 보통의 북한 주민들에게 그리 나빠 보이지 않았다. 1960년 초에는 수만 명의 조선족들이 중국을 빠져 나와 북한으로 들어왔다. 대약진운동을 비롯한 마오쩌둥의 미친 실험들이 가져온 기근과 혼돈에서 탈출하기 위해서였다. 이들 탈주자들은 북한 당국으로부터 주거와 일자리를 제공받았다. 탈주자들 가운데 한 사람은 당시 처음 북한의 상점을 들어갔을 때 다양한 모양과 크기의 플라스틱 통들이 판매되는 것을 보고 놀랐다고 회고했다. 누구나 이 멋진 제품들을 교환권 없이도 살 수 있었고, 심지어 줄을 설 필요도 없었다!

비슷한 소득 수준의 다른 나라들과 비교해 보았을 때, 김일성의 북한은 중등교육이나 보건을 비롯한 분야에서 상당한 성공을 거뒀다. 선전물들이 과장하긴 했어도 사실은 사실이었다. 1990년대의 기근 직전까지 북한 주민의 기대수명은 최고 72세까지 상승했다. 훨씬 풍요로웠던 남한의 기대수명에 견줘도 미세하게 낮은 정도였다. 외국의 전문가들이 신뢰하는 2008년의 인구조사에 따르면 북한의 현재 기대수명은 69세 정도다.[31] 이는 남한보다 10년 정도 낮은 것이지만 여전히 가난한 나라치고는 상당한 수준이다.

2008년 세계보건기구가 추산한 북한의 영아사망률은 1000명 중

45명이었다. 이는 중국보다는 조금 높지만 비슷한 경제 수준의 다른 개발도상국에 비해 매우 낮은 것이다. 예를 들어 아프리카의 차드chad 공화국에서는 1000명 중 120명이었는데, 미 중앙정보국CIA의 추산에 따르면 차드와 북한은 1인당 GDP가 거의 같다. 실은 북한의 GDP에 대한 CIA의 추산이 과장되었다고 볼 만한 근거들이 있기 때문에 실제로는 더욱 극적인 대비를 이룰 것이다.

북한 경제가 가장 좋았던 시절에도 보건 분야는 전반적으로 심각한 재정난을 겪고 있었다는 사실을 상기하면 북한의 이런 성과는 뭔가 역설적으로 보인다. 대부분의 병원들은 버려진 건물들을 병동으로 쓰고 있으며 의료장비는 좋게 보아도 서구에서 1950년대에 쓰던 수준이다. 좋은 약품도 매우 제한적으로만 구할 수 있다. 거기다 북한 사회에서 의사는 상류층에 포함되지 않는다. 사회적 지위나 소득 수준 면에서 북한의 의료 분야 종사자들은 일반적인 화이트칼라 사무직과 별반 다르지 않다.

놀랍겠지만, 아마도 이런 놀라운 성과의 일차적인 원인은 프라이버시에 거의 신경을 쓰지 않고 모든 걸 통제하는 북한 정부의 능력일 것이다. 경찰국가에 필수적인 감시와 통제는 공공보건을 유지하는 데에도 매우 유용할 수 있는 것이다. 김일성 시절의 북한에서는 모든 주민이 주기적으로 건강검진을 받아야 했다. 검진은 흉부 엑스레이 등의 간단하고 저렴한 것들이었으나 질병을 초기에서 잡아낼 수 있도록 해주었다. 건강검진은 의무였고, 국가가 지켜보고 있었기 때문에 그 누구도 예외가 될 수 없었다. 예방접종도 마찬가지였다. 구호 업무로 북한을 자주 방문하는 서구의 한 의사는 필자와의 대화에서 이에 대해 멋지게 표현했다. "의료 분야 종사자에게 있어서 경찰국가는 천국입니다. 구급차를 타고 북한의 한 마을에 갔는데 그 지역 관리가 호루라기를 불자 단 10분 만에 마을의 모든 사람들이 구급차 앞에 줄을 서서 기다리더군요. 단 한 사람도 빠짐없이! 아무런 변명도 통하지 않고, 누구도 우릴 피하려 들지 않았어요. 다른 개발도상국에서는 이런 모습을 볼 수가 없었습니다!"

의사들의 임금이 낮다는 사실조차도 언제나 나쁜 것만은 아니다. 그 덕택에 북한은 가난한 나라임에도 불구하고 많은 의사들을 보유할 수 있었다. 북한에는 인구 1만 명당 32.9명의 의사가 있는데 이는 1만 명당 35명이 있는 프랑스와 비슷한 수준이며 26.7명인 미국보다는 훨씬 높다.[32] 다만 상대적으로 간호 인력이 부족해 의사들이 간호사 업무까지 맡는 경우가 있긴 하지만, 그럼에도 불구하고 의사들의 숫자는 놀라운 수준이다.

이렇듯 저렴한 예방책을 강조하고 기초적이지만 원시적이지는 않은 의료 서비스에 접근이 쉽다는 점이 북한의 공공보건 수준을 상당한 수준으로 끌어올렸다. 물론 가장 사정이 좋았던 시절에도 고급 의료에는 심각한 문제가 있었다. 북한의 공공보건 제도는 트랙터 운전사의 골절이나 보병들의 폐렴 같은 것을 치료할 때는 훌륭하게 작동했다. 그러나 그보다 복잡한 질환을 다루기에는 장비가 너무나 부족했다. 복잡한 외과 수술은 평양의 봉화진료소와 같은 고위층 전용 병원에서만 가능했다. 신체적으로나 정신적으로 장애가 있는 사람들의 지위는 매우 낮았고, 고위층에 속하지 않는 이들은 운이 없어 뭔가 심각한 질병을 얻을 경우 제 운명을 받아들여야만 했다.

교육, 특히 초등 및 중등교육도 북한식 경찰국가가 돋보이는 성공을 거둔 몇 안 되는 영역이다. 기초적인 의료보건과 마찬가지로 초등교육에도 그리 많은 돈이 들지 않는다. 특히 학급 규모가 크고 복잡한 학습장비를 필요로 하지 않을 경우엔 더욱 그렇다. 사실 따져보자면 시골에서 초등학교를 하나 운영하는 데는 건물과 칠판, 어느 정도 자격을 갖춘 교사만 있으면 족하다. 여기에 나이가 찬 거의 모든 아이들이 학교에 나가도록 강제하면 된다. 북한 정부는 이 문제들을 해결했다.

교육에 대한 강조에 이념적 고려가 차지하는 비중은 결코 작지 않다. 강도 높은 이념 주입은 필수다. 북한 학교의 교과과정에서 가장 중요한 과목은 '위대한 수령님의 혁명역사'와 '경애하는 지도자 동지의 혁명역사'다. 물론 모든 교육이 다 이념 주입과 세뇌에만 머물러 있는 건 아니다. 북한 어린이들은 기본적인 읽기와 쓰기, 산술 능력이 훌륭한 편이다.

대학 교육의 경우, 그 성과를 한마디로 평가하기가 불가능하다. 북한의 대학생들은 의욕이 넘칠지 몰라도, 재정 부족과 과도한 이념적 통제가 학생들의 성과에 해를 끼치고 있다.(다만 군과 관련된 일부 분야는 중요한 예외이다.) 몇몇 문제는 사회구조적인 것들이지만 대부분은 재정과 자원의 만성적인 부족과 연관돼 있으며, 시간이 지날수록 더 극심해지고 있다.

물론 북한이라는 국가와 사회의 가장 큰 문제는 단계적인 경제침체이다. 이는 1970년대부터 두드러졌다. 공식 매체는 경제가 계속 성장하고 있다고 주장했지만 주민들은 경험을 통해 그렇지 않다는 걸 쉽게 알 수 있었다. 북한 체제는 이론적으로는 매우 매력적이었고 한동안은 잘 굴러가는 것처럼 보였지만, 1970년대 초부터 내리막길을 걷기 시작했다.

# '주체'의 탄생, 아들의 부상, 그리고 초스탈린주의 경제의 느릿한 종말

중국과 소련으로부터 얻어낸 자주성을 강화하기 위해 북한 체제는 나름의 이념을 개발할 필요성을 느꼈다. 이 이념은 주체사상이라는 이름으로 알려지게 된다. '주체'는 종종 영어로 '자립self-reliance'이란 의미로 번역되곤 하는데 여기에는 오해의 소지가 있다. 보다 적확한 번역은 '자존self-importance, self-significance' 정도가 될 것인데 이는 자국의 국익과 특성을 최우선으로 해야 한다는 것을 의미한다.

주체사상이 처음 언급된 것은 김일성의 1955년 연설에서였지만, 북한의 공식 이념으로 리모델링된 1960년대 중반까지는 그저 이름만 존재하는 정도였다. 교리로서의 주체사상은 줄곧 모호하고 부정확했으며 누구든 주체사상에 대한 브라이언 마이어스Brian Myers의 논평에 동의할 수밖에 없다. "김일성이 스스로 창안했다는 주체사상은 마르크스주의와 인문학의 뻔한 소리들의 잡탕으로, 오로지 찬양받기 위해 존재하는 것이다."[33]

앞서 소개했듯 1970년대에 주체사상을 전세계로 보급하려던 북한 선전가들의 노력은 실패했지만 국내적으로는 성과가 있었다. 북한에서 주체사상은 전세계의 진보적 이념들 중 최첨단이자 최고급인 것처럼 표현되었다. 이는 주체사상이 마르크스-레닌주의의 마오쩌둥 버전이나 스탈린 이후의 소련 버전보다 태생적으로 뛰어나다고 공언(또는 암시)함으로써 소련과 중국의 이념적 압력에 대항했던 북한 지도부의 우월성을 증명해주었다. 사실 그들에게 주체사상은 마르크스주의 그 자체보다도 우월한 것이었다. 김정일은 1976년에 처음 발표한 글을 통해 이를 분명히 밝혔다.

> 내용이나 구성 모두에서 김일성주의는 마르크스-레닌주의의 틀 안에서는 설닝이 뇌지 않는 독창적인 사상입니다. 김일성주의의 정수를 이루는 주체사상은 인류 사상사에서 최근 발견된 사상입니다. 그러나 오늘날 주체사상을 마르크스주의의 유물론적 변증법에 기초하여 이해하려는 경향이 있습니다. 이는 주체사상의 독창성이 아직 올바르게 이해되지 않았음을 보여줍니다.[34]

이러한 언급은 김일성의 자부심을 고양했을 것이다. 그는 분명 자신이 마르크스·공자·아리스토텔레스와 같은 반열로 치켜세워지는 것에 기뻤을 것이다. 하지만 이러한 허세 가득한 주장은 실용적인 기능도 하고 있었다. 북한의 선전가들이 주체사상이 왕년의 레닌주의보다 우월한 철학이라며 광고했을 때, 그들은 모스크바를 비롯한 자칭 마르크스-레닌주의의 수호 세력들로부터 정치적 독립을 정당화할 이념적 근거를 만든 셈이었다.

1965년부터 1980년에 이르는 시기, 북한 국내 정치에서 가장 주목할 만한 점을 꼽는다면 바로 김일성과 첫 부인 김정숙 사이에서 태어난 아들 김정일의 부상이라 할 수 있다. 김일성이 제 아들을 후계자로 지명한 전례 없는 행위는 북한을 세계 최초의 공산주의 왕조국가로 만들었다. 어쩌면 당연한 일이기도 했다. 김일성은 한때 스탈린이 가장 신뢰하던 수하들이 스탈린이 사망하고 나자 그를 강력히 비판하는 것을 보았다. 김일성은 또한 중국에서 마오쩌둥이 지명한 후계자인 린뱌오林彪가 마오쩌둥의 죽음을 기다리지 못하고 쿠데타를 일으키려 했던 것도 보았을 것이다. 이미 1970년대부터 건강이 매우 좋지 않았다고 알려진 김일성으로선 정통성을 자신에게 의존하는 후계자를 찾아야 했다. 그래야 후계자가 새로 얻은 권력으로 자신의 유산을 파괴하지 않을 것이기 때문이었다. 김일성의 선택은 당연했다. 역사의 수많은 권력자들이 그러했듯, 김일성은 자신의 장남 김정일이 그 자리의 완벽한 적임자라고 결정했다.

김정일의 부상은 문화 부문의 책임자로 임명된 1960년대 말에 시작되었다. 이후 1974년에 그는 당 중앙위원회 위원이 되었고, 1980년 제6차 조선노동당 당대회에서 마침내 아버지의 후계자로 공식 지명되었다. 청년 김정일에겐 바람둥이라는 평판이 따라다녔으며(완전히 틀린 말은 아니었다), 처음에는 외국의 분석가들도 김정일을 그리 진지하게 평가하지 않았다. 분석가들은 김일성 사후의 김정일은 적어도 정치적으로는 오래 버티지 못할 것이라고 예상하곤 했다. 그러나 미모의 애인들(보통 무용수나 영화배우였다)도, 프랑스산 빈티지 와인과 값비싼 스위스 치즈(최고급 스시는 말할 것도 없고)에 대한 잘 알려진 취향도 김정일이 카리스마적인 정치인으로 성장하는 데 문제가 되지 않았다. 그는 결국 자신이 아버지 못지않은 기민한 정략가임을 입증했다. 권력승계가 시작된 1970년대 중반은 북한의 경제가 내리막으로 접어들던 시기이기도 했기에 김정일에게 그러한 능력은 절실했다.[35]

한반도가 막 분단되던 시점에는 북한이 큰 자산을 갖고 있었다. 1930년대부터 일제는 한반도에 대규모의 투자를 시작했다. 당시 한반도는 일제가 중국으로 진출하는 데 필요한 후방기지의 역할을 하고 있었으며, 도쿄의 어느 누구도 조선이 다시 독립국이 될 것이라 생각하지 않았다. 그리하여 1945년 무렵 북한은 일본을 제외한 동아시아에서 산업적으로 가장 발달한 지역이 되었다. 반면에 남한은 대부분 지역이 여전히 저개발된 농지로 남아 있었다.

1940년 당시, 훗날 김일성의 '인민의 낙원'이 들어설 이북 지역에서는 한반도에서 생산되고 있던 금속의 85%, 화학물질의 88%, 그리고 전력의 85%가 만들어지고 있었다.[36] 함흥의 화학공장은 세계에서 두 번째 규모였으며, 압록강의 수력발전소는 소련의 전문가들을 놀라게 했다. 1946년엔 소련 전문가들이 역설계 후 복제할 요량으로 발전기를 분해해보기도 했다. 한국전쟁 당시 미군의 대규모 공습은 인프라의 상당 부분을 파괴했지만 그럼에도 많은 산업시설들이 포화를 피해 살아남거나 전후 빠른 복구를 거쳐 1950년대에 다시 가동되었다.

시장경제와 중앙계획경제를 비교하는 것은 까다롭고 부정확하기로 악명 높은 작업이다. 특히 한반도의 남북을 비교할 때는 더욱 그러한데 이는 북한 정권의 비밀스러운 성격 때문이다. 1960년대부터 거의 모든 경제 통계들이 비밀로 분류되었으며, 이는 이 책을 쓰고 있는 지금도 마찬가지이다. 유일한 예외는 인구통계와 일부 식량 생산에 관한 것으로 1990년대부터 가끔씩 국제기구들에게 제공되었다. 북한 경제에 대한 나머지 부분들은 모두 추측이다. 그럼에도 불구하고 적어도 1960년대 중반까지 사회주의 북한이 자본주의 남한보다 기본적인 거시경제 지표가 더 나았다는 것을 의심하는 사람은 없다. 몇몇 학자들은 북한의 우위가 1970년대까지도 지속되었다고 주장하지만, 이는 북한의 경제력을 과장한 것이라고 필자는 본다.

어쨌든 1960년대 말부터 북한의 경제는 침체되기 시작했다. 주민들도 느끼고 있었다. 당장 배급제 없이 상점에서 자유롭게 팔리던 물건들의 숫자가 꾸준히 줄고 있었기 때문이다. 1970년대 초에 소매 거래는 거의 사라지고 국가 배급제도가 이를 대체했다.

오늘날 대다수의 북한 노인들은 흘러가버린 풍요의 1960년대 말에 향수를 느낀다. 그때라고 무제한의 소비가 가능했던 황금시대는 결코 아니었다. 그러나 돌이켜 생각하면 이러한 향수를 이해할 만하다. 1970년대 초부터 삶의 질은 내리막길을 걸었으며 다시는 예전 수준으로 회복되지 못했다. 이는 특히 북한 지도부에게 성가신 문제였다. 일반 주민들과는 달리 이들은 남한에서 어떠한 일이 벌어지는지 완벽하게 알고 있었다. 남한은 20세기 경제 성공담의 가장 대표적인 사례를 써나가고 있었다. 1960년부터 1985년까지 남한은 세계에서 가장 높은 수준의 성장률을 유지했다. 같은 기간 남한의 1인당 GDP는 1990년의 달러화 가치로 환산할 때 1200달러에서 5700달러로 무려 다섯 배 가까이 뛰었다.[37]

'한강의 기적'에 힘입어 1980년경 남한은 아시아 대륙에서 가장 선진화된 나라가 되었다. 변화의 속도는 놀라웠다. 오늘날 남한은 고층 아파트가 세계에서 두번째로 많은 나라다. 1963년 남한에 최초의 아파트 단지가 들어설 때 다들 2층 이상에서 사는 걸 꺼려해 분양에 애를 먹었다는 사실을 요즘 사람들은 믿기 힘들 것이다. 남한에서는 1980년이 되어서야 컬러텔레비전 방송을 시작했고, 이제는 세계에서 다섯 손가락 안에 드는 자동차산업도 1974년까지는 사실상 존재하지 않았다. 조선업도 마찬가지다.

자본주의 남한의 경제적 대성공은 날로 심각해지는 북한의 침체와 동시에 일어났다. 여기에는 매우 중요한 정치적 함의가 있다. 어떤 의미에서는 경제적 효율성의 현격한 차이야말로 오늘날의 한반도 정세를 결정한 가장 중요한 요인이었다.

레닌주의적 경제모델의 실패 원인은 이미 철저히 연구되었다. 왜곡된 가격 정보, 혁신과 품질 향상을 위한 인센티브의 결여, 정보를 효율적으로 다루는 능력의 고질적인 부족 등 북한의 실패 원인 역시 여타 레닌주의 모델이 실패한 이유와 본질적으로 다를 게 없다. 그렇더라도 레닌주의적 사회주의의 많은 특징이 특히 북한에서 두드러진다는 사실은 특기할 만하며, 따라서 이 모델의 실패가 특히 북한에서 극적으로 나타난 것도 어쩌면 당연한 일이라 할 수 있다. 북한은 처음에 태생적으로 비효율적인 경제 관리 제도를 받아들였으며, 이후에 이 비효율성을 더욱 증폭시키는 방향으로 제도를 개악했다.

먼저 북한은 군비 지출이 너무도 과했다. 1990년대 이 작은 나라는 110~120만 명에 달하는 상비군을 보유하고 있었다. 이는 인구 대비 군인 비율에서 세계 최고 수준으로, 1943년 한창 제2차 세계대전을 치르고 있던 미국의 인구 대비 군인 비율과 엇비슷하다. 군비 지출 또한 예외적일 정도로 높았다.[38]

물론 이러한 군사화에는 나름의 전략적인 논리가 있다. 적어도 1970년대 초까지 북한 정부는 한반도의 무력 통일을 현실적으로 가능한 정치적 과제로 여기고 있었으며, 나아가 이를 주요한 장기 전략 목표로 삼고 있었다. 북한의 두 배에 달하는 인구를 보유한 남한의 군대를 압도하기 위해 북한 정부는 무기에 많은 투자를 해야 했으며 의무 복무기간도 매우 길게 잡아야 했다.(북한 남성의 군 복무기간은 보통 7~10년 정도다.) 남한이 1965년에서 1970년 사이에 북한을 앞서기 시작하자 북한은 남한과의 대등함을 유지하기 위해 원래도 높았던 군비 투입을 더욱 높여 대결구도를 이어가려 했다. 이러한 추가적 부담은 북한 경제를 더욱 침체시켰고, 경제 침체는 북한의 지도부로 하여금 또다시 군비 투입을 늘리게 만들었다. 전형적인 악순환으로 그 결과는 불 보듯 뻔한 것이었다.

경제난을 더욱 악화시킨 또 다른 요인에는 경제적 자립 정책이 있었다. '자립'이라는 구호는 1960년대 마오쩌둥의 중국에서 베껴온 것이지만 이를 아는 북한 주민은 거의 없었다. 이 구호는 김일성 시대에 지겹도록 반복되었는데, 다른 구호들과는 달리 제법 진지하게 받아들여진 듯하다. 김일성과 그의 유격대 동료들은 열렬한 민족주의자였으나 경제에 대한 이해는 너절한 정도였다. 그들은 단지 외부의 정치적 영향력을 최소화하기 위해서는 최대한 경제적으로 자립할 수 있어야 한다고 믿었다. 경제적으로 중요한 모든 것들은 자국 국경 안에서 만들 수 있어야 하고, 또 그렇게 할 수 있다는 것이 북한의 공식적인 입장이었다. 지도부는 오직 원자재의 수입 정도만이 이념적으로 용인될 수 있으나 그마저도 최소한도로 제약해야 한다고 생각했다. 또한 각 시·도는 물론이고 심지어 개개의 공장들도 가능한 한 중앙정부의 도움 없이 물자수송과 관련된 요구를 스스로 해결해야 한다고 믿었다.

때때로 국외의 관찰자들에게는 자립에 대한 북한의 고집이 우스꽝스레 보이기도 한다. 필자는 북한의 신문을 읽다가 평양의 곡물창고 노동자들이 물류 문제를 애국적이고 정치적으로 올바르게 해결할 수 있는 방안을 찾아냈다는 놀라운 기사와 마주친 적이 있다. 곡물을 채운 기차를 움직이려면 디젤 기관이 필요했는데, 그곳 노동자들은 국가에 요청하는 대신 창고 작업실에서 기관을 자체 제작했다는 것이다. 기사는 노동자들의 '혁명적 자립정신'에 찬사를 보냈으나 이 수제 기관의 품질과 신뢰성에 대해서는 아무런 언급을 하지 않았다. 이 이야기는 대약진운동 당시 중국의 주민들이 명령을 받아 (거의 똑같은 '자립'의

구호 아래) 만들었다는 악명 높은 나무 트럭을 떠올리게 한다. 김일성 시절의 북한 매체는 이러한 미심쩍은 성과에 끊임없이 찬사를 보냈다.

　북한의 작은 경제 규모를 고려할 때, 국제 분업과 경제적 특성화를 철저히 거부한 것은 위험한 판단 착오였다. 애초 북한의 경제정책은 외세, 그리고 무엇보다도 주요한 두 후원자였던 소련과 중국에 대한 의존을 줄이는 것이 목적이었다. 그러나 이는 정반대의 결과를 낳았다. 이 정책은 둔중한 북한 경제를 더욱 비효율적으로 만들어 실제로는 북한을 소련과 중국의 지원에 더 의존적인 국가로 만들었다.

　북한 체제의 생존에 소련과 (상대적으로 적었지만) 중국의 원조는 필수적이었다. 대부분의 원조가 무역 보조로 간접적으로 이루어졌기 때문에 원조의 정확한 규모를 추정하기란 거의 불가능하다. 예를 들어 크렘린에서는 자주 소련의 외국 무역기관들에게 북한에게서 받아야 할 소련 상품의 구입 대금을 품질이 떨어지는 북한 상품으로 대신 받으라는 지시를 내렸다. 만일 시장 메커니즘이 작동하고 있었더라면 북한은 훨씬 더 비싼 값을 치러야 했을 것이었다. 이렇듯 북한과 그 후원국들 간의 무역 대부분은 엄밀한 의미에서 무역이 아니었다. 본질적으로는 무역을 가장한 원조였다. 소련은 피클 통조림과 누구도 피우고 싶지 않을 저질의 담배를 대가로 받으면서 북한에 미그전투기의 부속품들과 원유 그리고 라다$_{lada}$ 자동차를 보내고 있었다. 공산진영의 다른 국가들과의 관계도 별반 다를 게 없었다. 만일 '무역'이라는 것을 상호간 동등한 가치의 제품을 교환하는 것이라고 규정한다면, 김일성의 북한은 '무역'이라는 것을 단 한 번도 해본 적이 없다고 말해도 과언이 아니다. 그것은 오히려 경제적 지원과 지정학적 권리를 교환한 것이었다.

소련과 중국이 각자의 지정학적 고려에 따라 원조를 계속하는 동안 북한 경제는 성장률 감소를 겪으면서도 파산을 면할 수 있었다. 그럼에도 불구하고 1960년대 초부터 소련과 중국으로부터 오는 원조의 존재를 공개적으로 인정하는 일이 거의 드물었다. 어쩌면 북한의 일반 주민들은 물론이고 심지어 평양의 의사결정자들조차 스스로 소련의 지원에 얼마나 의존적이 되었는지를 인식하지 못한 듯하다. 그래서 1990년대 초반 갑작스레 소련의 지원이 끊기자 김일성의 북한은 치명적인 타격을 입었다. 이윽고 김일성의 '민족주의적 스탈린주의'의 폐허 속에서 새로운 사회가 생겨났다. 이 새로운 북한은 표면적으로는 김일성의 북한과 지속성을 띠고 있었지만 실상은 아주 많이 달랐다.

제2장

The Real North Korea

위기의 20년

 김일성이 북한에 세운 체제는 치명적인 결함을 안고 있었다. 경제적으로 지속 가능하지 못했던 것이다. 오직 모스크바와 베이징이 평양에 꾸준한 원조를 제공할 의향이 있을 때에만 유지될 수 있었다. 김일성의 '민족적 특징을 가진 스탈린주의'는 결국 냉전의 갑작스런 종식 이후에 살아남지 못했고, 북한은 심각한 위기에 빠져들었다. 처음에 많은 전문가들은 북한이 다른 공산주의 정권과 마찬가지로 붕괴(동구권 공산국가들처럼)하거나 시장 지향적 개혁(베트남이나 중국처럼)을 할 것이라고 예상했다. 이러한 전망은 빗나갔다. 북한은 붕괴도, 개혁도 하지 않았다. 그러나 정부 주도의 개혁이 없었다고 하여 변하지 않은 것은 아니다. 1994년 이후의 북한은 김일성에 의해 세워지고 운영된 북한과 매우 다르다. 같은 사람들(또는 그들의 자식이나 사촌들)이 운영하고 있고 정부도 과거와 다르지 않은 것처럼 보일지 몰라도 북한 사회는 매우 달라졌다.

## 그리고 세상이 바뀌었다

1985년, 미하일 고르바초프가 소련 공산당의 총서기가 되었다. 그는 즉각 급진적인 사회·경제·정치적 개혁을 단행했고, 이는 1991년 소련의 붕괴를 불러왔다. 중국의 지도자들은 소련의 개혁과 붕괴를 지켜보면서 어떻게 하면 공산주의의 구호가, 문제가 많긴 하지만 효율적인 자본주의와 매끄럽게 조합될 수 있는지를 배웠다. 그러면서 1950년대부터 껄끄러웠던 소련과 중국의 관계는 1980년대 후반 즈음에는 협력적으로 변했다. 소련과 미국의 경쟁도 과거의 날카로움을 잃어버렸다. 1990년대 초반을 살았던 소련 엘리트와 대중은 미국을 견제하고 약화시켜야 할 적이라기보다는 찬미하고 따라해야 할 빛나는 대상으로 바라보았다.(모스크바의 이런 장밋빛 전망은 오래가지 않았지만 이는 여기서 하고자 하는 이야기와는 무관하다.)

요컨대, 지난 수십 년간 소련과 중국이 대북 정책을 수립하는 데 큰 영향을 끼친 요소들이 갑자기 사라진 것이다. 모스크바와 베이징의 정책결정자들은 더는 북한을 미국과의 지리적 완충지대로 볼 필요를 느끼지 못했으며 중-소 대립에서 북한을 중립으로 두기 위해 지원할 의사도 없었다. 같은 시기에 벌어진 소련의 경제적 변혁은 국가의 통제를 받던 회사들이 독립하여 더이상 제값을 받지 못하고 북한에 상품을 보내는 일을 더는 하지 않는다는 걸 의미했다. 러시아의 회사들은 미그전투기의 부속품이나 원유를 판매하는 것은 반기겠지만 그 대가로 달러 같은 국제적으로 통용되는 화폐를 받기를 원했다. 북한에는 그런 화폐가 없었고, 평양에 물품을 지원하는 것은 그래서 정치적으로 불필요하고 경제적으로도 지속 불가능한 것이 되어버렸다.

소련이 첫 페레스트로이카(개혁)을 단행하는 동안 북-소 교역량은 줄잡아 10분의 1로 쪼그라들었다. 1990년 25억6000만 달러였던 것이 1994년에는 1억4000만 달러가 되었고, 이후 양국간 교역량은 늘 이 수준에 머물렀다.(2011년에는 1억1000만 달러였다.) 이는 국가의 보조금이나 정치적 압력 없이는 러시아 회사들이 북한과의 거래에 그다지 관심이 없다는 것을 보여주는 증거이다.[1] 북한과 다른 공산국가 간의 교역이 실제로는 교역을 가장한 원조였던 만큼, 교역의 급격한 감소는 그만큼 북한에서 무상 또는 정부보조로 받을 수 있는 제품도 그만큼 감소했음을 뜻했다.

북한에서 새로운 시대의 시작은 보통 1994년 7월 김일성의 사망과 연관된다. 그러나 1990년대의 사회적 변화는 북한 상층부의 정치적 변화와는 거의 아무런 상관이 없었다. 김일성이 말년에 수행한 방책들은 그의 아들이 한 것과 놀랄 정도로 닮았다. 그럼에도 불구하고 논의의 편의를 위해 우리는 북한 역사의 이 새로운 시대를 '김정일 시대'라고 묘사할 것이다.

외부 원조의 중단은 국가경제의 붕괴로 이어졌다. 무상 제공되던 부품과 원유 공급이 끊기자 많은 산업이 가동을 멈추었다. 북한의 경제 통계가 국가기밀이다 보니 경제적 붕괴가 실제로 어느 정도였는지는 논란의 여지가 있지만, 2000년경 북한의 산업생산량은 1990년의 절반에 불과한 것으로 보인다. 공식적으로 공장문을 닫지는 않았고 노동자들도 매일 작업장에 나와야 했다. 그러나 대부분의 노동자들은 일거리를 찾지 못해 빈둥거려야 했다.

1990년대 초부터 북한 관료들의 부패가 심각해지기 시작했는데 국영기업의 관리자들 중 요령이 있고 기업가 정신이 투철한 몇몇은 가동하지 않는 공장의 장비들을 중국에 고철로 팔아 돈을 벌기 시작했다. 극단적인 경우, 식민지 시기에 지어진 오래된 공장들은 내부에 아무런 장비도 남지 않은 빈껍데기가 되었다.

많은 면에서 북한의 인프라는 식민지 말기와 별반 다르지 않았다. 몇몇 고속도로(일반 차량은 통행금지이다)를 제외하면 주요 도시 외곽에서는 포장도로를 찾기가 아주 어렵고, 철로에는 여전히 1930년대의 증기기관차가 자주 달렸다. 그러나 1990년대 중반에는 그 이전보다 인프라 문제가 더 심각해졌다. 정전이 잦아져서 전기기관에 주로 의존하는 열차의 경우 며칠씩 지체됐다. 넓다고 볼 수 없는 북한의 면적을 생각하면 놀랄 만한 일이다.

최악의 타격은 농업에 가해졌다. 거의 모든 소련식 농업 체제가 그랬듯 북한의 농업도 절망감이 들 정도로 비효율적이었다. 근대의 농민들은 자기 소유의 땅을 갖고 수확의 일부를 가져갈 수 있다면 대개 일을 잘 했다. 그러나 북한에서는 그렇지 않았다. 국가는 모든 농지를 소유하고 심지어 스탈린조차도 과하다고 여길 정도로 농업을 직접적으로 관리했다. 구조적 비효율은 기술적이고 정치적인 오류들이 겹치면서 더욱 악화되었다. 먼저 북한의 농업은 화학비료의 사용에 크게 의존하고 있었다. 식민지 시절부터 고도로 발달한 비료산업을 물려받았기에 나름 합리적인 정책으로 볼 수 있었다. 그런데 비료 생산 자체는 소련의 원조에 기대고 있었던 데다 너무 많은 에너지가 들었다.

또 하나의 실수는 인공 관개법에 너무 의존했다는 것이다. 북한의 대형 펌프장은 수원지에서 수백 $m$ 위에 있는 논에까지 물을 퍼올렸다. 전기가 풍부하고 저렴하게 공급되었을 때야 별 문제가 없었다. 그러나 전력공급이 감소하면서 이런 방식의 농업은 생명력을 잃었다.

마지막으로 계단식 농법에 대한 오판이 1995년과 1996년에 걸친 자연재해에 한몫했다는 점을 들 수 있다. 처음에 이 아이디어는 김일성의 천재성이 만들어낸 작품으로 칭송받았다. 계단식 밭은 중국 남부와 같은 환경에서는 안성맞춤일지 몰라도 북한에서는 아니었다. 북한의 농업 관리자들은 이내 이를 깨달았고 이 농법이 가져올 위험성 역시 인지했다. 밭을 계단식으로 개간하면서 토지가 깎여나갔고 그에 따라 경작지대가 큰비에 취약해진 것이다. 때마침 그런 폭우가 1995년 여름과 이듬해 여름, 연이어 북한을 강타했다. 그 뒤에 발생한 재앙에 대해 공식 선전물에서는 "100년에 한 번 발생하는 자연재해"라며 하늘 탓으로 돌린다. 물론 과거에 비해 유별난 폭우가 내린 것은 사실이지만 똑같은 비가 남한의 농업에는 거의 아무런 영향을 끼치지 않았다는 것을 상기하자. 북한이 "전례 없는 자연재해"라고 일컫는 것에 남한이 받은 유일한 영향은 배추와 양파 값의 소폭 상승뿐이었다. 그러나 북한에게 1995~1996년의 홍수는 그야말로 결정타였다.

북한 주민들을 먹여 살리기 위해서는 500~550만 톤의 곡물이 필요하다.(정확한 수치는 전문가들 사이에서 논쟁의 대상이다.) 1990년대 초까지만 해도 북한의 농부들은 그만큼의 생산량을 감당할 능력이 있었다. 그러나 이후 가중된 연료·전기·비료의 부족과 인센티브를 상실한 노동력 저하가 농업 시스템을 무너뜨렸다. 북한의 1996년 수확량은 겨우 250~280만 톤으로, 주민들 전부를 먹여 살리는 데에 필요한 양의 절반에 불과했다.

농업의 붕괴는 1957년 이후 북한 주민들의 주요한, 어쩌면 유일한 식량 공급 통로였던 배급제가 중단됨을 의미했다. 이미 1993~1994년에 식량 배급이 지연되거나 부분적으로만 이뤄지는 경우가 늘었다. 이런 상황은 시골 등의 외곽 지역에서 시작돼 곧 주요 도시로까지 번졌다. 수해 이후 식량배급제는 제 기능을 거의 상실했다. 평양의 특권층 주민들조차도 배급량의 일부만 받을 수 있었고 배급이 완전히 중단된 시기(예를 들어 1998년)도 있었다. 지방에서는 오직 당 간부와 경찰 관료, 군부, 그리고 군수공장의 노동자들만이 배급을 받을 수 있었으며 이들 특권층들도 1996년에서 2000년까지는 제 배급량을 다 받지 못했다.

평범한 북한 주민들에게 이는 재앙이었다. 그들에게 한 달에 두 번 곡물 배급소를 방문하는 것은 남한의 가족이 주말에 마트에 들르는 것처럼 일상적인 일이었다. 그러나 기근이 뒤따랐고, 곧 재앙에 가까운 수준으로 확산되었다. 이 1996~1999년의 '고난의 행군' 기간에 사망한 사람들의 정확한 숫자는 알 수 없다. 어떤 NGO 단체에서는 최대 300만 명이 희생되었다고 추산하는 반면, 북한 정부가 어느 외빈과의 비밀 접촉에서 밝힌 수치는 25만 명 정도다. 전자의 추정은 분명 과장된 감이 있고, 후자 역시 체면을 위해 일부러 낮춰 잡은 걸로 보인다. 이 재앙의 규모를 편견 없이 추산하려는 시도가 몇 차례 있었다. 2001년에 다니엘 굿카인드와 로레인 웨스트는 1995~2000년에 사망자 수가 60만~100만 명 사이가 될 것이라고 결론지었다.[2] 2010년에 박경석은 가장 근래의 북한 인구통계인 2008년의 공식 자료를 분석해 1993년에서 2008년까지 식량난에 따른 인구 손실을 88만 명으로 파악했다. 박경석에 따르면 이 중 49만 명가량이 사망률 증가로 인한 손실이고, 29만 명은 출산율 저하로, 나머지 10만 명은 국외이주와 그에 따른 출산율 감소 때문이었다.[3] 2011년, 굿카인드와 웨스트는 (피터 존슨과 함께) 자신들의 과거 추산을 49만 명으로 조정했다.[4]

45만~50만 명이라 하더라도 전체 인구의 2.5%가 식량난으로 사망했다는 뜻이다. 이는 1960년대 초 대약진운동 당시 중국에서 기아로 사망한 농부들의 비율과 얼추 비슷하다. 다시 말해 이는 동아시아에서 수십 년만에 처음으로 겪은 인간에 의한 대재앙이었다. 그럼에도 불구하고 대부분의 북한 주민들은 기근에서 살아남았다. 이들이 사회적 그리고 경제적으로 새로운 삶의 방식을 만들어냈기 때문에 가능한 일이었다. 핵심을 말하자면, 북한 정부의 철권통치가 느슨해진 상황에서 북한 주민들은 자본주의를 재발견한 것이다.

### 카티야 신초바의 안타까운 운명

카티야 신초바Katya Sintsova라는 이름을 들어본 적 있는가? 자본주의와 그 타락한 '민주주의'에 순진한 동경을 품었다가 패가망신한 한 아름다운 러시아 여성의 이야기를? 진정한 사회주의의 노선에서 이탈한 그녀의 모국과 비슷한 운명을 맞이했다는 그녀의 안타깝고 한스러운 이야기를?

카티야 신초바는 북한의 단편소설 「다섯번째 사진」에 등장하는 가공의(그리고 거의 있을 법하지 않은) 주인공이다. 이 단편은 림화원이라는 북한 작가가 쓴 것인데 소비에트와 동유럽 공산주의의 붕괴에 대해 북한에서 어떻게 서술하고 있는지를 대표적으로 보여준다. 타티아나 가브루센코가 이 독특한 종류의 북한 소설에 대한 연구에서 남긴 것처럼 1940년과 1950년대에는 북한 문학에서 러시아가 북한의 동지들을 도와주는 지도자이자 안내자로 묘사된다. 그런데 2000년대 들어서는 북한이 사회주의 덕목의 빛나는 전형이 되고, 지도자이자 안내자로 경외받게 된다. 반대로 러시아인들은 나약하고 순진하나 여전히 기본적인 품위를 갖추고 있으며 지혜로운 북한의 도움을 받아 번창하고 있는 것으로 묘사된다.

한 예로, 이런 유의 소설 중 하나에서는 미 중앙정보국CIA이 미국의 여객기에 폭탄을 설치한다.(그리고 모든 북한 주민들은 이러한 공작이 CIA가 자주 사용하는 방식이라고 알고 있다.) 미국의 군산복합체에 협력하기를 거절한 러시아 과학자를 살해하기 위해서이다. 이야기 속에서 러시아 과학자와 승객들은 운 좋게도 같은 비행기에 있던 북한 사람을 만나게 된다. 그리고 상황을 장악한 북한 사람은 마침내 동료 여행자들을 미국의 악독한 공작으로부터 구해낸다.

림화원의 「다섯번째 사진」은 이런 이야기들의 전형을 보여준다. 주인공인 카티야 신초바는 흠잡을 데 없는 공산주의 성분을 지닌 가정에서 자란 아름다운 러시아 여성이다. 그녀의 증조부는 1919년 러시아 내전에서 영웅적으로 서거했고, 할아버지는 나치와 싸우며 자신의 생명을 바쳤으며, 아버지는 브레즈네프 시기에 이타적이고 헌신적으로 일했던 당 간부였다. 그녀의 오빠는 모스크바 청년위원회의 최고위 간부로 아버지와 마찬가지로 헌신적이고 이타적인 사람이었다.

카티야는 뛰어난 예술적 재능을 갖고 명문대학에 입학한다. 그러나 대학에서 그만 잘못된 사상의 덫에 걸려버린다. 그녀는 사상적인 취향이 건전하지 못한 사람들과 교류하기 시작했고 심지어 외국인들과도 교류했다.(작가는 후자의 행위를 특히 터무니없는 것으로 본다.) 그녀는 당 모임이 너무나 지루했고, 곧 물질주의와 변화의 욕망에 정복당한다.

한 미국인이 그녀를 유혹하여 임신을 시키고 그녀는 낙태를 선택한다. 한편 그녀의 아버지는 마지막 말로 "공산당 만세!"를 남기고 세상을 떠난다. 카티야는 아버지를 사랑했기에 그의 죽음을 안타까워했지만 여전히 아버지를 어리석은 늙은이었다고 여긴다. 이때 그녀는 이 이야기를 서술하고 있는 북한 출신의 화자를 만나 자신의 귀한 가족 소장품 중 하나인 사진을 팔려고 한다.

화자는 흠결 없는 혁명적 미덕의 표상이고, 그의 딸 역시 카티야의 삶을 망가뜨렸던 경박스럽고 위험한 사상에서 자유롭다. 오직 당과 수령을 더 잘 모실 것만 꿈꾸는 모범적인 북한 여성인 것이다. 화자의 아들들은 언제든 미 제국주의자들과 싸울 준비가 되어 있는 조선인민군의 용감한 장교들이다. 심지어 경애하는 지도자 김정일 원수를 알현하는, 상상할 수 있는 최고의 영예까지 누린다.

한편 카티야는 미국인 애인을 찾기 위해 해외를 여행하다 끔찍한 사실과 마주친다. 그는 사실 미국인이 아니라 러시아의 반공산주의자 지주 가문의 후손이었던 것이다. 100여 년 전 토지를 몰수당하면서 이 사악한 지주 가문은 복수만을 꿈꾸며 기다렸다. 카티야를 유혹한 것도 실은 농부들에게 토지를 빼앗아 탐욕스럽고 잔혹한 지주들에게 주기 위한 음모의 일환이었던 것이다. 카티야 신초바의 수난은 이 끔찍한 사실을 알게 된 것으로 끝나지 않는다. 잔혹한 서구에서 홀로 남겨진 그녀는 자동차 사고로 다리를 잃는다. 살기 위해 그녀는 뮌헨에서 변태들을 상대하는 창부가 된다.

이 이야기가 주는 메시지는 간단명료하다. 카티야는 바로 러시아다. 그녀가 서구의 선전과 지주 후예들의 모략질에 넘어가 위대한 유산을 팔아넘긴 후, 자비라곤 찾아볼 수 없는 자본주의의 진창에서 가엾은 창부로 전락했든 것이다. 그녀와 같은 꼴을 당하지 않으려면 외국의 유혹적인 목소리에 귀를 기울이지 말 것이며, 자신들의 적에 대해 경계를 늦추어서도 안 된다는 것이다.

## 다시 태어난 자본주의

대기근을 겪은 이후 북한에서는 과거 국가가 운영하고 소유하던 공식 경제가 흔히 '암시장'이라 불리는 개인들의 수많은 경제활동으로 교체되었다. 나중에 보게 될 것이지만 '암시장black market'이라는 표현은 오해의 소지가 있다. 최근의 추산에 따르면 1998년에서 2008년 사이 비공식적 경제활동으로 인한 수입이 북한 가구의 전체 소득의 78%에 달한다.[5]

그러나 앞서 말했듯, 북한의 사회적 변화는 비슷한 시기에 진행되었던 중국이나 구소련의 경우와는 다르다. 북한 당국은 결코 이러한 변화를 주도하지도, 장려하지도 않았기 때문이다. 이후에 논의될 정치적 이유들 때문에 김일성의 사회경제적 체제는 여전히 북한 엘리트들에게 하나의 이상으로 남아 있다. 물론 이러한 이상에 대한 실천은 대부분 말잔치 수준을 벗어나지 않는다. 북한의 엘리트들에겐 김일성의 '민족 스탈린주의' 부활을 이끌 만한 자원도, 결의도 남아 있지 않다.

갑작스레 배급이 멈추자 사람들은 새로운 상황에 적응하기 위한 방법들을 익히기 시작했다. 그렇지 못하면 굶어 죽는 길밖에 없었다. 농민들이 택할 수 있는 가장 자연스러운 방법은 먹을 식량을 직접 키우는 것이었다. 그러나 중국의 관료들과는 달리 북한의 관료들은 비효율로 악명이 자자한 협동농장을 해체할 뜻이 없었다. 협동농장의 논밭은 농민들의 사적 이용을 막기 위해 감시되고 있었고, 대부분의 농민들은 자신을 위한 경작지를 따로 찾아야 했다.

북한은 산지가 많은 나라로, 통상적인 농경에 사용되지 않는 급경사지를 흔히 볼 수 있다. 위성사진을 들여다보면 산속에 위치한 불규

칙한 모양과 크기의 밭들이 금세 눈에 들어온다. 이를 '소토지'라고 일컫는데 농부와 주민들의 사유지다. 일반적으로 주요 행정·정치 구역에서 멀리 떨어져 있을수록 이런 사유지를 개간하는 것이 더 용이하다. 보다 멀리 떨어진 외곽 지역에서는 소토지가 전체 수확량의 절반 이상을 생산하고 있으나 국가 전체적으로는 평균 20% 정도를 생산하고 있는 것으로 보인다.

농부들이 불법으로 사유지를 개간하고 있을 때, 도시의 주민들은 사적으로 상업을 시작함으로써 새로운 상황에 대응했다. 대부분의 도시민들은 가재도구를 음식과 물물교환하다가 곧 장사와 가내 수공업으로 전환했다. 1995년부터 도시에 커다란 시장이 생겨나기 시작했다. 시장은 곧 경제생활의 구심점이 되었다. 수백만의 북한 주민들, 특히 여성들은 장사와 가내 수공업을 통해 살림을 꾸리기 시작했다.

북한의 시장을 운영하는 대부분은 여성이다. 그녀들은 다른 나라의 암시장에서 마주칠 수 있는 험악한 장사꾼들과는 전혀 다르다. 대부분 가족을 먹여 살리기 위해 물건을 만들고 파는 주부이자 어머니들이다. 이는 어느 정도 북한 사회의 특성 때문이었다. 수십 년간 북한 정부는 모든 신체 건강한 남성들이 국영 기업에서 일하게끔 했다. 그러나 노동이 가능한 연령대라 하더라도 기혼 여성들은 전업주부로 집에 머무를 수 있었다.

김일성의 체제가 1990년대 초 무너지기 시작했을 때도 남성들은 계속 일을 나갔다. 사람들은 시간이 지나면 그들이 '정상'으로 생각했던 구스탈린주의적 체제로 다시 돌아갈 것이라고 기대했다. 사람들은 국가에 충성하지 않는 모습을 한 번이라도 보인다면(예를 들어 한국전쟁 당시 남한 당국에 협조했던 사람들처럼) 나쁜 성분이 주어진다는 것을

함경북도 나진에 들어선 시장. 1990년대 중반의 대기근은 배급제를 무너뜨렸고 북한 여성들은 생계를 위해 장사를 시작했다. 그리고 이는 북한 사회에 자본주의가 싹 틔우는 계기로 작용했다.

경험을 통해 알고 있었다. 그랬다가는 자신은 물론이고 자식에 손주들까지 수많은 공식적 제약을 받게 된다. 북한의 남성들은 가족의 미래를 위해서라도 '공식적인' 작업을 유지하고 있는 것이 현명하다고 봤다. 이러한 계급불안에 더해, 일선 관료들로부터도 가해지는 압력도 무시무시했다. 결근한 노동자는 감옥에 보내져 수 개월간 '노동교화형'을 당할 수 있었다.

그러나 여성들이 처한 상황은 상당히 달랐다. 이들은 여가 시간이 있었고 사적 상업에 참여하는 것도 정치적으로 덜 위험하게 비쳐졌다. 이는 남성이 중심이 되는 극단적인 부계 사회의 특성 때문이었다. 몇몇 경우에 여성들은 없어도 괜찮은 가재도구들을 내다 파는 것으로 상업을 시작했다. 결국에는 이러한 행동들이 보다 큰 규모의 사업으로 발전했으며, 오늘날 북한 시장 상인 가운데 4분의 3이 여성이다.

충분히 예상할 수 있듯, 1990년대 말에는 보다 성공적인 사업가들이 소매상에서 도매상으로 몸집을 불렸다. 많은 경우 이들은 과거에 차별받는 집단에 속해 있었으나, 새로운 상황에서 가장 많은 이득을 얻게 됐다. 예를 들어, 야심이 있는 북한 사람으로서 국외에 친척이 있다는 건 심각한 결점이었다. 그러나 1990년대 들어와 상황은 정반대가 되었다. 국외, 특히 중국에 친척이 있으면 종종 약간의 자본(당시 북한의 기준으로는 상당히 큰)을 얻거나 사업에 대한 조언을 들을 수 있었고, 공식적으로든 비공식적으로든 합작 투자도 가능했다. 필자의 지인 하나는 이런 전형적인 케이스에 해당한다. 1990년대 초, 젊은 교사였던 그녀는 중국에서 방문한 친척들로부터 대량의 건어물을 사다달라는 부탁을 받았다. 그녀는 단 며칠 만에 자기 연봉을 훌쩍 넘는 금액을 벌 수 있었고, 전문 상인이 되기로 결심했다. 여성이었기 때문에 그녀는 별문제 없이 교사직을 그만둘 수 있었다.

2000년대 초 몇몇 도매상들은 상당한 부를 축적했고 때때로 음식점이나 창고업, 약간은 불법적인 교통업 등을 비롯한 새로운 형태의 사업에 투자했다. 작은 규모의 소매업 활동으로 시작된 시장의 성장은 곧 그와 연관된 많은 종류의 사기업을 만들어냈다. 외식 사업은 북한의 이러한 변화를 구체적으로 드러내 보여준다. 국가가 운영하던 외식 산업은 1996~1997년 주요 도시 일부를 제외하고는 완전히 무너졌다. 그러나 사적 자본은 이 산업을 거의 곧바로 되살렸다. 현재 북한의 음식점 대부분은 사기업가들이 운영하고 있다. 공식적으로는 사영私營 음식점이 존재하지 않으며 법적으로 지방 관청의 유관 부서에서 관리하고 있으나 이는 허구에 불과하다. 실제로는 사적 투자자가 관청의 관리들에게 뒷돈을 약속하고 비공식적 계약을 맺는다. 시설을 구입하고 사람을 고용하는 것은 바로 이 투자자이다. 수입의 일부는 국가 예산으로 귀속되는 것으로 간주되며, 그 대신 투자자는 수익을 투자하든지 자신이 챙기든지 사업을 자기 뜻대로 운영할 수 있다. 2009년의 한 연구는 북한의 음식점들 중 58.5%는 사실상 개인 소유라는 결론을 내렸다.[6]

소매업도 마찬가지다. 국가 소유라는 껍데기는 유지되고 있으나 많은 상점들이 본질적으로 개인 소유이다. 상점의 관리자이자 소유주인 개인이 도매상이나 (명목상의) 국유공급자로부터 들여온 물건을 팔아 수익을 남긴다. 수익 중 일부는 국가로 전달되지만 대부분은 상점의 소유자에게 돌아간다. 앞서 언급한 연구에서는 북한 소매상의 51.3%가량이 실제로는 사영이라고 추산했다.[7]

교통 또한 비슷한 변화를 겪었다. 북한의 지저분하고 위험한 도로를 오가는 트럭과 버스의 많은 수가 개인 소유이다. 개인 투자자들은 전반적으로 미비한 교통시설이 북한의 신흥 상인계급의 주된 장애물이 되고 있다는 점을 간파했다. 그들은 중국에서 중고 트럭과 버스를 구입해 북한에 들여왔다. 이 차량들은 정부 기구나 국영기업 소속으로 등록되었고 실제 소유주들은 해당 관리에게 매달 일정액을 지불하곤 했다. 지불 금액은 차량이 어느 소속으로 등록되느냐에 따라 달라진다. 군 부대나 비밀경찰 기관 소속의 트럭은 가장 많은 금액을 부담해야 하고, 평범한 기관(이를테면 트랙터 수리소) 소속은 가장 저렴하다. 소유주들이 항상 가장 저렴한 곳만을 찾는 것은 아니다. 군 부대 소속 차량일 경우, 경찰과 맞닥뜨리거나 할 때 유용할 수 있기 때문에 때로는 소유주들이 비싼 기관을 원하기도 한다.

큰 규모의 운수회사도 생겨났다. 나는 북한에서 트럭 일곱 대를 보유하고 있는 사람을 만나본 적이 있다. 그는 이 트럭들을 해안의 염전(이 역시 개인 소유이다)에서 나온 소금을 도매상에게 실어나르는 데 사용하고 있었다. 그는 또한 1994년 이후 북한에서 가동이 되고 있는 몇 안 되는 시멘트 공장에서 노동자들이 슬쩍한 시멘트 포대들을 운송함으로써 짭짤한 부수입을 올리고 있었다. 그러면서도 그는 어떻게 노동자들이 그렇게 많은 양의 시멘트를 훔칠 수 있는지 그 창의성에 놀라움을 표했다.

사실 북한 정부가 맞닥뜨리고 있던 주요 문제들 중 하나는 이런 범죄행위의 증가였다. 노동자와 관리자들이 자기들이 일하는 공장에서 팔아치울 수 있는 것들은 죄다 훔치고 있었다. 고려시대와 조선시대의 유적지에서 벌어지는 대규모 도굴 행위도 계속 문제가 됐다. 골동품 밀수나 공장 장비를 팔다 적발된 사람들은 무거운 처벌을 받았다. 심지어 공개처형한다는 소문도 있었지만 범죄의 유혹을 차단할 수는 없었다.

마약 생산도 2005년경부터 폭발적으로 증가하기 시작했다. 초기에 마약 생산은 정부 기관들이 비밀리에 수출하기 위해 이루어졌지만 민간 사업가들도 마약의 막대한 수익에 끌려 손대기 시작한 것이다. 관리들도 단속하려는 의지를 강하게 보이지 않았다.(그들도 대개 수익의 일부를 챙기곤 했다.) 민간에서의 마약 생산은 보통 '얼음'이라고 불리는 메탐페타민(필로폰)이 중심이었다. 마약은 국내에서도 유통됐지만 중국으로도 수출됐다. 이 때문에 당국은 국경 통제를 보다 강화해야 했다. '얼음'은 북한 청년들 사이에서 놀랄 만큼 인기가 있어서, 2010년에 외국의 관광객들이 평양의 대학에서 마약 사용금지 포스터들을 발견하기도 했다. 한편, 국가가 주도하던 마약 사업은 규모가 줄어들었다.

솔직히 북한 정권 입장에서 마약 사업은 얼마 안 되는 이득에 비해 국가 위신만 크게 추락시킬 뿐이었다.[8]

중국은 북한의 비공식 경제에 큰 영향을 미친다.(이후에 보게 되겠지만 이는 공식 경제에서도 마찬가지다.) 거의 모든 교역로가 중국에서 시작하거나 중국에서 끝난다. 교역 중 일부는 비공식적이지만 또 다른 일부는 완전한 합법이다. 북한 상인들은 중국에서 주로 의류·신발·텔레비전 등의 소비재를 수입한다. 식품 또한 큰 비중을 차지한다. 역설적이지만, 교역으로 인해 위기의 시대에 북한 주민들은 옷을 더 잘 입게 되었다. 적어도 과거보다는 더 좋은 옷을 입었다. 김일성 시절에는 대부분의 북한 주민들이 저질의 인민복이나 군복을 입었다. 그러나 오늘날에는 시골에서도 거리의 주민들이 색색이 화려한 옷들을 입고 다니는 것을 볼 수 있다. 중국에서 수입된 저렴한 옷들 덕택이다.

무역수지를 맞추기 위해 북한 상인들은 중국에서 팔릴 만한 것들을 수출한다. 여전히 국가가 관리하는 광물 외에도 해산물이나 전통 식품, 한약재 등을 수출한다. '개구리 기름' 같은 이색적인 상품도 있는데, 특정한 품종의 개구리에게서 추출되는 기름기 있는 물질이다.

북한 경제에서 중국이 빠지지 않다 보니 시장의 '위안화元化'라는 결과로 이어졌다. 북한에서 큰 규모의 대금 지불은 보통 외국환으로 이루어진다. 달러나 유로, 엔화도 있긴 하지만 가장 많은 비중을 차지하는 것은 중국 위안화元貨이다. 외환 딜러도 등장했다. 이들은 연 100% 이상의 이율을 요구하여 종종 '사채업자'라고도 불린다. 이른바 '외화수익사업'이라고 하는, 사영도 국영도 아닌 형태의 기업 행위가 새로운 북한 경제에서 특별한 역할을 맡게 되었다. 이 사업은 김일성 시절에도 존재하였으나 1990년대 말에 들어서 그 규모와 숫자에서 가파르게 성장했다.

 소련과 달리, 북한에서 외국과의 무역은 단일한 국가기관이 전담한 적이 없었다. '자립의 정신'에 따라 북한의 대기업과 영향력 있는 국가기관들은 국제시장에서 팔 수 있는 것은 무엇이든지 팔도록 허용되었다. 기업과 기관들은 그렇게 확보한 외화로 국내에서 생산할 수 없는 것들을 수입했다. 이러한 운영방식은 1990년 말에 크게 확대되어 지역 관청이나 중앙 부처, 심지어 군과 경찰까지 저마다 외화수익사업을 시작했다. 이들은 국내에서 생산된 것뿐만 아니라 수익을 낼 수 있는 것이라면 무엇이든 팔고자 했다. 따라서 엄밀하게 말하면 외화수익사업은 국가의 소유였으나 관리자로는 모험적이고 기업가 정신이 투철한 사람들을 고용했다. 이들은 회사의 공식적인 영향력과 인맥을 활용하여 최대한 많은 돈을 벌어들였다. 암묵적으로 이들은 수익의 많은 부분을 챙길 수 있었으며, 어디까지나 자신들의 분수를 알고 상관에게 충분한 뒷돈만 제공하면 문제가 없었다.

## 국가가 시들다

 국영 경제의 붕괴는 정치적·사회적으로 엄청난 파급 효과를 가져왔다. 김일성 체제가 제대로 기능하기 위해서는 일군의 감독관과 선전가가 필요했다. 모든 주민이 거주 등록된 집에서 자는지, 허가증 없이 다른 도시로 여행하지 않는지, 자기비판을 빼먹지 않는지 확인하기 위해서는 상당한 노동력이 필수적이었다. 1990년대 초반에 정부는 이제 이 감독관들과 선전가들의 열의를 보상해줄 만한 자원이 없다는 걸 깨달았다. 물론 북한 정권은 경찰과 당 간부들의 고용 상태를 유지하기 위해 할 수 있는 것을 했고, 기근이 계속되는 와중에도 배급을 지속했다. 그러나 신경을 써주어야 할 사람들이 너무 많았다. 1990년대 초반에는 하급 경관이나 지역 관청의 사무원 또는 하급 선전가들은 정말로 굶어죽을 위기에 처했다. 다른 평범한 공장 노동자나 교사들과 마찬가지로 북한 관료사회의 이 작은 톱니들은 배급에 의존하고 있었다. 배급제가 급격히 위축되면서, 이들은 새롭게 작성된 (과거보다 훨씬 짧아진) 배급 대상 목록에 그대로 남을 만큼 중요한 존재로 여겨지지 않았다.

필자와 대화를 나눈 많은 수의 북한 주민들은 1990년대 중반의 기근에서 가장 죽을 확률이 높았던 사람들은 정직한 관리들과 사무원들이었다고 말한다. 뇌물을 받지 않고, 자신의 공적 지위를 악용하지 않으며, 정권의 약속을 진심으로 믿었던 이들이었다. 그러나 대부분의 하급 관료들은 '합리적'으로 새로운 현실에 적응해 나갔다. 불법행위에 눈감기 시작했다. 많은 경우 뇌물을 요구했지만, 어떤 경우에는 무의미한 규제를 강제하는 게 아무런 쓸모도 없다는 걸 알았기에 일반 시민들에 대한 동정심에서 그렇게 하기도 했다.

대표적인 사례로 국내 여행에 대한 통제력을 거의 완전히 상실했다는 걸 들 수 있겠다. 형식적으로야 이 책을 쓰고 있는 지금까지도 북한 주민들은 자신이 거주하는 시·도를 넘어서 숙박이 필요한 여행을 할 경우 허가증을 신청해야 한다. 그러나 1996~1997년부터 이러한 통제를 피하기가 쉬워졌다. 오늘날 북한 주민은 경찰 관리에게 한국 돈으로 2000~3000원 정도의 상대적으로 적은 뇌물을 주고 허가증을 받을 수 있다. 보다 저렴하지만 좀 더 성가신 대안도 있다. 아무런 여행허가증 없이 출발한 다음 검문소나 열차에서 마주치는 경관들에게 뇌물을 주는 것이다. 수도인 평양만이 이러한 방식이 통하지 않는다. 평양은 여전히 적합한 문서 없이는 출입이 금지되고 있으며, 이러한 문서는 여전히 구하기 어렵다.

한편, 일부 경우에 북한 주민들은 과거 정치범죄로 간주되었던 일을 저지르고도 처벌을 피할 수 있게 되었다. 예를 들어 채널 조정이 가능한 라디오를 소지하는 행위는 수십 년간 정치범죄였고 명목상으로는 여전히 처벌 대상이지만, 오늘날에는 한국 돈 약 10만 원 정도의 뇌물이면 재수없게 그런 라디오를 듣고 있다가 발각되더라도 처벌을 면할 수 있다.(경찰은 심지어 용의자에게 라디오를 돌려주기까지 한다.) 물론 10만 원은 평범한 북한 주민에게 결코 만만한 금액이 아니다. 북한의 1995~2010년 월평균 임금은 한국 돈 2000~3000원에서 오르내리는 수준이다.(그러나 실제 북한 주민의 평균 월수입은 이보다 훨씬 높은 1만 5000~2만 원 수준으로 추정된다. 북한 주민들의 수입 대부분은 비공식 경제에서 나오기 때문이다.)

새로운 상황은 또한 북-중 국경 통제를 거의 완전히 무너뜨렸다. 밀수꾼들은 필요할 때는 항상 다른 쪽만을 감시하도록 뇌물을 건넸다. 밀수 규모가 클 경우 뇌물은 수십만 원에 이를 정도로 커졌지만 밀수꾼들은 그 이상 값나가는 상품들을 국경 너머로 밀반입할 수 있었다.(심지어 국경 경비대원들이 물건을 옮기는 일을 도와주기도 한다.) 밀수 외에도 정부는 국경을 넘는 공식적인 여행에 대한 통제도 느슨하게 풀었다. 보통 중국에 있는 친척을 방문한다는 핑계로 무역을 위해 중국을 방문하는 경우가 종종 있었다. 2003년엔 북한 역사상 최초로 당국에서 개인 자격으로 국외를 방문하는 주민들에게 여권을 발급하기 시작했다. 물론 여권을 받으려면 연줄과 좋은 가족 배경, 그리고 뇌물을 줄 여력이 있어야 한다.

몇몇 규제(대개 실로 어처구니 없는)는 그 규제를 단속해야 하는 자들이 부시하기도 한다. 가령 북한 여성들은 엄밀하게는 바지를 입을 수가 없게 되어 있다. 그러한 복장은 여성에게 걸맞지 않으며 "조선의 미풍양속에 배치되기 때문"이다. 또한 여성은 법적으로는 시내에서 자전거를 타지 못하게 돼 있다. 심지어 몇몇 '체제전복적인' 머리 모양에 대한 금지도 존재한다. 과거 경찰들은 이런 어이없는 규제를 강제하기도 했으나 1990년대 중반 이후로는 점차 사문화됐다. 가끔씩 이념선전 당국이 여성이 부끄러운 줄도 모르고 바지를 입음으로써 초래될 수 있는 도덕적 해악에 대해 일깨우곤 한다. 그러면 경찰이 몇 주간 이를 어긴 사람들에게 벌금을 부과한다. 그러나 이런 종류의 캠페인은 결코 오래 가지도 않으며 결실을 맺는 일도 거의 없다.

위에서 언급한 대부분의 변화는 완전히 자발적인 것이다. 변화를 이끌었던 것은 탐욕과 절실함이었으며, 체제를 떠받치던 이들의 일부가 이념적 열의를 상실한 것 또한 영향을 미쳤다. 그러나 어떤 경우에는 당국이 규제를 완화하기도 한다. 예컨대 불법으로 국경을 넘어 중국으로 가는 행위는 중범죄로 다뤄졌으나 1996년경부터 상대적으로 가벼운 위반사항으로 재분류되었다. 동시에 김일성 시절의 연좌제 또한 완화되었다. 과거에는 북한 주민 하나가 정치범으로 체포되면 모든 가족이 수용소로 가야 했다. 그러나 현재는 이런 처벌이 특별히 위험하다고 간주되는 범죄의 경우에만 선택적으로 적용된다.

북한을 수십 년 동안 상대한 사람들에게는 전반적인 완화의 움직임이 또렷하다. 오늘날 북한 사람들은 과거보다 외국인들을 덜 두려워하며 잠재적인 위험이 따를 수 있는 사항에 대해서도 대화하기를 바란다. 그들이 공식적인 노선을 공개적으로 이탈할 것이라는 의미는 아니지만 지난 15~20년에 걸쳐서 허용 가능한 것들의 범위가 분명히 넓어진 것은 사실이다. 탈북자들은 김일성 시대라면 투옥되거나 처형당했을 만한 언행이 김정일 시대에서는 처벌을 받지 않는 경우가 왕왕 있음을 인정한다.

경애하는 지도자 동지의 경호원이었던 이영국의 이야기를 들어보자. 북한 체제에 실망한 그는 중국으로 탈주하여 남한으로 귀순하고자 했다. 그러나 그는 중국에서 북한의 요원들에게 붙잡혀 압송됐다. 그리 오래지 않은 김일성 시절에는 그런 고위급 인사가 탈북을 하다가 붙잡힌다면 어떠한 운명을 맞이할지 뻔했다. 위대한 수령님의 개인적인 신뢰를 배반한 자들을 기다리는 것은 고문과 죽음뿐이었다. 그러나 보다 자유로워진 1990년대에 이영국은 놀라울 정도로 관대한 처분을 받았다. 그는 수용소로 보내졌고 김정일의 사면으로 풀려났다. 그는 이 기회를 노려 다시 탈출을 시도했고 결국 서울에 다다를 수 있었다.[9]

### 새로운 부유층

북한이 가난한 나라라는 데는 의심의 여지가 없다. 그럼에도 불구하고 2012년 평양에는 음식점들이 우후죽순처럼 문을 열었고 한때 텅텅 비어 있기로 유명했던 넓은 도로에는 차량들이 꾸준히 늘고 있다. 부유한 북한 주민들은 새로 연 초밥 음식점이나 맥줏집, 패스트푸드점 등에 자주 드나든다. 평양의 거리에서는 한눈에 보기에도 여윈 주민들도 많지만 값비싼 유명 디자이너의 옷을 걸친 여성들도 드물지 않게 만날 수 있다. 이런 모습은 비단 평양뿐만 아니라 북한의 다른 주요 도시들에서도 볼 수 있다. '풀뿌리 자본주의'의 성장이 상당한 소득 불평등을 낳은 것이다.

40대 초반의 김모 씨를 예로 들어보자. 김씨는 한 금광의 소유주이다. 금광은 공식적으로는 국가 소유다. 보다 엄밀하게 말하자면 한 외국 무역회사가 이 금광을 소유하고 있고 당 중앙위원회의 재정 부서에서 이를 관리한다. 그러나 이는 요식에 지나지 않는다. 한때 중간급의 경찰 관료였던 김씨는 사촌이 가짜 양담배를 팔면서 작은 부를 축적하는 동안 자신은 뇌물과 밀수를 하면서 함께 종잣돈을 마련했다. 김씨과 그의 사촌은 모은 돈으로 관료들에게 뒷돈을 주고 1980년대에 운영을 중단한 금광을 매입했다. 이들은 노동자들을 고용하고 장비를 투입해 채굴을 재개했다. 금가루는 중국의 무역상들에게 (엄밀하게 말하자면 불법으로) 판매되었다. 둘은 외국무역회사의 관료들과 돈을 얼마만큼 상납해야 할지 합의했다. 그러곤 30~40%의 상납금을 뺀 나머지를 사업을 운영하고 인생을 즐기는 데 사용했다.

이보다 낮은 계층에서는 용모 씨와 같은 사람을 볼 수 있다. 그녀는 한때 국영 공장의 기술자였지만 1990년대 중반부터 중국 중고의류 거래를 시작했다. 2005년에는 수십 명의 여성을 고용해 자기 소유의 여러 작업장에서 중국산 옷감·지퍼·단추를 가지고 중국 의류의 복제품을 만드는 사업을 경영하게 됐다. 원료 중 일부는 국경을 넘어 밀수되었지만 또 다른 일부는 꽤 합법적으로 구입한 것이다. 합법적으로 구입한 원료는 대부분 나진·선봉의 큰 시장에서 들여온 것으로, 중국 상인들은 거의 자유롭게 나선 경제특구를 방문할 수 있다. 용씨는 여전히 공식적으로는 (제대로 가동되지 않는) 국영 공장의 노동자로 남아 있으나 몇 달씩 결근을 하곤 한다. 출근을 하지 않고 사상주입 시간에도 빠지기 위해 그녀는 한 달에 4만 원가량을 '기부'해야 했다. 그녀의 공식 임금이 겨우 2000원 수준이라는 걸 생각해보면 놀라운 금액이다.

북한의 새로운 부유층은 때때로 불안감을 느낀다. 그들이 하는 일 대부분이 북한의 형법을 위반하고 있기 때문이다. 사실 이는 심각한 위법으로, 당국이 마음만 먹으면 위에서 언급한 모든 사람들이 처형을 당할 수 있다. 이들은 관리들에게 후한 뒷돈을 제공하며 대규모 단속을 피해왔다. 그럼에도 여전히 공포는 남는다.

그렇다고 해서 이들이 계속 숨어 있으려고 하는 것도 아니다. 반대로 오늘날 북한에서는 과시적 소비를 많이 볼 수 있다. 새로운 부유층이 소비를 즐긴다는 게 놀랄 일은 아니다. 그러나 북한에서는 몇몇 소비 행위들이 불가능하다. 예를 들어 국외 여행은 불가능하지만 국내 관광은 인기가 없다. 북한 주민들은 부유하거나 가난하거나 필요에 의해서 여행을 하지 즐거움을 위해서 하지는 않는다.

그렇지만 '돈주(북한의 사업가들을 이렇게 부른다)'들의 욕구를 풀어줄 만한 다양한 창구들이 존재한다. 새로운 부유층은 보통의 북한 가족이 몇 주 동안 일해야 먹을 수 있는 가격의 음식이 나오는 식당에 자주 들른다. 이들은 주택을 구입한 후 개축한다. 공식적으로 부동산 매매는 북한에서 불법이지만 지난 20여 년 동안 북한 사람들은 이러한 제한을 우회할 수 있는 다양한 기법들을 개발했다. 새로운 부유층은 평면 텔레비전, 컴퓨터, 대형 냉장고 등의 갖가지 가전제품들과 오토바이 등을 구입하며 심지어 자가용까지 구입하기도 한다. 북한에서 자가용은 개인 비행기와도 같은 궁극적인 부와 지위의 상징이다. 그런 연유로 2009년경부터 한때는 텅텅 빈 것으로 유명했던 평양의 도로에서 교통체증이 생기기 시작했다.

오래된 유교의 정신에 따라 새로운 부유층은 자녀들의 교육에도 투자한다. 인기 높은 과목(이를테면 영어나 중국어)의 훌륭한 교사는 오늘날 상당한 수입을 얻을 수 있다. 덜 실용적인 과목들도 수요가 많은 편이다. 다만 피아노나 춤 강습은 여자들에게만 적합한 것으로 여겨진다.

## '탈북'이라는 대안

1990년대 중반부터 다수의 북한 주민들이 중국으로 이주하기 시작했다. 중국과 북한의 국경을 가르는 압록강과 두만강 대부분이 얕고 좁으며 겨울에는 얼어붙기 때문에 국경을 넘는 게 그리 어려운 일은 아니다.

기근이 최고조에 달했던 1998년과 1999년 사이, 15~19만 명의 북한 주민들이 중국에 숨어 있는 것으로 추정되었다.[10] 2005년 이후로는 숫자가 크게 감소했지만 여전히 2~4만 명의 탈북자들이 중국에 숨어 있는 것으로 추정된다.[11] 이들 탈북자 대부분은 조선족들이 인구의 대부분을 차지하고 있는 국경 주변 마을에 숨어서 지역 주민들이 기피하는 갖가지 일들을 한다. 싸구려 음식점에서 서빙을 하거나 건설 현장 또는 벌목 현장에서 일을 한다. 탈북자들 중에는 여성이 다수를 차지하고 있으며 많은 여성들이 조선족 남성들과 동거한다. 강제로 붙잡혀 사는 경우도 있지만 대부분은 스스로 선택한 것이다. 이러한 결합들 중 많은 경우가 재앙으로 끝나지만 몇몇은 그대로 잘 살기도 한다. 사실 이러한 결합은 양쪽에게 모두 이득이 된다. 고령이지만 적당한 수입이 있는 조선족 남성은 부인을 얻을 수 있고, 북한 여성은 고향에서는 상상할 수도 없는 생활 수준과 안정을 얻을 수 있다. 중국의 지방 당국은 보통 이러한 결합을 눈감아주는 편이다. 특히 둘 사이에 아이가 있을 경우에는 더욱 그렇다. 그렇지만 사실혼 관계(이러한 혼인은 공식적으로 인정되지 못한다)의 북한 여성도 중국에서 생활하는 탈북자들의 가장 큰 공포인 체포와 북송에서 자유롭지는 못하다.

1990년대 중반까지는 강을 넘어 중국으로 갔다가 불운하게 추방된 북한 주민은 몇 년 동안 수감됐으며 풀려나서도 평생 차별을 받아야 했다. 그러나 이제 월경 자체는 중범죄로 간주되지 않는다. 중국에서 추방되어 북송된 사람들은 1~2주 정도 조사를 받는다. 통상적으로 이러한 조사 과정에서 폭행을 당하곤 한다. 조사관들은 북송된 사람들이 중국에 머무른 기간 동안 중국인이 아닌 외국인 또는 남한 사람과 접촉한 일이 없는지, 기독교 선교 집단과 연루되지는 않았는지 확인한다. 의심스러운 연결고리가 드러나지 않으면 북송된 탈북자는 몇 개월 정도를 보다 완화된 형태의 노동수용소에서 보낸 다음 석방한다. 풀려난 이들 대부분은 다시 탈북을 감행, 결국 중국에서 가족들과 재회하고 직업도 되찾곤 한다.

몇몇 탈북자들은 더 멀리, 남한까지 이주하기로 결심하기도 한다. 그러나 이는 생각만큼 간단하지 않다. 탈북을 결심한 북한 주민이라면 누구든 국외의 가장 가까운 남한 영사관이나 대사관을 찾아 자신을 반기는 직원들에게 자유를 선택했노라 선언할 수 있던 시절은 이미 오래 전에 지나버렸다. 지방 당서기라든지 북한 공군 소장 출신의 탈북자는 여전히 열렬한 환영을 받을 수 있겠지만, 시골 출신의 중년 주부는 그렇지 않다. 그리고 지난 10여 년간 탈북자들의 대부분은 바로 이런 주부들이었다. 전반적으로(예외는 있다) 중국에 있는 남한 주재원들은 평범한 탈북자들을 상대하기를 꺼린다. 이는 중국과의 외교적 마찰에 대한 우려 때문이라고 설명할 수도 있지만, 남한 정부도 남한에서 탈북자들이 늘어나는 일에 그리 열광적이지는 않다. 동시에 '하나의 한국(조선)'이라는 허구는 여전히 서울과 평양에서 유지되고 있다. 이는 곧 모든 북한 주민은 자동으로 남한 시민권 취득 자격이 주어지며 영사의 보호를 받을 수 있다는 것을 의미한다. 대다수의 탈북자들에게 남한으로 갈 수 있는 유일한 방법은 태국이나 몽골 같은 제3국에 가서 남한의 외교 주재원들(가끔은 마지못해 하는)에게서 통행 문서와 서울로 가는 비행기표를 얻는 것이다.

이는 탈북자가 중국 대륙을 가로지른 다음 중국 국경을 불법으로 넘어 몽골이나 라오스로 움직여야 한다는 것을 의미한다. 중국어를 제대로 구사하지 못하고 돈도 거의 없으며 지역에 대한 지식이 전무한 평범한 탈북자에게는 불가능에 가까운 일이다. 그래서 유일한 방법은 속칭 '브로커'라고 일컬어지는 탈북 전문가와 거래를 하는 것이다. 브로커는 탈북을 희망하는 5~15인을 모아 교통편과 안전한 숙소를 마련해주고 이들을 중국의 남쪽 국경(목적지가 방콕일 경우)이나 몽골로 안내한다. 그곳에서 브로커는 월경을 주선하고 탈북자들과 함께 고비사막이나 라오스의 정글을 횡단하는 위험한 여행에 동참한다.

대부분의 브로커들은 고매한 이상의 실현을 위해 일하지 않는다. 몇몇은 이념적 확신을 갖고 있을지 몰라도, 대체로 탈북은 순전히 이윤을 추구하는 하나의 사업이다. '평범한 탈북'을 위해서는 한국 돈으로 200~300만 원 정도를 내야 하며, 특급 옵션의 탈북은 1000~1500

경기도 안성에 위치한 하나원에서 생활중인 탈북자(새터민) 가족. 목숨 걸고 국경을 넘었지만, 탈북이 '귀순'이라는 이름으로 크게 환영받던 시절은 이미 옛말이다. 도리어 이들은 남한에서 만만치 않은 편견과 차별에 맞서야 한다.

만 원 정도의 비용이 든다. 이 값비싼 방식에서는 위조된 남한 여권이나 중국 여권을 사용하며, 북한의 국경 경비대원이 탈북자의 월경을 안내한다. 그리고 주요 중국 공항에서 남한으로 직행하는 편안한 여행을 즐길 수 있다.[12] 가장 저렴한 옵션의 탈북도 중국에서 한 달에 5~10만 원의 임금으로 생활하고 있는 평범한 탈북자들에게는 그림의 떡과 같다. 보통 이만한 금액은 남한이나 다른 나라에 있는 친척들의 도움으로 마련한다. 먼저 남한으로 탈북하여 십중팔구 서울의 음식점에서 서빙을 하고 있을 다른 가족 구성원이 돕는 경우가 가장 많다. 나중에 보게 될 것이지만 대부분의 탈북자들은 남한에서 그리 성공적으로 살지 못하고 있다.

2012년 초의 집계에 따르면 남한에 살고 있는 탈북자는 2만3000명가량이다. 1961년부터 1989년 사이 베를린 장벽이 있던 시절에 매년 2만3000명의 동독 주민들이 서독으로 넘어갔다는 사실을 상기해볼 때, 이는 그리 큰 숫자로 보이지 않는다. 그러나 2000년대까지만 해도 남한에 살고 있는 탈북자의 수가 1100명 정도에 불과했다는 사실을 고려해보면 이는 매우 놀라운 것이다. '엑소더스'라고 부를 만한 정도는 분명 아니지만, 한국전쟁이 끝나고 처음으로 '어버이 수령님의 은덕'을 피해 달아난 북한 주민 집단이 중요해진 것은 사실이다.

　　이들 탈북자들은 냉전 시기에 서구로 망명한 공산진영 주민들과는 매우 다르다. 동구권에서 온 냉전시대의 망명자들은 교육을 잘 받은 편이었고 또한 정치적인 신념에 따라 망명을 결심한 경우가 많았다. (최소한 부분적으로 정치적 동기가 있었다.) 반대로 대부분의 탈북자들은 변경의 가난한 지역 출신으로, 고매한 정치적 이상의 실현보다는 보다 나은 소득과 안정을 위해 넘어온 사람들이다. 엘리트 탈북자들도 존재했지만 전체의 10%도 채 되지 않았다. 과감히 일반화한다면, 1970년대의 소련 탈주자들의 전형은 젊고 똑똑하며 체스를 두는 유대인이었다. 반면에 가장 전형적인 탈북자는 시골 출신의 50대 주부이다.

　　어쨌든 탈북자들이 고향의 가족들과 연락을 계속한다는 사실은 중요하다. 대부분의 탈북자들이 국경을 쉽게 넘을 수 있는 지역 출신이라 연락이 닿기 수월한 편이다. 탈북자들은 북한 쪽 국경에서도 잘 터지는 중국 휴대폰을 사용하여 연락한다. 2003년경 국경지대에 통신기지국이 여럿 설치되면서 휴대폰 사용이 가능한 지역이 크게 확대되었다. 이로 인해 대부분 중국과 합법/비합법적인 무역을 통해 돈을 버는 변경 지역의 부유한 북한 주민들 사이에서는 중국 휴대폰이 흔해졌다. 남한에서 북한으로 돈을 보내는 것은 남한과 북한 모두에서 큰 범죄이지만 남한 내 탈북자들 대다수가 브로커들을 활용해 가난한 고향에 돈을 부친다. 브로커들은 송금하는 돈의 25~30%를 요구하지만 이 방식은 놀랄 정도로 믿을 만하며 빠르다. 최근 이러한 송금액이 한 해 한국 돈으로 100억 원에 달하는 것으로 알려졌다. 북한의 경제 규모를 고려하면 이는 결코 적은 금액이 아니다.[13]

## 낙원, 혹은 자본주의 지옥

탈북자들이 남한에서 맞이하는 운명은 (언젠가 통일이 된다고 가정할 때) 통일 이후의 북한 주민들에게 그리 밝은 미래를 보여주지 못하고 있다. 대부분은 저소득층이 되며 종종 남녘의 동포들에게 차별의 대상이 된다. 유럽이나 미국에 비해 사회복지제도가 미비한 남한에서 탈북자들은 꽤 후한 지원을 받을 수 있다. 정착 후 몇 년간은 생활수당을 받는다. 이것만 가지고 생활할 수 있는 수준은 아니지만 그래도 도움은 된다. 또한 보조금을 지원해주는 임대주택이 제공되며 직업훈련을 위한 장학금도 제공된다. 젊은 탈북자의 경우에는 대학 입학도 할 수 있다. 탈북자 출신 대학 입시생들은 남한의 고등학생들과 경쟁하지 않으며 자체적으로 보다 쉬운 시험을 치른다.

그럼에도 통계 수치는 암담한 수준이다. 2010년 12월에 시행한 조사는 남한 탈북자들의 월평균임금이 127만 원이라고 결론내렸다. 이는 남한 주민 평균임금의 절반 수준이다. 실업률도 높다. '실업'을 어떻게 정의하느냐에 따라 차이가 있지만 대체로 10~40% 정도로 추정되고 있다. 가장 낙관적인 수치조차도 남한이 선진국들 중에서 가장 낮은 실업률을 자랑한다는 사실에 비춰보면 안타까운 수준이다. 단 439명의 탈북자들(전체 취업 탈북자들의 4%가량)만이 숙련 노동에 종사하고 있었고, 77%는 비숙련 노동에 종사하고 있었다.[14]

게다가 탈북자들은 남한 사회의 주류가 자신들을 의심의 눈초리로 바라보고 있다는 걸 알게 된다. 필자는 최근 한 탈북자 지인으로부터 슬픈 이야기를 들었다. 2011년, 남한의 한 방송사에서 남북 부부(남한 남자와 결혼한 탈북 여성 등)에 대한 프로그램을 만들려고 했다. 출연자들에게는 상당한 보수가 약속되었으며 많은 탈북 여성들이 그 제안을 수락했다. 그러나 며칠 후 그 여성들은 제작진에게 전화해 얼마나 많은 돈을 주든 방송에 출연하기 어렵겠다고 말했다. 남편들이 반대했기 때문이었다. 남편들은 이웃이나 직장 동료가 자신이 탈북자와 결혼했다는 사실을 아는 걸 원치 않았다. 한 탈북 여성은 필자에게 이렇게 말했다. "아시다시피 남쪽에서는 남한 출신의 아내를 구할 수 없는 패배자들만 탈북자와 결혼한다고 생각합니다. 그런 남자들이나 동남아 여성 또는 탈북자들이랑 결혼한다는 것이죠."

놀랍게도 높은 수준의 교육을 받은 탈북자들조차도 남한에서 큰 위기를 겪는다. 북한과 직접적으로 연관된 일이 아닌 한(이런 일들은 한정적이다), 이들도 좋은 직업을 구하는 데 애를 먹는다. 이는 탈북자들이 남한 사회에서 성공하는 데 중요한 '인맥'을 갖고 있지 않아서이기도 하며, 많은 고용주들이 탈북자들의 능력을 의심하기 때문이기도 하다. 남한에서 '인맥'은 보통 혈연이나 같은 지역 출신, 또는 같은 대학 출신들로 이루어지는데 탈북자들은 이 중 어느 하나에도 속하지 않는 경우가 태반이다.

탈북자들은 대학에 입학하더라도 졸업률이 낮다. 대부분이 중도에 자퇴한다. 남한의 대학에서 자퇴율은 매우 낮음에도 불구하고, 북한 출신의 학생들은 남한 학생들이 가지고 있는 기초지식과 사회적 기술이 자신에게는 없다는 사실을 알게 된다. 게다가 대부분 용돈을 벌기 위해 일하는 남한 학생들과는 달리 탈북 학생들은 생계를 유지하기 위해 일을 해야 한다. 부족한 배경지식을 메우기 위해서는 남한 출신의 동기들보다 더 열심히 공부해야 하지만 경제적 압박은 이를 어렵게 만든다.

이런저런 문제들이 있기는 하지만 탈북자들이 남한에 온 것을 후회할 거라는 건 잘못된 생각이다. 북한으로 돌아가기 위해 남한을 떠난 몇몇 사례가 있기는 하지만, 그런 사례의 100배가 넘는 수의 개인과 가족들이 북에 있는 자신의 친척들을 남한으로 데려오기 위해 브로커를 살 돈을 모으고 있다.

어쨌거나 이러한 문제들은 실재한다. 그리고 통일이 될 경우 더 늘어날 것이다. 그러나 자신들의 선택으로 북한을 떠난 탈북자들은 남과 북의 다름에 적응할 수 있는 남다른 능력을 가지고 있다. 의식적으로 다른 삶을 선택한 집단이 다른 삶을 강요받게 된 집단보다 엄청난 변화에 적응하는 데 곤란을 덜 느낄 것이라는 점은 분명하다. 따라서 위에서 언급한 문제들은 통일이 이루어질 경우 남한과 북한 주민들이 겪게 될 사회적·경제적 문제들의 맛보기에 불과하다고 할 수 있다.

### 평범한 하루

북한의 가장 대표적인 신문을 찾기란 별로 어렵지 않다. 조선노동당의 공식지인 『로동신문』에게 이러한 역할이 배정되어 있다는 걸 모르는 사람은 없다.『로동신문』은 단순한 신문이 아니다. 당과 국가의 목소리 그 자체이다.

작년의 어느날, 국립도서관을 방문한 나는 이 대단한 신문의 최근 발행본을 살펴보기로 마음먹었다. 열람 가능한 최신본은 2011년 7월 11일자였고 이는 순전히 우연이었다. 1면에는 당시에 있었던 가장 중요한 사건을 알리는 기사가 기자의 이름 없이 전체면을 차지하고 있었다. 경애하는 지도자 동지 김정일 원수께서 평양에서 가장 큰 백화점을 순시하셨고 직원들에게 백화점을 어떻게 경영해야 하는지에 대하여 값진 조언들을 남겼다. 기사에는 두 장의 사진이 붙어 있었는데, 하나는 원수님께서 측근들과 함께 에스컬레이터를 타시는 장면이었고 다른 하나는 지도자 동지께서 백화점의 고위 관리자들과 함께 서 계신 모습이었다.

2면의 상단부에서는 또 다른 중요한 사건을 보도하고 있었다. 김정일 원수께서 평양 동물원을 순시하시고 직원들에게 동물 사육과 동물원 관리에 대한 조언을 주셨다. 2면에는 북한과 중국의 친선우호조약 체결 50주년 기념 행사에 대해 중국과 주고받은 공식 전문도 실려 있었다. 또한 시골 학교 교사이자 기독교 선교사이고 민족주의자인 김형직의 117번째 생일을 기념하는 보도도 실려 있었다. 그는 김정일 원수의 조부이자 김일성의 아버지이다.

3면에는 노동 및 생산의 모범사례와 성과에 대한 대여섯 개의 기사가 실려 있었다. 단조롭게도 이들 보도는 대부분 경공업에 대해 거의 전적으로 초점을 맞추고 있었다. 최근에 소비재 생산을 강조했기 때문이다. 우측 하단에 있는 기사가 눈길을 끈다. 어느 지역의 주부들이 지역 관개 사업에 참가하기 위해 어떻게 재건 부대를 만들게 되었는지를 설명한 것이다. 작은 사진이 공사장 풍경을 보여주고 있다. 여성들은 깔끔한 옷을 입고 있지만 주변에는 아무런 기계장비가 보이지 않는다. 그래서 여성들은 수로를 짓기 위해 오직 삽과 맨손으로 벽돌을 쌓고 있었다.

4면에는 북한의 위대한 성취에 대한 앙망을 표현하기 위해 북한을 방문한 외국인들에 대한 기사로 가득하다. 대부분은 중국인들이지만 러시아의 경찰 관료들도 "김정일 동지의 지혜로운 지도에 의해 성취된 북한의 위대한 성공"을 찬양하기 위해 방문했다고 보도되어 있다.

5면은 남한의 외교 정책을 다루고 있다. 가장 큰 기사의 제목은 "기만적인 정권의 증오"이고, 남한의 동포들이 이명박정부를 얼마나 증오하는지를 북한 주민들에게 설명하고 있다. 파업, 경찰권 남용 그리고 미군의 고엽제 사용에 관한 스캔들을 다루는 기사도 있다. 한편 작은 사진 한 장이 서울에서 벌어진 학생들의 반값등록금 시위를 알리고 있다. 기사는 애초에 반값등록금 공약을 "이명박의 기만적인 정권"이 먼저 제안한 것임을 전혀 알려주지 않는다. 기사는 오히려 남한의 학생들이 과도한 등록금 부담을 견딜 수 없어 이런 혁명적 투쟁을 자발적으로 시작했다는 인상을 준다.

마지막 6면은 다시 외교 정책을 다룬다. 악명 높은 『로동신문』의 평균적 기사문 길이와 비교해도 길고도 지루하게 중국과 북한의 영원한 친선에 대한 기사로 시작한다. 세계의 여러 나라에서 북한 왕조를 창시한 김일성 대원수를 얼마나 존경하는지에 대한 기사들도 보인다. 신문에 따르면 고 김일성 대원수를 추모하는 행사가 루마니아·나이지리아·콩고·태국에서 열렸다고 한다. 6면은 또한 유엔 세계인구의 날을 기념하는 기사도 담고 있다. 기사는 자본주의 세계에서의 양성 불평등에 대해 주로 다룬다. 그리고 세계에서 가장 심각한 성차별을 당하고 있는 서유럽 여성들의 안타까운 운명에 대한 몇몇 통계를 인용하고 있다. 6면의 또 다른 기사는 세계 식료품 시장의 복잡한 상황을 다루고 있다. 분명 이는 북한만 심각한 식량난에 시달리고 있는 것이 아님을 독자들에게 설명하기 위한 것이다. 그럼에도 이 기사는 단연 돋보이는데 선동적인 문구 없이 현재 국제 정세에 대한 흥미로운 분석을 볼 수 있기 때문이다. 아마도 이 기사가 『로동신문』 전체에서 유일하게 '기사'라고 불릴 자격이 있는 글일 것이다.

이것이 북한의 주민들이 언론을 통해 읽는 소식과 시각들이다. 날마다, 수십 년간, 별다른 변화 없이.

## 변화하는 세계관

지난 15년간 약 50만 명의 북한 사람들이 중국을 방문했다. 이들 중 대부분은 자의든 타의든 고향으로 돌아왔다. 입조심을 해야 할 터이지만 누군가는 중국의 번영에 대해서 이야기를 하게 된다. 중국을 처음 방문한 북한 주민들은 누구나 중국의 번영에 충격을 받는다.

중국의 동북부에서 필자는, 때때로 북한의 초급 관료들을 만주의 활기 없고 지저분한 마을로 데려다주는 NGO의 회원 하나와 대화를 나눈 적이 있다. 필자는 그에게 북한의 관료들이 통상 어떤 반응을 보이는가 물었다. "처음 며칠은 잠을 제대로 못 잡니다. 마을의 밝은 불빛과 밤에 벌어지는 활동을 보고는 큰 충격을 받고 압도되기 때문입니다." 그의 대답이었다.(필자가 보기에 그 마을의 야경은 그냥 버려진 제철소

같았다.)

　중국의 번영은 처음에는 압도적으로 느껴질 수 있다. 그러나 탈북자들은 곧 자신들 눈엔 거부로 보이는 중국인들이 실제로는 남한보다 중국이 더 가난하다고 생각한다는 걸 알게 된다. 사실 중국 동북부에서 남한에 대해 알기란 별로 어렵지 않다. 조선족 가족들은 남한의 위성 텔레비전 방송을 많이들 보고 있으며, 중국어 자막이 달린 남한 드라마는 지역방송사의 단골메뉴이다. 거의 어느 때에나 연변의 조선족 가운데 7분의 1은 남한에 거주하면서 저임금·비숙련 노동에 종사한다. 탈북자들이 공식 언론을 통해 그때껏 알고 있던 남한의 모습이 터무니없고 기괴한 거짓말임을 깨닫는 데는 그리 긴 시간이 걸리지 않는다. 이러한 발견이 꼭 탈북자들에게 서울행의 꿈을 심어주는 것은 아니다. 서울로 향하는 길은 많은 자원이 필요하며, 무엇보다 위험하다. 모두가 다 서울행을 좋아하는 것도 아니다. 그렇지만 비무장지대 남쪽에 대한 동화 같은 이야기들은 고향의 믿을 수 있는 친구들과 가족들 사이로 퍼져 나간다.

　2000년경부터 VCR플레이어와 (얼마 지나지 않아) DVD플레이어가 북한에서 대량으로 확산되기 시작했다. 이 기계들은 저렴하면서도 완벽히 합법적인 것이었다. 이 기계로 주민들이 경애하는 수령 동지와 그 가족에 대한 영상물같이 공식적으로 승인되고 이념적으로도 건강한 프로그램들을 보리라 간주한 것이다. 그러나 북한 주민들은 대개 외국 영화나 남한에서 제작된 드라마 같은 이념적으로 수상쩍은 것들을 더 선호하곤 했다.

　북한에 관련된 것들이 다 그렇지만 통계들도 거의 믿을 만한 게 못 된다. 중국의 세관에 따르면 2006년 한 해에만 35만 대의 DVD플레이어가 북한으로 수입되었다고 한다. 전체 인구가 2400만 명 정도 되는 나라에서는 큰 물량이다.[15] 오늘날 변경 지역이나 주요 도시에서는 서너 가구 중 한 가구가 DVD플레이어를 보유하고 있는 것으로 보인다. 인터미디어 리서치 그룹의 연구에 따르면 2009년의 비디오CD플레이어 보급률은 21%, DVD플레이어 보급률은 5%이다.[16] 필자가 연구해본 바로는, 2012년 초 북한 국경 지역의 마을에는 전체 가구의 70~80%가 DVD플레이어를 보유하고 있는 것으로 보인다. 이들 가구들이 거의 다 남한의 방송을 보았으리라고 확신할 수 있다. 이 방송은 (DVD플레이어 자체와는 달리) 불법이지만, 중국의 장사꾼들은 남한 방송을 녹화한 복사본들을 국경 너머로 밀수하는 것으로 짭짤한 수입을 거두고 있다.

북한 주민들 중 부유한 축에 드는 사람들 사이에서는 심지어 컴퓨터도 점점 흔해지고 있다. 추정치는 각기 다르지만, 개인적으로 보유하고 있는 컴퓨터 또는 상대적으로 접근이 쉬운 컴퓨터의 대수는 분명 10만을 넘으며 이를 이용할 수 있는 사람들 수는 대략 수십만 명에 달할 것이라 여겨진다. 서방의 한 외교관은 필자에게 평양의 특권층 자제들 사이에서 USB 메모리스틱이 인기 있는 패션 액세서리가 되었다고 말했다. 유행의 의미는 분명하다. USB를 가지고 다니면서 이들은 자신이 평양에서도 특권층의 상징인 컴퓨터를 사용할 수 있다는 사실을 드러내는 것이다. 오늘날 북한에서 컴퓨터를 보유하고 있다는 것은 다른 나라에서 스포츠카를 가지고 있는 것과 비슷하게 받아들여진다.[17] 북한의 컴퓨터는 인터넷에 연결되어 있지 않으며 일부만이 '광명망'이라고 불리우는 북한의 국가내부망(인트라넷)에 전화선을 통해 연결할 수 있다. 그러나 인터넷 연결이 없어도 USB와 CD-R 드라이브

덕택에 컴퓨터는 여전히 강력한 정보 확산의 도구이다. 당국도 이러한 위협을 인지하고 있는 터라 모든 컴퓨터를 등록해두고 불시에 하드디스크를 점검한다.(최근 보위부에서는 개인 컴퓨터의 감시와 통제를 전담하는, '27국'이라고 불리는 특별 부서를 만들었다.) 그러나 과연 이런 불시 점검이 얼마나 효과적일지는 의문이다. 10대 컴퓨터광은 언제나 꾀를 부려 나이 먹은 경찰관을 속일 수 있다. 게다가 경찰관이 그리 열심히 점검할 필요를 느끼지 못한다면 더욱 그렇다.

남한의 영화나 드라마를 볼 때도 북한 주민들이 눈에 보이는 대로 전부 믿는 것은 아니다. 북한의 영화들은 언제나 북한의 삶을 기괴할 정도로 미화해 보여줬기 때문에 이들은 다른 나라에서 만든 영화들도 모두 이와 같을 것이라고 생각한다. 필자가 탈북자들과 나눈 대화를 예로 들어보자면, 처음에 남한 드라마를 보았을 때 보통의 남한 가정이 자동차를 가지고 있다는 것을 곧이곧대로 믿는 탈북자들은 거의 없었다. 사실은 거의 모든 남한의 가정이 자동차를 보유하고 있다. 2010년 자료에 따르면 5000만 인구의 남한에 자가용 승용차는 1360만 대이다. 영화에서 자주 볼 수 있는 보통 남한 가정의 인테리어도 북한 주민들에게는 현실성 있게 보이지 않았다. 이들은 영화 속의 남한 가정 모습이 다 꾸며놓은 것이라고 믿었고, 그런 라이프스타일(어떻게 주방에 그렇게 큰 냉장고가 있을 수 있단 말인가!)은 극히 일부만 가능할 것이라고 생각했다. 그럼에도 몇몇 모습들, 이를테면 고층 건물들과 거대한 교각들로 가득한 서울의 풍경 같은 것은 가짜로 꾸며내기가 불가능하다는 걸 안다. 북한 주민들은 이런 믿을 수 있는 영상들을 통해 남한이 분명 매우 부유할 것이라고 추측한다.

이렇듯 북한 주민들은 점차로 남한의 풍요에 대해 알아가고 있다.

50대 후반의 한 여성 탈북자는 필자에게 이렇게 말했다. "뭐, 초등학교에 다니는 학생들이야 여전히 남한이 가난하다고 믿고 있을 수 있겠죠. 하지만 그외에는 모두가 남한이 부유하다는 걸 압니다." 하지만 두 가지를 유념할 필요가 있다. 첫째, 이러한 인식이 국경 지역과 몇몇 대도시를 넘어서 얼마나 퍼져 있는지 아직은 분명치 않다. 둘째, 평범한 북한 주민들이 남한이 북한을 경제적으로 앞서고 있다는 걸 알기 시작했지만 그 차이가 실제로 얼마나 큰지는 잘 모른다. 북한의 농부나 숙련공들에게 부유하다는 것은 매일 귀리죽을 배불리 먹는 정도를 의미한다.

2000년 즈음부터 북한의 선전조차도 이러한 변화를 의식하기 시작했다. 평양의 선전선동가들은 외국의 전문가들이 생각하는 것만큼 그렇게 경직되어 있지는 않다는 것이다.(북한의 선전 방식의 변화에 진지한 관심을 갖고 있는 이라면 브라이언 마이어스와 타티아나 가브루센코의 저작을 꼭 읽어보기 바란다.) 2000년대 이후 북한 선전물에서는 남한의 궁핍함에 대한 이야기가 자취를 감추었다. 심지어 남한이 상대적으로 풍요로울 수도 있다고 마지못해 인정하기까지 한다.(물론 이는 거품경제로 묘사된다. 간악한 미국 제국주의자들이 이기적인 욕심을 위해 남한 경제를 부풀려 놓았으며 그래서 내부적으로 불안정하다는 것이다.) 그러나 그런 부유함에도 불구하고 남한은 기본적으로 매우 불행한 곳으로 표현된다. 미제국주의자들이 퍼뜨리고 있는 '문화'가 남한 주민들의 소중한 민족적 정체성을 좀먹고 있기 때문이다. 2000년대 이후의 선전물에서 남한 주민들은 굶주림이 아닌 민족적 모멸감과 문화와 환경의 악화 때문에 고통받는 것으로 묘사된다. 남한 주민들은 해방을 꿈꾸고 있으며, 당장은 경제적인 어려움을 겪으면서도 순수한 민족성을 코가 큰 맘몬의

하수인들(북한의 미국인에 대한 묘사는 반유대주의자들의 유대인에 대한 묘사와 매우 닮아 있다)에게 팔아넘기지 않고 잘 간직하고 있는 북한 주민들을 부러워한다고 선전은 말한다.

새로운 선전물에서 자주 등장하는 또 다른 주제는 남한 사회에 침투하고 있는 불평등과 그로 인한 사회적 폐해들이다. 사실 국제 기준으로 볼 때 남한은 놀라운 소득 균형을 유지하고 있는 사회이지만(사회학자 에이던 포스터-카터는 남한을 두고 '동아시아의 스칸디나비아'라고 말한 바 있다), 남한의 좌파들은 그 반대라고 강하게 믿는다. 그래서 북한 신문들은 남한 사회의 모습을 소수의 오만방자한 자들이 궁핍한 다수의 피를 빠는 것으로 그리고 있는 남한 좌파 언론들의 기사를 흐뭇해하며 베껴 쓴다. 최근엔 환경오염 또한 주요한 소재가 되고 있다. 흥미롭게도 과거에는 북한이 자국을 거대한 제철소와 연기를 내뿜는 공장의 나라로 즐겨 표현했는데, 1990년대에 산업이 붕괴되고 나서는 북한이 자연 그대로의 환경을 잘 보존하고 있다고 찬양하면서 이를 남한의 환경오염과 비교하기를 즐긴다.

이러한 선전작업이 얼마나 통할까? 물론 이는 더 두고봐야 할 일이다. 상당수의 북한 주민들은 '상대적으로 부유하지만 불행하며 천박한' 남한에 대한 새로운 선전을 믿는 것으로 보인다. 그러나 '자본주의의 황색 바람'과 남한의 번영에 대한 이해도 계속 확산되고 있다. 외부 세계에 대해 점차로 알아가고 있다는 것은 이 '밑으로부터의 자본주의' 시대의 여러 가지 변화 중 하나에 지나지 않는다. 국내 문제를 다루는 북한의 태도 또한 변화하고 있다. 30세 미만의 주민들은 모든 것을 배급해주던 과거의 체제에서 산 경험이 없기 때문에, 애초에 국가를 삶에 필요한 모든 것을 제공해주는 존재로 잘 보지 않는다. 30세 이상의 많은 성인들은 국가가 없이도 뭔가를 할 수 있다는 것을 배웠으며 몇몇은 이 새로운 상황을 반기고 있다.

다시 한번 말하지만, 이러한 추세가 과장되어서는 안 된다. 북한 주민들과 정기적으로 접촉해오면서 필자는 평범한 북한 주민은 새로운 시대의 불확실성보다는 김일성식의 엄격한 생활을 더 선호할지도 모른다는 생각을 갖게 되었다. 그래도 김일성 시절에는 수용소에 갇힌 불운한 사람만 제외하면 최소한의 배급량만큼은 꾸준히 나오기는 했다. 때로 영양실조에 걸리기도 했지만 굶어 죽는 일은 없었다. 1994년의 김일성 사후, 이 오래된 안정감은 사라졌다. 새로운 상황에서 그리 성공적으로 살고 있지 못한 대다수는 주기적으로 배급이 나오던 시절의 안온함으로 돌아가고 싶어 할 수 있다. 심지어 그것이 지루한 사상주입 시간과 농담 하나로 투옥될 위험이 더 높아짐을 뜻한다 하더라도.

어쨌든 북한 주민들에게는 별다른 선택의 여지가 없다. 새로운 상황에 적응을 해야 했고, 그래서 직업 선택의 경향도 변했다. 한 예로, 1994년 이후 군국주의적 선전의 강도가 비약적으로 증가했음에도 불구하고 많은 북한 주민들이 의무 병역을 회피하려고 시도했다. 군인은 쉽게 조선노동당에 입당할 수 있었기에 과거에는 7~10년의 군 복무가 매력적이었다. 출세에 입당은 필수적이었기 때문이다. 그러나 이제는 당원이 되는 것이 예전처럼 높게 평가되지 않는다. 야심 있는 이에겐 더 빠른 세속적 성공의 기회를 제공하는 시장이 한결 매력적이다.

주민들은 한때 그들을 지속적인 감시 아래 두고자 만들어진 제도들을 무시하기 시작했다. 악명 높은 주간 생활총화나 사상주입을 위한 다양한 모임은 계속되었지만 예전보다는 뜸했고, 과거에 비하면 강도가 훨씬 약해졌다. 약간의 뇌물을 쓴다면 시장에서 돈을 벌기 위해 이런 공식 행사를 빠지는 것도 가능했다.

김일성 시절의 북한에서는 전혀 상상도 할 수 없던 폭동도 종종 일어나기 시작했다. 2005년 3월 평양에서는 아마도 지난 60년간 최초일 폭동이 발생했다. 폭동은 월드컵 예선경기에서 북한팀과 이란팀이 김일성 종합운동장에서 맞붙는 중에 발생했다. 경기 중 북한 선수와 시리아 심판 사이에 논쟁이 일어났다. 선수가 심판을 떠밀었고 퇴장 명령을 받았는데 이때 폭력이 시작되었다. 팬들은 병이나 돌, 의자를 비롯한 보이는 모든 것들을 이란 선수들과 심판들에게 던지기 시작했다. 종합운동장의 스피커에서는 관중에게 정숙할 것을 요구했고 잠시 후 소란이 진정되었다. 그러나 북한팀이 결국 2:0으로 지면서 다시 폭동이 시작되어 경기 종료 후 두 시간 동안 계속되었다. 경찰과 관중들 사이에서 충돌이 있었고, 바깥의 분노한 군중 때문에 한동안 이란 대표팀은 종합운동장을 빠져나가지 못했다. 물론 이는 공식적으로 허용되어 있는 감성인 애국심에서 비롯된 폭동이기는 하나, 사회 통제력의 근간이 부식되고 있음을 보여주었다.

같은 시기에 지방에서는 시장에서 (덜 애국적인 의도의) 폭동이 발생하기 시작했다. 시장의 상인들이 당국의 결정 때문에 돈 벌 권리가 부당하게 침해당했다고 느꼈을 때 불만이 공공연하게 터져나오곤 했다. 2006년에서 2007년 사이, 정부가 배급제를 다시 시작하려고 했을 때 몇몇 시장은 폐쇄되었고 지역 주민의 상당수가 생계의 주요한 수단을 잃었다. 이로 인해 많은 시위가 발생했는데 주로 중년 여성들이 일으킨 것이었다. 알려지기로 그들은 "배급을 주든지 장사를 계속할 수 있게 하든지 하라!"고 외쳤다 한다. 민주주의를 위한 데모는 아니었지만 분명 기성 권위에 대한 도전이기는 했다.

　북한의 당국은 놀랍게도, 그리고 이례적으로 이러한 시장 폭동에 대처하면서 관대한 모습을 보였다. 북한 사법체계의 은밀함을 고려해 볼 때, 그런 폭동의 주모자들 일부가 비밀리에 처벌되었을 가능성도 배제할 수는 없다. 그러나 시위에 참가한 많은 사람들은 가벼운 처벌을 받거나 아예 처벌을 받지 않았다.

　사회적으로 통제가 느슨해지고 있다는 이런 징후들을 너무 과대평가해서는 안 된다. 북한은 여전히 세계에서 가장 억압적인 체제 중 하나로 남아 있다. 약간의 균열에도 불구하고 북한의 감시 체계는 그 효율성과 잔혹함으로는 그 어느 나라에도 뒤지지 않는다. 그렇지만 변화는 뚜렷이 보이고 있다. 북한은 김일성의 '민족주의적 스탈린주의'에서 이탈하고 있다. 이탈은 느릿느릿하고 극적인 결과가 나타나기까지는 몇 년, 심지어는 수십 년이 걸릴 수도 있다. 그러나 이것만큼은 분명하다. 김일성이 건설한 사회는 느리지만 가차없이 바스러지고 교체되고 있다. 이러한 상황에서 기존의 정치질서와 새로 발흥하고 있는 사회질서 간의 모순은 보다 급속한 변화로 이어질 것이고, 마찬가지로 더 빠른 변화에 대한 요구도 낳을 것이다. 이러한 요구가 어느 지점에서 멈출 것인지 우리는 아직 확신을 가지고 말할 수 없다.

제3장

The Real North Korea

내부적
생존의 논리

 외부 관찰자에게 북한 지도부의 행태는 종종 비이성적으로 비친다. 북한이 처한 수렁에서 벗어날 수 있는 쉽고도 검증된 방법이 있는데, 이들은 무슨 이유에서인지 그 길을 거부하는 듯하다. 많은 사람들은 이 '검증된 방법'이 바로 중국식 개혁이며 북한 지도층도 결국은 이를 따를 것이라고 본다. 그러나 북한을 보다 가까이서 살펴보면 이른바 '중국식 해법'이라는 것이 실익이 있을지 회의를 품게 된다. 그것은 국가를 위해서는 좋을지 모르지만 엘리트들에게는 리스크가 큰 해법이다. 가까운 미래에 이 방식이 채택되기 어려운 것은 그 때문이다.

## 개혁 — 집단적인 정치적 자살

제2차 세계대전 이후 동아시아 역사는 무엇보다도 경제적 성장이 장관을 이룬 역사였다. 산업혁명 시기 유럽의 극적인 성장 이래 세계는 이런 대규모 성장을 목격한 바 없었다. 1960년 이후 40년간 동아시아의 1인당 GDP는 해마다 4.6%씩 상승했다.(같은 기간의 전세계 평균 상승률은 2.8%)[1] 오늘날에는 믿기 어려운 이야기지만 1960년 당시 남한의 1인당 GDP는 소말리아보다 낮았고 대만은 세네갈보다 뒤쳐져 있었다.[2]

이 놀라운 경제적 성장은 노골적으로 비민주적이고 비자유주의적인 정권들에 의해 주도되었다. 이 정권들은 흔히 '개발독재'로 일컬어지는데 권위주의적인 정치에다 경제성장에 대한 집착을 결합시켰기 때문이었다. '개발독재' 전략은 남한의 군부정권과 타이완(1945년부터 1988년까지 타이완은 북한과 비슷한 일당 세습독재였다)이 개시했다. 이 정권들은 반공 레토릭에 시장 지향이라는 '자유 진영'의 듣기 좋은 원리를 결합한, 그러나 정부 통제 아래 이뤄지는 개발 전략을 구사했다. 천연자원이 부족한 만큼 저임금 노동과 효율성을 내세운 이 경제정책은 당대 모든 예상치를 뛰어넘을 만큼 성공적이었다.

이에 1980년대 중반부터 중국과 베트남의 공산주의 정권들이 이 개발독재 1세대의 전략을 모방하기 시작했다. 두 나라의 공산당 엘리트는 정치적 안정을 위해 레닌주의적 태도와 슬로건을 견지하되, 실제로는 남한과 타이완의 경제개발 모델로 전환했다. 중국과 베트남의 자본주의는 보다 뻔뻔스럽고 잔혹했다. 노동력을 한층 폭압적으로 다루었으며 늘어나는 빈부격차에 대해서도 놀랄 만큼 무심했다. 어쨌든 이 전략은 또다시 성공했고, 이들 '개발독재 2세대' 또한 경이로운 성과를 올렸다. 많은 지표로 증명되지만, 1980년대 중반까지도 식량난에 시달리던 베트남이 1990년대 중반에는 세계 3위의 쌀 수출국이 되었

다는 사실 정도만 언급하기로 한다.[3]

그리하여 중국과 베트남에서는 공산주의(엄밀히 따지면 그렇다) 과두정권이 대내적인 안정을 성공적으로 유지하면서도 전례 없는 경제 성장을 이끌어냈다. 양국 지도부는 그럴 만한 이유를 들어 스스로를 국가의 은인 내지 구원자로까지 여길 수 있었고, 마오쩌둥과 호치민의 엄혹했던 시절에 정치를 시작한 선배들이 꿈에서도 상상치 못했던 권력과 안정을 누릴 수 있었다.

이렇게만 보면 중국의 방식은 거부할 수 없을 만큼 매력적이다. 그런데도 북한 엘리트에게 변화로 향할 만큼 감명을 주지는 못했다. 지난 20여 년간, 북녘에서 보이는 모든 변화의 조짐에 대해 많은 신문 칼럼니스트나 학계의 논평가들이 독자들에게 (어쩌면 자기 스스로에게도) 드디어 올 것이 왔다며 확신을 갖고 말했다. 오랫동안 지체되었던 개혁이 마침내 시작되었다는 것이다. 1984년 합영법이 제정되었을 때나, 1990년대 초 나진-선봉 경제특구가 생겨났을 때, 그리고 2002년의 7·1조치가 발표되었을 때도 열광적인 논평들이 이를 반겼다. 필자는 인디애나대학의 마케팅 교수가 2003년에 쓴 「북한, 고립에서 열린 시장경제로: 투자할 때인가 계속 관망할 때인가?」라는 글을 기억한다. 예상할 수 있듯이, 저자의 조언은 늦기 전에 투자를 하라는 것이었다.(공정을 기하기 위해 덧붙이자면, 저자 역시 몇몇 주의사항을 언급하기는 했다.)[4]

미 해군전쟁대학NWC 테런스 로릭의 발언은 낙관적인 관찰자들의 시각을 전형적으로 보여준다.

조선민주주의인민공화국이 갑작스레 붕괴할 위험을 피하기 위해서는 북한의 지배 체제가 변화하게끔 독려할 수 있는 장기간의 단계적 전환을 추진하는 것이 더 좋은 방식일 수 있다. 그 체제가 김씨 가문의 또 다른 일원이든 일종의 군부/당 집단이든 경제적 개혁·개방을 발전시키면 그 다음으로 정치적 온건화와 개혁이 뒤따를 수 있다.[5]

로릭의 말이 맞을 수도 있다. 냉소적으로 말하자면, 평양의 지도자들에게 그들이 개혁된 북한에서 밝은 미래를 맞이할 수 있을 것이라 설득하는 것은 납득할 만한 일이다. 문제는 북한의 지도부가 도무지 이런 유혹에 넘어갈 기색을 보이지 않는다는 것이다. 오히려 몇몇은 개혁이 몰락과 자멸의 지름길이 되리라 의심하고 있다. 유감스럽게도 그런 염려는 매우 정확해 보인다.

보통의 북한 주민들에게는 안타까운 일이지만 평양의 지도부가 중국을 모방하지 않으려는 데는 그만한 이유가 있다. 북한 지도부가 고집스레 개혁에 저항하는 것은 그들이 주체사상의 지침을 맹목적으로 숭배하는 이념적 광신도들이기 때문이 아니며(주체사상 자체도 실질적인 정책의 안내자가 되기에는 너무 모호하다), 외부세계에 대해서 무지하기 때문도 아니다. 그들은 비이성적이거나 이념적이지 않다. 반대로 그들이야말로 극단적일 만큼 이성적이며, 어쩌면 현존하는 가장 완벽한 마키아벨리스트일 것이다. 북한 지도부는 한반도 분단이라는 특수한 조건을 감안할 때 그러한 개혁은 불안정을 조장할 가능성이 있으며, 지배 엘리트의 입장에서 정치적으로 (그리고 어쩌면 물리적으로도) 자살하는 가장 확실한 길임을 알기 때문에 개혁을 바라지 않는 것이다.

풍요롭고 자유로운 남한이라는 존재는 북한의 선택을 중국·베트남과는 다르게 만든다. 같은 언어를 사용하며 공식적으로 '우리나라 국민'으로 지칭되는 사람들이 살고 있지만 1인당 소득은 북한의 최소

15배(일부 주장에 따르면 40배)에 이르는 나라가 남한이다.[6] 가장 낮은 추정치를 놓고 보더라도 국경을 마주하는 두 나라의 1인당 소득 격차로는 단연 세계 최고다. 비교를 위해 다른 사례를 들어보자면, 분단 독일에서 동·서독간 소득 격차는 1:3에 불과했으나, 이 정도도 소비에트의 보복 위협이 사라지자 동독 주민으로 하여금 정권을 전복하기에 충분했다. 만일 평범한 북한 주민이 불과 200$km$ 남쪽에 사는 동포가 누리는 풍요를 완전히 알게 된다면, 정권의 정당성은 큰 타격을 입고 십중팔구 사회적 동요가 일어날 것이다. 평범한 서울의 거리와 백화점, 보통의 노동자가 사는 집을 목격한 북한 주민이 받을 충격은 그저 상상으로 어림할 뿐이다. 어쩌면 15년간의 활발한 시장 활동을 경험한 북한 주민이라면 그런 광경에 별다른 충격을 받지 않을지도 모른다.(이제는 돈만 있으면 북한에서도 많은 걸 살 수 있다.) 그러나 미제의 노예로 알았던 남한 노동자가 북한에서는 성공적인 마약상이나 당 중앙위원쯤 돼야 꿈꿀 호사스러운 삶을 누리고 있다는 것을 알게 될 때 북한 주민이 받을 충격은 쉬이 짐작할 수 있다.

베트남이나 중국은 상황이 달랐다. 요컨대, 중국의 개혁은 중화인민공화국과 크기가 비슷하지만 더 번영한 '남중국' 같은 것이 없었기 때문에 가능했다. 타이완은 너무 작아 통일이 되더라도 중국의 평균 소득에 의미 있는 영향을 끼치지 못하며, 남베트남은 1975년에 사라졌다. 일본이나 미국의 번영은 중국에서도 잘 알려져 있다. 그러나 평범한 중국인들은 미국과 일본의 번영을 정치적으로 연관지어 생각지 않는다. 미국이나 일본은 다른 역사를 가진 다른 나라일 뿐이고, 따라서 그들의 놀라운 번영이 반드시 공산당 체제의 비효율성을 입증하는 것으로 연결되지 않는다. 그렇기에 당분간 평범한 중국인은 1960년대에 남한과 타이완 국민들의 전례를 똑같이 밟을 것으로 보인다. 안정과 경제 성장을 누리는 대신 권위주의적 통치를 받아들이는 것이다. 그러나 북한에서는 부유하고 자유로운 남쪽의 매력 때문에 그러한 거래가 성사되기 매우 어렵다는 걸 김정일 시대의 평양 엘리트들은 이미 간파하고 있었다.

정보 장벽을 상당히 낮추지 않고서는 개혁이 불가능하다. 외국의 투자와 기술은 성장에 필수적이다. 이는 중국식 개혁이 시작되면 많은 북한 주민들이 외부 세계의 위험한 지식에 노출된다는 뜻이다. 특히 남한에 대한 정보 말이다. 감시체제의 대대적인 완화도 피할 수 없다. 사업상 방문하는 데 여행허가증을 발급받느라 일주일을 기다려야 한다거나 승진이 노동생산성이 아닌 정치적 충성(그리고 경애하는 지도자 동지의 긴 연설문을 외우는 능력)으로 결정되는 나라에서는 효율적인 시장 개혁이 일어날 수가 없기 때문이다. 감시체제의 완화는 정보 유입을 더욱 증대시킬 것이며 정보 확산과 그에 따른 파국을 재촉할 것이다. 정보 검열을 보다 어렵게 함으로써 정권에 정치적 위협이 되고 있는 IT기술의 극적인 발달 또한 체제 안정을 염려하는 북한 당국의 짜증을 유발하고 있다.

북한 주민이 또 다른 '조선', 풍요롭고 자유로우며 화려하고 매력적인 남한의 현실을 알게 되었을 때, 상대적 빈곤과 과중한 노동을 견뎌온 지난 20여 년의 세월도 모자라 추가로 10여 년을 또다시 궁핍을 견디고 참으며 살 것으로 보이지는 않는다. 과연 주민들이 언젠가는 지금의 남한과 같은 번영을 가져다주겠노라는 말만 믿고 여전히 권위주의적이고 억압적인 체제의 개혁을 받아들일까? 지도부에게는 안타까운 일이겠으나, 북한 주민들은 새로운 지식과 새로운 자유를 접하고선 다른 방식으로 반응할 것으로 보인다. 그것은 현 체제를 제거하고 남한과 통일해 남쪽의 넘치는 풍요에 참여하는 것이다.

북한 체제에 대한 불만과 남한의 번영에 대한 정보가 어떻게 퍼질지는 쉽게 짐작할 수 있다. 우선 남한 사람 또는 외국인과 접촉할 수 있게 된 부유층이나 외국 매체와 오락물을 보다 쉽게 접할 수 있는 이들로부터 정보 유통이 시작되고, 그 다음엔 보다 넓게 사회 계층 전반으로 확산될 것이다. 무력 진압에 대한 우려만 없다면 북한 주민들은 동독인들이 1989년에 취한 행동을 그대로 따를 가능성이 매우 높다.

북한과 중국 사이에는 또 다른 중대한 차이점이 있다. 이 또한 성공한 남한의 존재 때문에 생기는 것이다. 중국의 당 관료들이 스스로를 배불리기 위해 개혁을 이용했다는 것은 공공연한 비밀이다. 중국의 신흥 사업가 계급 가운데 상당수는 전직 관료이거나 관료의 친척 또는 친구이다. 구소련과 과거 공산국가였던 동유럽 국가들의 상황도 다르지 않다. 소수의 예외를 빼면 이 국가들의 정치적·경제적 생활은 전직 당 고위 인사들이 지배하고 있다. 이들은 자신들의 인맥·경험·교육, 그리고 무엇보다도 국가 자산에 대한 사실상의 통제권을 이용해 정부 자산을 전용하고 자신을 성공적인 자본가 또는 정치가로 재포장했다. 공산주의의 붕괴를 두고 리차드 비넨Richard Vinen이 '경영권 인수'라고 표현한 것은 과장이 아니다.[7] 분명 1990년대 동유럽과 소련의 특권층nomenklatura은 공산주의의 붕괴 와중에 자신들이 결코 믿은 적 없던 체제를 버리면서 권력이나 부를 어마어마하게 불렸다.[8]

그러나 북한 엘리트의 상황은 다르다. 그들은 체제 전복 이후 성공적인 자본가로 거듭날 가능성이 적다. 체제의 붕괴는 십중팔구 주민들이 바라는 한반도의 통일로 이어질 것이다. 평범한 주민들은 통일만 되면 곧바로 남녘의 동포들이 누리는 삶을 살 수 있으리라 (잘못) 판단할 것이기 때문이다. 그러나 새로운 경제체제의 요직은 모두 남한 사람들이 차지할 것이다. 그들은 자본·교육·경험을 갖추고 있을 뿐 아니라 필시 정치적 도움까지 받을 것이므로. 통일 이후 북한의 자본주의는 다시 태어난 당 고위 관료들이 아닌 LG와 삼성그룹 임원들과 서울에서 출세를 위해 북으로 올라간 사람들이 만들어 갈 것이다.

적어도 일부 북한 관료들은 이를 이해하고 있다. 그러나 대다수는 이와는 다른, 보다 원초적인 공포를 갖고 있는 것으로 보인다. 이들은 자신들의 통치가 얼마나 잔혹했는지를 안다. 또한 그들은 만일 북한이 체제 대결에서 승리했을 경우 남한 엘리트와 그 후손들을 어떻게 처분했을지 잘 알기 때문에 반대의 경우에는 자신들이 같은 꼴을 당할 것으로 여긴다. 그들은 단지 권력을 잃고 물질적인 특권(다른 나라에 견주면 그리 대단치 않은 수준이다)을 누리지 못하는 것이 두려운 게 아니다. 지난 수십 년간 자신들이 정적들을 처리해온 것처럼 학살당하거나 수용소에 보내질까 봐 두려운 것이다. 몇 년 전, 한 북한 고위 관료가 서방의 고위 외교관에게 솔직하게 말한 바 있다. "인권이라든지 그런 것들이 훌륭한 생각일 수는 있다. 그렇지만 그걸 북한 주민들에게 설명하기 시작하면 우린 곧바로 살해당할 것이다." 아마 많은 관료들이 같은 생각을 하고 있는 것 같다. 필자를 비롯해 평양을 방문한 외국인들마다 담당 경호관에게 이런 질문을 받은 것이 우연은 아닐 것이다. "동독의 공산당과 경찰 관료들은 나중에 어떻게 되었습니까?"

아마도 북한의 놀라운 체제유지 능력에 숨은 비결 중 하나는 바로 모든 관료들이(하급 관리를 포함해) 체제가 붕괴하면 자신들의 미래도 없다는 생각을 공유하고 있기 때문일 것이다. 그리고 이 점이 북한을 다른 독재국가와 또렷이 구별짓는다. 무바라크가 통치하는 이집트의 공무원은 민주화 세력이 집권하든 이슬람 세력이 집권하든, 새로운 체제에서도 직위를 유지하면서 늘 하던 대로 주택건설 허가와 관련된 일을 계속하겠거니 생각할 수 있다. 군부의 고위 장교들 또한 새로운 정부가 들어서더라도 자신의 대대를 계속 지휘할 것으로 기대할 수 있다. 결론적으로 말해, 이들은 혁명을 개인적인 위협으로 보지 않았으며 그렇기 때문에 혁명 운동을 지지할 수도 있었다.

북한에서는 문제가 다르다. 북한의 엘리트는 남한과 통일할 경우 얻을 것은 없고 잃을 것은 많다고 믿는다. 이러한 두려움은 과장되었을망정 근거가 없는 것은 아니다. 이들이 처한 곤경은 남한의 특정 정책 탓에 발생한 것이 아니라 성공한 남한의 존재 자체에서 기인한다는 사실은 그래서 중요하다. 상상할 수 있는 범위에서 북한에 가장 유화적인 정부가 남한에 들어선다 하더라도 남한이 북한에게 덜 위험해지지는 않을 것이다.(뒤에서 다루겠지만, 비록 평양은 현재 이를 깨닫지 못할지도 모르나 어쩌면 유화적인 남한이야말로 더 위험할 수도 있다.)

여기서 언급한 평양 엘리트의 생각은 결국 가정이지만 이를 입증하는 사례가 있다. 반¥망명 상태로 주로 마카오와 중국에서 생활하는 김정일의 장남 김정남의 견해가 그것이다. 김정남은 김씨 가문에서 유일하게 외국 기자들과 대화하는 인물이다. 기자들은 때때로 공항이나 값비싼 호텔의 로비에서 그와 마주칠 수 있었다. 시간이 흐를수록 그의 짧은 인터뷰들은 민감한 쟁점을 건드렸고 정치적으로 솔직해졌다. 2010년에는 당시 평양에서 진행중이던 세습 권력 이양에 대해서 공개적으로 반감을 표시하기도 했다.

2011년 1월 김정남은 『도쿄신문』의 기자인 고미 요지와 긴 인터뷰를 가졌는데 얼마 지나지 않아 이 독특한 북한의 왕자가 고미 기자와 2004년부터 이메일을 주고 받았다는 것이 밝혀졌고 이 이메일들은 나중에 책으로 출판되었다.(한국에서는 『안녕하세요 김정남입니다』라는 제목으로 번역돼 나왔다.-옮긴이) 이 책에서 가장 중요한 주제는 북한에서의 중국식 개혁 (불)가능성이다. 김정남은 시장지향적 개혁이 북한 경제를 되살릴 수 있다는 자신의 믿음을 분명히 밝혔다. 한번은 그의 이복동생인 김정은(당시 이미 김정일의 후계자였다)을 언급하면서 김정은에게 "주민들을 불쌍히 여기고" 중국의 전철을 따를 것을 탄원하기도 했다.

그러나 김정남은 개혁의 실현 가능성에 대해선 그다지 긍정하지 않았다. 2011년 인터뷰에서 그는 이렇게 말했다. "나는 개인적으로 경제적 개혁개방이 북한 주민의 삶을 개선시키는 가장 좋은 방법이라고 생각한다. 그러나 북한의 독특한 입장을 고려해보면 경제적 개혁개방이 현 체제의 붕괴로 이어질 것이란 불안감이 있다."

이후 인터뷰에서 김정남은 비슷한 논지를 반복한다. "북한의 지도부는 곤경에 빠져 있다. 개혁을 하지 않으면 북한의 경제는 파산할 것이다. 그러나 개혁은 체제 붕괴의 위험으로 가득하다."[9] 김정남은 매우 솔직하면서도 이성적으로 이 사실을 인정하고 있다. 그리고 그의 발언은 북한의 지도층이 자신들의 생존에 개혁이 얼마나 위험한지를 완벽하게 이해하고 있음을 보여준다.

이런 상황에서 어떠한 정책을 취하는 것이 북한 엘리트에게 가장 좋을 것인가? 최적의 행동 방식은 지난 20여 년간 현 지도부와 전임 지도부가 해왔던 대로 계속하는 것으로 보인다. 대내적으로 북한 정권의 목표는 주민들을 통제하고 분리시키며, 무엇보다도 외부세계로부터 고립시키는 것이었다. 대외적으로 가장 안전한 방식은 원조 극대화 전략으로, 이는 외교와 협박을 동원해 외부로부터의 지원을 최대한 뜯어내려는 시도를 포함한다.[10] 외부 원조는 태생적으로 비효율적인 경제를 유지하는 데 도움을 주고, 또 다른 대규모 기근을 방지하며, 북한의 소수 엘리트에게 어느 정도 화려한 생활을 제공함과 동시에 '전략적으로 중요한' 사회 집단들의 지지를 얻어낼 수 있다.(외부 원조는 먼저 군대와 경찰 그리고 주요 도시들에 분배되었다.)[11]

평양 지도층의 관점에서 볼 때 이 정책은 성공적이었다. 자유주의적이고 포용적인 공산주의 정권들 대부분이 무너진 2013년에도 그들은 통제력을 유지하며 특권층의 삶을 누리고 있다. 기존 체제를 수호하고 사적 시장경제의 자생적 성장을 억누르면서 북한 엘리트는 지속 가능한 경제성장을 이루어낼 기회를 잃었다. 그러나 경제성장은 그들의 주요 관심사가 아니다. 보다 중요한 목표는 정치적 안정과 지배력 유지다. 물론 북한의 경제가 성장하는 것은 기쁜 일이지만 감옥의 쇠창살 사이로 그런 풍경을 지켜보는 걸 즐기진 않을 것이다.

세계 언론들은 종종 평양 내부의 파벌 분쟁에 대해 끝없는 (그리고 무의미한) 논쟁을 벌인다. '실용주의자'로 알려진 기술관료들이 보수적인 이념론자와 군부 강경파들과 싸우고 있다는 것이다. 이런 유의 언론 보도는 대부분 추측과 신뢰하기 어려운 풍문에 따른 것이지만 그런 분쟁이 정말로 진행되고 있을 수도 있다. 그러나 개혁론자들을 '실용주의자'라고 거듭 반복해 표현하는 것은 오해의 소지가 다분하다. 개혁론자들이 정말로 존재한다면 그들은 '위험한 이상론자'나 '꿈꾸는 낭만주의자'라 불러 마땅하다. 그러한 개혁은, 착수되기만 한다면 체제의 종말과 그들 자신의 몰락을 가속화할 것이기 때문이다.(물론 이는 대다수의 북한 주민에게는 좋은 일이 될 터이지만.)

평양의 개혁론자들은 슬픈 (또는 비극적인?) 역설과 마주할 것이다. 그들의 개혁이 객관적으로는 충분히 성공적일지라도, 대다수 북한 주민들은 남한과 비교하면서 이를 실패로 평가할 것이기 때문이다.

아무튼 지도부에 개혁 성향의 인물들이 존재한다 할지라도 어디까지나 소수다. 북한 엘리트의 주류가 바라는 것은 1984년으로 되돌리는 것이다. 여기서 1984년은 조지 오웰이 그린 디스토피아를 가리키는 게 아니다. 김일성의 체제가 마지막으로 제대로 작동하던 시절을 말하는 것이다.(사실 제대로 작동하는 김일성 사회는 오웰의 디스토피아와 상당히 유사하기는 하다.) 북한 체제의 경제정책은 대부분 과거의 극단적 스탈린주의 모델을 되살리기 위해 추진돼왔다. 권력의 상층부가 진지하게 이 모델이 작동한다고 믿을지도 모르는 일이긴 하나 이 환상을 믿지 않는다 해도 별다른 선택지가 없다. 부유한 남한의 존재 때문에 극도로 중앙집권화되고 철저히 통제된 스탈린주의적 경제만이 정치적 안정을 유지할 수 있는 유일한 방식으로 받아들여지기 때문이다.

## 병 속의 요정, 다시 병 속으로: (그리 성공적이지 못한) 시장 활동 단속

북한의 '밑으로부터의 자본주의'를 논할 때는, 정부가 시장에서 일어나고 있는 일을 묵인한다 하더라도 그것들이 엄밀하게는 불법이라는 점을 유념해야 한다. 주민들이 기아로 허덕일 때에도 북한 당국은 산발적으로 시장과 이른바 자본주의적 부당이득 행위를 단속했다. 보통 그러한 단속은 무위로 끝났다. 과도한 억압은 이미 도래한 재앙을 더 악화시킨다는 걸 이해하고 있었거나 스스로 시장 활동에 의존하고 있던 하급 관리들이 조용히 그런 단속을 방해했기 때문이었다.

그러나 2002년, 신흥 시장경제에 대한 평양의 부정적인 태도에 변화가 일어났다. 2002년 7월 1일 북한 지도부는 외신에 의해 '2002년 개혁'으로 묘사된 몇 가지 조치를 단행한다. '개혁'이라는 단어를 급진적이고 전복적으로 받아들이는 북한 언론은 그런 표현을 사용하지 않았다. 북한에서 이 정책은 공식적으로 '7·1조치'로 알려져 있다.[12]

북한의 정책 변화를 처음 볼 때 늘 그러하듯이, 해외에서는 이 조치를 오랫동안 기다려왔던 개혁의 징조로 여겼으며 세계 언론의 열광적인 환영을 받았다. 마침내 북한이 중국의 방식을 선택할 것이라는 추측이 쏟아져 나왔다. 신문의 헤드라인들에는 자신감이 넘쳤다. "다른 선택의 여지가 없는 스탈린주의 북한, 시장을 발흥케 하다" "북한이 시장으로 나오고 있다는 징조" "북한의 실험, 중국을 그 모델로 삼아".[13] 나중에 보게 되겠지만 이러한 낙관론에는 아무런 근거가 없었다.

7·1조치는 사실 각기 다른 정책들을 포함하고 있었다. 먼저 물가가 급격히 올랐다. 가령, 수십 년간 쌀은 배급제 내에서 명목상 가격인 1kg당 0.08원(북한 화폐)에 '매매'되었는데 개혁 이후 쌀값은 당시 시장가격과 유사한 1kg당 44원으로 550배(!)나 상승했다. 공식 임금도 보다 작은 규모이기는 하지만 올랐다. 임경훈의 계산에 따르면, 평균 소매가격은 25배가 오른 반면 임금은 겨우 18배 올랐다.[14]

둘째로 7·1조치는 관리자들의 권력과 독립성을 증대시키는 방향으로 국영 기업의 경영방식을 변화시켰다. 관리자들은 시장에서 자원을 구입하거나 완성품을 팔 수도 있었을 뿐만 아니라, 노동자들에게 성과급 등의 인센티브를 줄 수 있는 권한도 가지게 됐다.

셋째로 7·1조치는 '종합시장'의 설립을 발표했다. 외신들은 이를 두고 '사적 시장 거래의 금지 해제'라고 (잘못) 보도하곤 했다. 본래 존재하지도 않았던 금지를 해제할 수는 없는 일이다. 2002년 당시에 이미 대다수 북한 주민들은 사적 시장에서의 행위를 통해 생계를 이어나가고 있었다. 종합시장의 공식 설립은 보기보다 중대한 변화가 아니었다. 본질적으로 이는 정부가 통제할 수 없는 사안을 마지못해 추인한 것이다. 독자들은 필자가 주기적으로 인터뷰하는 대다수의 시장 상인들(수십 명가량 된다)이 2002년에 어떠한 개혁이 있었는지 전혀 몰랐다는 것을 알면 깜짝 놀랄 것이다! 주민들의 사업을 합법화하고 그들의 삶을 바꿀 것이라고 알려진 조치에 대해서 주민들이 전혀 몰랐던 데에는 그럴 만한 이유가 있다. 언론을 통해 한껏 부풀려진 조치들은 시장에 공식 명칭을 부여하고 (결과적으로) 조금 더 통제한 것 외에는 실제 시장의 작동에는 거의 영향을 미치지 못했다. 상인들은 수년간 해왔던 일을 그대로 계속했다.

그럼에도 불구하고 7·1조치와 그와 연관된 정책들은 평양 지도부가 '아래로부터의 탈脫스탈린화'를 어느 정도 인식하고서 수용했음을 보여준다. 그러나 이러한 태도는 오래가지 못했다. 얼마 지나지 않아 북한 당국은 지난 10년간 자생적으로 일어난 변화를 되돌리려는 시도를 시작한다. 그런 시도는 경제성장에는 부정적일지 모르나 평양의 가장 큰 걱정거리인 정치적 안정에는 좋은 것이었다. 북한 지도부는 자유화가 위험하다는 걸 인지하고 있었고 시장에 대해서 결코 마음을 놓지 못했다. 그리하여 2005년, 그들은 비공식 경제에 대한 결정적인 공격을 결심했다.

이때에도 영양실조는 만연했지만(현재도 그렇다), 기근은 끝난 상태였다. 경제 회복의 주요한 역할은 외국의 관대한 원조가 맡고 있었다. 그러나 외부 원조만이 1990년대 말의 재앙을 끝내게 했다고 말한다면 과도한 단순화일 것이다. 사적 경제의 등장과 이에 순응한 국영기관 역시 회복에 일정하게 기여했다. 개선된 경작 또한 한몫을 했다. 북한 정부는 작지만 분명한 개선을 자신들이 원하는 것을 할 수 있게 되었다는 신호로 여겼다. 위기 이전의 체제를 되살리는 것이었다.

이러한 태도를 흥미롭게 보여주는 사례가 있다. 2005년 10월 한 북한 관료의 발언이다. 남한에서 방문한 한 학자가 북한 정부가 배급제를 다시 시작했느냐고 질문하자 그는 이렇게 답했다. "이제 추수도 풍년이고 쌀 비축량도 많은데 시장에서 쌀을 사적으로 매매할 필요가 있겠는가?"[15] 이 발언에 깔려 있는 생각은 분명하다. 정상적인 상황에서는 경제가 정부의 분배와 배급에 기반해야 하고, 시장과 소매 거래는 비상상황에 대처하기 위한 방책으로서만 용인되어야 한다는 것이다.

2005년 10월, 위의 발언이 이루어졌을 때 북한 정부는 오랫동안 운영을 중단했던 배급제를 (약간 변형한 형태로) 완전히 재개한다고 발표했다. 북한 주민들은 이제부터 김일성 시절과 마찬가지로 정기적으로 기본 배급량을 받게 되었다. 배급량의 가격은 2002년 이후의 공식 수준으로 고정되었다. 예를 들어 쌀은 1kg당 44원이었다. 그러나 발표 당시 쌀의 실제 시장가격은 이미 800~900원에 달했고, 2009년에는 2000원 수준에서 등락을 거듭하고 있었다. 그리하여 1kg당 44원의 새로운 배급제 가격은 명목상으로만 남게 되었다.[16] 배급제의 재개 결정은 곡물 매매에 대한 국가 독점의 부활로 이어졌다. 곡물의 사적 거래는 금지되었다. 보다 정확하게 말하자면, 당국은 1957년부터 존재한 금지령을 재확인한 셈이었다. 이 금지령은 1990년대 초반부터 집행이 잦아들

긴 했으나 결코 공식적으로 해제된 적은 없었다. 배급제 부활 시도는 '정상 복귀'의 신호로 표현되었으며, 북한 특유의 표현법으로 하자면 공식적으로는 "식량 공급 정상화"로 언급되었다. 북한 주민들은 이 표현에 동의했다. 대다수 북한 주민들은 삶의 대부분을 배급제에서 살아왔기에 배급제를 '정상'으로 여기는 것이 당연했다.

그러나 부활한 배급제는 매우 부분적으로만 성공했다. 이듬해부터 배급량은 다시 감소하기 시작했다. 2012년경 평양 바깥에 사는 주민들이 온전한 배급량을 받기 위해서는 당 간부이거나 군수 공장에서 일해야 했다. 곡물의 사적 매매에 대한 금지는 겨우 몇 달밖에 지속되지 못했다. 경찰과 하급 관리들이 새로운 규제를 강제하길 꺼리면서 2006년 말부터 쌀과 옥수수는 다시 자유로이 매매되었다. 뒤에서 이야기할 것이지만 이는 과거의 방식을 재현하려고 할 때마다 나타나는 전형적인 결과였다. 정부의 노력이 공개적인 저항에 마주치는 일은 드물었으나 하급 관리들과 주민들에 의해 조용히 저지당하곤 했다.

시장 활동을 규제하거나 제한하려는 시도는 2005년 이후 강력해졌다. 2006년 12월에 당국은 신체 건강한 남성들이 시장 거래에 참여하는 것을 금지했다. 가정의 주수입자가 아닐 경우에만 남자가 시장에서 장사하는 것이 허용되었다.[17] 김일성의 북한에서 모든 남성들은 '적절한' 직장, 그러니까 정부 부문에서 일해야 했다. 가동도 하지 않는 공장에 노동자들을 계속 출근시키는 기괴해 보이는 정책에는 합리적인 (사실 매우 합리적인) 이유가 있다. 북한의 감시체제는 모든 성인이 국영 기업에서의 적절한 일자리를 가지고 있다는 전제 아래 운영된다. 따라서 사상주입이나 경찰의 감시는 모두 '조직생활'이 시작되는 직장에 중심을 두고 있다.

그러나 이 규제는 실제 시장의 움직임에 별다른 영향을 미치지 못했다. 애초부터 북한에서는 남성이 시장에서 활동하는 경우가 많지 않았기 때문이었다. 오히려 1년 후인 2007년 12월, 50세 미만의 여성에게 시장 거래를 금지시킨 조치가 훨씬 더 큰 영향을 미쳤다.[18] 정부의 이러한 결정은 2008년 3월에 일련의 시위를 불러왔는데 특히 청진시에서 크게 일어났다고 한다.[19] 처음 얼마간은 경찰과 관리들이 이를 강제하려고 하자, 젊은 여성 상인들은 몇 가지 꾀를 냈다. 시어머니나 다른 나이든 여성 친척을 데리고 시장을 가는 것이었다. 경찰이 물어보면 상인은 사실 장사를 하는 것은 자신이 존경하는 시어머니이고 자신은 그저 시어머니를 돕기 위해 잠시 들렀을 뿐이라고 답했다. 이런 술책은 사실 경관이 금지령 집행에 그리 열성적이지 않을 때 가능한 것이었지만, 실제로 대부분이 그랬다. 몇 달 지나지 않아 금지령은 완전히 잊혀졌다. 조용한 저항이 다시 승리한 것이다.

그럼에도 불구하고, 북한 정부는 포기하지 않고 2008년 말 좀더 단호한 조치를 계획했다. 그해 11월, 지방 당국은 2009년부터 사적 시장은 한 달에 사흘만 열릴 수 있다는 지시를 받았다. 공산품의 판매도 금지될 예정이었다. 지도부는 북한의 경제 및 사회적 상황이 개선되면 시장이 더는 쓸모없어질 것이라고 분명히 밝힌 것이다.[20] 그러나 마지막 순간에 이 계획은 취소되었다.

정부의 반동은 시장에만 국한된 것이 아니었다. 2005년 이후 당국은 중국과의 국경에 대한 통제를 강화했다. 이는 중국으로 숨어드는 탈북자 수의 급격한 감소로 이어졌다. 1998년에는 연간 20만 명까지 추정되던 탈북자가 2010년에는 2~4만 명 정도로 떨어졌다.[21] 식량 사정의 개선 등 여러 요인이 영향을 미치기는 했지만 국경 통제가 강화된 것이 주요한 원인이었다. 이제 국경경비대원에게 뇌물을 주지 않고서 국경을 건너기가 훨씬 더 어려워진 것이다.

북한 당국의 반시장적 정책은 결국 2009년의 화폐개혁으로 이어졌다. 골칫덩이 시장을 단번에 완전히 파괴하기 위한 계획이었다. 그러나 화폐개혁은 이전의 반시장적 조치와 똑같은 운명을 맞이했으며, 그 실패는 아주 장관이었다.

### 급여

1980년대에 북한 주민의 평균수입은 얼마였을까? 오늘날에는 얼마나 벌까? 흔하며 자연스러운 질문이지만 답하기는 쉽지 않다. 북한에서의 임금은 자본주의(심지어 소련 스타일의 사회주의) 경제에서의 임금과 매우 다른 역할을 하기 때문이다.

질문 자체에 대해 답하기란 어렵지 않다. 1980년대에 북한의 평균 월급은 북한 돈으로 70~80원이었다. 2000년이 되자 월급은 100원 정도로 올랐다. 2002년의 개혁 이후에는 월급이 극적으로 올라 평균 3000원 정도가 되었고, 그 뒤로도 계속 이 정도를 유지했다. 오늘날 북한 노동자들은 1500~6000원 사이의 월급을 받는다.

북한의 공식 환율은 현재 1달러당 135원으로 고정돼 있지만 시장 환율이 훨씬 많은 걸 알려준다. 시장 환율은 현재 1달러당 3400원 정도에서 오르내리고 있으므로 공식 임금을 적용하면 한 달에 0.5달러에서 1.75달러 정도인 셈이다. 김일성 시대의 평균 임금 70원은 당시의 환율을 적용할 때 20달러 정도다. 그러나 이러한 수치들은 무의미할 뿐만 아니라 오해의 소지도 있다.

김일성 시절, 북한은 탁월한 배급 경제였다. 모든 것이 배급제였고 국가는 국가경제의 유일한 고용자로서 노동자가 하루에 얼만큼의 곡물을 먹어야 하는지(보통 700g), 얼마만큼의 간장을 가질 수 있는지, 평범한 북한 주민의 밥상에 고기와 신선한 사과가 얼마나 자주 올라야 하는지를 결정했다. 시장은 존재했지만 김일성 시절의 대다수 북한 주민들은 국가 배급제를 통해 자신들의 소비 요구를 충족시켰다.

그러나 당시의 북한 주민들이 배급제도를 반드시 통제로 여긴 것은 아니었다. 배급은 거의 무료 수준으로 보조되었기 때문에 주민들에게는 종종 사회복지제도로 비쳐졌다. 예를 들면, 배급제에서의 곡물 가격은 0.04~0.08원 사이로 고정되었다. 1980년대에는 전체 기본 배급 식품(곡물, 간장, 야채, 달걀 및 어류)의 가격은 한 달에 5~10원, 다시 말해 당시 평균 월급의 10% 정도였다.

김일성 시절(다시 말해 1990년대 이전)의 북한에서 임금이란 용돈과 크게 다를 바가 없었다. 문구나 영화표를 사거나 부수적인 욕구를 만족시킬 수 있는 수준이었다. 필수재와 서비스들은 배급제를 통해서만 제공되었다. 이와 비슷한 경우로는 군대를 들 수 있을 것이다. 징집병은 국가가 합당한 소비 욕구를 챙겨주고 일정한 금액의 용돈을 주는 대신, 싸우고 일해야 한다.

무엇보다도, 이 체제는 높은 수준의 물질적 평등을 이루어냈다. 물론 김일성의 시절에도 당 간부 등은 보통 사람들보다 더 잘살았다. 그러나 대부분의 경우 나라 전체에서 생활 수준이 놀랄 만큼 비슷했다. 간부들의 특권도 높은 임금이 아니라 특별 배급물자에 대한 접근성에서 나왔다. 이들은 초콜릿이나 필터담배 같은 일반인들에게는 배급되지 않는 물품을 받을 수 있었다.

1993년과 1995년 사이에 배급제가 중단되자 사람들은 생활에 필요한 모든 식량을 시장에 의존해야 된다는 걸 깨달았다. 이는 쉬운 일이 아니었는데 1990년대 중반의 평균 임금으로는 겨우 쌀 2kg을 살 수 있었기 때문이었다.

2002년에 북한 정부는 쌀의 공식가를 당시 시장가 수준으로 올리고, 이 증가분을 어느 정도 보상하기 위해 임금을 급격히 인상하는 것으로 상황을 반전시키려 했다. 북한의 경제 기획자들은 화폐 공급이 급격히 증가하면 어떠한 결과로 이어지는지를 몰랐던 것이 틀림없다. 하이퍼인플레이션이 몇 개월 계속된 다음, 쌀 가격은 늘어난 화폐 공급량을 보상하는 수준으로 안정화되었다. 이제 한 달에 100원이 아닌 3000원을 받는 북한 노동자들은 늘어난 임금으로도 과거와 똑같은 2~3kg의 쌀만 살 수 있었다.

그러니 북한 주민들이 생필품 구입에 필요한 돈을 벌기 위해 다양한 활동을 시작했다는 건 놀라운 일이 아니다. 탈북자들에 따르면 2012년 현재 3~4인 가족이 생존할 수 있으려면 5만 원(한국 돈으로 1만 5000원가량) 정도의 월 소득이 있어야 한다. 공식 임금의 10배 정도이다. 북한에서 임금이 주민의 소득과 풍요로움의 척도가 될 수 없다는 건 결국 이런 이야기다.

## 2009년의 화폐개혁: 가까스로 모면한 재앙

2009년 말, 북한의 지도자들은 시장 체제에 강력한 일격을 가하기로 마음먹었다. 자본주의적 행위들을 일소하고 독립 사업가들(그들 표현대로는 '철면피의 반사회주의적 모리배들')을 벌하겠다는 것이었다. 그리고 동시에 이 소란 와중에 당과 지도자 동지에 충성하는 소수에게는 상을 내리겠다는 의도도 있었다. 이후 벌어진 사건들에서 엿보이는 특성으로 미루어 보아, 김정일 본인이 엉망으로 끝난 이 반개혁 조치의 총지휘자였던 것으로 보인다.

2009년, 북한의 지도부는 화폐개혁이라는 잘 알려진 정책을 사용한다. 화폐개혁은 모든 공산주의 국가에서 시행되었지만 자본주의 경제에서도 하이퍼인플레이션을 잡기 위해 비슷한 조치가 행해진 바 있다. 스탈린 본인이 직접 실시한 1947년의 소련 화폐개혁은 이러한 방식의 원형이라 할 수 있다. 이후 다른 공산주의 정권들이 소련의 화폐개혁을 모방했다. 북한은 이러한 유의 개혁을 1959년, 1979년, 1992년에 각각 단행한 바 있다.

개혁의 시나리오 또한 잘 알려져 있다. 어느날 아침, 주민들은 갑자기 구권 화폐가 곧 쓸모없어지며 신권으로 교환해야 한다고 통보받는다. 화폐 교환에는 엄격한 제한이 있다. 현금은 두 달치 임금 정도만 교환이 가능하다. 은행계좌의 돈에 대해서는 보다 관대한 편이라 더 많은 액수를 교환할 수 있지만 여전히 제한은 있다. 교환 기간이 며칠 정도로 짧고 교환을 할 수 있는 곳도 한정돼 있기 때문이다.

이런 정책이 지향하는 바는 화폐 공급의 급격한 감소다. 이는 인플레이션을 잡는 데 매우 좋았다. 화폐개혁을 실시한 공산주의 국가들에서는 여기에 더해 또 다른 중요한 이점이 있었다. 암시장 상인들의 불법 저축을 일소할 수 있는 것이다. 공식 임금에 의존하여 사는 사람들이나 정부가 통제하는 은행에 저축한 사람들도 고충을 겪겠지만, 정부의 허락을 받지 않은 경제활동에 종사하는 사람들이 받는 충격에 비하면 약과였다.

그해 11월 30일의 아침에(정확히는 오전 11시) 북한 주민들은 곧 구권 화폐 유통이 중지된다는 것을 알게 된다. 이런 유의 개혁이 종종 그랬듯이 화폐의 액면가도 조정되었다. 북한의 원화 화폐에서 숫자 0이 두 개 빠지면서 이제 새로운 100원으로 과거의 1만 원어치 물건을 살 수 있게 되었다. 이는 물가를 국영경제가 붕괴하기 직전인 1990년대 초 수준으로 되돌릴 것이었다. 신권으로의 교환은 일주일 내로 이루어져야 했고, 액수는 1인당 구권 10만 원으로 제한되었다. 당시 환율 등을 고려해볼 때 한국 돈으로 대략 3만 원가량이었다. 많은 북한 주민들, 특히 사적 경제활동 종사자들은 북한 화폐로 상당한 현금을 보유하고 있었기 때문에 패닉에 빠졌다. 많은 사기업들이 무너졌다.(개혁 입안자들이 의도한 대로였다.)

그런데 2009년의 북한 화폐개혁은 한 가지 독특한 점이 있었다. 그리고 이로 인해 북한의 화폐개혁은 과거 공산권의 화폐개혁과는 달리 결국 실패하게 되었다. 국영기업 및 기관에 소속된 노동자들, 다시 말해 공식 경제에 합법적으로 고용되어 있는 모든 이들은 구권 화폐로 받던 금액과 동일한 금액의 임금을 신권으로 받게 되었다. 이 조치로 하룻밤 사이에 임금이 100배(다시 말해 1만%) 오르게 된 것이다. 예컨대 가동도 하지 않는 공장에 출근하고 있던 한 숙련공을 생각해보자. 화폐개혁 이전에 그가 받던 임금은 월 3500원이었다. 개혁 이후에도 그는 월 3500원을 받게 된다. 반면에 모든 재화와 용역의 가격은 100분의 1로 하락했다. 예를 들어 쌀 가격은 공식적으로 개혁 이전의 1kg당 1800~2000원에서 신권 기준 가격 22원으로 고정됐다. 이는 이론적으로 신권 3500원이 구권 35만 원어치의 구매력을 갖는다는 것을 의미했다.

한동안 외국의 전문가들은 비이성적으로 보이는 이 움직임에 당황

하여 이 계획에 숨겨진 조항 같은 것들을 추측하곤 했다. 어떤 전문가들은 1만% 임금인상이라는 보도 자체를 믿지 않기도 했다. 그러나 아무런 숨겨진 조항도 없었고 보도 또한 사실이었음이 곧 밝혀졌다. 계획을 승인한 사람은 하룻밤 새에 임금을 100배 올리면 생활수준이 상승하는 게 아니라 인플레이션의 쓰나미를 불러온다는 것을 이해하지 못했다.

북한은 이전에도 수차례 화폐개혁을 단행했으며, 북한의 재무 전문가들도 다른 나라의 유사한 사례에 대해서 잘 알고 있다. 그래서 대체 어찌하여 이런 이상한 내용이 개혁안에 포함되었을까 궁금증이 들 수밖에 없다. 본래는 입안자들이 관행에 따라 몰수나 다름없는 화폐개혁을 구상했을 것이다. 앞서 설명한 대로 대부분의 화폐 예금은 국가가 전용하게 되고 임금과 소매가 모두 동일한 비율로 감소하는 전형적인 공산주의 사회에서의 화폐개혁 말이다. 그러나 마지막 순간에 누군가가 개입해 기존 계획안에 공식 임금을 급격히 인상하는 변화를 주문한 것으로 보인다.

이를 지시한 사람은 경제의 근본 원리에 대해 믿기 어려울 정도로 (무지하지는 않더라도) 순진했다. 현실의 인간들은 제한된 자원을 나누어야 하며, 종이 쪼가리만 가지고서 자원을 창출할 수는 없다. 이런 순진함에 너무 놀라지 마시라. 북한 정부가 움직이는 방식을 고려해 볼 때 그러한 결정을 지시한(적어도 개인적으로 이를 승인한) 이는 바로 김정일 자신일 수밖에 없다. 그는 평생 한 번도 식료품 구입 비용을 걱정하거나 새로운 차를 구입하기 위해 저축을 해본 적이 없다. 김정일은 분명 뛰어난 정치가이자 전세계에서 손꼽히는 외교감각의 소유자였지만, 경제 관리에 있어서는 우스꽝스러울 정도로 무능하다는 평을 들었

유능한 전략가가 반드시 탁월한 경세가는 아니다. 김정일은 자신이 주도한(최소한 승인한) 통화정책으로 이를 입증했다. 그는 자신의 화폐개혁이 물가를 잡고 북한 경제를 사회주의 배급경제로 복귀시킬 것을 바랐겠지만 돌아온 것은 재앙 수준의 하이퍼 인플레이션과 정권에 대한 전방위적 비난이었다. (『한국경제』, 2010년 11월 30일자)

다. 그리고 2009년의 화폐개혁은 이를 입증했다.

경애하는 지도자 동지께서 화폐개혁안을 살펴보시니 "그럼 가난한 노동자들은 어떻게 하나? 사회주의 산업에 충성하고 암시장에 가지 않은 사람들에게는 보상을 해주어야 하지 않겠나? 이들의 임금을 올려주어서 저 반사회주의적 모리배들보다 더 부유하게 만들면 어떤가?" 하고 말하는 모습은 쉽게 떠올려볼 수 있다. 그리고 관료들 가운데 누구도 경애하는 지도자 동지의 너그러움이 어떠한 파국을 낳을지 감히 설명하려 들지 못했으리라 짐작할 수 있다.

시행되고 몇 시간도 지나지 않아 화폐개혁은 엉망이 되기 시작했다. 주민들은 자신이 번 돈과 모아둔 돈을 보전하기 위해 몰려들었고, 패닉에 빠진 사람들이 사재기를 시작했다. 어떤 의미에서 이는 예견된 것이었지만 정도가 유별나게 심각했다. 상황을 진정시키기 위해 당국은 교환금액 제한을 상향 조정했으나 도움이 되지 못했다. 안타깝게도 추가적인 조치는 상황을 악화시킬 뿐이었다.

당국은 개혁 시행 즉시 배급제가 제 기능을 하여 주민들에게 배급량을 전달할 것으로 기대했던 듯하나, 이는 실현되지 않았으며 그럴 수도 없었다. 예상했던 대로, 인플레이션이 가속화됐다. 정부는 한동안 필수재의 시장가격에 상한선을 두었다. 예를 들어 쌀은 1kg당 24원 이상에 판매될 수 없었다. 시장은 이런 규제를 무시했다. 경찰의 규제가 강제된 일부 경우에는 누구도 시장 균형가에 한참 못 미치는 가격으로는 아예 물건을 팔려 하지 않았다. 재화는 사라졌다. 혼돈을 억제할 요량으로 (그리고 어쩌면 고집스러운 상인과 장사꾼들을 '처벌'하기 위해서) 북한 정권은 12월에 모든 시장을 폐쇄했다. 2010년 1월 초에는 북한 엘리트와 신흥 부유층들이 고급 제품을 살 수 있었던 외화 상점 또한 폐쇄되었다. 이 조치는 북한의 특권층에게 큰 타격을 입혔다. 인민군 장성이나 정보기관의 수장, 또는 성공한 골동품 매매업자도 가족의 일용할 양식을 구하는 데 어려움을 겪을 판이었다.

2010년 1~2월, 대규모의 불만이 터져 나올 징조가 보였다. 불만은 전례 없이 솔직하게 표현됐다. 수십 년 만에 처음으로, 심지어 평양의 엘리트 특권층들도 외국인들 앞에서 공개적으로 정부의 행동을 비판했다. 평양의 러시아 학생들은 같은 학교의 북한 학생들이 화폐개혁에 대한 분노를 감추지 않는 것을 보았고, 북한 외교관은 타국 외교관들 앞에서 때때로 화폐개혁에 대해 신랄하게 비판하기도 했다. 서방 국가(북한 입장에서 특별히 우호적이지 않은)의 한 무관은 자신과 상대하는 북한 장교들이 북한 정부가 "지금 무슨 짓을 하고 있는지 이해하지 못하고 있다"고 말했다고 필자에게 전했다. 얼마나 화가 났으면 세계에서 가장 통제된 사회의 정보장교가 자신의 불만을 제국주의자 외부인에게 이야기했겠는가

이런 시기에 북한의 붕괴가 임박했다는 소문이 퍼지기 시작한 것은 우연이 아니다. 소문은 일정 부분 남한에서 정권을 장악하고 있던 보수파들의 작품이지만, 그 불안감은 평양에 직접적으로 접촉할 수 있었던 많은 이들이 실감하고 있었다.(적어도 당시 중국에서는 그러한 불안감을 읽을 수 있었다.) 그러나 심각한 사태는 벌어지지 않았다. 4월 즈음의 북한은 여느 때와 별다를 바 없었다. 외화상점과 사적 시장은 2월에 다시 열렸으며 부유층과 권력층은 불평을 멈추었다. 낮은 계층의 주민들도 정부의 위축된 통제권 바깥에서 평소의 경제활동을 재개했다.

화폐개혁 실패의 여파로 북한 정부는 2005년~2009년 반反시장정책의 일환으로 도입한 모든 제한들을 풀었다. 2010년 5월에는 지방 당국에 남한 DVD 같은 정치적으로 위험한 물품이 팔리지만 않는다면 시장의 일에 개입하지 않도록 분명한 지시가 내려졌다. 다시 곡물을 시장가격에 파는 것이 비공식적으로 허용되었으며, 나이나 성별에 상관없이 상인들은 원하는 대로 장사를 할 수 있었다. 극히 스탈린주의적인 온갖 수사에도 불구하고 북한 정부는 현재의 북한이 활성화된 시장 없이는 존재할 수 없다는 걸 다시금 암묵적으로 인정한 셈이다.

북한 수상이 평양의 비공개 각료회의에서 '실수'에 대해 사과했다는 말도 있다. 또한 노동당의 경제정책 담당 고위 간부인 박남기가 '반혁명적 행위와 간첩 행위'로 처형당했다는 소문도 널리 퍼져 있다. 전해지기로는 박남기가 오랫동안 미국의 스파이였고 북한 경제에 타격을 입히기 위해서 일부러 잘못된 개혁을 시행했다고 한다. 두 소문은

모두 전세계 언론에 널리 보도되었고 어쩌면 사실일지도 모르나 둘 다 북한의 공식 소식통을 통해 확인된 바 없다는 점을 명심해야 한다.

이런 침묵은 전혀 놀라운 일이 아니다. 독자들에게 이상하게 들릴지 모르나, 공개적으로 열람이 가능한 북한 매체에서는 화폐개혁에 관한 내용이 결코 언급된 적이 없다. 나라 전체가 전례 없는 혼돈의 구렁텅이에 빠져 있었을 때, 공식 신문에서는 무슨 일이 벌어지고 있는지에 대한 기사가 단 하나도 실리지 않았다. 북한 주민들에게 모든 정보와 지시는 철저히 통제된 창구를 통해 전파되었다. 은행이나 시장, 상점의 게시판에 공지되거나 때때로 외부인들은 들을 수 없는 유선 라디오를 통해 전달되기도 했다. 공식 매체에서 화폐개혁에 대한 언급은 보통의 북한 주민들은 접근할 수 없고 오직 외국의 독자들만을 대상으로 하는 형태의 매체에서만 찾을 수 있었다. 예를 들어 일본에서 발행되는 친북 성향의 『조선신보』가 그렇다.

북한 정부는 정치적 상황을 통제하는 데는 성공했지만 수요와 공급의 법칙에 대해서는 할 수 있는 것이 별로 없었다. 하룻밤 새에 실질임금을 1만% 인상한 상황에서 무엇을 기대하겠는가? 채 몇 달도 지나지 않아, 네 자리 수 수준의 인플레이션이 발생해 국영기업 및 기관에 소속된 노동자들이 화폐개혁을 통해 얻은 작은 이익마저 송두리째 앗아가버렸다. 2010년 말 식품 및 소비재 가격은 화폐개혁 이전 수준에서 다시 안정화되었다. 경제학원론을 수강한 사람이라면 누구나 예상할 수 있는 일이었다.

수요와 공급의 법칙을 부정하려던 대담한 시도는 본질적으로 중력의 법칙에 도전하는 것과 다르지 않다. 그러나 북한 지도부가 교훈을 얻었는지는 두고볼 일이다. 지도부가 2009년에 보여준 경제에 대한 무지는 김씨 가문(그리고 어쩌면 정권의 고위 자문단 중 다수)이 경제의 운영에 대한 기초적인 원리도 이해하지 못하는 것이 아닐까 의심하게 만들었다. 물론 현대 경제학에 대해 무지하다고 해서 이들이 권좌를 지키기 위해 무엇을 해야 하는지 모르는 것은 아니다. 이들은 기민한 정치인들로서, 그들과 그들 가족이 생활비 마련과 같은 세속적인 일에 걱정하지 않아도 되는 세상을 어떻게 유지해야 하는지 알고 있다.

그럼에도 불구하고 북한의 지도부는 시장경제와의 위태로운 부딪힘을 통해 몇 가지를 배웠을 수 있다. 2010년 5월부터 북한 경제의 시장화를 뒤집으려던 시도는 갑자기 중단되었고, 그 이듬해까지 시장은 별다른 제재를 받지 않았다. 2009년의 실패에 크게 데인 북한 정부가 1990년대 말의 정책으로 회귀한 것이다. 시장을 권장하지는 않지만 실용적인 이유로 시장은 용인되었다.

## '샛별장군'의 뒤늦은 부상

1970년대 초부터 북한은 세습 독재국가였다. 이름만 다를 뿐이었지 모든 면에서 절대왕정과 다를 바가 없었다. 결과적으로 김씨 가문 체제의 안정성을 유지하기 위해서 김정일이 자신의 아들 중 하나를 후계자로 정할 것이라는 데 모두의 의견이 거의 일치했다. 후계 구도에 대한 소문은 1990년대 중반부터 언론에 광범위하게 유포되었다. 북한 내부의 '사정에 밝은 소식통'을 인용하면서 전세계의 언론들이 때때로 김정일이 후계에 대해 "결정을 내렸다"고 보도하곤 했다. 언론들은 후보자로 알려진 여럿의 이름을 거론했는데 거기엔 김정일의 알려진 세

아들과 매제, 동생, 딸 그리고 당시 그의 첩까지 있었다. 그러나 2008년까지 그러한 모든 보도는 잘못된 것으로 드러났다. 어떠한 이유로 김정일은 자신의 재위가 거의 끝나갈 때까지 후계자를 낙점하지 않았다.

1990년대까지만 하더라도 많은 사람들이 김정일이 장남인 김정남을 후계자로 선택할 것이라 여기고 있었다. 그러나 그렇게 되지 않았다. 2001년 5월, 김정남은 가짜 도미니카 여권을 가지고 일본에 입국을 하려다 일본 출입국관리소에 체포되었다. 아내로 보이는 여성 한 명과 하인으로 보이는 여성 한 명, 그리고 아이 하나와 동행하고 있었다. 공안경찰의 취조를 받자, 김정남은 자신의 정체를 밝혔으며 디즈니랜드에 방문하고 싶었을 뿐이라고 설명했다.

이 사건으로 인해 김정남과 그의 아버지 사이가 급격히 틀어졌다고 널리 보도되었지만 이는 소문일 뿐이다. 그러나 김정남이 지난 10여 년 동안 대부분의 시간을 마카오와 중국에서 보냈고 평양을 방문한 적은 별로 없었다는 것은 사실이다. 그는 심지어 2011년 12월의 부친 장례식에도 얼굴을 드러내지 않았다. 알려지기로 김정남이 김씨 가문의 재산을 국외에서 관리한다고 하지만, 그가 마카오에서 정확히 무슨 일을 하는지에 대해서는 확실히 알려진 것이 없다.

김정일은 마침내 자신의 가장 어린 아들인 김정은을 후계자로 낙점했다. 그의 나이는 정확하게 알려지지 않았지만 1983년에 태어난 것으로 추정된다. 김정은은 김정일의 다른 자식들과 마찬가지로 스위스에서 교육을 받았다. 김정은에 대해서는 알려진 것이 그리 많지 않다. 심지어 이름조차도 오랫동안 언론에서 잘못 표기되곤 했다. 스위스에서 유학을 마친 김정은은 고향으로 돌아와 김일성종합대학에서 개인교습을 받은 것으로 보인다.

경애하는 지도자 동지와 '샛별장군'. 김정은의 후계자 낙점은 의외의 선택으로 비쳐졌으나 김정일 입장에선 스스로의 건강과 주변 정치공학을 두루 고려한 끝에 내놓은 작품이었다.

　2008년 말, 심각한 건강 문제(뇌졸중으로 알려져 있다)를 겪은 김정일은 마침내 마음을 굳혔다. 다가오는 죽음을 예감한 듯, 김정일은 2009년 초부터 자신에게 충실한 북한의 관료들과 당원들에게 유서 깊은 조선의 땅에서 새로운 천재적 지도자가 나타났다는 말을 퍼뜨렸다. 2009년 여름부터 거의 모든 북한 주민을 대상으로 한 선전이 시작되었고 이때부터 '청년대장' '샛별장군' 같은 이름이 사상주입 시간 때 자주 언급되었다. 선전가들은 이 새로운 정치 천재가 김정일 및 김일성과 어떻게 연관되어 있는지에 대해서는 노골적으로 밝히진 않았다.
　2010년 9월, 후계는 반쯤 공식화됐다. 1980년의 조선노동당 제6차 대회 이후 처음 열린 공식 회의인 조선노동당 제3차 대표자회의가 이

때 열렸다. 대표자회의 바로 전날, 김정은과 그의 고모인 김경희는 별이 네 개 달린 대장 계급으로 진급한다. 아마도 세계에서 가장 어린 대장 진급자와 손꼽히는 여성 대장일 것이다. 제3차 대표자회의에서 김정은은 당 중앙군사위원회의 부위원장으로 선출됐다. 이로써 이전까지는 그리 중요하지 않았던 중앙군사위원회가 갑자기 북한 정부 행정의 전면에 나서게 되었다.

이때부터 북한의 언론들은 김정은의 행동을 보도하기 시작했다. 그가 아버지의 측근들과 함께 군부대나 공장을 방문하는 모습 또는 제철 노동자들이나 트랙터 운전사들과 대화를 하는 모습이 보도되었다. 그의 지혜와 재능에 대한 찬사가 보도되는 횟수가 늘고 있었다. 김정은이 2010년 9월 처음으로 북한 대중들 앞에 모습을 드러냈을 때, 그는 그의 할아버지가 1950년대에 즐겨 입던 것과 완전히 똑같은 인민복을 입고 있었다. 오늘날 인민복은 유행에 완전히 뒤떨어진 것으로 취급받기 때문에 '청년대장'의 의복 선택은 분명한 정치적 함의를 갖는다. 김정은이 그의 할아버지가 만든 왕조의 적법한 후계자라는 것을 보여준 것이다. 당연히 김정은이 김일성과 놀랄 만큼 닮았다는 사실(단지 북한 주민치고는 드물게 뚱뚱해서만은 아니다) 역시 도움이 된다. 김정은과 아버지와의 관계를 강조하기 위해서도 이와 비슷한 시각적 메시지가 동원되었다. 겨울에 김정은은 아버지의 것과 완전히 똑같은 회색 파카에 털모자를 쓰고 카메라 앞에 나타났다. 그러한 방식으로 평범한 북한 주민들에게 이 나라를 김일성과 김정일의 환생이 이끌어갈 것이라고 전파하는 것이다.

사실 후계자로서 김정은이 낙점된 것은 예상을 벗어난 일이었다. 너무 젊고 경험이 부족하기에, 2008년 이전까지 북한 전문가들은 김정은이 후계자가 될 것이라고 진지하게 고려하지 않았다. 그는 유년기의 대부분을 해외에서 보냈고 청년기에는 김씨 가문의 궁전에서 은둔 생활을 했다. 그는 그가 통치해야 하는 나라에 대해 그리 잘 알지 못할 것이고, 대부분의 북한 고위 간부(60~80대)들은 손쉽게 그의 조부모 역할을 할 수 있을 것이었다. 한동안 김정은은 명목상의 지도자가 되어 경험 많은 자문관들의 조언을 받아 움직일 것이라고 여겨졌다.

2009~2010년에 김정일의 동생인 김경희와 그의 남편인 장성택이 북한 정치권력의 정점에 올랐다는 사실도 중요하다. 오랫동안 북한의 경공업(성공적인 분야는 아니었다)을 책임진 김경희는 2010년에 대장으로 진급했다. 분명 김정일은 상대적으로 젊은 김경희와 장성택 부부(이들은 60대 중반이다)가 경험이 부족한 자신의 아들을 도와 섭정하기에 최적이라고 판단했으리라. 그리고 이러한 결정은 기존의 오래된 관료들에게도 환영받았을 것이다. 젊고 경험이 부족한 지도자는 그들의 조언을 듣는 것 외에 선택의 여지가 없으니, 김정일이 사망한 이후에도 적어도 몇 년간은 자신들이 원하는 대로 국가를 운영할 수 있으리라 생각했을 것이다.

모두가 이러한 결정을 반긴 것은 아니었으나 제정신인 북한 주민이라면 누구도 의심을 공개적으로 드러내지 않았다. 유일한 예외라면 김정은의 이복형이자 반쯤은 망명한 상태인 김정남일 것이다. 그는 여전히 가문에 충실함을 드러내면서도 김정은을 후계자로 결정한 것이 문제가 될 수 있다는 생각을 내비쳤다. 2010년 10월, 일본의 아사히TV와 가진 드물게 길고 솔직한 인터뷰에서 김정남은 "개인적으로 나는 3대 세습을 반대한다. 그러나 거기에는 내부적인 원인이 있을 것이라 짐작한다. 이유가 있다면 따라야 한다"고 말했다.[22] 2011년 1월, 『도쿄신문』과의 짧은 인터뷰에서 김정남은 더욱 솔직해졌다. 보도에 따르면 그는 이렇게 말했다. "심지어 중국의 마오쩌둥도 후계 세습을 밀어붙이지 않았다. [후계 세습]은 사회주의와 어울리지 않으며 내 아버지 또한 그에 반대했었다. […] 나는 내부 체제를 안정화시키기 위해 [후계 세습을] 한 것이라고 이해한다. 북한의 불안정은 동북아 역내의 불안정으로 이어진다."[23]고 말했다. 같은 인터뷰 후반부에서 그는 "북한의 특이한 상황하에서는" 개혁개방이 체제의 붕괴로 이어질 수 있다고 덧붙였다고 한다.

## 새 시대의 갑작스러운 시작

2011년 12월 19일, 북한 주민들은 TV에서 새 여성 앵커의 옷을 보자마자 무슨 일이 일어난 게 분명하다고 짐작했을 것이다. 상복을 입고 눈물을 머금은 아나운서는 급보를 전했다. 북한 주민들은 김정일이 이틀 전인 12월 17일 아침에 사망했다는 사실을 알게 됐다. 당시 그는 지방으로 현장지도를 하러 그의 유명한 호화열차를 타고 이동중이었다고 전한다. 이는 발표 당시부터 의심을 받았으나 김정일 사망 당시의 주변 정황은 그리 중요하지 않다. 언제 어떻게 죽었든 간에, 김정일의 17년 통치는 갑작스럽게 끝났다.

김정일 사망 당시, 김정은이 후계를 이으리라는 걸 의심하는 사람은 거의 없었다. 그러나 그것이 두번째 왕위 승계가 순조로이 진행되리라는 결론으로 당연히 이어지는 건 아니었다. 김정일은 자신이 몇 년 정도는 더 살 수 있으리라고 여기고 있었던 듯하다. 김정일과 그의 측근들은 아직 3~7년 정도 김정은을 새로운 직무에 어울리게 훈련시키고 순탄한 권력 이양을 준비할 수 있으리라 여겼다.

김정은이 아버지의 후계자로 명백하게 공표된 적이 없었다는 사실을 간과하는 경우가 많다. 물론 언론이 그를 대우한 방식은 앞으로 그가 어떻게 될 것인지에 대해 의심의 여지를 남기지 않았다. 그러나 김정일 사망 당시 김정은은 엄밀하게 말하자면 인민군의 다른 여러 대장들과 차수, 원수들 중 한 명의 대장(그 중에서도 가장 어린)에 지나지 않았다. 그는 또한 당 중앙군사위 부위원장이었으나, 중앙군사위는 조선노동당 체계에서 잘 알려지지 않은 조직으로 1970년대 중반 이후로 그 정치적인 역할이 미미했다. 분명한 것은 김정은이 가까운 미래에 공식적인 후계자로 선포되고 아버지의 부사령관으로 임명되리라는 것이었다. 가령 2012년 4월의 김일성 탄생 100주년 기념식에서 김정은을 공식 후계자로 발표할 예정이었다고 추정할 만하다. 그러나 김정일이 그 전에 사망하면서 계획은 무산되었다.

그러나 이러한 불확실성이 이후의 사건에 즉각적인 영향을 미치지는 않았다. 김정일이 사망하고 며칠 후, 북한의 언론에서는 대중에게 김정은에게 충성을 다할 것을 열변했다. 세습은 빠르게 진행돼, 김정은은 조선인민군 최고사령관으로 임명되었고 최고지도자의 칭호를 수여받았다. 아버지와 할아버지가 그랬듯 공식 발행물에서 그의 이름은 굵은 글씨로 인쇄되기 시작했다. 북한의 선전가들은 과거에 발행한 신문까지 수정하는 조지 오웰의 소설을 연상시키는 행동을 했는데, 때문에 온라인 PDF문서고를 보면 김정은의 이름이 굵은 글씨로 인쇄되기 전이었던 2011년 초의 발행물에도 굵은 글씨로 표시되어 있다.

왕조를 연상시키는 김정은의 세습 과정에서 가장 놀라운 점은 아마도 아무런 예상 밖의 일도 일어나지 않고 세습이 너무 부드럽게 진행되었다는 것이리라. 북한 전문가들이 예상한 일들이 너무나 순조롭게 진행된 것이다. 직속 부하들이 모두 아버지나 할아버지뻘임에도 불구하고 김정은은 아무런 도전도 받지 않고 권력을 물려받았다. 예상대로 처음 몇 달 동안 김정은은 장성택·김경희·리영호 세 조언자 사이에 둘러싸여 있었다. 김경희는 남편인 장성택보다 조금 옆으로 밀려났으며 많은 전문가들이 예상한 것보다는 덜 중요하게 부각되었다. 다른 독재체제의 경우, 이렇게 당혹스러울 정도로 젊고 정치적 경험이 부족한 독재자는 곧바로 권력 내부에서 도전에 부딪히게 된다. 북한에서는 (아직껏) 이런 일이 없었고, 여기에는 그럴 만한 이유가 있다. 평양의 의사결정자들은 약간의 불안정조차도 엘리트 전부에게 걷잡을 수 없는 결과를 가져올 것임을 알고 있다. 최상부에서의 공개적인 충돌은 정치적 혼돈을 가져올 것이고, 그래서는 승자나 패자 모두 멸망할 것이 뻔하다. 달리 말하자면, 북한의 지도부는 벤자민 프랭클린의 격언을 마음 속 깊이 새기고 있는 것으로 보인다. "여러분, 지금 우리가 함께 뭉치지 않으면 틀림없이 외따로 죽게 될 것입니다"

모든 결점에도 불구하고 이 다소 코믹스러운 외모의 젊은이는 북한에서는 정당성의 화신이다. 그는 백두혈통을 물려받은 최고지도자들의 손자이자 아들이다. 현대의 관점에서 보자면 이런 명분은 정치적 권력 구조를 세우기에는 부실한 데다가 심지어 어처구니없어 보일 수도 있다. 그러나 적대적인 세계에 둘러싸인 채 위험을 내포한 여러 문제들을 다루고 있는 북한의 지도부로서는 다른 차선책이 없었다.

북한 매체는 새로운 지도자에 대해 충분한 수준의 개인숭배를 완성할 시간이 없었다. 김정일은 아버지가 죽기 전까지 20년 동안 후계자로서 활동했지만 김정은은 겨우 1년 정도에 불과했다. 그래서 지금도 북한 매체에서 가장 많이 언급되는 인물이 김정일이라는 사실은 놀랄 일이 아니다. 사망한 지 얼마 지나지 않아 김정일 원수는 심지어 진급까지 한다. 2012년 2월 14일, 그는 대원수가 되었다.

김정은은 아버지의 전철을 밟기 시작했다. 전국의 군부대와 집단농장에 현지시찰을 하는 모습이 자주 등장했다. 그의 지혜와 온화함은 열광적인 찬사를 받았으며, 북한의 TV방송은 그의 위대함을 칭송하는 다큐멘터리를 다급히 만들었다. 이 다큐멘터리에서 우리는 '최고지도자'가 전차 속에서 나오고 소총을 다루는 모습을 볼 수 있다. 다시 말하자면, 모든 것은 예전과 같이 계속되었다. 얼핏 보이는 유일한 차이점은 김정은이 아버지와 달리 공개 연설을 꽤 즐긴다는 것이다.

김정은의 등극 이후 12월 30일, 국방위원회에서는 다음과 같은 성명을 발표한다. "우리는 남조선 괴뢰들을 포함한 세계의 어리석은 정치가들에게 우리에게서 그 어떤 변화도 바라지 말라고 자신감을 가지고 엄숙히 선포한다."

그럼에도 몇 가지 보기 드문 변화가 있었다. 예컨대 2012년 2월 29일 북한은 베이징에서 미국 대표단과 함께 2·29합의에 서명했다. 이 합의는 평양과 워싱턴 사이의 의사소통 창구가 거의 완전히 무너진 지 수년 후에 이루어진 것이었다. 합의에 따라 북한은 핵무기와 미사일 시험을 하지 않는 대신 24만 톤의 식량 원조를 받기로 했다. 그런데 모든 전문가들을 놀라게 하고 미국의 비둘기파들을 곤혹스럽게 만든 일이 일어났다. 북한이 며칠 지나지 않아 합의를 어기고 '평화적인 위성 발사'를 하겠다고 발표한 것이다. 발사 시험은 4월 13일에 시행되었다. 왜 그런 합의를 하고서 로켓 발사를 한 것인지는 불분명하다. 합의는 서명한 잉크가 마르기도 전에 파기됐고 평양은 아무런 이득도 얻지 못했다. 단 1톤의 식량도 배송되지 않았다. 아마도 북한 정부 내 각기 다른 기관들끼리 내분이 있었다거나 의사소통이 없었기 때문이라고 보는 게 합당할 것이다.

당시의 미사일 발사는 그 실패에 따른 반응과 더불어 그 자체로 이례적인 것이다. 북한은 위성을 우주로 쏘아 올리겠다는 의도를 발표했고, 심지어 외신 기자들을 초청하여 이 중대한 사건을 직접 참관할 것을 권했다. 로켓은 발사 후 90초 만에 추락했다. 북한 정부는 전례 없이 거의 즉각적으로 실패를 인정했다. 이는 매우 놀라운 일이다. 과거 세 번의 장거리 미사일 발사(1998, 2006, 2009년) 모두 실패로 끝났지만, 북한 정부는 공식적으로 1998년과 2009년의 발사는 성공했다고 주장하고 있으며 2006년의 발사는 북한 언론에서 한 번도 언급된 적이 없다. 위성이 궤도에 오르지 못했음을 공개적으로 시인함으로써 김정은은 전례 없는 행보를 보였다. 주체과학의 축복을 받은 그의 나라에서도 기술적 결함이 발생할 수 있다는 것을 사실상 인정한 것이다.

그러나 진정한 변화는 얼마 지난 여름녘에나 볼 수 있었다. 2012년 7월, 김정은은 새로 만들어진 대중음악 밴드인 모란봉 악단의 공연에 참석했다. 공식 매체는 악단이 "인민의 조선을 보다 발전시키고 건설하는 데" 크게 기여할 것이라고 보도했다. 그러나 악단의 첫 공연은 북한이 지금까지 보여준 것과는 전혀 달랐다. 악단의 여성 연주자들은 북한의 기준으로 볼 때 아슬아슬한 복장을 하고 있었다. 연주된 음악에는 헐리우드 영화인 〈록키〉의 O.S.T와 프랭크 시내트라의 노래도 포함되어 있었다. 음악이 연주되고 있을 때 미키 마우스와 미니 마우스, 곰돌이 푸, 티거의 복장을 한 배우들이 무대에 올랐다. 깜짝 놀란 디즈니의 변호사들은 성명을 발표해 자사가 공연에 연관되지 않았으며 사전에 캐릭터 사용 허락을 받지도 않았다고 밝혀야 했다.

디즈니 캐릭터들을 국영 텔레비전에 내보낸 것이 일부러 화제를 모으려는 보여주기용 이벤트라는 데는 의심의 여지가 없다. 그리고 위엄을 차린 김정은의 존재는 이 아슬아슬안 옷차림과 미국 대중문화 아이콘의 결합이 그의 무조건적인 승인을 받은 것임을 여실히 보여주고 있었다. 이전까지 미국은 자본주의적 퇴폐·욕망·추잡함의 온상으로 표현되었으며, 미국의 대중문화는 비정상적이고 비도덕적인 특성의 전형이라고 비난받았다. 대도시에 살고 있는 북한 주민들이 디즈니 만화 캐릭터들을 모르는 것은 아니다. 중국에서 수입되어 시장에서 판매되는 아동복이나 장난감에서 종종 볼 수 있다. 그러나 개인 소유물에 '제국주의자' 미키 마우스가 존재하는 것을 묵인하는 것과 국영 텔레비전에서 무대에 올려놓는 것은 다르다.

김정은은 공연에 홀로 오지 않았다. 그는 검은색 의상을 잘 차려입은 정체를 알 수 없는 미인을 대동하고 있었다. 이 여성은 그 후에도 김정은과 함께 공개석상에 여러 차례 모습을 드러냈다. 많은 북한 전문가들은 그녀가 누구인지 추측하기 시작했고 대다수가 재빨리 김정은의 부인인 듯하다고 결론지었다. 북한 언론이 곧 그녀가 누구인지를 밝히면서 소동은 가라앉았다. 그녀의 이름은 리설주였고 예상대로 김정은과 결혼한 사이였다. 그녀는 이후에도 유치원에서 아이들과 대화를 나누는 모습이나 군사회의에서 장성들을 맞이하는 모습, 롤러코스터를 타는 모습 그리고 평양의 동물원에서 물개들을 바라보는 모습으로 (그리고 종종 최신의 디올 핸드백을 들고 있었다) 남편과 함께 여러 차례 모습을 드러냈다.

평양 능라도 유원지를 시찰하는 김정은 리설주 부부. 의전에서 드러나는 김정은의 파격이 젊은 시절의 치기로 그칠 것인지 현실의 체제 개혁으로 이어질 것인지는 두고볼 일이다.

　북한의 기준으로 볼 때 이 모든 것들은 전례가 없었다. 김일성의 첫 부인 김정숙은 나중에 개인숭배의 대상이 되기는 했으나 생전에는 전혀 외부에 알려지지 않았다. 김일성의 두번째 부인은 잠시 정치적 명성을 얻었고 1970년대에는 야망도 가지고 있었을지 모르나 곧 잊혀졌으며, 오직 자신의 남편이 배우자와 함께 북한을 방문한 외국의 고위자들을 맞이할 때나 대중 앞에 모습을 보였다. 김정일은 이런 면에서는 더욱 철두철미해서, 그의 수많은 부인들과 동거녀들은 단 한 번도 그러한 역할로 대중 앞에 모습을 드러낸 적이 없었다. 그의 마지막 정부였던 김옥은 때때로 김정일의 해외방문에 동행하기는 했으나 공식적으로는 그저 대표단의 일원이었을 뿐, 그녀의 진짜 신분이 인정된 적은 없었다.

서방의 대중문화를 공개적으로 홍보한 일이나 자신의 아름다운 부인을 자랑하고 싶어 하는 점은 김정은의 노회하다고 할 수 없는 나이 때문일 수 있다. 또한 자기 나라를 덜 지루한 곳으로 만들고 싶어하는 욕구도 있을 수 있다. 그는 불과 몇 년 전까지만 해도 스위스에서 학교를 다녔으며, 이런저런 전자기기들과 팝 음악을 좋아하던 학생이었다. 그러나 이러한 행보는 적어도 그가 새로운 생각들을 실험하고, 공개석상에서의 기존 규범에 도전하고 싶어한다는 걸 보여준다.

얼마 지나지 않아 김정은이 단지 문화적이고 상징적인 것만 바꾸려는 게 아니라는 점이 분명해졌다. 7월 17일, 전혀 그럴 거 같아 보이지 않았던 북한 엘리트 내부에서 처음으로 가시적인 균열이 나타났다. 이날 열린 당 중앙위원회의 특별회의에서, 사실상의 후견인 삼인방 중 하나인 리영호 차수가 모든 공식 직위에서 쫓겨난 것이었다. 공식적인 이유는 건강 문제였으나 누구도 이를 믿지 않았다. 리영호의 숙청은 득세하고 있는 당 기관원과 산업 관료들이 군부를 밀어내고 있다는 또 다른 징후였다. 그리고 이들 중 일부는 군부의 최고위층에 비해 새로운 실험에 보다 관심이 많을 것이다.

비슷한 시기에 농업 관리방식의 변화에 대한 보도가 나오기 시작했다. 새로운 농업정책에 대해 약간 알려진 것들로 미루어 보건대, 북한의 개혁은 1980년대 중국의 개혁에 비해 상대적으로 점진적인 듯하나 1970년대 말의 첫 실험과 꽤 비슷해 보인다. 소수의 시범지역에서 시행될 새로운 제도에서 농부들은 정부에 할당받은 분량 이상으로 생산한 농작물에 대해서는 시장가격으로 처분할 수 있게 된다. 산업 관리방식도 곧 변화가 있을 거란 소문이 돌고 있다.

　이것이 김정은이 북한을 중국 스타일의 개혁으로 이끌고자 한다는 것을 의미하는가? 확신해서 말하기에는 너무 이르나, 이 젊은 독재자는 뭔가 다르게 국가를 운영하고 싶어하는 듯하다. 그는 자기 아버지의 정권이 확립한 전통 중 적어도 일부를 깨고 싶어한다. 김정은은 아버지와 조언가들과는 달리 개혁으로 인한 정치적 결과를 두려워하지 않는 듯하다.

　물론 그렇다고 하여 이러한 두려움이 근거가 없고 편집증적이라는 뜻은 아니다. 오히려 스위스의 사립학교 출신인 김정은의 행동이 (북한 엘리트의 시점에서 볼 때) 무모하고 위험천만하게 모험적인 것일 수 있다. 김정은이 보다 많은 변화를 추진할 수 있을지(그럴 것처럼 보이기는 하지만), 변화를 향한 그의 욕망이 종합적인 개혁 전략으로 이어질 수 있을지 말하기엔 너무 이르다. 개혁에 반대하는 세력이 그를 축출하는 데 성공하거나, 북한의 처지에서 개혁은 (실제로 그리 보이는 것처럼) 너무나 위험하다고 설득할 수도 있다. 그리고 만일 김정은이 반대를 물리치는 데 성공하더라도 그는 여전히 그의 정책이 풀어놓게 될 힘과 대면해야 한다. 경험이 풍부하고 세상물정에 밝았던 그의 아버지는 그 힘이 통제하기에 너무 강력하다고 생각했기 때문에 변화를 거부했었다. 아마도 정치의 대부분을 컴퓨터 게임에서 배웠을 어린 김정은이 대중의 불만과 높아져만 가는 정치적 기대의 기운을 통제할 수 있을 것인지는 두고 볼 일이다.

　어쨌든 북한의 두번째 세습은 1994년의 첫번째보다 틀림없이 더 많은 놀라움을 가져다줄 것이다.

**기념물의 도시**

평양은 보통 유서 깊은 도시로 소개된다. 어떤 의미에서는 사실이다. 이 도시는 많은 사람들이 거의 2000여 년간 거주해왔으니 말이다. 그러나 현재의 평양은 전쟁이 끝난 1950년대 중반, 거의 백지 상태에서 다시 지어졌다. 이는 대부분 1952년 극에 달했던 미국의 대규모 폭격의 결과이다. 미군 사령부는 폭격으로 북한 정부를 굴복시킬 수 있기를 바랐다. 전쟁이 끝날 때쯤 평양시의 90%가 사라졌으며 주민들 대부분은 시골로 피난을 갔다.

재건은 정전 직후 시작되었다. 새로운 북한 정부는 봉건 시대와 제국주의 시대의 반동적 잔재가 사라진 모범적인 공산주의 도시를 짓고 싶어했다. 김일성은 "평양은 일제 치하에서 야만적이고 비뚤어지게 건설되어 많은 결점을 갖고 있다"고 노골적으로 말한 바 있다. 이 시기 평양의 건물 풍경은 스탈린 말기의 소련을 본뜬 것이다. 실제로 1950년대와 1960년대 평양의 많은 부분들은 같은 시기의 소련의 지방 도시와 똑같았다. 당시 건설 부문의 주요 직위들은 소련 출신의 조선인들이 장악하고 있었는데, 이들은 나중에 도시를 '망가뜨렸다'는 혐의로 숙청당한다.

1960년대 평양의 중심가는 '스탈린 거리'라고 일컬어졌다.(나중에는 '승리거리'로 이름이 바뀐다.) 어쨌든 평양에서의 차기 대규모 건축은 1970년대에 시작된다. 현대 북한의 랜드마크 대부분은 이 시기에 만들어졌다. 대동강이 내다보이는 언덕에 김일성의 대형 동상이 세워졌다. 그 뒤로는 조선혁명박물관이 지어졌다. 여기서 멀지 않은 곳에 모범적인 혁명가극이 1970년대에 공연되던 만수대예술극장이 있다. 중앙의 대형 광장은 쉽게 예상할 수 있듯이 김일성의 이름을 따서 지어졌으며 거대한 인민대학습당과 맞닿아 있다. 이들 건물의 대부분은 초기의 소련의 유산과 결별하여 조선의 고전 양식을 모방하여 지어졌다. 그러나 여전히 특유의 과대망상적인 느낌이 남아 있다.

1982년엔 대동강 맞은편에 주체사상탑이 세워졌다. 주체사상탑의 전반적인 형태는 미국의 수도에 있는 워싱턴기념탑과 유사하나 규모는 이를 능가한다. 탑의 높이는 150$m$이고 밤에는 빛이 나는 20$m$ 높이의 전등이 그 위에 올려져 있다. 주체사상탑은 2만5550개의 화강암 벽돌로 이루어져 있는데, 이는 탑이 공개될 때까지 김일성이 살았던 날들의 숫자라고 한다.

그리고 1970년대와 1980년대에 지어진 수많은 고층 아파트 건물들도 빼놓을 수 없다. 이 고층 주거건물의 일부는 평범한 평양 시민들에게 출입이 금지되어 있다. 35층짜리 고려호텔 주변 구역도 마찬가지인데 바로 이곳들이 당 중앙위원회의 관료들이 높은 울타리를 세워놓고 사는 곳이다. 단기 방문객들이 생각하는 것과는 달리 대부분의 평양 시민들은 이런 아파트에 살지 않는다. 평양 시민들이 사는 곳이 어떻게 생겼는지를 제대로 알기 위해서는 주체사상탑으로 가야 한다. 정부 관계자 거주 구역을 제외하면 복층 아파트 건물들은 그 주변을 가리는 스크린 역할을 한다. 그 너머로 시골의 집들과 크게 다르지 않은 허름한 집들을 볼 수 있다. 평양의 주변부에서는 가려지지 않는 이러한 허름한 집들을 쉽게 찾을 수 있다.

평양의 건설 붐은 소련의 지원이 중단된 1980년대 말 갑자기 끝났다. 어떤 면에서는 우습기도 한 류경호텔의 슬픈 역사가 이를 보여준다. 아직도 완공되지 않은 110층의 이 호텔은 동아시아에서 가장 큰 호텔로 지어질 예정이었다. 본래 1989년에 문을 열 계획이었으나 경제위기로 작업이 중단되었고, 그 후로 20여 년간 평양의 하늘은 이 거대한 콘크리트 피라미드가 독차지하고 있었다. 북한의 사진가들은 공식 사진에 이 건물이 보이지 않게 하려고 무던히 노력했다.

최근 들어 새로운 건설 붐이 평양에서 일고 있다. 새 고층빌딩과 기념물이 2007년 이후로 등장하기 시작했고 흉물스러웠던 류경호텔도 이집트의 이동통신회사와의 계약 덕택에 마침내 유리를 씌울 수 있게 되었다. 그러나 류경호텔이 과연 대중에게 공개될 것인가는 두고 볼 문제다. 평양의 다른 건물들과 마찬가지로 그저 전시를 위한 것일 수도 있다.

평양시는 김일성과 그의 유격대 동료들이 꿈꾸었던 낙원의 시각적 표현으로서 건설됐다. 그들은 원하는 것을 이루었을지 모르겠으나, 바깥의 사람들도 이런 노력의 결과에 감탄할는지는 아무도 알 수 없는 일이다.

제4장

The Real North Korea

생존 외교

오늘날 북한의 엘리트는 기이하고 골치 아픈 상황에 처해 있다. 국토가 분단된 현실에서 중국 스타일의 개혁은 정권의 붕괴를 초래할 가능성이 높고, 결국 현재의 엘리트까지 몰락할 수 있다. 때문에 스스로를 개혁할 수가 없는 북한은 그로 인해 성장은커녕 주민들을 먹여 살리지도 못하는, 시대에 뒤떨어진 경제 체제에 얽매여 있다. 북한 정부에게는 현상 유지를 위해 외부의 원조를 구하는 것 외에는 별다른 선택지가 없다.

이러한 외부 원조는 보통의 가난한 국가들이 사용하는 방식(국제기구나 NGO에 로비하는)으로는 얻을 수 없다. '일반적인' 원조는 북한의 지배자들에게 도움이 되지 않는다. 그런 원조에는 언제나 조건이 따르는데 이는 북한의 정책 목표와 상반되는 경우가 많기 때문이다.

북한의 지도부는 통상적인 원조 요청의 명시적·묵시적 원칙들을 따를 경우, 자신들이 정치적으로 받아들일 만한 조건으로는 충분한 원조를 얻어낼 수 없다는 걸 안다. 그리하여 이들은 자기 나름의 방법으로 원조를 얻기 위해 다양한 수단과 무수한 모략을 사용하여 원칙을 비틀기로 했다. 외부세계가 주로 핵문제에만 집중하고 있고 핵 카드가 북한의 외교적 무기들 중 가장 유명하고 강력한 것이기는 해도, 결코 핵만이 유일한 카드라고 생각해서는 안 된다. 북한 정권은 감탄스러운 능력으로 외교적 생존 게임을 벌이고 있지만 또한 그럼으로써 인도주의적 염려를 거의 무시하고 있다.

## 핵 카드 놀음

　북한의 외교 정책에 대한 논의는 북한에 대한 서방의 관심을 근 20년간 잠식해왔던 핵문제에서부터 출발해야 할 것이다. 그레고리 슐트 전 미국 국방차관보는 최근 이러한 태도를 두고 "핵 외교에 대한 집착"이라고 표현했다.[1] 미국에 파견된 베트남의 한 외교관은 미국인들에게 베트남은 전쟁 이름이 아니고 나라 이름이라는 걸 설명하는 일은 무척 힘들 것이라는 농담을 한 바 있다. 그 외교관이 미국인들을 이해시키는 데 성공했는지는 몰라도, 대다수의 미국인과 유럽인들에게 북한은 나라 이름이 아닌 핵무기 이름이라는 것은 분명하다.

　핵문제에 대한 과도한 강조는, 북한 지도부에게 핵무기 개발은 그 자체로 목적이 아니며 정권 생존이라는 목표를 달성하기 위한 여러 전략 중의 하나라는 사실을 잊게끔 한다. 스스로를 개혁하려 하지 않는 것과 마찬가지로, 핵 보유국이 되고자 하는 그들의 결정은 값비싼 대가를 치르고 있지만 결코 비이성적인 것이 아니다. 핵개발은 북한의 대내적·대외적 상황의 특이성과 깊이 연관되어 있으며 결코 재검토될 것

같지도 않다.

미국과 주요 서구 국가들은 북한의 핵개발을 걱정할 만한 이유가 있다. 그러나 북한의 선전가들이 주민들에게 하는 말과는 달리, 미국 지도자들은 북한이 미국에 핵 공격을 할지도 모른다는 두려움에 잠을 설치지는 않는다. 북한의 핵 잠재력은 낮은 수준이며, 운반 시스템(미사일)은 신뢰할 수 없거나 아예 존재하지 않는다. 적어도 근시일 내에 북한이 핵 공격을 감행할 가능성은 매우 낮으며, 그것이 성공할 가능성은 더욱 낮다.

물론 북한의 군부는 매우 창의적인 발상으로 기술적 한계를 메울 수도 있겠다. 예를 들어 핵 폭발장치를 평범해 보이는 어선에 실어 샌프란시스코 만에서 폭발시킬 수 있을 것이다. 여기에 대해 미국과 북한 사이에 전쟁이 벌어질 경우 그 어선이 목적지에 도착하기도 전에 전쟁이 끝나버릴 것이라는 반론이 나올 수 있다. 맞는 말이지만 핵 폭발장치는 도쿄 만이나 서울에서 그리 멀지 않은 인천 같은, 보다 가까운 곳에서 폭발할 수도 있다. 이러한 (상대적으로) 낮은 기술 수준의 복수 작전 또한 수만 명의 사람들을 살상할 수 있을 뿐만 아니라 중요한 물류 허브를 폐쇄하게 만들어 전세계에 경제적 충격을 줄 수 있는 것이다.

물론 이러한 최악의 시나리오가 실현될 가능성은 높지 않다. 북한의 위협은 대부분 직접적이지는 않으나 여전히 심각하다. 국제적인 핵비확산 체제에 대한 북한의 대담한 반항은 매우 위험한 전례를 만들고 있다. 만일 북한이 핵개발을 완료하고도 처벌을 모면한다면 다른 불량국가들도 북한의 뒤를 따를 것이다.

워싱턴의 또 다른 우려는 핵확산의 위협 그 자체이다. 북한 정부는 핵기술이나 핵물질을 가장 높은 값을 부르는 이에게 팔아넘길 수도 있다. 파키스탄과 북한의 핵개발 협력은 이미 잘 알려진 사실이며, 믿을 만한 정보에 따르면 북한의 핵무기 전문가들은 이란·버마·시리아와 연계해왔다.[2] 그 결과 미국에게 비핵화는 다른 모든 문제들을 압도하는 관심사가 됐다. 북한에 핵이 없었더라면 워싱턴의 관료들 중 이 나라에 신경을 쓸 사람들은 거의 없었을 것이다. 평양의 의사결정권자들은 선진국들을 다루는 데 핵이 주요한 지렛대가 될 것임을 제대로 내다봤고, 지난 20년 동안 이를 잘 활용해왔다.

북한의 핵개발은 긴 역사를 가지고 있다. 시작은 1959년까지 거슬러 올라가는데 이때 소련과 북한은 핵연구 협력에 대한 첫번째 합의에 서명한다. 얼마 지나지 않아 북한은 중국과도 비슷한 내용의 합의를 한다. 평양은 결코 달걀을 한 바구니에 담지 않았다.

1960년대에 평양에서 북쪽으로 90$km$ 정도 떨어진 영변이라는 도시에 북한판 로스 알라모스(미국의 핵개발이 진행된 도시—옮긴이)가 모습을 갖추기 시작한다. 보안을 위해 핵 연구시설은 '영변 가구공장'이라는 이름으로 일컬어졌다. 이 '가구공장'의 핵심 시설은 제재소가 아닌, 소련에서 1965년에 개발한 연구용 소형 원자로 IRT-2000이었다. 1970년대에 북한의 과학자들은 독자적으로 원자로를 현대화하여 그 출력을 높였다.

초기 단계부터 평양의 지도부가 핵개발을 군사적으로도 이용하려고 했다는 데는 논란의 여지가 거의 없다. 그러나 본격적인 군사적 전용 시도는 1970년대에 시작된 것으로 보인다. 당시 남한은 자체 핵무기를 개발하려고 갖은 노력을 기울이고 있었고 거의 성공 직전의 단계까지 갔다.[3] 남쪽의 숙적에 대해 언제나 훌륭한 정보망을 갖추고 있던 북한에게 서울의 핵개발 야망은 공공연한 비밀이었다. 그 결과 1975년 경 북한의 정치지도자들은 자신들의 군사용 핵개발을 가속화하기로 결정했다.

핵개발 노하우를 주로 제공하고 있었던 구소련의 입장이 가장 큰 정치적인 장애물이었다. 모스크바는 핵 비확산에 대해 진지한 입장이었다. 말도 잘 안 듣는 악당 같은 준동맹국들이 심각한 문제를 일으키게 놔두고 싶지도 않았고, 자국의 핵 독점상태가 무너지게 두고 볼 생각도 없었다. 평양의 본의를 감지한 소련은 핵무기 개발을 막는 조치들을 기술지원 조건으로 내세웠다. 한편 워싱턴 또한 남한의 핵개발 계획을 매우 비슷한 태도로 대했으며, 결국 서울의 핵개발 야망을 좌절시켰다. 중국 또한 국경을 맞대고 있는 나라가 핵을 완성하는 걸 원치 않았기 때문에 이 문제에 관한 한 모스크바와 베이징을 싸움 붙이는 전형적인 북한식 전략이 통하지 않았다.

그럼에도 불구하고 평양은 분연히 노력했다. 월터 클레멘스Walter Clemens는 북한의 핵개발 역사에 대한 자신의 연구에서 이렇게 썼다.

> 북한의 외교적 행태의 몇몇 특징들은 역사적 관심사 그 이상이다. 첫째로 평양은 핵개발을 위한 외부 원조와 지원을 모색하는 데 저돌적이었고 고집스러웠다. (…) 둘째로, (…) 북한의 지도부는 핵문제에서 끊임없이 동맹들에 대한 책임을 회피했다. 특히 핵개발 야망을 막으려는 동맹국들의 통제에 대해서 그러했고 심지어 정보의 제공조차도 회피했다. 셋째로 북한의 언행은 모스크바와 다른 공산국가들의 심각한 우려를 자아냈다.[4]

소련은 북한이 핵 비확산 체제에 참여할 것을 조건으로 협력을 계속하겠다고 했다. 이에 따르는 대가로 북한은 자국의 핵발전소를 건설하는 데 기술적 지원을 약속받았다. 북한은 그렇게 소련의 압력에 굴복했고 1985년 핵확산금지조약NPT에 서명한다.[5]

그러나 곧 세상이 바뀌었다. 평양의 핵개발 야욕을 통제하면서도 원조를 제공했던 공산진영은 붕괴했고 북한 경제는 그 즉시 고꾸라졌다. 더 이상 북한은, 그렇게 냉전 체제에서 불편하기는 해도 안심이 되던 냉전 동맹의 일원이 아니었다. 북한은 이제 자신의 안보 유지에 더욱 노력해야 했으며, 이 새로운 도전을 이겨내기 위해서 핵개발은 가속화되어야 했다.

핵개발을 추진하면서 북한의 지도부는 본질적으로 두 개의 목표를 염두에 두고 있었다. 첫째로 북한의 핵개발은 군사적 목적에 부합한다. 핵무기는 궁극의 억제력으로 여겨질 수 있기에, 북한 지도부는 믿을 수 있는 핵 잠재력을 보유하고 있다면 외세, 무엇보다도 미국의 침략을 받지 않으리라고 믿었다. 이론적으로는 중국과의 동맹이 어느 정도 북한의 안전을 보장해줄 것이라고 반박할 수 있다. 그러나 평양의 지도부는 김씨 가문을 파멸에서 구하기 위해 중국이 대규모 전투를 감수하지 않을 수 있음을 우려했다. 세상은 중국군이 압록강을 건넜던 1950년대 이후로 너무나 많이 변했기 때문이다

침략에 대한 북한의 공포는 실제 몇몇 국가들이 미국의 군사적 목표물이 된 1990년대와 2000년대의 경험으로 인해 증폭됐다. 이라크 전쟁 이후 북한 외교관들과 정치가들은 외국의 관계자들에게 자주 이렇게 말했다. "사담 후세인이 정말로 핵을 갖고 있었더라면 여전히 그는 자신의 궁전에 있었을 것이다." 이런 견해는 최근 리비아에서 벌어진

사건들로 인해 더욱 강화되었다. 카다피는 핵을 포기했지만 그런 행위가 카다피 정권이 국내의 반대 세력에 도전받았을 때 서방의 군사적 개입을 막는 데 도움이 되지는 않았다.

둘째로 평양은 외교적 목적을 위해 핵무기가 필요하다. 솔직하게 말해 핵무기는 외교적 협박에 유용한 도구이다. 두루 살펴볼 때, 이것이 오히려 핵무기를 군사적 억제력으로 사용하는 것보다 더욱 중요한 목표로 보인다.

북한은 실제로 이와 같은 협박의 도구가 절실하다. 지리적, 거시경제적 지표로 볼 때 북한과 가장 비슷한 나라는 아프리카 가나이다. CIA 백서에 따르면 2010년 북한의 인구는 2440만 명이고 가나의 인구는 2470만 명이다. 1인당 GDP 또한 1800달러와 1700달러로 비슷하다. 그러나 국제적인 관심이나 외부 환경을 조종할 수 있는 능력에서 북한은 가나에 크게 앞서 있다. 원조를 받는 규모로 봐도 북한은 확실히 체급 이상의 능력을 보여준다.

북한에서의 구호 감시활동은 국제 기준에 비추어 볼 때 무척 느슨하다. 북한은 단순히 외국의 원조를 원하는 것이 아니기 때문에 감시는 느슨해야 한다. 북한은 조건이 너무 많이 딸려오지 않으면서 원조자들이 꼼꼼히 감시하지 않는 원조를 필요로 한다. 극단적인 비판가들이 하는 말과는 달리 북한은 주민들이 굶어죽기를 바라지 않는다. 김정은은 (그의 부친 김정일이 그랬을 것처럼) 그들의 조언자들과 마찬가지로 북한의 농민들이 잘 먹고 잘 사는 것을 (그리고 지도부의 지혜와 자애로움을 찬양하는 모습을) 보고 싶어 할 것이다. 다만 농부들의 생존이 정권의 의제 목록에서 높은 순위를 차지하지 않을 뿐이다. 그렇기에 통제받지 않는 원조 물자들을 정치적 안정을 위해서 지지(적어도 복종)를 얻어 내야만 하는 선택받은 집단들, 즉 군·경찰·관료 그리고 평양을 비롯한 대도시의 주민들에게 우선적으로 배분할 수 있어야 한다. 따라서 귀찮은 외부의 감시는 달갑지 않다. 마찬가지로 원조자들의 정치적인 요구(경제 관리의 변화 같은) 또한 받아들일 수 없는 것이다.

지금까지 북한의 외교관들은 다른 나라라면 결코 허용되지 않을 조건으로 외부 원조를 얻어내는 데 놀랄 만한 성공을 거뒀다. 북한의 핵개발이 이러한 성공에 중요한 역할을 했음에는 의심의 여지가 없다.

## 원조 극대화 외교

'제1차 핵위기'라고 일컬어지는 첫번째 핵 위협은 1990년경에 시작되었다. 북한 관계자들은 핵무기 개발을 부정했지만 곧 증거들이 드러나기 시작했다. 그럼에도 불구하고 북한의 외교관들은 신경쓰지 않았다. 불안이 가중되는 상황은 그들의 이익에 꽤나 부합하기 때문이다.(몇몇 증거들은 북한이 의도적으로 흘렸을 가능성도 배제할 수 없다.) 긴장이 더해지면서 북한은 핵확산금지조약에서 탈퇴하겠다고 위협했다. 한때 평양의 외교관들은 양보를 하지 않으면 서울을 불바다로 만들겠다고 공언하기까지 했다.

협박은 성공했다. 수차례의 무력 시위와 외교적 술책이 동원된 후, 1994년 제네바에서 '기본합의agreed framework'라는 특이한 이름의 조약이 체결됐다. 제네바 합의에 따르면 북한은 군사적 핵개발을 동결하고 핵시설에 대한 국제적 감시를 받아들이기로 약속했다. 또한 북한은 두 개의 추가적인 원자로 건설을 중단하고 핵 연료봉 일부를 국외로 반출하기로 합의했다.

북한이 받은 대가는 두둑했다. 핵문제를 다루기 위해 한반도에너지개발기구KEDO라는 국제 컨소시엄이 생겨났다. KEDO 예산의 주요 기부국은 남한·일본·미국으로, 1995년부터 2005년까지 KEDO에 각기 14억5000만, 4억9800만, 4억500만 달러를 제공했다.[6] KEDO는 북한에 발전용으로는 좋지만 핵무기에 쓰일 수준의 플루토늄을 생산하는 데는 적합지 않은 경수로 2기를 건설할 계획이었다. 또한 경수로 건설이 완료될 때까지 KEDO는 주기적으로 북한에 상당한 물량의 중유를 무상으로 보내주기로 했다.[7]

경수로뿐만 아니라 북한은 무리한 조건이 붙지 않은 넉넉한 외부 원조를 받아냈다. 이는 상당 부분 클린턴정부 당시 지배적이었던 분위기를 반영한다. 당시 미국의 몇몇 정책결정자들은 원조를 제공하고 KEDO 합의를 추진함으로써 북한의 지도부가 핵개발을 완전히 포기하게 만들기에 충분한 신뢰를 쌓을 수 있을 것이라고 믿었다. 적어도 김씨 가문 정권이 붕괴할 때까지는(그들은 곧 그리 될 것이라 생각했다) 상황을 미국의 통제 아래 둘 수 있으리라 여겼다. 당시 미국의 협상가들은 북한 정권이 그리 오래가지 못할 것이라고 여겼고, 따라서 약속한 원조와 양보를 다 이행할 필요가 없을 것이라 생각하며 매우 관대한 태도로 협상에 임했다는 소문이 널리 퍼져 있었다. 예를 들어 1994년, 『워싱턴 포스트』의 제프리 스미스는 익명의 미국 관계자를 인용하여 제네바 합의의 이행에 걸리는 시간은 "북한 정권이 붕괴하는 데 충분한 기간이 될 것"이라고 보도했다.[8]

아무튼 이러한 배경에서 당시 대기근에 시달리고 있던 북한은 1995~1996년경부터 시작된 대규모의 외부 원조를 챙겼다. 원조의 대

1994년 1차 북핵위기의 진앙지 영변 핵시설. 북한은 이곳에서 추출한 플루토늄을 무기로 체제유지와 경제원조라는 두 마리 토끼를 잡는 데 성공했다. 이후 '위기 조장→긴장 확대→현상 유지의 대가로 보상 요구'는 북한 외교의 전형적인 플롯으로 자리매김했다.

부분은 순수한 인도주의적 목적으로 전달되었고 당시의 핵위기와는 연관이 없었지만 북한 관계자들이 이 원조를 일종의 공물로, 즉 자신들이 핵개발을 동결하는 데 대한 보상으로 여겼다고 볼 수 있다. 냉소적인 평가로 비칠지 모르나, 통계를 살펴보건대 북한 관계자들의 냉철한 평가가 옳았을 수도 있다. 뒤에서 살피겠지만, 2002년 미국과의 관계가 악화되자 미국의 원조는 사라져버렸다. 북한이 일본인 납북을 인정하면서 양국간 관계에 위기가 발생하자 일본의 원조도 중단됐다. 이는 외부 원조가 순전히 인도주의적 고려로 행해졌다는 시각과는 배치되는 것이다.

식량난이 가장 극심했던 1996~2001년의 기간 동안 북한은 총 594만 톤의 식량 원조를 받았다. 이 원조의 대부분은 평양의 공식 선전물이 "조선 인민의 불구대천의 원수"로 일컫는 나라들인 미국·남한·일본으로부터 나왔다. 미국은 170만 톤(전체의 28.6%), 남한은 67만 톤(11%), 일본은 81만 톤(13.6%)를 제공했다. 표면적으로 '우호적'인 국가들 중에서는 유일하게 중국만이 주요한 원조자로서 1996~2001년에 130만 톤의 식량을 북한에 보냈다.⁹ 식량 원조는 재앙을 모면하는 데 중요한 역할을 했다.

북한의 외교관들은 단순히 대량의 원조를 얻어내는 것뿐만 아니라 물자 사용에 큰 통제를 받지 않도록 하는 데도 성공했다. 따라서 체제 유지를 위해 필수적으로 지지와 복종을 얻어내야 하는 이들에게 원조 물자를 우선적으로 전달할 수 있었다. 외국 감시단은 1996~1999년의 기근에 가장 큰 타격을 입은 지역을 포함한 북한 지역 대부분에 접근할 수 없었다. 당국의 통제가 가장 느슨했던 2004년경에도 감시단은 전체 201개 행정구역에서 167개만을 감독할 수 있었다. 조선어(한국어)를 할 줄 아는 사람들은 북한에 들어올 수 없었으며, 2004년까지 북한 당국은 세계식량계획wfp의 직원들이 조선어 강좌를 수강하는 것조차도 금지했다. 감시단은 언제나 북한 정부가 배정한 통역관들을 대동해야 했으며 이들은 모든 질문과 답변을 잘라냈다. 북한 주민들은 대체로 이들 통역관들이 정치 경찰의 돈을 받을 것이라 짐작했고(분명 그럴 것이었다), 수상한 분위기에서 뭔가 위험한 것을 이야기하려 들지 않았다. 세계식량계획의 감시단은 소수 인원으로 제한되었으며, 감시를 위한 방문은 사전에 당국으로부터 허가를 받아야 했다. 그리하여 모든 것은 미리 꾸며질 수 있었고 감시단은 대체로 북한 관계자들이 원하는

모습만을 보았다.[10]

이런 상황은 제2차 핵위기로 불리는 사건 이후 변화를 겪는다. 위기는 2002년 10월 제임스 켈리James Kelly 미 국무차관보가 평양을 방문하고 있을 때 발생했다. 당시 미국 정부는 북한이 속임수를 쓰고 있으며 은밀히 우라늄 농축을 이용한 핵개발을 추진하고 있음을 보여주는 정보를 손에 쥔 상태였다. 켈리는 이를 갖고 북한 관계자들을 압박했다. 그 이후에 어떠한 일이 일어났는지는 분명하지 않다. 양쪽은 사건에 대해 각기 다른 해석을 보였다. 켈리에 따르면 강석주 북한 외무부상이 고농축 우라늄HEU 프로그램의 존재를 인정했으나, 북한 관계자들은 그런 켈리의 말을 부정했다고 한다. 북한측의 이야기는 강석주가 적대적인 강대국과 맞서고 있는 북한에게는 HEU 프로그램을 추진할 권리가 있다고 말했을 뿐이라는 것이다. HEU 프로그램을 추진할 권리란 어디까지나 명분에 대한 이야기일 뿐이라는 의미였다. 어쨌든 이 대화는 비밀 핵개발의 증거로 받아들여졌다. 당시 상황을 되짚어보면 이는 옳은 추론으로 보인다. 수년간의 부인 끝에 2009년, 북한은 HEU 프로그램을 수행하고 있음을 인정했기 때문이다. 2010년 11월, 북한 관계자들은 미국에서 방문한 핵과학자들에게 자랑스레 거대한 우라늄 농축시설을 보여주었다.

북한으로선 1994년에 플루토늄 프로그램을 팔아 넘겼듯이 HEU 프로그램도 비싸게 팔아넘겨 추가적인 이득을 얻으려고 했을 수도 있다. 그러나 이것이 애초 계획이었을지라도, 의도한 대로 풀리지는 않았다. 조지 W. 부시와 그의 네오콘 조언가들이 백악관을 장악하면서 상황이 일변한 것이다. 부시정부는 또 다른 협상을 시작하는 대신 HEU 프로그램을 북한을 믿으면 안 된다는 증거라고 밀어붙였다. 원조가 중단됐고 KEDO 사업은 폐쇄되어 2005년과 2006년 사이에 모든 인력이 경수로 건설 현장에서 철수했다. 이에 2003년 북한은 공식적으로 핵확산금지조약에서 탈퇴한 최초의 국가가 되었고, 위험한 선례를 만들었다.

분명 몇몇 워싱턴의 강경파들은 미국의 원조가 없으면 북한은 곧 붕괴할 것이라고 여긴 듯하다. 그러나 북한의 외교관들은 미국발 원조의 대체재를 찾는 데 성공했다. 2002년부터 2010년까지 남한과 (나중에) 중국이 보낸 식량 및 경제 원조가 미국의 빈자리를 채웠다. 이에 힘입은 덕인지, 나아가 북한의 경제는 미국의 원조가 중단된 시기부터 부분적으로 회복을 시작했다. 그럼에도 부시정부는 김정일과 대화할 분위기가 아니었다. 부시는 김정일을 혐오하여, 한번은 그를 '피그미'라고 표현하기도 했으며 북한을 두고는 '악의 축'의 일부라고 규정했다.

북한 정권을 압박해 비핵화와 정권 붕괴, 둘 모두 또는 어느 한쪽으로 이끌기 위한 노력의 중요한 일환으로 미국 정부는 애국자법Patriot Act의 311조를 사용하여 북한 정부와 김씨 가문의 돈을 취급하고 있던 금융기관들을 겨냥했다. 이들 금융기관들은 돈세탁 혐의를 받았는데 근거가 없는 것은 아니나 과장됐을 수 있다. 평양의 수입 중 상대적으로 작은 부분만이 불법행위에서 나오기 때문이다. 2005년 9월 마카오의 한 작은 은행인 방코델타아시아BDA가 '돈세탁 창구'로 지목됐다. 실제로 이 은행은 평양과의 미심쩍은 거래에 깊이 연루돼 있었다. 그 결과 북한의 자금 2500만 달러가 동결되었고, 미국 금융기관들은 BDA와 거래를 중단했다.

미국 정부는 BDA를 시범케이스 삼아 북한 정권과 잘 지내려는 모든 은행들에게 경고를 내리고 싶었을 것이다. 국가 재정 차원에서 볼 때 2500만 달러는 북한처럼 가난한 국가에게도 그리 큰돈은 아니었으나 이 조치는 놀랄 만큼 강력한 반발을 불러일으켰다. 아마도 이 자금이 김씨 가문의 개인 재산이었던 듯하다. 잠시 동안 국제 은행가들은 북한의 금융기관과 교류를 피했으며 몇몇 경우 큰 거래는 현금으로 진행되어야 했다. 이러한 조치가 스위스 치즈와 프랑스 코냑을 좋아하는 것으로 유명한 김씨 가문과 북한 고위 관료들이 호화생활을 누리는 것을 방해했다는 주장도 있다.

'제2차 핵위기'의 중요한 부산물로 6자회담을 들 수 있다. 6자회담은 한반도의 궁극적인 비핵화를 위한 토양을 다지기 위해 2003년에 시작되었다. 회담에는 당시 핵위기에 관련된 여섯 국가들이 참가했다. 미국·중국(회담의 주최자였다)·남한·러시아·일본·북한이 그 주인공들이었다. 애초부터 회담이 명시한 목표를 이루지 못할 것임은 불문가지였다. 김씨 정권은 핵개발을 포기할 의도를 단 한 번도 가져본 적이 없었기 때문이다. 그럼에도 불구하고 협상으로 긴장을 완화시키고 한반도 문제를 자유롭게 논의할 수 있는 유용한 자리를 만들었다는 점에서 6자회담은 의미가 있었다.

그러나 미국이 2002~2006년 평양에 극소량의 원조만 제공했기 때문에 북한과 미국의 관계는 긴장이 팽팽한 상태였다. 북한의 지도부는 판돈을 크게 올릴 때가 되었다고 결심했다. 당시 북한은 몇 개의 조잡한 핵 폭발장치를 만들기에 충분한 플루토늄을 확보한 상태였다. 2010년 초, 북한은 40~60kg의 핵무기 등급 플루토늄을 추출했으며 그 중 24~42kg이 핵무기 제조에 사용할 수 있는 것으로 추정됐다. 저명한 핵과학자인 지그프리드 헤커Siegfried Hecker 박사는 북한이 "4~8개의 초보적 수준의 핵무기를 보유"하고 있는 것으로 짐작되지만 "핵무기를 장거리 발사할 수 있는 미사일과 탄두를 만드는 데에는 아직 많이 모자란 것으로 보인다"고 말했다.[11]

이후 뒤따른 것은 평양이 즐겨 쓰는 전술의 재탕이었다. 북한의 전략가들은 현재의 상황에 만족하지 못하고 외부세계로부터 더 많은 원조와 양보를 얻어낼 수 있다고 (따라서 얻어내야 한다고) 여길 때에는 똑같은 방식을 사용했다. 먼저 위기 상황을 조성하고 긴장을 최대한 고조시킨다. 미사일을 발사하고, 핵실험을 감행하며, 특작부대('해군 특수부대'에 해당하는 북한 군사용어—옮긴이)를 파견하고, 각종 위협을 쏟아냈다. 전세계의 신문이 독자들에게 "한반도는 현재 전쟁 직전의 상황"이라고 떠들고, 외교관들이 불안감을 느끼는 등 긴장이 충분히 고조되면 북한 정부는 협상을 제안한다. 제안은 안도의 한숨과 함께 받아들여지며, 북한의 외교관들은 위기 발생 이전의 현상 유지를 회복하는 대가로 협상 상대자들에게 최대한의 양보를 쥐어짜낼 수 있는 지렛대를 갖게 된다. 이는 대체로 성공했다. 이 정책은 1960년대와 1970년대에는 모스크바와 베이징에 적용된 바 있다. 당시엔 물론 미사일 발사 따위의 엄포는 없었으나 모스크바와 베이징을 조종하기 위해 보다 교묘한 방식이 동원되었다. 1990~1994년의 제1차 핵 위기 때에도 이 정책은 잘 먹혀들었다.

2006년 10월경, 북한의 지도부는 첫번째 핵실험을 실시해 본때를 보여주기로 결심했다. 폭발력은 상당히 낮았고 핵 폭발장치가 계획대로 작동하지 않았을 수도 있다. 그러나 저 멀리 북쪽의 산자락 지하에서 발생한 폭발은 북한이 유효한 핵무기 능력을 갖추어 나가고 있음을 보여주는 데 충분했다.

핵실험 이후 유엔 안보리는 러시아와 중국을 포함한 모든 상임이 사국의 지지 아래 즉각 적절한 수준으로 엄격한 결의안 1718호를 통과시킨다. 당시 낙관론자들은 이 소식을 반기면서 중국이 드디어 옳은 일을 했고 앞으로 미국 및 다른 선진국과 같은 배를 타게 되었다고 자신과 중국 주변의 모든 나라들을 설득하기 시작했다. 물론 이는 사실과 다르다. 중국은 같은 배를 타지도 않았으며, 앞으로도 그렇지 않을 것이다. 핵확산이 불쾌하기는 하겠지만 중국은 북한에서 심각한 내부적 위기를 야기할 만한 일을 하지 않을 것이다. 비록 제재에 참여할 것임을 밝혔지만 중국은 북한에 대한 기존의 태도를 바꾸지는 않았다. 그 증거로 1차 핵실험이 발생한 2006년, 중국의 대북 원조 및 경제협력은 급증하기 시작했고 그 규모는 계속 커져왔다.

나중에 보게 되겠지만, 좌파 성향의 행정부가 들어섰던 1998~2007년 동안 남한은 원조의 사용처와 배분에 대해 너무 많은 걸 묻지 않으면서 기꺼이 북한에 원조를 내주고자 했다. 부시정권은 제재와 압박이 원하는 결과를 이루지 못했다는 것을 뒤늦게 깨달았다. 마침내 2007년 2월 13일, 6자회담 와중에 공동성명이 발표되었다. 이 성명은 북한이 궁극적인 비핵화에 협력하는 대신 미국과 다른 나라들이 원조를 재개할 것이라 약속했다. 같은 시기에 미 국무부는 사실상 방코델타아시아에 대한 조치를 중단했으며, 북한 정권의 (실제든 주장만 있는 것이든) 돈세탁에 대한 대응조치의 규모를 축소시켰다.

필자는 모스크바에서 러시아 외교관들과 점심을 함께 하다가 2007년의 공동성명에 대한 소식을 들은 적이 있다. 필자의 옆자리에 앉아 있던 한 대사가 팩스로 전송된 성명을 읽더니 이렇게 말했다. "흠, 이제 북한은 다음번에 돈이 떨어지면 어떻게 하면 되는지 알겠군." 실로 통찰력 있는 발언이다. 대화로 복귀하는 것은 올바른 (또는 적어도 피할 수 없는) 결정이었겠지만 2007년 2월의 공동성명은 타이밍이 매우 부적절했다. 북한의 입장에서 보기에 이는 협박이 통한다는 것을 확인해 주었을 뿐만 아니라 협박이 기적과 같은 결과를 낳는다는 걸 입증한 것이다. 평양의 전술이 얼마나 효과적인지를 입증하는 증거로 이 2007년의 공동성명만한 것이 없다. 먼저 위기를 조성하고, 긴장을 고조시킨 다음 마침내 현상 회복의 대가로 양보를 갈취하는 것이다.

## 한편 남한에서는…(386의 부상과 그 결과)

조지 W. 부시 시대의 워싱턴은 당시 동아시아에서 가장 믿을 만한 우방이었던 남한 정부와 북한에 대한 입장에서 현저히 다르다는 걸 깨달았다. 일부 인사들은 1998년부터 2008년까지 남한을 장악했던 온건파 정책이 미국이 주도하던 제재를 탈선시켰다고 주장했다. 강경파의 방침은 어쨌든 실패할 수밖에 없어 보였기 때문에 이는 사실과는 다르지만, 서울과 워싱턴의 불화는 너무 공공연했다. 두말할 것도 없이 이 불화를 조장한 것은 대체로 북한 외교관들이었다.

동시에 이 불화는 남한 사회에서 발생한 느리지만 중요한 변화에 그 뿌리가 있었다. 이러한 변화는 앞으로도 한반도 상황에 영향을 끼칠 것이지만 꼭 그 때문이 아니라도 살펴볼 필요가 있다.

한국전쟁이 끝나고 1980년대까지 남한의 정치와 이념은 우파가 거의 장악하고 있었다. 남한의 우파는 강경한 반공주의자들이었다. 이들은 외교 정책의 근간으로서 미국과의 장기적 동맹을 선호했으며, 한반도를 자본주의적·자유주의적 체제로 통일하는 것을 가장 중요한 장기 목표로 삼았다.(하지만 시간이 흐를수록 통일에 대한 열의와 통일로 얻을 수 있다고 생각했던 이익은 점차 줄어들기 시작했다.) 이러한 관점은 남한의 정치적·지적 엘리트 사이에서 지배적이었으며 많은 남한 주민들도 이러한 시각을 공유하고 있었다. 물론 여기에 반대하는 이들도 있었다. 특히 학계의 몇몇은 몰래 좌파적 시각을 갖고 정통 레닌주의자가 되기까지도 했다. 그러나 이들은 전반적인 정치 지형에 거의 아무런 영향을 미치지 못했다. 억압적이고 호전적인 반공주의 정권에서 이들은 그저 혼잣말만 해야 했다.

1980년대 초가 되어 세대 교체가 이루어지면서 상황이 달라지기 시작했다. 새로운 세대는 한국전쟁과 1950년대의 궁핍에 대한 직접적인 기억을 갖고 있지 않았다. 이 세대는 미국의 식량 지원으로 들어온 통조림을 먹으면서 연명하지 않았으며, (부모 세대에게는 이룰 수 없는 꿈이었던) 삼시세끼 쌀밥을 먹는 것이 평범한 일상이었다. 이들은 또한 처음으로 남한 역사상 최초로 거의 모두가 고등교육을 받을 수 있었던 세대이며 다수가 대학까지 진학했다. 1990년대에 이들 집단에게는 '386세대'라는 별명이 붙었다. 당시 30대였고, 80년대에 대학을 다녔으며, 60년대에 태어났기 때문이었다. 이 '386세대'는 경이로운 경제성장을 당연하게 여겼으며, 군부독재를 혐오했고, 시장경제에 대해 회의적이었다. 이들은 전혀 의식하지 않은 채로 자본주의 역사상 가장 다이내믹한 성공담 속에서 살아온 세대였다. 부모 세대가 성장과 풍요 그리고 안정을 볼 때, 이들은 불평등과 사회적 불의 그리고 외세에 대한 굴종을 보았다. 이 남한의 젊은 세대, 또 정치적으로 활발한 소수자들은 열정적으로 독재를 반대했으며 반미주의자였고 민족주의자였으며 좌익이었다.

민족주의와 극렬 좌파 성향, 그리고 군사정권에 대한 깊은 혐오가 뒤섞이면서 386세대의 상당수는 북한의 동조자가 되었다. 1980년대 초반, 마르크스와 레닌의 저작들은 젊은 남한의 지식인들 사이에서 널리 읽혔다. 몇몇은 한발 더 나아가 주체사상에 대한 논문들을 읽었고 밀수된 북한 저작물들과 북한 라디오 방송의 녹취록 등을 교환했다. 보다 급진적인 이들은 북한을 사회정의와 순수한 민족성, 그리고 (어떻게든) 민주주의의 나라로 여기기 시작했다.

좌파 행동가들은 1987년 수십 년에 걸친 남한의 권위주의를 종식시킨 민주화운동에 큰 역할을 했다. 그러나 이런 승리 이후 남한의 신생 급진좌파 내에서도 한결 급진적인 부류들은 두 번의 큰 타격을 입는다. 첫째는 1989년과 1990년에 발생한 공산진영의 붕괴였다. 소련이나 동유럽이 남한의 급진 운동권 학생들이 믿었던 것처럼 노동자들의 권리가 보장되고, 모두의 안녕과 진정한 민주주의가 실현되며, 행복한 인민들이 완벽에 가까운 사회제도의 영원한 축복을 만끽하는 낙원이 아니었다는 것이 곧 분명해졌다. 둘째로 1990년대 중반부터 급증한 북한과의 (직접적 또는 중국을 통한 간접적) 교류는 북한의 궁핍에 대한 보도를 '반동세력의 조작'이나 'CIA 끄나풀들의 거짓말'로 치부할 수 없게 만들었다. 남한의 좌파들에게도 북한은 권위주의 정권에 의해 운영되는 매우 가난한 제3세계 국가라는 사실이 분명해졌다.(그러나 일부 극렬 정파들은 여전히 김씨 왕조에 대해 말할 때 '독재'라는 표현을 쓰지 못했다.) 최근까지도 남한의 자칭 '진보 지식인'들 중 많은 수는 남한의 군사독재가 자행한 폭력에는 가차 없으면서 북한 정권에 대해선 가장 끔찍한 모습조차 애써 외면하려는 경향이 있었다. 그렇지만 주체사상의 유토피아에 대한 그들의 열정은 1990년대 중반에 자취를 감추었다.

남한 급진 학생운동의 전성기였던 1980년대 말, 운동권 중 소수이지만 강력한 일부 정파는 한반도가 레닌주의적 사회주의 체제, 그러니까 당시의 북한 체제로 통일이 되어야 한다고 믿었다. 그러나 대다수는 그보다는 덜 급진적 방안을 선호하여, 양측이 연방제 형태로 서로의 특성을 유지하면서 사회적·정치적인 타협을 모색하는 방안을 이야기했다. 이론적으로 온건파를 비롯한 남한의 좌파는 여전히 연방제를 선호한다. 분명 그러한 연방제 아래에서는 충분히 '진보적(이라 쓰고 '비시장적'이라 읽는다)'인 모델이 어떻게든 득세할 수 있으리라는 희망에서 일 것이다.

한편 남한의 주류 또한 과거의 반공주의에서 상당히 떨어져, 예전에 생각했던 것과 달리 통일에 대한 전망에 회의적일 수밖에 없는 이유들을 깨닫기 시작했다. 1990년대 중반부터 남한의 젊은이들은 점차 통일을 하는 것이 과연 좋은 생각인지 의문을 품기 시작했다. 이는 남한 사회의 변화를 반영한 것이다. 북한과 직접적인 연결고리를 가진 남한 사람의 숫자는 점차 줄어들고 있다. 2010년 기준으로 1940년 이전에 태어난 사람들은 남한 인구의 9.8%에 지나지 않는다.[12] 이들이 아마도 북한과 북한에 살고 있는 가족친지들에 대한 직접적인 기억을 갖고 있는 유일한 세대일 것이다.

독일의 씁쓸한 경험 또한 한때 장밋빛에 가까웠던 통일에 대한 태도를 재검토하게 만드는 데 한몫했다. 독일에서 들려오는 뉴스들은 남한의 의사결정자들과 대중에게 통일이 어떤 예상보다도 훨씬 더 많은 비용을 초래할 것임을 깨닫게 했다. 동독과 서독의 1인당 소득 차이는 1:2에서 1:3 정도였다. 한편 한반도의 경우는 가장 낙관적인 추정치를 비교해 보아도 1:15이다.(비관론자들은 이 비율이 1:40에 가깝다고 생각한다.) 인구의 비율 또한 독일보다 덜 바람직하다. 남한에도 잘 알려진, 독일에서 계속되고 있는 문제들을 생각해볼 때 이는 재앙의 전조와 같았다.

세대 변화 또한 이러한 변화에 기여했다. 정치적으로 활동적이었던 1980년대의 젊은이들(이제는 40대에서 50대 초반이다)은 좌파이자 민족주의자였기 때문에 통일을 원했다. 그들의 아버지 세대(오늘날 60대 혹은 그 이상)는 반공주의자이자 민족주의자였기 때문에 통일을 원했다. 그러나 386세대의 자녀들로 이루어진 남한의 가장 젊은 세대는 다르다. 1980년대와 1990년대에 태어난 이들은 덜 민족주의적이고 덜 반미적이며, 더 친시장적이다. 무엇보다도 이들은 북한을 같은 민족공동체로 여기지 않으며, 통일을 민족적 염원의 성취보다는 경제적 어려움과 연관짓는 편이다.

공개 여론조사에서도 한때는 보편적이었던 통일에 대한 열망이 식어가고 있음이 드러난다. 1994년에는 남한 주민의 91.6%가 통일이 '필수적'이라고 답했다. 그러나 서울대학교에서 실시한 2007년 설문에 따르면 통일이 필수적이라고 여기는 사람의 비율은 63.8%로 줄어들었다. 연령대별로 의견이 다르다는 점이 특히 중요하다. 젊은 남한 사람일수록 통일에 대해 더 무관심하다. 통일에 대한 태도를 조사한 서울대학교의 2010년 연구에 따르면 20대의 48.8%가 '통일이 필수적이다'라고 답했다. 이들은 통일을 지지하는 의견이 과반에 못 미치는 유일한 세대 집단이다. 30대에서는 참가자의 55.4%가 '통일이 필수적이다'라고 답했고, 50대 이상에서는 67.3%가 통일에 찬성했다.[13] 이는 놀라운 일이 아니다. 젊은 남한 사람들과 교류해본 사람들이라면 이들이 통일에 대해 진지하게 의문을 가지고 있으며 그것이 보편적 정서임을 깨달을 것이다. 이들은 통일이 매우 값비싼 대가를 치를 것임을 잘 알고 있고, 왜 자신들이 이러한 대가를 지불해야 하는지를 이해하지 못하고 있다.

최근엔 나이가 많은 사람들도 통일에 대해 의구심을 품는다. 이북에서 출생했고 사업상 북한 사람들과 오래 교류한 경험을 가진 70대의 한 사업가는 필자에게 통일에 대한 자신의 생각을 이렇게 표현한 바 있다. "북한 사람들은 자신들이 경애하는 장군님의 영도로 매우 행복하다고들 말합니다. 그게 그렇게 좋다면 계속 그곳에서 행복하라고 하죠. 북한 사람들은 이제 우리와 너무 다릅니다. 생김새만 봐도 달라요. 그들은 너무 키가 작아요! 나중에 통일이 되면 좀 더 나아지긴 하겠지요. 아마도 100년 정도 지나면."

오늘날에는 통일을 지지하는 사람들조차도 민족주의나 여타 이념적인 표현에 의존하지 않는다. 이는 특기할 만한 일로, 분명 그런 이상론적 접근법이 공감을 얻기 힘들다고 생각하기 때문일 것이다. 대신 이들은 통일의 경제적 이득에 대해 이야기한다. 통일로 남한 경제가 북한의 "저렴한 노동력과 풍부한 천연자원"을 이용할 수 있으리라는 것이다. 사실 여부는 차치하더라도 이들의 주장에서는 '동포'에 대한 식민주의적 태도가 강하게 느껴진다. 그리고 이러한 태도는 통일 후 북한 주민들의 미래에 좋은 징조는 아니다.

한 가지 흥미로운 것은 이러한 여론의 변화를 공적인 담론에서는 찾아보기 힘들다는 것이다. 이에 대한 침묵은 이해할 만하다. 남한에 존재하는 모든 '이념 패키지'는 민족주의를 필수 요소로 포함하고 있으며, 통일에 대한 생각은 모든 종류의 한국 민족주의에서 빼놓을 수 없는 일부분이다. 남한의 공인으로서 통일의 궁극적인 필요성에 대해 공개적으로 의문을 제기하는 것은 정치적 자살이나 다름 없을 것이다.

다른 사안에 대한 의견이 어떻든, 선량한 한국 시민이라면 남과 북이 역사적 운명을 공유한다는 것을 믿어야 한다. 통일에 대한 공개적인 신념과 실제로 생각하는 바의 모순은, 많은 시민들로 하여금 통일을 먼 미래의 것으로 미루기 위한 여러 가지 핑곗거리를 찾게끔 만든다. 그러나 통일 그 자체의 필요성에 공개적으로 문제를 제기하는 것만큼은 다들 피하고 있다.

## 햇볕의 10년

이러한 배경에서 1997년 말, 오랫동안 독재에 항거한 민주화운동가 김대중이 남한의 대통령으로 선출되었다. 그의 선거운동은 기존 우파 기성 조직에 대한 비판에 근거하고 있었다. 김대중은 더 탄탄한 사회보장과 북한에 대한 보다 온건한 정책, 그리고 대기업에 대한 보다 엄격한 방침을 약속했다. 이미 고령이었던 김대중은 386세대의 부모 세대에 속하는 편이었지만 386세대는 그를 열정적으로 지지했다. 2002년 대통령선거에서는 스스로를 남한의 좌파 민족주의자들과 분명히 연계시켰던 인권변호사 겸 민주화운동가 노무현이 당선되었다.

보수적인 남한의 언론은 때때로 두 대통령을 공산주의자인 것처럼 묘사하곤 했다. 이는 결코 사실과 다르며, 경제나 복지에 대한 두 사람의 관점은 독일 사민당이나 영국 노동당의 관점과 크게 다를 바 없었다.(비록 이 두 대통령과 그 지지자들은 현재의 유럽 좌파의 기준으로 볼 때는 매우 민족주의적이긴 했지만.) 그러나 좌파 성향의 두 정부는 북한에 대해서는 과거의 강경 노선을 버릴 준비가 돼 있었다. 두 정부의 접근법은 당시 정부에서 중요한 직위를 차지하고 있던 386세대의 이념적 편향을 반영하고 있었다. 이들의 온건 노선은 평범한 남한 사람들 사이에서 점차로 커져가던 독일식 흡수통일에 대한 의구심을 반영하고 있기도 했다.

햇볕정책은 그렇게 탄생했다. 이 정책은 1997년 김대중 정부에 의해 시작됐고 노무현 대통령 집권기인 2003년에서 2008년 초까지 지속됐다. 햇볕정책의 명시적 목표는 일방적인 원조와 정치적 양보를 통해 북한의 점진적인 발전을 장려하자는 것이었다. '햇볕'이란 이름은 이솝 우화 중 하나인 「북풍과 태양」에서 따온 것이다. 우화에서 북풍과 태양은 누가 나그네의 외투를 벗길 수 있는가를 두고 다툰다. 북풍은 바람을 세게 불었지만 나그네가 스스로를 지키기 위해 외투를 더욱 단단히 여미어서 실패한다. 그러나 태양은 공기를 덥혀 나그네로 하여금 불필요한 외투를 벗게 만든다.

햇볕정책은 온건한 태도가 북한을 회유해 중국과 베트남이 한 것과 같은 대규모 개혁을 개시하게 만들 수 있다는 믿음에 기반하고 있다. 그리하여 단계적이며 관리 가능한 통일의 길을 열 수 있다고 전망한다. 이를테면 일종의 남북연방제 식으로 말이다. 이 정책에 깔려 있는 생각의 중요한 면모는 개혁이 북한이라는 국가의 수명을 연장시킬 것이며, 한반도를 가르고 있는 두 나라 사이의 현저한 경제적·사회적 격차를 단계적으로 줄여나갈 것이라는 (어떻게 보더라도 잘못된) 믿음이다. 한반도 전문가인 에이던 포스터-카터Aidan Foster-Carter는 "통일의 수사학을 사용하고는 있지만 [햇볕정책의] 단기적인 목표는 두 개의 국가를 유지하되 좀더 잘 지내도록 장려하자는 것이었다"[14]고 지적했다.

1997년 이후 남한은 굶주리고 있는 이북에 상당한 양의 원조를 제공하기 시작했으나 남북관계의 돌파구는 2000년 6월에야 생겨났다.

김대중 대통령은 평양에 가서 김정일을 만나 사상 최초의 남북 정상회담을 가졌다. 김대중은 이 성공을 위해 정치적인 대가는 물론이고 재정적인 대가도 치러야 했다. 북한이 당시 5억 달러를 회담 수락 조건으로 요구했다는 사실이 나중에 밝혀졌다. 대금은 신속히 지급되었고 그제서야 정상회담은 이루어질 수 있었다. 이러한 양보에 언짢아진 남한의 우파들은 종종 "김대중은 5억 달러를 내고 노벨평화상을 구입한 것이다"라고 주장하곤 했다. 실제로 김대중은 "남한의 민주주의와 인권을 위한 업적과 특히 북한과의 평화와 화해 시도로" 2000년 노벨평화상을 수상한다. 일생을 정치인으로 살아온 김대중은 늘 자기선전을 잊지 않았기 때문에 이러한 비난이 진실의 일면을 반영하고 있을 수 있다. 그러나 동시에 2000년의 정상회담이 남북간 교류를 실로 놀랄 만큼 증대시키는 관문을 열었다는 점 역시 틀림없는 진실이다.

 1996년에서 2001년까지 북한에 식량 지원을 주로 하던 나라는 미국과 일본이었다. 2002년부터 미국은 '제2차 핵위기'를 빌미로 원조량을 급격히 줄인 반면, 남한은 대북지원을 크게 늘렸다. 2002년부터 2007년 사이 북한은 해외로부터 510만 톤의 식량 원조를 받았다. 매년 85만 톤가량인 셈이다. 남한은 북에 241만 톤의 식량을 지원했는데, 이는 전체 원조분의 절반에 가까운 47.1%이다. 같은 기간 중국은 160만 톤을 제공했으며, 이는 전체 외부 원조의 31.3%이다. 반면 미국은 57만 톤(11.2%)을 제공했다.[15] 다른 국가들의 기부액은 미미한 수준으로 이는 북한에 대한 '인도주의적' 원조가 본질적으로는 정치적 의도에 좌우된다는 점을 잘 드러내는 또 다른 증거이기도 하다. 사실 남한의 기여는 위의 수치가 보여주는 것보다도 더 컸는데, 햇볕정책 시절에 남한이 대량의 화학비료도 북에 지원했기 때문이다. 2000~2007년의 기간 동안 20만~35만 톤의 비료를 지원했는데 이는 북한 농업에서 사용된 모든 화학비료의 35~45%를 차지한다. 이 지원이 없었더라면 북한의 수확량은 훨씬 저조했을 것이다.[16]

1998년부터 2008년까지 많은 수의 크고 작은 남북 경제사업이 시작되었다. 공식적으로 이들 사업은 '협력사업'으로 표현되었지만 실제 균형은 한쪽으로 치우쳐 있었다. 북한과 거래하는 남한의 기업들은 직간접적으로 남한 정부의 보조금을 받았다. 이러한 사업들 중 특별히 중요한 세 가지 사업이 있었는데 금강산 관광, 개성공단, 그리고 개성 시내관광이 바로 그것이었다. 이들 사업은 남한 사람과 북한 사람이 아무 규제 없이 교류했을 때 발생할 수 있는 정치적 결과를 늘 우려하던 북한 지도부로서도 수용할 만한 것이었다. 특히 이 '빅3' 사업 중 첫 번째였던 금강산 관광은 가장 이상적인 방식이었다. 사실상 철망이 쳐진 버스를 타고 남한 관광객들이 사파리 구경을 하는 것과 다르지 않았기에 정치적으로 안전했던 것이다.

금강산 관광사업은 남한에서 가장 큰 재벌인 현대그룹의 창업주 정주영이 처음으로 김일성을 비롯한 평양의 지도부를 만났던 1989년에 구상된 것이었다. 정주영은 이북 태생이었고 파란만장하고 긴 삶의 막바지에서 고향에 대해 진한 애착을 보였다. 아마도 이 때문에 현대그룹(정확히는 현대아산)이 세 개의 주요 남북경협 사업 전부에 참여한 듯하다. 정주영의 제안은 북한에 남한의 관광지구를 설립하는 구상을 담고 있었다. 그 관광지구는 수백 년 동안 한반도의 수려한 자연경관을 대표했던 금강산에 설립될 것이었다. 마침 금강산은 편리하게도 비무장지대 근처에 위치해 있다.

1998년 11월 금강산 사업이 시작되었다. 대다수의 남북 '협력' 사업들이 그러했듯, 일의 대부분은 남쪽이 했고 사업의 알짜배기 과실은 북쪽이 챙겼다. 남한 입장에서 볼 때, 사업은 성공이라 볼 수 없었다. 1999년 1월 현대는 2004년 말 누적 북한 방문객 숫자가 490만 명가량 될 것이라고 예측했지만 실제 방문객은 겨우 90만 명이었다. 1999년 현대아산은, 2004년경에는 매년 120만 명의 남한 관광객들이 금강산을 방문할 것이라고 말했다. 그러나 2004년 실제 방문자 수는 27만 4000명이었다. 초기 전망의 4분의 1에 지나지 않았다. 2007년 방문객 수는 35만 명까지 치솟았는데, 이는 놀라운 성장이기는 하나 여전히 1999년의 장밋빛 기대에는 훨씬 못 미쳤다.[17] 덕분에 2001년에서 2002년 사이 금강산 관광사업은 파산 직전까지 갔지만 남한 정부의 대규모 자금 지원을 받고서 도산을 면할 수 있었다.

남한 사람들은 새로운 관광지에 몰려들지 않았다. 왜 이렇게 인기가 없었을까. 우선 가격이 비쌌다. 금강산에 갈 돈이면 중국이나 동남아를 갈 수 있었다. 또 한때는 '금단의 열매'와 같았던 북한의 매력이 남한에서 점차 줄어들고 있었다. 금강산에서 남한 방문객들은 울타리가 쳐진 구역 너머로 움직일 수 없었다. 지역 주민들은 해당 지역에서 완전히 이주되었고 오직 수백 명의 북한 경비원들과 사복을 입은 '가이드'들만 남아 있었다. 금강산 관광사업에서 일했던 대부분의 반숙련 노동자들은 중국에서 고용돼온 조선족이었다. 이들은 저임금에도 노동할 의욕이 있었고 북한 당국에게는 정치적으로 안전한 존재였다. 관광객과 마찬가지로 조선족도 관광지 구역을 벗어날 수 없었다.

그러나 여러 겹의 안전장치 속에서도 종종 '이념적 충격'은 발생했다. 필자가 만나본 북한 주민 중 하나는 2000년대 초반 금강산 관광지구 건설에 동원된 적이 있었다. 그곳에서 일하는 동안 그는 남한 관광객과 어떠한 식으로든 접촉하지 않았고 멀리서도 본 적조차 없었다. 그러나 탈북해 남한으로 오고 나서, 그는 당시의 일이 남한에 대한 생각을 바꾸게 되는 터닝포인트가 되었다고 말했다. 그는 남한의 장비를 보았고 남한 사람들이 세워놓은 건물들을 목격했다. 그것으로 충분했다. 그는 이렇게 말했다. "남한이 북한보다 잘 산다는 것은 알고 있었지만 금강산 관광지구를 다녀온 이후로 남한이 얼마나 잘 사는지를 알게 되었다."

비무장지대 근처에 위치해 있고 한반도에 사는 모든 사람들에게 큰 역사적 중요성을 갖고 있는 개성시 관광을 시작하기로 한 결정 또한 금강산 관광과 비슷했다. 금강산 관광과 비교할 때 개성시 관광은 훨씬 더 노출의 수준이 높았다. 개성의 주민들은 매일 커다랗고 반짝이는 남한의 버스들이 개성의 작은 도심가를 왕복하는 것을 볼 수 있었다. 각 버스에는 두세 명의 보안원들이 타고 있었고, 이들은 관광객들이 개성의 일상을 사진으로 찍지 못하도록 하는 것이 일이었다. 사진은 오직 정해진 곳에서만 찍을 수 있었다. 떠날 때에는 모든 디지털 카메라(오직 디지털 카메라만이 반입 가능했다)의 사진들을 한 장씩 점검받아야 했으며 만일 정치적으로 올바르지 않은 사진(시내에 소가 끄는 달구지가 다니는 모습 같은)이 발견되면 해당 사진을 찍은 관광객은 벌금을 물어야 했다.

그럼에도 불구하고 북한 당국은 남한 관광객들을 확실하게 분리시킬 만한 돈이 없었던 듯하다. 북한 경찰은 주민들이 관광객들에게 가까이 가지 못하게 했지만, 먼발치에서도 북한 주민들은 남한 관광객들이 세련되고 키도 훨씬 크다는 걸 알 수 있었다.

보안원들과의 교류는 허용되었고, 심지어 보안원들이 먼저 대화를 걸어오는 경우도 잦았다. 분명 이들 젊은 경찰과 정보요원들은 자신들의 할 일, 그러니까 정보 수집을 해야 했을 것이다. 그럼에도 불구하고 그런 과정에서 이들은 분명 남한에서의 삶에 대한 여러 가지 재미있는 사실들을 알게 되었으리라. 혹자는 비밀경찰은 이미 진실을 알고 있지 않느냐 반문할지 모르나, 이는 사실과 다르다. 보통 이런 사람들은 북한의 관료 사회에서 그 직위가 매우 낮기 때문에 남한의 위험한 정보에 대한 접근이 제한돼 있다.

세 개의 대북 경협사업 중 경제적으로나 정치적으로나 가장 중요한 것은 개성공단이다. 개성공단의 구상은 남한의 자본과 기술에 북한의 저렴한 노동력을 결합해서 남북 양쪽의 이익을 도모할 수 있다는, 점차 일반화되고 있는 가정에 기반했다. 남북은 비무장지대 인근에 공업지구를 만들기로 결정했다. 이 공업지구에서 남한의 기업들은 북한 노동자를 고용하여 남한 관리자들의 감독 아래 남한 및 해외에 팔 수 있는 저렴한 상품들을 생산할 수 있을 것이었다.

개성공단 건설은 2003년에 시작되었고, 2004년 말 첫 생산라인이 가동되기 시작했다. 대기업에서는 개성공단에 큰 관심을 보이지 않았기에 오직 남한의 중소기업들만이 개성공단으로 이주를 선택했다. 이들 기업을 위해 남한 정부는 후한 유인책들을 제공했다. 저금리 대출을 비롯한 많은 유인책들 중에서도 특히 사업 보증이 중요했다. 노무현 정부 초기만 해도 남과 북의 밀월관계가 짧게 끝났기에 남한 사업가들은 개성공단에 과도하게 투자했다가 남북간 정치의 인질이 되지 않을까 우려했기 때문이었다.

처음 우려와는 정반대로 개성공단은 매우 성공적이었다. 금강산 관광과 마찬가지로 최초의 추산은 과도하게 낙관적이긴 했다. 2003년의

남북갈등의 여파로 개성공단에서 철수하는 남한 차량들. 남북경협의 물꼬를 튼 것은 금강산 관광이지만 경협의 정치적·경제적 핵심은 개성공단이었다. 북한 입장에서 개성공단은 정권의 든든한 돈줄인 한편 그렇게도 통제하고자 했던 '풍요로운 남한'에 대한 정보가 샘솟는 양날의 검이다.(『한국일보』, 2013년 4월 28일자)

추산에 따르면, 2007년쯤 되면 공단에서 250~300개의 남한 기업이 10만 명의 노동자들을 고용할 것이라고 했었다. 실제 결과는 그보다는 못했다. 2010년 말, 120개 정도의 남한 기업이 개성공단 내에서 운영되고 있었으며 4만7000명의 북한 노동자들이 고용되었다. 절반 이상(정확히는 71개)의 회사들이 의류와 섬유 업체였다. 2010년, 개성공단의 기업들은 3억2330만 달러어치의 상품(마찬가지로 절반 이상이 섬유와 의류였다)을 생산했다. 남한의 거대한 경제 규모로 보면 잔돈 수준에 지나지 않았지만 북한에게 이는 충분히 대단한 수입이었다.[18]

개성공단은 비무장지대에서 약 10km 정도 떨어져 있다. 그래서 남한의 관계자들은 매일 출퇴근을 했지만 일부는 그곳에서 밤을 보내기도 한다.(그래서 문제가 발생할 경우 인질로 붙잡힐 가능성이 언제나 남는다.) 2010년 자료에 따르면 북한 노동자들을 감독하는 남한의 기술자

제4장 생존 외교 : 233

와 관리자는 800~900명가량이다.

남한의 기업들은 북한의 노동자들에게 합의된 월급 61달러(2010년)를 지급하고 있으나 이 수치는 초과근무 수당이나 특별 인센티브를 포함하지 않은 것이다. 실제로 지급하는 월 급여는 노동자 1인당 90~100달러 정도일 것으로 보인다. 그러나 이 급여는 북한 정부기관으로 지급이 되고, 이런저런 공제를 거쳐 실제로는 일부(전체의 35% 미만)만이 노동자의 주머니에 들어간다. 분명 개성공단은 북한에게 매년 2500만~4000만 달러의 추정 수익을 안겨주는 알짜배기 사업이다. 그래서 많은 비판자들이 공단 사업을 두고 '노예노동 수용소'라고 표현했으나 이는 매우 부당한 것이다. 공제가 되더라도 개성공단의 일자리는 북한에서 가장 높은 임금을 받는 정규직 직장이다. 지역 주민들은 개성공단의 공장에 들어가려고 무던히 애를 쓴다.

북한 노동자와 남한 관리자 사이의 어떠한 교류도 허용되지 않았다. 한 남한 관리자는 북한을 비판하고 한 북한 여성노동자에게 탈북을 권했다는 이유로 몇 달간 억류되기도 했다고 알려져 있다. 그렇더라도 개성공단이 개성시와 그 인근에 미친 영향을 과소평가해서는 안 될 것이다. 현재 지역 주민의 상당수가 개성공단에 고용되어 있다. 다른 나라의 예술 애호가들이 보기에는 개성공단이 평범한 남한의 공단처럼 단조롭고 특색 없어 보일지 모른다. 그러나 북한 주민들에게 공단은 숨이 막힐 정도로 독특하고 아름다워 보인다. 거리에는 나무들이 줄지어 있고, 도로는 포장이 되어 있으며, 밤에도 항상 밝은 전짓불을 볼 수 있다. 조립식 건물들은 깔끔하고 밝은 색깔이다. 이는 평범한 북한 주민이 자국의 공단에서 볼 수 있는 광경이 아니다. 사실 개성공단을 처음 방문하는 북한 관계자들은 놀라움을 감추지 못한다. 그런 부적절한 감정은 정치적으로 위험할 수 있음에도 불구하고 말이다.

개성공단의 북한 노동자들이 남한에서의 삶이 어떤지 알기 위해 꼭 남한 관계자들과 말을 해야 하는 건 아니다. 남한 사람들은 키가 크고 좋은 옷을 입고 있으며, 그들의 피부는 맨손으로 모를 심고 시멘트 블럭을 옮기는 등의 노동을 많이 하지 않았다는 것을 보여준다. 간단한 대화는 문제되지 않을 수도 있었고, 의도적이든 아니든 남한에서의 일상에 대한 힌트가 흘러나올 수 있으며, 북한 사람들은 분명 이를 인지할 것이다. 아무리 감시 인력을 많이 배치한다고 해도 이를 완전히 막을 수는 없다.

개성공단으로부터의 밀수품도 주변 지역에 상당한 영향을 미쳤다. 간식으로 북한 노동자들은 초코파이를 지급받는다. 초코파이는 남한에서 인기 있는, 건강엔 그리 좋지 않을 정도로 달콤한 과자이다. 대부분의 노동자들이 공단에서 초코파이를 받아 가족들과 나누어 먹는 것으로 알려져 있다. 합법적이든 아니든(절도 또한 심각한 문제 중 하나이다) 개성공단에서 나온 다른 모든 물건들처럼, 초코파이는 남한의 세련됨과 풍요를 담고 있는 전복적인 메시지가 되었다.

의심의 여지 없이 개성공단은 정권의 돈주머니를 채워준다. 그러나 개성공단은 외부세계에 대한 새롭고도 검열되지 않은 지식의 전달자 역할 또한 한다. 개성공단으로 인해 25만 명의 인근 주민 중 대다수가 남한에 대한 공식 매체의 이야기는 대부분 새빨간 거짓임을 알게 됐다. 심지어 보안원들과 정치경찰 요원들마저도 이러한 깨달음이 주는 효과에서 자유롭지 않다.

**만만한 투자자를 찾아서**

1991년 북한 정부는 북서쪽 구석에 경제특별구역을 설립했다. 나중에 '나선 경제특구'로 알려지게 된 이곳은 처음에 중국과 러시아, 북한의 국경이 만나는 곳에 세워져 지역의 비즈니스 허브가 될 예정이었다.

북한의 처음으로 경제특별구역을 설립했다는 소식은 전세계 언론의 열광을 자아냈다. 늘 그렇듯이 이러한 결정을 두고 북한이 곧 중국 스타일의 개혁을 실시할 것이란 신호라고 말하는 전문가들은 수도 없이 많았다. 1980년대 초 중국에서는 나선과 비슷한 경제특구(국가사회주의와 중앙계획경제의 바다에 한가운데 놓인 시장경제의 섬들)들이 개혁 초기에 중요한 역할을 했다. 낙관론자들은 당연히 경제특구의 도입은 북한이 곧 중국을 따라할 것임을 뜻한다고 주장했다.

이후의 전개가 잘 보여주듯이 나선 경제특구는 개혁의 징후가 아니었다. 그리고 성공하지도 못했다. 1991년에서 1992년 사이의 초창기에는 20억 달러 규모의 투자 이야기가 있었지만 2000년까지 실제로 나선 지역에 투입된 외국 투자의 총액은 3500만 달러에 불과했다. 가장 큰 문제는 위치였다. 나선 지역은 북한 기준으로 볼 때도 저개발 지역이었다. 나진과 선봉 지역을 연결하는 이 지역에서 유일한 포장도로조차도 일차선이다. 이 지역과 중국을 연결하는 다리는 식민지 시절 이후로 변한 것이 없었다. 분명 평양은 부유한 외국의 투자가들이 인프라를 개선하는 데 돈을 내리라 기대했던 듯했고, 실제로도 투자가 있기는 했지만 매우 제한된 규모에 그쳤다.

이후 나선 경제특구는 20년 동안 대체로 휴면 상태였다. 주로 북한 장사꾼들이 내륙 지방에서 되팔기 위해 중국산 물품을 사는 큰 시장으로서의 역할만 하고 있었다. 나선 지구가 일반 북한 주민에게는 출입이 제한되어 있어 특별한 통행증을 필요로 했지만 오늘날은 약간의 뇌물로 쉽게 해결할 수 있다. 잠시 동안 나선 지구는 부유한 중국인들이 도박 아지트로 이용하기도 했으나 몇몇 횡령 사건이 발생한 이후 중국이 나선 지구의 카지노 폐쇄를 요청했다. 작은 항구는 가끔 중국이나 러시아 회사들이 화물 선적을 위해 사용하곤 했지만 나선 지구는 점차 잊혀져갔다.

2002년, 북한 정부는 또 다른 경제특구 설립을 시도했다. 이번에는 국경 근처에 있는 신의주였다. 당시 제시된 정책은 꽤나 급진적으로 보였다. 약 35만 명에 달하는 신의주의 모든 주민을 다른 지역으로 이주시킨 다음, 당국이 능력과 정치적 신뢰성에 기반하여 직접 선발한 20만 명의 노동자들을 이주시키겠다는 것이었다. 가장 놀라운 것은 특구의 행정장관을 외국인으로 임명하겠다는 결정이었다. 네덜란드 시민권을 가진 중국 출신 사업가 양빈이 임명되었는데, 그는 당시 39세였고, 알려지기로 중국에서 두번째로 부유한 사람이었다.

2002년 9월 12일, 북한의 꼭두각시 의회인 최고인민회의에서는 신의주 특별행정구역 기본법을 제정한다. 법은 6장(행정·경제·문화·주민의 기본권과 의무·구조·구역의 엠블렘과 깃발) 101조로 이루어져있다. 이 기본법은, 사법제도가 50년 동안 변하지 않을 것이고 외국인 또한 구역 내에서 북한 주민과 동등한 권리를 누릴 것이라고 선언하고 있다. 분쟁을 해결하고 법을 집행하기 위해 외국의 판사들을 초정할 계획이었다. 이는 실로 믿기 어려울 정도로 놀라운 일이었고, 얼마 동안은 이 새로운 '돌파구'에 대해 언론에서 갖은 호들갑을 떨어댔다. 북한의 무역부상은 신의주 특구를 두고 "새로운 역사적 기적"이라고 말했다. 그러나 이 '역사적 기적'은 50년은커녕 50주도 못 갔다.

사업을 좌초시킨 것은 중국인 듯하다. 베이징은 일이 진행되는 방향을 달가워하지 않았다. 양빈은 신의주를 '북한의 마카오', 즉 도박 중심지로 변화시키고자 했다. 이는 환영받지 못했다. 또한 중국은 신의주와 중국의 동북부 도시들이 경쟁하게 되는 걸 원치 않았던 듯하다. 북한이 사전에 중국과 논의를 하지 않았다는 것도 도움이 안 되는 일이었다. 양빈은 당시 이미 수사를 받고 있었다. 곧 그는 사기 혐의로 체포되어 18년형을 받았다. 그후로 10년간 누구도 신의주 특구에 대한 이야기를 듣지 못했다.

2011년 신의주 근처에 새로운 경제특구를 만든다는 발표가 있었다. 중국의 사업가들을 유인할 수 있으리라는 생각에서였다. 물론 성공할 수도 있겠지만 과거 북한 경제특구의 역사를 떠올려보면 조심해야 할 것이다.

## 햇볕이 지다

2007년 말, 북한 전략가들의 외교술과 벼랑 끝 전술이 가져온 결과는 그들을 만족시키기에 충분했다. 미국 정부는 요구를 받아들여 원조를 재개했고, 2월 13일의 선언 이후 KEDO의 부활도 곧 이루어질 것으로 보였다. 남한의 원조는 북한 경제의 태생적인 비효율성을 벌충해주었다. 장기적으로는 햇볕정책이 김정일과 그의 일파들이 여긴 것처럼 북한 정권에 좋은 게 아닐 수 있었지만, 북한을 흔들지 모를 그 가능성은 한참 후에나 인식할 수 있을 것이었다. 게다가 중국이 점차 북한 문제에 깊이 연루되고 있었기에, 북한 외교관들은 서로 경쟁관계에 있는 후원자들을 능란하게 조종하는 전통적 수법을 다시 쓸 수 있을 것이었고, 또한 그렇게 할 수 있기를 희망하고 있었다. 그러나 상황은 갑자기 나빠졌다.

많은 부분 이 새로운 북한 위기는 평양 지도부의 오판에 의한 것이었다. 그러나 남한에서의 정치적 변화 또한 북한 정권에게 새로운 도전을 안겨주는 데 큰 몫을 했다. 2005~2006년 사이 남한의 대중은 점차 노무현정부에게 불만을 느끼고 있었다. 옳든 그르든 노무현정부는 경기 침체에 책임이 있는 것처럼 여겨졌다. 또한 민주화운동가들의 고귀한 과거도 그들을 부패의 악취로부터 막아주지는 못했다는 것이 분명해졌다. 그리고 우파는 전 서울시장인 이명박(해체와 건설에 대한 열정 때문에 '불도저'라는 별명을 갖고 있었다)이라는 카리스마적 리더십을 얻었다. 2007년 말에 열릴 차기 대선에서 우파가 압도적으로 승리할 것임을 의심하는 사람은 거의 없었다. 자신의 유산과 햇볕정책을 지키기 위한 마지막 시도로 노무현 대통령은 2007년 10월, 평양에서 두번째 정상회담을 서둘러 개최한다. 여기서 노 대통령은 무엇보다 개성과 유사한 공단을 열기로 약속했다. 그러나 때는 너무 늦었다. 우파는 대선에서 승리했고, 2008년 2월 이명박은 대한민국의 새 대통령이 되었다. 북한의 심경을 보여주듯, 북한의 언론은 남한의 선거 결과를 두 달가량 보도하지 않았다.

선거운동 중 북한 문제는 거의 다루어지지 않았다. 외신들은 북한으로 인한 위기가 발생할 때나 한반도를 언급하는 편이기 때문에, 한반도 바깥에 사는 사람들은 남한 사람들이 자국의 정치적 의제들 중 북한 문제를 결정적이거나 적어도 매우 중요한 부분으로 여길 것이라 생각한다. 이는 이미 오래전부터 사실이 아니었다. 2007년 대선 이전에 실시된 여론조사는 이를 잘 보여준다. 여론조사에서 남한의 유권자들은 "차기 대통령의 가장 중요한 업무"가 무엇인지 질문을 받았다. 설문자 중 36.1%가 "경제발전과 일자리 창출"이라고 답했고 27.4%가 "소득격차 경감 및 복지 증진"이라고 답했다. 22.4%는 "정치적·사회적 통합"을 원했으며 11.2%는 "정치 개혁과 리더십"을 원했다. 오직 2.4%만이 차기 대통령이 다른 무엇보다도 "남북관계 개선"에 매진해야 한다고 답했다.[19]

2007년의 대선 결과는 386세대 몰락의 전조로 받아들여지곤 했다. 그리고 김대중-노무현 정부의 10년은 '정상적'인 국정 운영에서 탈선한 것처럼 여겨졌다. 특히 이러한 시각은 미국의 보수 인사들 사이에서 흔했다. 그러나 이는 과도하게 단순한 해석이다. 2007년의 패배에도 불구하고 본능적인 반미주의와 평양 독재에 대한 조심스런 동정을 가진 민족주의 좌파는 향후 수십 년간 한국 정치에서 중요한 세력으로 남을 것이다. 좋든 나쁘든 우편향된 합의는 사라졌고, 앞으로 남한 정치는 좌에서 우로 또 우에서 좌로 진자놀이를 할 것이다.

북한 문제가 자신의 정치관에서 부차적인 것이기는 했지만, 이명박 정부는 북한을 어떻게 대해야 하는가에 대해 다른 생각을 갖고 있었다. 그는 두 전임 대통령이 북한 정권을 지지함으로써 오히려 더 위험한 존재로 만들었다고 비난했다. 또한 그는 대북 정책에서 엄격한 상호성을 유지할 필요가 있다고 강조했다. 대북 원조는 북한의 의미 있는 정치적 양보가 있을 때 해야 한다는 것이었다. 이러한 시각은 '비핵·개방 3000' 계획으로 구체화되었다. 이 계획은 북한이 핵무기를 포기하면 무엇이 가능한가를 표현하고 있다. 북한이 핵을 포기하면 남한은 지금까지 생각할 수 없었던 규모로 원조를 진행해서, 10년 이내로 북한의 1인당 연간 소득을 현재의 세 배에 가까운 3000달러로 만들어준다는 것이다.(그런데 이는 연간 경제성장률이 20% 이상일 때에만 가능한 것으로 결코 현실적인 추정은 못 된다.) 계획의 이름에서부터 볼 수 있듯이 이명박정부는 북한이 중국 스타일의 개혁을 추진함으로써 경제적 효율성을 개선시켜야 한다고 전제하고 있다.

말할 것도 없이 이 제안은 성공의 가망이 없는 것이었으며 곧바로 거부되었다. 2008년 5월 30일 북한의 공식 통신사인 조선중앙통신은 '비핵·개방 3000'을 이렇게 표현했다.

> [리명박] 역도가 대북정책으로 내든 비핵, 개방, 3,000이라는 것을 보아도 그 누구의 변화요, 인권이요 하면서 북남사이의 사상과 리념, 체제대결을 악랄하게 추구하고 있다. (…) 리명박은 남조선을 외세에 팔아먹다 못해 북남관계까지도 대미관계의 종속물로 전락시켜 전민족의 리익을 외세에 송두리채 섬겨바치려고 하고 있는 것이다.

얼마 지나지 않아 미국에서는 버락 오바마가 대통령직에 취임했다. 오바마는 북한에 그다지 관심을 갖지 않을 것으로 전망됐는데 이는 평양에게도 나쁜 소식이었다. 원치 않는 새로운 상황에 직면한 북한은 그간 성공을 안겨준 전술을 재가동했다. 분명 북한의 전략가들은 지금이 새로운 위기를 조성하여 자신의 적이자 기부자인 주변국들로부터 필요한 양보를 받아낼 때라고 결심했을 것이다.

최초의 사건은 2008년 7월에 발생했다. 남한의 한 주부가 이른 아침에 금강산 관광지구 해변을 걷다 총격을 받고 숨졌다. 이 총격이 정말로 사고였는지, 아니면 북한의 긴장 조성 전략의 일환이었는지는 여전히 의문으로 남아 있다. 어쨌든 북한은 수사가 시작되자 보기 드물 정도로 강경한 태도를 보였으며 금강산 관광은 중단됐다.

2008년 11월, 이번에는 개성 시내 관광의 차례였다. 당시 반북 활동가들이 북한 영토로 삐라가 든 풍선을 보내기 시작했다. 북한 정부는 그러한 행위를 즉각 중단할 것을 요구했고 남한 정부가 조치를 취하기를 거부하자 북한 당국은 개성 관광을 중단시켰다. 서울에 대한 압박 수위를 높이고자 북한은 개성공단에서의 활동을 크게 제한하는 조치를 내렸다.

북한의 전략가들은 남북관계의 악화가 남한 대중을 불안케 해 이명박정부가 북에 대해 보다 유화적인 태도를 갖게끔 만들 것이라고 간주한 듯하다. 이것은 오산이었다. 관광사업 중 그 어느 것도 남한에 경제적으로 중요하지 않았고, 보통의 남한 유권자는 북한의 정책결정자들이 짐작한 것보다도 북한에 별 관심이 없었다. 개성공단의 폐쇄 가능성을 내비쳤지만, 개성공단 역시 남한 경제에 미치는 효과는 미미한 수준이기에 원하는 결과를 얻는 데는 실패했다.

동시에 북한의 전략가들은 미국과의 관계에서도 판돈을 올리기 시작했다. 2009년 4월, 북한은 이론상으로(다시 말해, 제대로 작동할 경우) 알래스카와 하와이의 목표물을 타격할 수 있는 장거리 미사일을 다시 발사했다. 과거의 실험과 마찬가지로 당시 발사 또한 실패했다. 그럼에도 불구하고 북한의 언론은 대중에게 '주체과학'이 또다시 위성을 우주에 쏘아 올리는 데 성공했다고 말했다.

자신들의 메시지를 보다 강조하기 위해 북한은 한 발자국 더 나아가 2009년에 두번째 핵실험을 실시했다. 2006년의 실험과 달리 두번째 실험은 기술적으로 성공적이었고, 북한이 작동 가능한 핵 폭발장치를 개발했음을 만천하에 내보였다. 유엔 안보리는 또 다른 제제안(결의안 1874호)을 내놓았으며 이번에도 중국의 지지를 받았다. 그러나 몇 개월도 채 지나지 않아 중국의 원자바오 총리가 평양을 방문했고, 중국의 대북 원조는 더욱 늘어났다. 핵실험 이후 북-중간 무역량은 놀라운 속도로 증가하기 시작하여 2006년에서 2011년 사이에 세 배가 되었다.

북한의 협상 스타일에 익숙한 이들은 예상할 수 있듯, 위협과 호전적 언사의 세례 다음에는 애교 공세가 뒤따랐다. 2009년 7월, 서울과 워싱턴을 향한 흉흉한 폭언의 홍수가 멈추었고 갑자기 북한의 언론은 남한과 미국에 대한 호의를 표현하기 시작했다. 우선 평양은 2009년 봄 중국의 국경을 넘어왔던 두 미국 기자들을 풀어주기로 합의했다. 그들은 몇 달간 억류되어 있었고, 클린턴 전 대통령이 이끄는 미국의 '비공식' 사절단이 평양으로 날아가 석방 문제를 두고 협상했다. 현대아산의 현정은 회장 또한 북한의 여공을 탈북시키려 했다는 혐의로 붙잡혀 있던 현대 직원을 데리고 돌아왔다.

그러나 이 '위기 조성 전략'은 과거에는 잘 먹혀들었으나 2008~2009년 당시에는 워싱턴과 서울 모두 이 전략에 질려 있었다. 이번에는 어느 쪽도 단지 긴장을 완화시키고 과거의 현상 유지로 돌아가는 것만으로 북한에게 보상을 해줄 용의가 없었다. 초기에 미국이 양보할 용의를 보였던 가장 큰 이유는 북핵 문제를 외교로 풀 수 있으리라는 생각 때문이었다. 다시 말해, 워싱턴의 많은 이들이 설득이나 뇌물로 북한이 핵을 포기하게끔 할 수 있으리라고 여겼다는 것이다. 그러나 북한 정부는 핵무기를 포기할 의사도 없고, 솔직히 말하면 핵을 포기할 적합한 이유도 없었기에 이러한 생각은 오해였다. 그러나 워싱턴에서는 한동안 이러한 허상을 공유하고 있었고, 때문에 협상과 양보가 가능했다.

그러나 그러한 희망은 2008년, 오바마정부의 등장과 함께 사라졌다.

대신 미국은 '전략적 인내(혹은 '점잖은 무시')'라고 일컬어지는 태도를 취해왔다. 이 단어는 북한이 자국의 핵 능력을 분명하고 되돌릴 수 없게 감소시키는 특정한 조치를 취함으로써 비핵화에 대한 성실한 의지를 보여줄 때까지 아무런 중대 조치를 취하지 않겠다는 것을 암시한다. 서울의 태도는 훨씬 냉담했다.

2010년 초, 북한은 다시 바람직하지 않은 새로운 상황에 처했다. 주요한 적이자 기부자인 두 나라가 그간 북한이 관습적으로 사용해온 위협, 긴장 조성, 애교 공세, 양보의 조합에 별다른 반응이 없었다. 그리하여 평양의 전략가들은 전세계에 미국과 대한민국에 문제를 일으킬 수 있는 자신들의 능력을 일깨워줌으로써 압력을 높이기로 결심했다. 이는 비논리적으로 보일지 모르나, 북한에게는 긴장을 고조시켜서 감수할 위험이 그리 크지 않기 때문에 이러한 방식은 이성적이라 할 수 있다. 물론 북한의 정책결정자들은 만일 전쟁이 발생하면 자신들이 금세 패배할 것임을 알고 있다. 그러나 그들은 전쟁의 대가가 민주주의적으로 선출된 서울과 워싱턴의 정치가들은 감당도 못할 정도로 크다는 것 또한 잘 알고 있다.

또한 어떤 의미에서 북한은 국경에서의 접전이나 소규모 급습에서 남한보다 유리한 위치에 있다. 북한은 남한이 자기들 정권에 치명적인 타격을 가할 수 없다는 걸 알고 있다. 만일 비무장지대나 북방한계선(NLL:황해에서 남북을 가르는, 논란이 분분한 해상 경계선)에서 큰 교전이 발생하면 남한의 군대는 북한 군함들을 침몰시키고 해안 방어부대 몇 개를 쓸어버리거나 심지어 수십 명의 불행한 대좌(남한군의 대령 계급)들과 소장(남한군의 준장 계급) 두어 명을 포함한 지휘부까지 궤멸시킬 수 있을 것이다. 그러나 2차대전 시절의 낡은 군함들이나 하찮은 대좌들의 목숨 따위는 평양에게 그리 중요치 않다. 정부의 통제를 받는 언론이 재앙을 숨기고 심지어는 치욕적인 패배도 위대한 승리로 묘사할 것이기 때문에 그러한 군사적 패배의 대내적 여파는 그리 크지 않을 것이다.

반면에 그런 군사적 공방은 남한에 상당한 정치적 여파를 미칠 것이다. 첫째로 남한의 유권자들은 긴장을 좋아하지 않으며, 장기적으로는 북한을 조용하고 위협적이지 않게 관리하지 못한 정부를 심판할 수도 있다. 둘째로 남한의 경제는 외국의 시장과 사업가들에게 매우 의존적인데, 이들은 한반도에 "다음주쯤 전쟁이 발발할 듯" 같은 기사를 좋아하지 않는다. 물론 이러한 보도들은 심한 과장이지만, 해외의 자동차 수입업자들이 남북 관계의 복잡함에 대해 평범한 기자들보다 잘 이해하기를 기대할 수는 없는 노릇이다. 결국 이러한 비대칭성은 소규모 접전이 전면전으로 비화될 위험만 낮다면, 북한이 별다른 제약 없이 위기 상황에서 판돈을 올릴 수 있음을 의미한다.

2010년, 평양은 이를 염두에 두고 두 가지의 긴장 조성 계획을 추진했다. 하나는 서울, 다른 하나는 워싱턴을 겨냥한 것이었다. 어쨌든 그들이 전하고자 한 메시지는 동일했다. 평양은 자신들을 무시해서는 안 되며 자신들이 말썽을 일으켜서 고통을 겪는 것보다는 매수하는 편이 보다 값싸고 안전하다는 것을 보여주고자 했다.

이러한 메시지를 서울에 전하기 위해 북한군은 두 개의 전례 없는 작전을 감행했다. 2010년 3월, 북한의 잠수함은 대담하게 남한 해군의 초계함 '천안'을 어뢰로 격침한다. 천안함은 곧바로 침몰하여 승조원의 절반가량인 46명이 사망한다. 남한 정부의 조사 결과는 북한이 이 사건에 연루돼 있다는 것이었으나, 쉽게 예상할 수 있듯이 북한은 이를 부인했다. 그해 11월에는 북방한계선 근처에 위치한 연평도에 포격을 가했다. 수십 년간 남한 영토에 가해진 최초의 대규모 포격이었다.

한편, 미국을 상대로는 워싱턴의 흔한 약점인 핵확산에 대한 공포를 노리기로 선택했다. 2002년, 우라늄 농축에 대한 비난은 기존의 북미 협정의 파기로 이어졌다. 2009년까지 북한은 고농축 우라늄 프로그램의 존재를 격렬히 부인했다. 그러나 2009년에 이 프로그램의 존재를 인정했고, 2010년 11월 평양은 미 에너지국의 로스알라모스 핵연구소 소장이었던 지그프리드 헤커 박사를 자신들의 핵 시설에 초청했다. 북한은 헤커 박사에게 현대적이고 거대하며 완벽하게 작동중인 우라늄 농축 시설을 보여주었다. 물론 이는 북한이 그동안 계속 거짓말을 해왔다는 것을 다시 확인시켜주었다. 그러나 이러한 사실에 놀란 사람은 거의 없었다.

## 중국의 등장

지난 10년 동안의 또 다른 중대한 변화는 북한 정치에서 중국이 다시 부상했다는 것이다. 1990년대 초, 중국은 사실상 평양을 포기했으며 아마도 김씨 가문 정권이 몇 년 이상을 버틸 것으로 기대하지 않았던 듯하다. 그러나 2001년 무렵부터 북한과 중국 사이의 교역과 전반적인 경제 교류가 증대하기 시작했으며, 이 성장세는 첫 핵실험으로 북한에 대한 제재가 강화된 2006년경에 가속화되었다. 중국의 고위층 인사들이 평양에 자주 드나들기 시작했고, 말년에 김정일은 적어도 1년에 한 번은 중국을 방문했다. 2010년경 북한과 중국의 연간 교역량은 북한이 다른 나라와 하는 교역량을 모두 합친 것을 능가했다.

　언론은 중국을 종종 '북한의 동맹'이라고 표현하곤 했지만 이는 사실과 다르다. 실상 중국의 일반 대중이나 관계자들은 북한을 적당히 업신여기면서 대하는 편이다. 북한은 중국인들에게 돌아가고 싶지 않은 그들의 과거를 떠올리게 한다. 중국은 지역의 안정을 해치는 북한의 도발적 행동에 종종 짜증을 내기도 한다. 대부분의 중국 학자들과 학계 관계자들은 사석에서 '장기적으로는' 남한이 주도하는 한반도 통일을 거의 피할 수 없을 것이라는 데 동의한다. 이러한 입장은 위키리크스에서 공개한 외교 전문을 통해서도 확인되었지만, 중국과 자주 교류하는 사람들에게는 충격적인 내용이 아니었다. 어쨌든 중국으로선 그런 일이 가능한 오랜 시간 후에 일어나기를 선호할 만한 충분한 이유가 있다. 중국의 정책결정자들에게는 모든 것을 고려해 볼 때 불안정한 북한이나 붕괴하는 북한보다는 핵무장을 한 채 건재한 북한이 덜 나쁘기 때문이다. 그리고 어쩌면 친미 성향의 남한 정부에 의해 통일된 한반도보다도 더 나을 수도 있다.

　한반도에 대한 중국의 목표들은 하나의 위계질서를 형성한다. 조금 단순화해서 말하자면, 첫째로 중국은 한반도 내부와 그 주변의 '안정'을 최우선시한다. 둘째로 중국은 한반도가 분단된 상태를 선호한다. 북한이 핵을 개발하는 것을 막고자 하는 목표는 이에 한참 못 미치는 세번째이다. 베이징이 가장 두려워하는 것은 북한이 내부에서 붕괴해 불안정이 발생하는 것이다. 그리 되면 난민들이 몰려오는 것은 물론이고, 대량살상무기WMD 확산의 위협과 각기 다른 종류의 지정학적 불확실성(이를테면 핵물질을 중국으로 혹은 중국을 경유하여 밀수하는 등)을 맞이해야 할 것이기 때문에 중국은 이를 위험하다고 여긴다.

중국 정부에게는 현상 유지를 선호할 만한 적합한 대내적 이유도 있다. 중국의 지도자들은 정권에 대한 대내적 지지가 대부분 높은 수준의 경제성장을 유지하는 데서 나온다는 걸 잘 알고 있다. 주변 지역에서 소란이 발생할 경우 자원을 분산해야 할지도 모르며, 최악의 경우 중국 내부에서도 혼란을 조장할 수 있다.

베이징의 정책결정자들에게 두번째로 중요한 것은 한반도를 분단 상태로 유지하는 것이다. 영원히 분단시킬 수 없다면 적어도 가능한 한 긴 시간 동안 분단을 유지시켜야 한다. 북한은 중국의 국경에 완충지대를 형성하고 있다. 공식적으로는 통일을 지지하는 발언을 하고 있지만 한반도의 통일은 베이징의 장기적 이익에 부합하지 않을 것이다. 통일이 되면 한반도를 주도하는 것은 남한이 될 것이고, 따라서 민주적이고 매우 민족주의적인 국가이자 미국의 동맹인 나라가 중국과 국경을 마주하게 된다.

한반도 분단의 지속은 중국에게 다양한 경제적 이득을 제공한다. 북한의 급박한 경제적 상황은 중국의 회사들이 북한의 천연자원과 교통 기간시설에 최소한의 비용으로 접근할 수 있게 한다. 향후 10년 안에 중국이 저렴하면서도 상대적으로 숙련된 북한 노동력을 본격적으로 이용하기 시작할 가능성도 있다. 말할 것도 없이 통일된 한반도에서는 노동력이 저렴하게 유지되지 않을 것이며, 중국의 기업들이 채굴권을 얻기도 매우 어려워질 것이다.

통일한국에 대해 중국이 품고 있는 마지막, 그러나 결코 무게가 가볍지 않은 염려는 바로 중국 내 조선족에게 미칠 영향이다. 이따금 서울에서 반\#공식적으로 언급되는 영유권 문제도 이러한 불안을 부추기고 있다.[20] 몇몇 정치인들을 비롯한 상당수의 남한 사람들은 공개적으로 간도협약에 대하여 의구심을 드러낸 바 있다. 간도협약은 1909년 당시 일제 치하에 있던 조선과 청나라 사이에 맺어진 것으로 오늘날의 북-중 국경을 규정하고 있다. 일부 남한 사람들은 현재 수백 만 중국 시민들이 살고 있는 중국 동북부의 간도 지방이 마땅히 한국 영토에 속해야 한다고 주장한다. 2004년에는 십수 명의 남한 국회의원들이 간도 영유권 문제를 전담하는 그룹을 만들었고,[21] 더 급진적인 민족주의 단체들은 나아가 만주와 연해주의 영유권까지 주장하고 있다.[22]

북한에 대한 중국의 세번째 전략 목표는 비핵화이다. 사실 중국에게 북핵 문제는 미국이 북핵 문제에 느끼는 것에 비해 덜 중요하다. 그럼에도 불구하고 북핵 문제는 여전히 중요하다. 중국은 1968년의 NPT에 의해 핵보유를 인정받은 다섯 개 나라 중 하나다. 이는 중국을 특별한 소수만이 드나드는 국제 클럽의 회원으로 만들었는데, 때문에 핵무기 보유로 얻은 특권이 희석되는 걸 반기지 않는다. 게다가 북한의 핵 야망은 동아시아에 핵무장 경쟁을 촉발시킬 가능성이 있다. 남한과 일본도 핵무기를 개발하는 상황은 베이징으로서는 반길 수 없는 일이다.

중국이 한반도에서 성취하고자 하는 목표에 대해 이야기할 때 경제적 고려가 종종 논의된다. 실제로 중국은 북한의 대외 무역을 거의 완전히 장악하고 있다. 1995년 당시 두 나라의 교역량은 5억5000만 달러였다. 2000년에는 4억9000만 달러로 약간 감소했다. 그리고 이때부터 양국간 교역량이 증대되기 시작했다. 2005년에는 16억 달러로 세 배 이상으로 늘었다. 그리고 이후 5년 동안에 또다시 세 배로 늘어 2010년에는 34억 달러, 2011년에는 56억 달러 규모가 되었다.[23]

현재로서는 이러한 교역 증대가 어느 정도까지 베이징의 전략적 고려에 의한 것인지, 그리고 어느 정도가 중국의 멈출 수 없는 성장과 천연자원에 대한 욕구로 '자연스럽게' 일어난 것인지 알기 어렵다. 중국의 전략적인 고려와 중국 기업들의 순전히 경제적인 이해관계가 이러한 성장세에 고루 영향을 미친 것으로 보인다. 그러나 교역량의 놀라운 증가에도 불구하고 중국에게 순전히 경제적인 의미에서 북한의 중요성은 매우 부차적인 것에 지나지 않는다. 56억 달러의 북-중 교역량은 2460억 달러에 달하는 한-중 교역량에 견주면 하찮은 수준(44배의 차이이다!)이다. 중국의 '북한경제 장악'이라는 거창한 말들이 이런 사실을 가려서는 안 된다.[24] 보다 글로벌한 관점에서 보자면, 중국과 칠레의 교역량(2011년경 290억 달러)은 북한의 5배 정도 된다. 칠레 인구가 북한보다 더 적고 정치적으로나 지정학적으로나 중국과 별 연관이 없는데도 말이다.

　북한에 대한 중국의 경제적 이해관계는 세 종류로 나눌 수 있다. 첫째로 중국 기업들은 북한의 천연자원에 관심이 있다. 북한의 석탄·철광석·구리 매장량은 세계적으로 손꼽힐 수준은 아니지만 자원에 굶주린 중국에게는 상당한 가치를 지니고 있다. 그리하여 지난 10년 동안 중국 기업들은 채굴권 문제에서 몇몇 양보를 얻어냈다.

　둘째로 중국은 북한의 운송 인프라를 사용하는 데 관심이 있다. 중국의 동북3성은 면적도 큰데다 사방이 육지라 이 지역의 업체가 상품을 해외로 보내려면 1000$km$ 정도 떨어진 단둥이나 다롄(이곳이 가장 가까운 항구다)으로 가야 한다. 만약 중국이 동해에 있는 항구의 사용권을 얻는다면 해외 수출에 필요한 육로가 크게 단축되며 운송 비용도 덜 수 있다. 2011년 6월 나선 경제특구를 되살리고자 한 결정이 바로 이러한 중국의 목표와 관련 있는 것으로 보인다.

　셋째로 중국의 중소기업들은 중국의 비숙련·반숙련 노동자들보다

임금이 많이 낮은 북한에 아웃소싱을 하는 데 점차 관심을 갖고 있다. 북한에서 지방 여성들은 중국인이 운영하는 공장에서 한 달에 20~25달러를 받으면서도 일할 용의가 있다. 중국에서는 같은 일에 대해 100달러 정도를 주어야 할 것이다.[25]

평양은 중국에 대한 경제적 의존이 심해지는 것을 우려한다. 북한의 정치가들은 주변 후원국들 간의 경쟁관계를 자신들의 이득이 되게끔 즐겨 이용했기 때문이다. 지난 수십 년간 북한은 하나의 후원국에 전적으로 의존하게 되는 상황을 잘 피해왔었다. 그러므로 북한 내부의 선전물에서 중국이 그리 호의적인 대접을 받지 않는다는 사실에 놀랄 필요는 없다.(이는 1980년대에 소련이 북한의 주요한 후원자였을 때도 마찬가지였다.) 북한의 보안원들은 믿을 만한 외국의 방문객들에게 중국인들에 대한 혐오를 드러내기도 한다. 북한 대중과 관료들은 상관으로부터 중국인들에게 너무 마음을 놓으면 안 된다는 말을 듣는다. 2007년 북한 국영 언론은 국가명이 알려지지 않은 외국 스파이들이 공안 당국에 적발됐다고 보도했다. 자세한 내용은 알려지지 않았지만 당시 여러 정황은 이 진짜인지 가짜인지 알 수 없는 스파이들이 중국을 위해 일하고 있었음을 드러내고 있었다.

북한 엘리트들이 조심해야 할 이유는 또 있다. 중국은 한반도의 분단 상황을 선호하기 때문에 평양 정권에 호의를 보이기는 하나 그렇다 하여 김씨 가문이 계속 권좌에 있도록 도와야 할 의리는 없다. 게다가 중국은 정말로 필요할 경우 북한 내정에 개입할 가능성이 있는 유일한 강대국이다. 북한의 지도부는 1956년 8월 종파사건과 유사한, 중국이 배후에 있는 음모의 가능성을 진지하게 우려하는 것으로 보인다. 현재로선 중국은 평양의 내부 정치에 직접적으로 개입할 생각이 없다. 모든 걸 고려해볼 때, 현상을 유지하는 것이 중국의 이익에 충분히 도움이 되기 때문에 굳이 상황을 위태롭게 만들 필요가 없는 것이다. 물론 언젠가는 상황이 완전히 변할 수 있다. 뒤에서 언급하겠지만 북한 엘리트가 중국에 대한 태도를 바꾸는 상황이 생길 수도 있다. 그러나 그것은 정말 최후의 수단이 될 것이다. 이를테면 극심한 국내적 위기가 발생할 경우에나 말이다. 어쨌든 당분간 평양은 베이징과 어느 정도 거리를 두는 것을 분명히 선호할 것이다.

평양과 베이징 사이의 큰 비밀이라 할 수도 없는 불신은 전 미 국무부 한국과장 데이빗 스트라우브가 '전략적 파트너십 환상the strategic partnership fantasy'이라고 적절하게 표현한 것에서 잘 나타난다. 이는 북한의 지배층에 널리 퍼져 있는 생각으로, 그들은 평소에 우스꽝스러울 정도로 미국에 대해 호전적인 언사를 남발하다가도 비밀스러운 자리에서는 종종 북한이 미국의 동맹이 되어 중국을 억제하는 걸 도울 수도 있다는 이야기를 한다. 물론 두둑한 보상이 있어야 함은 두말할 것도 없다. 한 북한 관계자로부터 처음 그런 이야기를 들었을 때 필자는 적잖이 충격을 받았지만 얼마 지나지 않아 그들이 그런 희망을 영향력 있는 서방 외교관이나 전직 외교관(데이빗 스트라우브가 그 중 하나다)에게 주기적으로 표현한다는 것을 알았다. 물론 이런 극적인 방향 전환이 일어날 리 없다. 그러나 이런 비현실적인 기대는 평양의 지배층이 중국에 취하는 태도에 상당한 영향을 미친다.

특히 최근 몇 년 사이 미국의 많은 전문가들은 중국이 평양에 영향력을 행사해 북한을 비핵화시킬 수 있을 것이라는 희망을 피력했다. 그러나 중국이 북한에 대해 가지고 있는 영향력은 매우 제한적이라 그러한 희망은 무의미한 것이다. 북한의 모든 주요 파트너들이 큰 실망과 함께 배웠듯, 북한과 상당한 경제적 관계를 맺고 원조를 제공한다 하더라도 북한이 그에 상응하는 정치적 영향력을 허락하는 것은 아니다.

이론적으로야 중국은 원조를 중단하고 국경에서의 교역을 심각하게 제약함으로써 북한의 경제 상황을 매우 어렵게 만들 수 있다. 원하기만 한다면 북한을 1990년대 말 고난의 행군 때를 능가하는 경제적 재앙으로 몰아넣을 수도 있다. 그러나 중국은 북한의 정치를 미세한 부분까지 조정한다거나 북한 지도부가 생존에 필수적이라고 여기는 문제에 대해 양보를 하게끔 만들 수는 없다. 남한의 한 고참 외교관은 필자에게 이렇게 말한 적이 있다. "중국은 북한에 대해 레버리지를 갖고 있지 않다. 중국이 가지고 있는 건 망치에 가깝다. 원한다면 북한을 정신을 잃게 만들 수는 있겠지만 북한의 행동을 통제하지는 못한다."

워싱턴과 서울의 몇몇 낙관론자들의 기대와는 달리, 중국은 이 '망치'를 사용할 이유가 없다. 베이징에게 북한의 위험한 행동과 핵개발로 인한 문제는 북한 내부의 심각한 위기나 중국과 국경을 맞대는 통일한국의 등장으로 발생하는 문제보다 덜 심각한 것이다. 중국은 현상유지를 선호한다. 현상을 유지하는 데도 많은 단점이 있기는 하지만 전반적으로 볼 때 다른 대안들보다 나아 보이기 때문이다.

보론

The Real North Korea

향후 20년,
북한에서는
무슨 일이 일어날 것인가

솔직해지자. 미래를 예견하는 것은 인간 능력 밖의 일이다. 역사에는 자신 있게 예언을 남겼지만 완전히 틀린 것으로 입증된 예언가들의 목록이 빼곡히 들어차 있다.(그리고 지금도 계속 늘어나고 있다.) 모두가 예상하고 있던 사건들 중 많은 것들이 결코 일어나지 않았고, 여러 가지 중요한 변화들이 완전히 갑작스레 일어났다.

그럼에도 불구하고 필자는 북한의 미래(혹은 미래들)가 어떻게 될 것인지 추측해 보고자 한다. 물론 독자는 이러한 논의가 근본적으로 추측에 근거하고 있음을 잊어서는 안 된다. 따라서 필자는 '그럴듯한', '아마도' '어쩌면'이나 '~수도 있다' '~로 여겨진다' 등의 표현을 많이 사용할 것이다.

북한의 장래는 세 단계로 구성될 것으로 보인다. 첫번째 단계는 현재의 안정 단계이다. 이는 '김정일의 안정'이라고 일컬어질 수 있겠으나 김정은 시대에도 어느 정도 계속될 것으로 보인다. 그러나 북한의 현재 체제는 지속이 불가능하며 개혁 또한 불가능하다. 따라서 '김정일의 안정'은 드라마틱한 위기로 끝날 것이다.

이러한 위기를 촉발시킬 요인은 여러 가지가 있다. 위기가 전개될 방법 또한 여러 가지이다. 그러나 북한은 분명 계속 불안상태를 유지하지는 않을 것이다. 북한의 위기가 혼란스럽고 위험하며 격렬할 수는 있어도, 그 기간은 상대적으로 짧다고 예상할 만한 충분한 근거가 있다. 상대적으로 안정적인 새로운 정치적·경제적 체제가 곧 등장하게 될 것이다.

## 북한이 당분간은 (그러나 영원히는 아니게) 지속하게 되는 이유

북한에 대한 신문 기사를 읽으면, 지도자들은 의미 없어 보이는 무력시위를 일삼고, 그 주민들은 언제나 살인적인 기근에 대한 두려움 속에 사는 미친 독재국가라 여기게 될 수밖에 없다. 그러나 이는 사실과 다르다. 북한에서 무력시위는 사실 세심하게 조율된 외교행위의 일부분이며 내부의 경제적·정치적 상황은 대부분의 신문 기사들이 전하는 것만큼 암울하고 불안하지는 않다.(물론 충분히 암울하기는 하지만.)

때때로 언론들은 북한이 곧 맞닥뜨릴 대규모 기아(이것이 정권 붕괴를 초래할 것이라는 암묵적이면서 근거 없는 가정과 함께)에 대한 예상을 쏟아낸다. 이러한 보도들은 매년, 특히 봄에 등장한다. 2011년 3월 『뉴욕타임스』는 「북한: 600만이 굶주리고 있다」는 기사를 냈다. 그 1년 전인 2010년 3월에는 런던의 『더 타임스』가 "북한의 파국; 중국은 평양이 식량 원조를 기아의 위협에 시달리는 수백만 주민에게 돌리도록 압박해야 한다"고 경고했다. 2009년 3월에는 『워싱턴 포스트』가 「북한 문제의 중심에는 난치성 기아 위기가 있다」는 제목의 기사를 냈다. 2008년 3월, 『인터내셔널 헤럴드 트리뷴』은 「북한의 식량난 임박」[1]이라는 내용이 빤히 보이는 제목의 기사를 냈다. 암울한 상황에 대한 예측은 매년 등장하지만 실제 기근은 나타나지 않았다. 물론 지난 몇 년간 어쩌면 또 다른 기근이 발생할지 모를 정도까지 식량 사정이 악화된 시기들이 있었다. 그럼에도 불구하고 전반적으로 볼 때, 지난 5~10년 동안 북한의 경제 상황이 대단한 정도는 아니지만 분명 개선되어 왔다는 걸 부정할 수 없다.

완전히 신뢰할 순 없지만 경제지표는 2005년경 북한의 GDP가 위기 발생 전인 1980년대의 수준을 얼추 회복했다고 보여주고 있다. 북한 경제에 대한 가장 믿을 만한 평가를 제공한다고 인정되는 한국은행의 추정에 따르면, 2000~2011년의 북한 GDP는 평균적으로 매년 1.4% 성장했다.[2] 비록 대단치는 않지만 어쨌든 성장은 성장이다. 물론 이 수치의 정확성에 대해서는 회의적인 태도를 견지해야 한다. 북한 경제에 대한 세계 최고의 전문가 중 하나인 마커스 놀런드(Marcus Noland)는 "북한 경제에 대해 소수점이 찍혀 나오는 자료를 절대 믿으면 안 된다"고 즐겨 말한다. 그렇지만 사람들의 증언이나 관측들은 이 조금 낙관적인 추정을 뒷받침해준다.

영양실조는 여전하지만(수십 년 동안 그랬다) 2000년 이후 북한에서 굶어죽는 사람은 거의 없다. '밑에서부터의 자본주의'는 사회의 계층화를 가져왔지만, 새로운 중산층은 이제 김일성 시절에는 들어보지 못한 물건들을 구입할 여력을 가졌다. DVD 플레이어는 흔하다. 냉장고는 아직 드물기는 하나 예외적일 정도는 아니다. 그리고 가정집의 컴퓨터도 이제는 엄청난 부의 상징이 아니다.

이러한 발전은 특히 평양에서 돋보인다. 교통량이 엄청난 것은 아니지만 이제는 차들을 흔히 볼 수 있다. 도로가 넓지 않은 오래된 거리에서는 교통체증도 발생한다. 과거에는 상상할 수 없던 일이다. 방문객들과 부유한 평양 시민들은 최근 평양에 많이 생겨난 고급 레스토랑에서 다양한 미식을 즐길 수도 있다. 싸구려 중국제 샴푸가 부유함의 상징으로 여겨지던 시절은 지났고, 이제는 평양의 부띠끄에서 샤넬을 손쉽게 살 수 있는 시대이다.

경제 상황이 천천히 개선되는 것이 북한 정권에게 실제로는 위험할 수도 있다. 급진적인 개혁을 하지 않아도 북한이 어느 정도 성장할 수는 있겠지만 중국이나 남한과 비교할 만한 성장률을 달성할 수는 없을 것이다. 그러므로 정치적 문제를 촉발시킬 가능성이 가장 높은 소득 격차는 점차 더 크게 벌어질 것이다. 동시에 매일매일 먹고 사는 걱정을 덜게 된다는 것은 북한 시민들이 보다 많은 시간을 생각하고 대화하고 서로 어울릴 수 있게 됨을 의미한다. 이는 북한 정권에게 좋은 소식은 아니다. 일반적인 인식과는 달리 사람들이 정말 절망적일 때 혁명을 시작하게 되는 경우는 별로 없다. 육체적인 생존을 위해 투쟁하느라 너무 바쁘기 때문이다. 약간이지만 불충분한 생활상의 개선이야말로 권위주의 정권이 가장 두려워해야 하는 것이다.

앞서 살펴본 것처럼 북한 정부에게 가장 이성적인 생존 전략은 개혁을 회피하고, 내부의 반항에 무자비한 정책을 계속하며, 자본주의 제도의 자발적인 성장을 최대한 억제하고 가능하다면 과거로 되돌아가는 것이다. 김정일은 이를 충분히 이해하고 있던 것으로 보이지만, 그의 뒤를 이은 젊은 후계자가 이 요건들이 얼마나 중요한지 온전히 알게 될 것인지는 두고 볼 일이다. 북한 정권의 현 상태를 유지하려는 노력은 10~20년간은 성공적일 가능성이 꽤 높다. 그러나 이러한 정치적 성공은 치명적인 대가를 치러야 한다. 경제적 침체가 지속될 것이기 때문이다. 북한의 중심부가 더 오래 유지되는 만큼 주변국, 무엇보다도 남한과의 격차는 더욱 커질 것이며 차후 폭발이 일어날 가능성 또한 커진다.

또한 정부가 아무리 노력한다고 해도 북한을 김일성이 다스리던 1960년대와 1970년대 같은 상황으로 돌려놓을 수는 없을 것으로 보인다. 당시에는 북한의 '민족주의적 스탈린주의'가 성립 가능했다. 당시 많은 북한 주민들이 이를 받아들일 용의가 있었으며, 심지어 체제를 지지하기도 했기 때문이다. 산업 경제의 필요를 위해 동원할 수 있는 미개발 자원들도 풍부했다. 국제 정세 또한 반세기 전에는 많이 달랐다. 1950년대에 북한은 아시아 대륙에서 가장 발달된 경제를 구가하고 있었으며 가난한 독재국가들로 둘러싸여 있었다. 디지털 시대의 도래 이전에는 주민들을 격리시키고 정보를 차단하는 것도 어려운 일이 아니었다.

그러나 상황은 변했다. 스탈린주의의 약속에 대한 열광은 오래전에 증발해버렸다. 북한은 경제적인 능력이나 개인의 자유 모든 면에서 희망을 볼 수 없을 정도로 뒤떨어져 있다.(평범한 북한 주민이 보기에는 중국만 해도 진정한 민주국가로 보인다.) DVD플레이어, (비디오/카세트)테이프, 트랜지스터 라디오, 그리고 점차 늘어나는 컴퓨터 등의 새로운 매체 덕택에 북한 내부에도 정보가 유입되고 있다. 북한 주민들은 서서히 정부에 대한 두려움을 잊고 있으며 점차로 사적인 자리에서 위험한 정치적 주제를 입에 올리고 있다. 이는 북한 정권의 장기적인 미래를 어둡게 만든다. 북한 최후의 위기는, 지연시킬 수는 있겠지만 어떠한 수로든 막을 수는 없다.

현재 진행중인 세대교체는 북한 정권에 특별히 더 위험할지도 모른다. 35세 미만의 북한 주민들은 그 이전 세대와 매우 다르다. 이들은 강도 높은 이념 주입을 받은 적이 없으며, 신문이 완전한 진실을 말하지 않는다는 걸 모두가 알고 있는 세상에서 살았다. 이들은 국가가 모든 것을 제공해주던 시절을 기억하지 못한다. 이들 중 상당수가 보기에 국가와 그 관료들은 기생충 집단에 지나지 않는다. 이들은 바깥의 나라들이 잘살고 있다는 것을 알며, 대부분은 북한이 남한에 비해 가망이 없을 정도로 뒤떨어져 있음을 알고 있다. 그들은 국가 차원의 폭력이 줄어든 완만한 시대에서 자랐으며, 그래서 위험한 주제에 대해 말하기를 그리 두려워하지 않는다. 이 새로운 세대는 김씨 가문에게 심각한 문제를 안겨줄 수 있지만 이 문제가 극심해지기까지는 10~20년 정도가 걸릴 것이다.

## 다가오는 위기의 윤곽

'김정일의 안정' 시대를 끝내고 드라마틱한 위기를 촉발시킬 시나리오는 현재까지 네 가지 정도다. 개혁 시도와 지도부 내 파벌 충돌, 자발적 봉기, 그리고 중국에서의 반란이 전염되는 경우이다.

첫번째 시나리오는 중국이나 베트남과 유사한 개혁의 시도이다. 이러한 언급은 필자가 앞서 말한 바와 모순되는 것으로 비칠지 모른다. 필자는 북한의 지도부가 중국 스타일의 개혁이 갖고 있는 본질적인 위험을 이해하고 있으며 그런 위험을 감당하지 않을 것이라고 주장했다. 그러나 이는 김정일 시대의 북한 지도부라는 맥락에서 말한 것이다. 현재 북한 지도부는 변화하고 있다. 김정은이 대부분의 조언자들을 자기 아버지로부터 물려받은 것은 사실이나 이들은 대부분 70~80대이며 곧 교체될 것이다. 이미 김일성 동료들의 손자뻘인 북한의 젊은 귀족들이 고위직으로 도약하기 시작했다는 보도가 있었다. 김정은의 조언자와 친구들 대부분이 그의 아버지를 돕던 이들의 자식이거나 가까운 친척이라 하여, 이들이 중요한 사안에서 아버지 세대와 크게 다른 의견을 갖지 못한다는 건 아니다. 김정은 자신을 포함하여 이들은 중국의 개혁이 가져온 화려함에 매료되었을 수 있다. 이들은 그 당 관료들이 한 것처럼 자신들을 배불리고 권력을 증대시키면서 그 성공을 흉내내고 싶어 할 수 있다. 이들은 북한의 민초들이 처한 곤경에 미안함을 느낄 수도 있다. 귀족정의 역사는 잔혹한 약탈 귀족들과 가학적인 군주들의 후예들이 때로는 지나치게 많은 동정심을 갖는다는 걸 보여준 바 있다.

그래서 이들은 아버지들이 받아들일 수 없다고 여긴 위험을 감수하려 들 수도 있다. '평양의 봄'은 새로운 지도자들에 의해, 욕심과 이상주의 그리고 순진함에 의해 시작될 수 있다. 외신들은 그러한 '평양의 봄'에 크게 열광하면서 장밋빛 희망을 그릴 것이다. CNN 기자들이 김일성 광장 옆에 맥도날드 매장이 생긴 일에 열광하는 기사를 쓰는 모습이나, 김일성 또한 몇몇 실수를 저질렀으며 위대한 수령의 정책도 85% 정도만 옳았다는 평가를 내려야 한다고 강의하는 대담한 북한 학자와의 인터뷰를 내보내는 모습을 쉽게 상상할 수 있다. 이러한 변화들을 외신들은 상당한 열의를 갖고 반기면서, 이러한 모습들이 북한 문제가 스스로 해결되고 있다는 증거라고 보도할 것이다. 그러나 이런 엉터리 보도와 장밋빛 기대에 혹해서는 안 된다. 개혁하는 북한은 결코 김일성과 김정일 시대의 억압적이고 침체된 북한보다 안정적이지 못할 것이다.

미래의 개혁 정부가 정권을 오랫동안 유지시킬 수 있는 공포와 회유, 그리고 물질적 인센티브의 적절한 균형을 찾아내는 게 완전히 불가능한 것은 아니다. 개혁가들이 중국을 설득하여 개혁의 실험 전체를 지원하도록 만들 수도 있을 것이다. 물론 중국 자금의 대규모 유입을 얻어내려면 중대한 정치적 양보나 주권을 일부 포기해야 할 필요가 있을 것이다. 그렇지 않다면 중국으로선 너무 위험한 투자라고 여길 것이기 때문이다. 그리고 시장의 상인들에게 보다 긍정적으로 접근하는 것도 도움이 될 것이다. 사람들은 암시장의 상인과 당 기관원들이 기초적인 이해관계를 공유하고 있다는 걸 간과하곤 한다. 이 두 집단은 북한이 당분간 분단된 국가로 유지되기를 바라는 거의 유일한 집단이다. 만일 북한이 자본주의 국가로 전환하게 된다면 몇 개의 식량 창고를 가진 사람은 슈퍼마켓 체인점의 CEO가 될 수도 있다. 그러나 이는 어디까지나 그의 기업이 남한의 거대 소매업체들로부터 보호받을 수 있을 때의 이야기이다. 그런 조건을 위한 최고의 방법은 물론 한반도를 최대한 분단된 상태로 유지하는 것이다.

이러한 '개발독재'가 북한에 등장하게 된다면 필자는 이를 진심으로 환영할 것이다. 많은 사람들이 필자를 냉소적이고 비정하다며 비난할 것임을 잘 안다. 어떠한 체제도 완벽하지 않으며 개발독재든 아니든 독재는 끔찍할 수밖에 없다. 그럼에도 불구하고 평범한 북한 주민들의 삶은 크게 개선될 것이며, 그러한 정권은 국제사회에서도 말썽을 덜 일으킬 것이다. 어떤 의미에서는, 매우 큰 충격을 남길 전면적인 민주주의로의 급전환보다 더 선호할 만한 것일 수도 있다.(이에 대해서는 나중에 보게 될 것이다.) 그러나 그런 개혁주의적인 권위주의 정권을 유지하는 것은 영원한 외줄타기와 같을 것이다. 이미 말했던 것처럼 부유하며 자유롭고 매우 매력적인 남한의 존재 때문이다. 그래서 필자는 미래의 북한 개혁가(김정은이든 다른 누구이든)는 덩샤오핑보다는 미하일 고르바초프의 운명을 맞이할 가능성이 더 높다고 생각한다.

처음에 북한의 개혁가들은 북한 대중과 남한 사람들, 그리고 서방의 언론으로부터 존경과 찬탄을 받겠지만, 곧 더 급진적인 변화와 (결국에는 이루어질) 굉장히 부유한 남한과의 통일에 장애물로 여겨질 것이다. 이러한 점증하는 압력은 불행한 개혁가들에 대한 대중의 불만 폭발은 물론이고 정권의 붕괴까지 초래할 수 있다. 1991년의 소련의 경우와 다른 점이라면, 북한의 경우는 그 결말이 폭력적이 될 위험이 더 높다는 데 있다. 순진한 개혁가들은 자신들이 살아남을 수 있을 만큼 운이 좋기를 바라야 할 뿐이다.

최후의 위기를 촉발시킬 다른 가능성은 최고 지도부 내에서 심각한 정파 갈등이 발발하는 것이다. 이것이 두번째 시나리오이다. 이러한 정파 갈등은 유력한 관료들이 숙청당하는 형식으로 일어나거나 쿠데타의 시도(성공이나 실패냐는 별로 중요치 않다)로 이어질 수 있다. 이 책을 쓰는 시점에서 그러한 정파간 충돌의 가능성은 높지 않아 보인다. 물론 외신들은 평양 내부의 정파 갈등에 대해 쓰는 걸 무척이나 좋아하지만 이런 이야기들은 소문에 근거한 것들이다.

그러나 상식적으로 정파는 존재할 것이다. 북한의 지도부는 단합을 유지하고 대오를 흩뜨리면 안 된다는 걸 잘 이해하고 있기는 하지만 어떤 것도 영원할 수는 없다. 차세대 지도부는 공개적으로 갈등을 일으키는 것이 얼마나 위험한지 이해하지 못할 수 있다. 또는 정파 갈등에서 밀려난 측이 싸움을 계속하고 갈등을 공개적으로 만든다든지, 심지어는 폭력적으로 확산시킬 수도 있다. 한 장성이 바로 내일이라도 사형을 당할 수 있다고 생각한다면 그는 정권의 장기적 안정성에 대해서는 그리 신경을 쓰지 않을 것이다. 이러한 시나리오가 다른 식으로 발전할 경우 외국의 세력이 야망을 가진 사람들을 선동하여(물론 중국 외에는 누구도 그런 모략을 부릴 위치에 있지 않다) 비이성적으로 보이는 구세력에 도전하게끔 만들 수 있다. 원인이 무엇이든 간에, 그런 공개적인 충돌은 북한 정권의 안정을 위협할 것이다. 지도부의 분열은 엘리트가 현재의 상황을 통제할 능력이 없다는 징표로 받아들여질 것이다. 이 경우 평소 유순했던 많은 사람들조차도 불만을 드러내기 시작할 것이고, 예상할 수 있듯이 정권의 미래를 험난하게 만들 것이다.

가능한 세번째 시나리오는 대중의 불만이 자발적으로 터져 나오는 것이다. 우리가 2011년 아랍 세계에서 목도한 것과 비슷한, 한 지역의 폭동이 순식간에 전국적인 혁명운동으로 번지는 경우를 상정할 수 있다. 튀니지 시골 마을에서 생활고에 시달리던 과일 행상이 항의의 표시로 사람들 앞에서 분신하자 폭동이 일어났고 눈 깜짝할 새에 아랍의 몇몇 독재국가들을 무너뜨렸다. 1980년대 후반 동구권에서 가장 억압적인 공산주의 체제였던 루마니아 차우셰스쿠 정권은 티미쇼아라 Timisoara라는 작은 마을의 유명한 사제를 비밀경찰이 체포하려고 했다가 무너졌다.

오늘날 북한 주민들은 2011년의 튀니지나 1989년의 루마니아 사람들처럼 행동하기에는 너무 겁먹고 고립된 채로, 서로를 불신하고 있다.

그럼에도 불구하고 통제는 조금씩 약해지고 있고 공포는 줄어들고 있으며 가능한 대안들에 대한 지식이 퍼지고 있다. 장기적으로 본다면(우리는 지금 장기적인 관점에 대해 말하고 있다. 아마도 2020년대쯤) 북한에서도 '아랍의 봄'과 유사한 전개가 벌어지는 것도 불가능한 일이 아니다.

네번째 시나리오는 중국의 불안상태가 전염되는 것이다. 시민 불복종이나 폭동이 북한에 일정한 영향을 미칠 나라는 중국이 유일하다. 현재 중국의 '개발독재'는 안정적으로 보인다. 그러나 만일 중국 정권에 대해 대규모의 도전이 발생한다면 이는 북한에도 큰 영향을 미칠 것이다.

물론 위에서 언급한 시나리오들은 복합적으로 발생할 수도 있다. 그리고 필자는 이 짤막한 스케치에 모든 가능성을 담았다고 생각지 않는다. 게다가 현 단계에서 주변국들은 북한의 위험 변수에서 멀찍이 떨어져 있고자 하지만 그런 상황이 발생하면 불가피하게 얽힐 수도 있다. 그렇지만 이것 하나만큼은 분명하다. 북한의 대내외적 독특함 때문에, 북한 정권의 단계적이고 관리 가능한 변화나 영속적인 생존은 가능하지 않을 것이다. 머지않아 북한은 위기에 빠져들 것이며, 십중팔구 그것은 갑작스럽고 격렬할 것이다.

위에서 언급한 시나리오들과 관련되어 적어도 두 가지의 나쁜 소식이 있다.

첫째로 외부에서 관찰하는 우리 같은 사람에게는 안타까운 일이지만, 위에서 언급한 시나리오들은 경고 시간이 짧거나 아예 없을 것임을 암시하고 있다. 다시 말해 북한은 월요일 아침에는 완벽하게 안정되어 보이다가 금요일 오후에 혼돈의 도가니가 될 수 있다는 것이다. 유일한 예외는 개혁개방 시나리오이다. 관대한 개혁 시도가 엉망으로 변하기까지는 수년이 걸릴 것이다.

두번째 나쁜 소식은 북한의 붕괴는 상당히 폭력적이리라는 것이다. 북한의 혁명이 '벨벳 혁명'(체코의 공산주의 독재정권을 무너뜨린 무혈 혁명. 흔히 평화적인 혁명을 가리킨다—옮긴이)과 같으리라고 기대할 만한 근거는 거의 없다. 주요한 요인은 지배 엘리트와 주민 대다수의 이해관계 차이다. 위기가 발생하게 되면 평범한 북한 주민 대다수는 풍요롭고 자유로운 남한과의 통일을 기대하고 요구할 것이다. 이는 민주주의적이고 민족주의적인 이상이 아니라(물론 둘 다 존재하기는 하겠지만) 물질적인 고려에 따른 바람일 것이다. 남한과 북한의 생활수준 차이는 적어도 미국과 베트남의 생활수준 차이와 비슷하며, 어쩌면 그보다 더 심할 수도 있다. 남한의 반짝이는 풍요는 저항할 수 없는 매력을 풍길 것이다. 평범한 북한 주민들은 통일이 되면 곧바로 남녘의 동포들과 동등한 수준의 생활을 향유할 수 있으리라고 (잘못) 기대할 것이다.

그러나 북한의 엘리트는 통일에 대해 전혀 다른 의견을 가질 것이다. 이미 앞서 언급했던 것처럼 이들은 정권이 붕괴할 경우 특권을 유지할 수 없으리라는 걸 알고 있다. 또한 통일이 되면 남녘의 승리자들에게 핍박당하거나 어쩌면 자신들이 다스리던 주민들에게 변을 당할 수도 있음을 두려워한다. 이러한 공포는 과장된 것일지언정 결코 근거 없는 것은 아니다. 그래서 이들은 자신과 가족의 생명을 위해 싸움을 택할 것이다. 엘리트는 소수다. 공안경찰, 군의 정예부대, 당의 고위직·중간직 간부들과 그 가족들을 다 합쳐도 그 총수는 100만~200만 명 정도로 전체 인구의 5~7%에 그칠 것이다. 그러나 이들은 무기를 어떻게 다루는지를 알며 조직적인 인프라를 보유하고 있고, 평범한 주민들에 비해 정보에도 밝으며 사회적인 능력도 더 갖추고 있다. 이들이 이미 게릴라전을 위해 어느 정도 대비를 해두었다고 짐작할 만한 충분한 이유가 있다. 즉각 사용할 수 있는 상당한 수량의 무기를 확보했을 수 있고 또한 그 무기들을 능숙하게 사용할 수 있을 것이다.

북한 엘리트들은 본능적으로 혼란을 진압하고, 주모자를 살육하고, 김씨 가문 정권이 정의하는 '법과 질서'를 회복하기 위해 시도할 것이다. 만일 이에 실패하면 그들은 중국의 도움을 요청할 것이다.

## 안정은 회복된다 — 그러나 어떻게?

그렇지만 좋은 소식도 있다. 장기적으로 북한에 불안정 사태가 발생할 가능성은 높지만 그리 오래 지속되지는 않을 것이다. 잠시 동안 북한은 어쩌면 소말리아처럼 몇몇 경쟁 파벌들이 경제적 또는 전략적으로 가치가 있는 얼마 되지도 않는 목표물을 두고 격렬한 전투를 벌일 수 있다. 그러나 그것이 북한의 운명이라 할지라도, 오래 가진 않을 것이다.

북한은 소말리아가 아니다. 북한은 매우 발전한 지역의 한가운데에 자리해 있으며, 작은 면적에 비해 해안선이 길어 무력 투입이 훨씬 쉽다. 어느 강대국도 무시할 수 없는 상당한 핵 전력과 대규모 대량살상무기를 보유하고 있는 북한의 대위기는, 국제 공동체와 주변국에도 현존하는 위험으로 여겨질 것이다. 그러므로 모종의 국제적 또는 단독 평화유지작전이 곧 개시될 가능성이 높다. 가능한 '중재자'들 중 누구도 그러한 상황을 반기지는 않겠지만.

현재 상황에서는 세 가지 평화유지작전 시나리오가 존재한다. 첫째는 그러한 작전이 남한에 의해 단독으로 시행되는 경우이다.(아마도 미국도 어느 정도 연루될 것이다.) 둘째로 중국이 단독으로 조치를 취하는 것도 가능하다. 마지막으로 (아마도 유엔의 중재에 의한) 국제적인 합동 작전도 상정해볼 수 있다.

남한 단독 작전의 가능성을 가장 먼저 고려해볼 수 있을 것이다. 한반도 바깥의 사람들은 잘 모르고 있으나, 남한의 공식 입장에서는 북한이라는 국가가 존재한 적이 없다. 대한민국 헌법 3조는 "대한민국의 영토는 한반도와 그 부속도서로 한다"고 규정하고 있다. 따라서 법적으로 한반도의 북쪽은 대한민국의 영토이고, 조선민주주의인민공화국은 남한이 인정한 국가가 아니다. 다만 자의적으로 한반도 북쪽을 점유하고 있을 뿐이다. 공식적으로 남한은 북한을 다른 국가가 아닌 자국 영토 내에 있는 특별한 구역쯤으로 다루고 있다. 북한도 남한을 마찬가지로 다루고 있다. 심지어 남북간의 경제적 교류조차도 공식적으로는 '수입'과 '수출'로 표현되지 않는다. 국가간의 교류가 아니라는 것을 강조하기 위해 특별한 표현(반입과 반출—옮긴이)을 사용하고 있다.

이는 이론적으로는 괜찮아 보이지만 실제로는 꽤 복잡한 문제다. 특히 지난 수십 년간 남한 사회에서 일어난 심원한 변화로 인해 더욱 복잡해졌다. 남한 대중은 여전히 통일을 지지하지만 이 지지는 점차 겉치레가 돼가고 있다. 평양에서 상대적으로 부드럽고 폭력적이지 않은 '벨벳 혁명'이 일어날 경우 남한 대중은 독자적인 평화유지작전을 지지할 것이 거의 틀림없다. 북한 주민들은 대한민국 국기를 흔들면서 남한의 전차들을 환영하며 진달래를 흩뿌릴 것이다.

그러나 그런 장밋빛 미래는 현실화될 가능성이 낮다. 남한의 군대는 김씨 가문에 충성하는 세력들의 저항을 뚫고 평양을 향해 나아가야 할 것이다. 이는 별로 보기 좋은 모습이 아니다. 남한 사회의 분위기를 고려해볼 때, 투입한 병력이 심각한 손실을 입을 경우를 상정해보면 남한 정부가 평양에 병력을 투입할 정치적 의지를 가질 것인지 의심하게 될 수밖에 없다. 필자는 개인적으로 여러 명의 남한 정부 관료들과 군 장교들에게 이러한 정황에서 단독 작전이 가능할 것으로 생각하느냐고 물어보았다. 거의 다 그럴 가능성은 상대적으로 낮다고 생각하고 있었다.

북한에 위기가 발생할 경우 중국이 단독으로 개입할 가능성도 있다. 지금까지 중국의 한반도 정책은 대부분 북한을 적당한 비용으로 현상 유지를 시키는 데 목표를 맞춰왔다. 그러나 북한의 상황이 불안정할 경우 중국은 더 많은 자원을, 어쩌면 군사력을 투입해서라도 북한을 위기에서 구해낼 것인지 결정해야 할 것이다. 앞서 논의한 것처럼 만일 위기가 발생하게 되면 현재 북한 엘리트의 상당수는 중국의 편에 서서 중국 정부에게 도움을 요청할 것이다. 그들은 남한 주도의 통일보다는 중국이 통제하는 위성 정권을 훨씬 선호할 것이다.

중국이 이 요구를 수용할 것인가? 현재로서는 말하기 어렵다. 그럴 경우 단기적으로는 베이징에게 이익이 될 수 있겠지만 장기적으로는 복잡한 문제를 가져올 것이기 때문이다. 중국의 개입은 북한의 법질서를 회복시킬 것이고, 그리하여 난민 위기를 예방하고 통제를 벗어난 핵확산을 크게 막을 수 있을 것이다. 또한 북한을 전략적으로 유용한 완충지대로 계속 지속시킬 수 있을 것이고, 중국의 기업들은 북한의 자원에 대한 특권적 접근권을 유지할 수 있을 것이다.

그러나 중국의 이러한 지정학적 이득에는 커다란 대가가 붙는다. 중국의 분석가들은 필자와의 개인적인 자리에서 발생 가능한 문제의 근원에 대해 분명하게 표현한 바 있다. 먼저 북한이 중국에게 점령되고 베이징의 통제를 받는 정권이 들어서면 남한에는 엄청난 반중反中 감정이 솟구칠 것이다. 남한 대중이 아무리 통일에 대한 열의가 부족하더라도 중국의 개입에는 크게 분노할 것이다. 중국은 즉시 한국 민족주의 정서의 주요 타깃이 될 것이며, 한미동맹은 극적으로 강화될 것이다.

북한 내부에서도 민족주의가 부각될 것이다. 중국의 통제를 받는 위성 정권은 분명 시장지향적인 개혁을 시작할 것이다. 중국의 보조금 (그리고 전차들)의 지원을 받아 위성 정권은 현재 북한 정부라면 감당할 수 없는 정치적 위험을 감수할 수 있을 것이다. 개혁은 북한의 경제적 부흥과 북한 주민 생활수준의 비약적인 향상을 가져올 것이다. 그럼에도 불구하고 이러한 새로운 부와 개인적 자유는 그 정도가 어떠하든 북한 주민 대다수를 정권 지지자로 만들지 못할 것이다.

동유럽의 소련 시절 경험이 이런 의미에서 좋은 길잡이가 될 수 있을 것이다. 1956년, 소련의 전차가 대중 반란을 제압하고 헝가리에 친소 정권을 세웠다. 이 정권은 그 누구의 예상보다도 성공적이었고 헝가리는 당시 유행하던 농담으로 '소비에트의 병영에서 가장 행복한 막사'라는 별명을 얻었다. 소련의 보조금은 헝가리의 소비 붐에 큰 역할을 했지만, 그렇다고 하여 소련과 헝가리의 친소 정권이 헝가리 주민들로부터 인기를 얻은 것은 아니었다. 평범한 헝가리 주민들은 여전히 자신들의 정부를 경멸했으며 헝가리의 잘못된 부분들을 러시아 탓으로 돌렸다. 정도는 덜하지만 비슷한 모습을 동구권의 다른 국가에서도 볼 수 있었다. 북한에 대한 중국의 개입이 이보다 더 인기 있을 이유는 별로 없다. 오히려 보통의 북한 주민들은 자유롭고 풍요로우며 '완전히 같은 민족'인 남한을 선망할 것이기에, 그리고 남북의 격차는 적어도 십수 년간은 크게 벌어져 있을 것이기에 더욱 인기가 없을 것이다.

마지막으로 북한의 내부적 위기에 공개적으로 개입할 경우, '중국의 평화로운 부상'이라는 베이징의 국제적 이미지 구축 노력은 심각한 타격을 받을 것이다. 모든 주변국들이 중국의 개입에 심각한 우려를 표할 것이다. 중국이 드러낸 '제국주의적 야욕'의 다음 희생양이 자기네들이 될 수 있다고 여길 것이기 때문이다. 동시에 이 나라들은 미국과의 관계 개선을 도모하는 등 중국이 자국 내정에 간섭할 여지를 갖지 못하도록 조치를 취할 것이다. 두말할 것도 없이 베이징은 이러한 전개를 반기지 않을 것이다.

이런 심각한 문제들은 베이징으로 하여금 세번째 대안을 선택하게 만들 수 있다. 바로 북한에 대한 국제적 평화유지작전이다. 엄밀히 따지자면 이런 작전은 유엔의 승인을 얻어야 하지만, 굼뜨고 거추장스러운 유엔의 관료조직은 예상치 못한 상황에 신속하게 대응하지 못한다. 그러므로 현실적으로 국제적 평화유지작전은 6자회담의 메커니즘을 통해 이루어질 가능성이 가장 크다. 다시 말해 남한·중국·미국·러시아·일본의 공조로 평화유지작전이 이루어진다는 것이다.(물론 유엔의 결의가 그러한 작전을 가장 정당성 있게 만들어 줄 것이기는 하다.)

모든 당사국들의 우려를 해소하는 데 도움이 될 것이기 때문에 이러한 국제적 평화유지작전은 일단 다들 수용할 것이다. 중국은 난민 유입과 대량살상무기 밀수 위협으로부터 안전할 것이고, 정치적인 피해도 크지 않을 것이다. 중국이 실질적으로 작전을 주도하더라도 유엔의 결의는 '제국주의적 의도'에 대한 비난을 상당 부분 막아 줄 것이다.

남한으로서도 국제적 평화유지작전은 수용할 만한 것이다. 평화유지군의 의무는 분명하게 제한될 것이기 때문에 일정 시간이 지나면 철수할 것이다. 현재 정황을 고려할 때, 북한 주민들은 남한과의 통일(또는 적어도 일정한 형태의 연방)을 매우 적극적으로 지지할 것이 틀림없다. 다시 말해 유엔의 결의로 개시되는 작전은 중국의 군대가 적절한 때에 한반도를 떠날 것임을 보장할 것이다.

미국에게도 국제 작전은 중국의 단독 개입보다 선호할 만한 것이다. 국제 작전은 미국이 동북아에서 가장 필요로 하는 두 가지를 가져올 것이다. 하나는 북한의 비핵화이고, 다른 하나는 서울이 주도하는 한반도 국가의 등장이다.

현재 구도가 무기한 지속되는 것보다는, 북한에 친중국 위성 정권이 들어서는 편이 남한과 미국 양국의 장기적인 전략적 이익과 대다수의 북한 주민들에게도 더 낫다. 그렇지만 미국은 한반도 통일을 여전히 가장 선호할 만한 결과로 여길 것이다. 그러므로 중국이 개입보다 한반도의 통일을 좀 더 나은 것으로 받아들이도록 설득할 방안을 준비해야 한다. 무엇보다도 통일된 한반도가 동북아 대륙에 미군의 영향력을 행사하기 위한 교두보가 되지 않을 것임을 중국에게 확신시켜야 한다. 가령, 대한민국과 미국이 통일 이후에도 미군을 결코 현재의 비무장지대 북쪽에 배치하지 않겠다는 공동성명을 발표한다면 중국의 전략적 우려를 완화시키는 데 도움이 될 것이다.

미국은 아마도 그 정도 양보는 수용할 것이다. 모든 걸 고려해볼 때, 미국은 대한민국이 주도하는 통일로 얻을 것이 많다. 다른 무엇보다도 북핵 문제를 해결할 것이고 핵확산에 대한 공포를 잠재울 것이다. 통일된 민주국가(그리고 민족주의 국가)가 중국 국경에 생겨나는 것은 미국의 국익에도 좋을 것이다. 그러므로 미군의 숫자나 배치 위치에 대한 상대적으로 작은 양보는 감당할 만한 대가로 여길 것이다.

'통일 위기'가 발생할 경우에 다루어야 할 또 다른 문제가 있다. 중국 동북부에서 계속 이야기되는 민족통일주의와 한국에서 반半공식적으로 제기되는 간도 영유권 주장에 대해 베이징은 잘 알고 있다. 때문에 통일된 한국이 중국의 국경지역에 불만을 심으러 할지도 모른다는 의구심을 갖고 있다. 통일 위기가 발생할 경우 대한민국 정부가 통일 이후에도 현재의 한-중 국경을 확립한 간도협약을 앞으로도 존중하겠다는 성명을 발표하면 도움이 될 것이다. 또한 통일한국의 정부는 북한 정부가 중국에 했던 양보와 채굴권들을 모두 존중할 것임을 베이징에게 분명하게 보장하는 것 또한 필요할 것이다. 이들 계약의 많은 부분은 분명 의심스러운 정황에서 이루어진 것이고, 조선시대의 불평등 조약들을 연상시킬 것이다. 그렇지만 중국의 지지를 얻기 위해서는 이러한 조치가 필요하며 통일을 위해서는 중국의 지지가 필수적이다.

평양에 개혁가들이 등장해 결국 비핵화되고 위협적이지 않으며 경제적으로 발전하는 북한을 만들 것이라는, 널리 퍼져 있는 희망은 말 그대로 희망사항에 불과한 것으로 보인다. 그러한 개혁은 북한 정치를 위태로울 정도로 불안정하게 만들 것이기 때문에 해피엔딩이 (완전히 불가능하지는 않더라도) 가능할 것 같지는 않다. 북한의 현재 정권은 변화를 거부하는 만큼 길게 살아남을 것이지만 장기적으로는 지속불가능하다. 머지않아 북한 정권은 붕괴할 것이다. 그리고 그 붕괴는 아마 극적이고 위험천만한 위기를 가져올 것이다. 어쨌든 이 위기는 장기적으로는 둘 중 하나의 결과로 이어질 것이다. 서울이 주도하는 한반도 통일 또는 중국의 통제를 받는 상대적으로 안정적인 위성 정권의 등장이다. 후자의 시나리오는 한반도의 영구적인 분단을 의미할 수 있다.

제5장

The Real North Korea

북한을
어찌할 것인가

 나쁜 소식부터 시작해보자. 북한 문제에는 간단하거나 빠른 해법이 없다. 협상이나 양보는 그리 큰 도움이 안 되지만 압박과 제재는 그보다 더 쓸모가 없다. 그러므로 길고 지난하며 때때로 위험한 길을 헤쳐 나갈 준비를 단단히 해야 한다.

그렇다고 해서 현 상황이 희망도 없고 통제도 불가능하다는 것은 아니다. 북한의 지도부는 본질적으로 지속불가능한 것을 지키기 위해 결국 질 수밖에 없는 싸움을 하고 있다. 머지않아 그들은 무너질 것이고, 외부 세계는(정확히는 북한이 변화하기를 바라는 외부 세계의 사람들) 이러한 전개를 촉진시킬 수 있으며 또한 불가피한 변화가 덜 폭력적이며 덜 사납도록 조정할 수 있다. 유용한 조치들은 간단하고 값싸지만 오랜 기간에 걸친 노력과 직관에 반하는 사고를 필요로 한다. 안타깝게도 이 두 가지 필요사항은 오늘날의 민주주의가 결여하고 있는 것들이다.

## 왜 채찍은 충분히 강력하지 못한가

북핵 문제가 발생하고 20여 년이 지나는 동안 미국의 전략은 두 가지 입장 사이를 오갔다. 평양의 정권이 충분한 금전적 보상과 정치적 양보 그리고 안보에 대한 확약을 받으면, 궁극적으로 핵에 대한 야욕을 포기하고 어쩌면 중국식 개혁을 통해 자국의 경제를 되살려 '정상 국가'가 될 것이라고 믿는 온건파가 있었다. 이들은 평양을 부드럽게 다루어야 하며, 양보하고 금전적인 보상을 해주어야 하며, 타협이야말로 북한의 이익에 가장 도움될 것이라고 설득해야 한다고 주장한다. 제2차 핵실험과 근래의 다른 사건들의 여파로 워싱턴과 서울의 비둘기파의 숫자는 급격히 줄어들었으나, 온건파의 대안은 여전히 대안으로 남아 있으며 결국 다시 인기를 얻게 될 수도 있다.

반대편에는 매파라고도 일컬어지는 강경파가 있다. 이들은 제재와 압력의 힘을 믿는다. 이러한 믿음은 평양의 정권이 곧 붕괴한다는 반복되는 희망으로 종종 강화된다. 이들은 압박이 결국 평양을 비핵화시키거나 또는 멸망으로 몰아넣을 것이라고 (혹은 둘 다라고) 여긴다. 이들은 경제적 어려움과 나아가 군사적 보복의 두려움이 북한의 지도부로 하여금 핵개발을 포기하게 만들 수 있다고 믿는다.

주기적으로 새로운 사람들(항상 경험이 풍부한 것은 아니다)에게 중요한 직책을 맡기는 민주정의 본성을 고려해볼 때, 두 가지 접근법이 가까운 미래에 계속 경쟁할 것이라는 데에는 의심의 여지가 없다. 결국 미국의 정책(그리고 서울의 정책도)은 이 두 극단을 계속 오락가락할 것이다. 지금까지의 경험이 둘 중 어느 것도 통하지 않는다는 사실을 보여주었기 때문에 이는 별로 좋은 소식이 아니다. 압박도 양보도 북한의 바람직한 미래(비핵화되고, 발전하는)를 앞당기지 못할 것이다.

매파가 말하는 것과는 달리 북한에 대한 군사력 사용 위협은 믿을 만한 게 못 된다. 이러한 행위를 침략행위라고 정의할 도덕적인 판단을 접어두더라도 그렇다. 이스라엘이 1981년에 이라크의 핵 연구시설을 폭격한 것과 비슷한 북한의 핵 시설에 대한 정밀 타격과 공중폭격은 통하지 않을 것이다. 이제는 너무 늦었다. 무기급 플루토늄과 핵 폭발장치는 이미 완성됐고, 이것들은 북한이 자랑하는 지하 시설에 안전하게 숨겨져 있을 것이다. 북한의 핵 폭발장치를 동시에 모두 찾아낸다는 것은 사실상 불가능하고, 아무리 기적과도 같은 첩보를 입수한다 하더라도 그들의 거대한 지하 요새를 파괴하기는 어려울 것이다.

몇 가지 이유로 지상군의 대규모 투입 또한 가망이 없다. 북한은 국토의 상당 부분이 험준한 산악 지형이며, 장비는 형편없더라도 대군을 보유하고 있다. 대규모 전쟁에서 승리할 능력은 없지만 상대방의 승리에 값비싼 대가를 안겨줄 수 있는 능력은 충분한 것이다.

추가적인, 그리고 매우 중요한 문제는 남한 수도권의 취약성이다. 수도권에는 남한 인구의 절반 가까이(5000만 명 중 2400만 명 정도)가 살고 있는데 이 지역은 비무장지대에서 25~30$km$ 정도밖에 떨어져 있지 않다. 이러한 전략적 이점을 최대한 이용하기 위해 북한은 단단히 요새화된 포진지를 구축했으며 250~300문의 장사정포가 서울을 타격할 수 있는 위치에 있다. 전쟁이 발발하면 북한의 장사정포는 남한의 수도에 큰 타격을 입힐 것이다. 서울과 같은 대도시에서 사람들을 신속히 대피시키기란 사실상 불가능하다. 때문에 최종 결과야 어찌 되든 간에, 일단 전쟁이 발발하면 남한의 수도 서울은 괴멸적인 파괴를 겪게 될 것이다.

북한의 전략가들 역시 전면전에서 자신들이 패배할 것임을 알고 있으며, 때문에 그들은 결코 전면전을 시작하지 않을 것이다. 그러나 이들은 서울 또한 어지간히 심각한 도발을 겪지 않는 이상은 그런 전면전을 시작하지 않을 것임을 안다. 강경한 언사로 대응하기는 하지만, 북한의 폭탄에 여객기가 추락하는 것(KAL기 폭파사건)이나 어뢰 공격으로 해군 함정을 잃는 것(천안함 사건) 정도는 그렇게 심각한 도발이 아니라고 여긴다.

2010년의 공격 이후 남한 정부는 종종 단호한 보복을 천명한다. 북한이 공격을 하면 강력히 응징하겠다는 것이다. 정치적 수사로서 이는 대중에게 잘 팔리기 때문에 괜찮게 들리지만 사실 완전히 비현실적인 언사다. 과거 남한은 이보다 훨씬 더 충격적인 도발도 묵과한 적이 있다는 걸 기억할 필요가 있다. 2010년 북한은 분쟁 해역에서 군함에 어뢰 공격을 감행했다. 이는 용납할 수 없는 일이기는 하지만 여객기를 폭파시키는 것보다는 덜하다. 북한은 1987년에 실제로 남한 여객기를 폭파하기도 했지만, 그럼에도 별다른 보복을 받지 않았다. 서울이 과거에 이러한 도발행위를 묵과한 데는 그럴 만한 이유가 있다. 보복이 좋은 생각이 아니란 걸 이해하고 있었기 때문이다. 놀라운 기술적 우위를 점하고 있는 남한의 군대는 몇 시간이면 북한 해군 전력의 절반을 가라앉혀버리거나 포진지 여러 개를 쓸어버릴 수 있을 것이다. 대부분의 나라에서는 그러한 패배는 심각한 정치적 결과를 가져올 것이지만 북한에서는 그렇지 않다.

북한 군인의 목숨은 평양의 의사결정자들에게 아무런 가치가 없다. 그들의 자손은 군 복무를 하지 않는다. 대신 파리에서 쇼핑을 한다. 수백 명의 군인이 죽으면 안타까운 일이긴 하겠지만 충분히 받아들일 수 있는 대가로 여길 것이다. 그런 피해는 평양이 새로운 도발을 획책하는 걸 막지 못한다. 누군가는 그러한 군사적 참패가 '선군先軍' 정치와 연결된 정권의 신뢰도에 손상을 입힐 것이라 주장한다. 그러나 김씨 정권은 언론을 완전히 장악하고 있기 때문에 가장 치욕스러운 패배도 위대한 승리, 북한군의 장대한 승리로 표현될 것이다. 군 장성들 일부만이 추악한 진실을 알 것이고, 이들은 현 정권이 없으면 자신들의 미래도 없다는 걸 알기 때문에 항의하지 않을 것이다.

최악의 시나리오에서는 보복과 재보복의 연쇄가 재앙에 가까운 전면전으로 확전될 수 있다. 그렇지만 더 그럴 법한 시나리오는 여전히 통제된 상황에서 벌어지는 국지적 도발과 반격, 그리고 재반격일 것이다. 이 경우, 보복은 북한의 지도부가 자신들의 목표를 성취할 수 있게 도울 뿐이다. 교전에 대한 언론 보도는 틀림없이 위기의식을 증대시킬 것이다. 이것이 바로 평양의 전략가들이 원하는 바다.

워싱턴과 서울의 보다 합리적인 강경파들도 이러한 독특한 상황을 이해하고 있다. 그래서 제재만을 추진하는 것이다. 그러나 이러한 제재의 효과는 의심스럽다. 무엇보다도 단호하고 전면적인 제재는 시행하기 어렵다. 중국과 그리고 약간 덜하지만 러시아가 진정으로 엄격한(이라 쓰고 '효과적인'이라고 읽는다) 제재에 참여하고 싶어하지 않기 때문이다. 러시아와 중국 중 누구도 북한이 핵보유국이 되기를 바라지는 않지만 두 나라 모두 각자의 의제에 따라 각기 다른 문제들을 안고 있으며, 이 가운데 몇몇은 북핵 문제보다 더 큰 부담이다.

방코델타아시아에 취했던 조치의 연장선상에서, 북한 은행의 활동 금지 같은 금융 제재는 북한에게 고통을 줄 수 있다고 여겨지는 대안이다. 그러나 이러한 제재의 효과는 제대로 평가된 바 없으며, 북한 사회는 심지어 효과적인 제재조차도 정치적으로 무의미하게 만들 수 있도록 구성돼 있다.

일반적으로 제재는 간접효과를 낸다. 대부분의 경우 제재는 대상 국가의 국민들에게 영향을 미쳐 그들의 삶을 덜 편안하게 만들고 더 압박을 받게 만든다. 불만이 고조되면 대중은 생활수준의 저하와 그에 따르는 문제를 두고 정부를 탓하기 시작한다. 경제적 제재 전략은 불만을 가진 인민들이 정책을 바꾸도록 압박을 가하거나 대중혁명으로 (보다 민주적이고 관용적인 정권의 경우에는 투표소를 통해) 정부를 교체할 것이라는 전제에 기대고 있다. 또는 지배 엘리트 중 불만이나 야심을 가진 세력이 이 위기를 현 정권을 전복시키는(평화적이든 아니든) 기회로 삼을 수도 있다. 불만을 가진 엘리트 세력이 권력을 잡는다면 제재를 풀기 위한 양보를 기대할 수 있을 것이다.

그러나 북한이라는 특이한 사례에서는 이러한 메카니즘이 작동할 것 같지 않다. 지난 20년간의 상당한 완화기에도 불구하고 북한은 주민들이 통치행위에 영향을 미칠 수 있을 만큼 자유화된 국가가 아니다. 북한 주민들은 투표를 하지 않는다.(정부가 선임한 후보자에 대해 뻔한 100% 찬성 투표를 하기는 한다.) 그들은 공포에 떨고 있고 격리돼 있으며 저항운동에 필요한 기초적인 조직화가 안 되어 있다. 그리고 여전히 자신들 삶의 방식 이외의 다른 대안에 대해 거의 모르고 있다. 때문에 튀니지 식의 대중 폭동이 장기적으로는 몰라도 가까운 미래에 가능하지는 않을 것으로 보인다.

때로는 제재가(특히 금융 제재가) 북한 정권의 자금줄을 말려서, 더는 고위층에게 헤네시 코냑이나 벤츠 자동차와 같은 작은 특전들을 누리지 못하게 할 것이라는 주장이 제기됐다. 북한의 장성들과 고위 관료들이 그런 특전들을 잃음으로써 불만을 갖게 되고 정부로 하여금 핵을 포기하거나 개혁을 하도록 압력을 가할 수 있다는 생각에서다. 이 또한 비현실적인 기대이다. 말했다시피, 북한 엘리트의 상층부는 정권의 안정이 자신들의 생존에 필수조건이라는 믿음을 공유하고 있는 것으로 보인다. 다른 대안은 곧 정권의 붕괴이고 그러면 그들은 바로 전신주에 목매달리거나 각자의 감방을 청소해야 할 텐데, 그냥 현 체제에서 나오는 술과 중고 토요타 자동차로 만족할 것이라고 추정할 수 있다. 다시 말해, 중국이 제재에 진심으로 협력하는(제재가 진정으로 효과적일 수 있는 유일한 방법이다) 매우 가능성이 희박한 경우에서도, 제재는 그저 수십만 명의 북한 주민들이 굶어 죽는 것을 도울 뿐 원하는 정치적 효과를 거두지는 못할 것이다. 평양의 엘리트는 수십만 명의 죽음을 정권의 생존을 위한 안타깝지만 필요한 대가로 여길 것이다.

## 왜 당근은 충분히 달콤하지 않은가
### (그리고 왜 '전략적 인내' 또한 좋은 생각이 아닌가)

위에서 설명한 것처럼 강경파의 정책은 북한에 큰 영향을 미치지 못한다. 그러나 이에 맞설 대안인 온건파 정책에 대해서도 똑같은 평가를 내릴 수 있다. 워싱턴의 온건파는 보통 비핵화에 대해 세 가지 인센티브를 협상 테이블에 올려놓을 수 있다고 말한다. 원조, 안전보장, 그리고 미국과의 관계정상화이다. 영향력 있는 온건파인 웨이드 헌틀리Wade Huntley의 표현을 빌리자면, 북핵 문제를 해결하기 위해서 미국 정부는 '자리에 앉아 대화해야' 한다.[1] 온건파는 현 문제의 근원은 미국이 충분히 유연하고 관대하게 접근하려 하지 않는다는 점과 너무 호전적이고 과도하게 이상적인 자세에 집착하는 점이라고 주장한다. 웨이드 헌틀리는 이러한 자세를 두고 '호전적 해방 이상주의emancipatory militant idealism'라고 묘사한다. 미국은 전세계의 억압받는 민중을 해방시키는 자애로운 목표를 성취하기 위해 무력을 사용할 수 있으며 또한 그래야 한다는 신념을 말한다.[2]

의심의 여지 없이 원조는 평양이 가장 반길 것이다. 그러나 대량의 일시불 지급이라 할지라도 장기적인 해결책이 될 수는 없다. 한 번 받은 돈을 써버리고 나면(무척 짧은 시간 내에 다 쓰게 될 것이다), 핵을 포기한 평양 정권은 추가적인 원조를 받기가 무척 어려워질 것이다. 핵이 없으면 북한은 그저 또 다른 가난한 국가에 불과하다. 핵이 없는 북한은 원조자들의 관심을 얻기 위해 수단이나 짐바브웨와 경쟁해야 한다. 일부 원조는 계속 제공된다 하더라도 지금 제공되는 것보다는 훨씬 그 규모가 작을 것이다. 또한 엄격한 조건이 주렁주렁 달리고 원조의 배분도 주의깊게 감시받을 것이다. 그러나 북한의 지도부는 돈을 필요로 하지만 오직 자신들이 통제할 수 있는 돈만 필요로 한다. 이들은 투자보다는 기증이나 기부를 선호한다. 투자는 외국의 투자자들과 북한 주민들 사이의 상당한 교류를 함의하기 때문이다. 또한 투자는 북한 정권이 생존에 가장 필요한 것으로 여기는 사업으로 돈을 직접 돌리기가 어렵다. 평양의 정치가들이 '갑'의 입장에서 원조받는 조건을 결정할 수 있게 해주는 것은 바로 핵 개발 프로그램의 존재이다.

미국의 안전보장(그 약속을 믿는다 하더라도) 또한 평양의 행동을 바꾸게 만들 만큼 매력적이지 못하다. 북한의 지도부가 진심으로 미국의 대규모 침공을 두려워한다는 것을 의심하는 사람은 없다. 북한과 함께

'악의 축'의 일원이었던 이라크가 맞이한 운명은 이러한 공포가 합리적이라는 것을 보여주었다. 그럼에도 미국의 안보 확약이 무의미해 보이는 데는 적어도 두 가지 이유가 있다.

첫째, 북한은 미국을(전반적으로 말하자면 모든 외국인들을) 매우 불신하고 있으며 외국인들의 약속을 믿지 않는다. 특히 그러한 약속이 지도자와 정책이 몇 년마다 계속 바뀌며, 여론에 따라 과거의 합의를 모두 물러버릴 수 있는 민주주의 체제에서 나왔을 경우에는 더욱 그렇다. 둘째, 북한의 지도자들은 북한의 주요한 안보 위협은 외부적인 것이 아닌 내부적인 것임을 알고 있다. 그들은 이라크에서와 같은 미국의 침공을 우려하긴 하지만, 그보다는 국내의 쿠데타나 혁명을 더 두려워한다. 미국이든 다른 외부자들이든 이러한 내부적인 위협으로부터 북한 정권의 안녕을 보장할 수는 없다. 오히려 리비아의 경우가 보여주었듯이 이들은 적극적으로 대중혁명을 지원할 것이다. 미국 대통령이 민주주의 혁명을 진압하기 위해 해병대를 파견하는 모습은 상상하기 어렵다. 하지만 김씨 가문 일파로부터 반군을 보호하기 위해 해병대(그보다는 제트기가 더 그럴싸하다)를 파견하는 모습은 쉽게 상상할 수 있다. 그러나 그런 상황이 닥쳤을 경우에도 북한이 가진 핵보유국으로서의 지위는, 외부 원조를 원하는 조건에 갈취하는 것과 마찬가지로 내부 위기가 발생했을 때 적어도 평양의 지도부가 원치 않는 외부의 개입을 막을 수 있게끔 도와준다.(그리고 원조의 배분에 대한 통제권은 내부 위기를 미연에 방지하는 데 도움이 될 것이다.)

리비아에서 근래 있었던 사건들은 북한 지도부의 이러한 추정을 확인해주었다. 2011년 3월 22일, 조선중앙통신은 북한의 외무성 대변인을 인용하여 다음과 같이 보도했다.

현 리비아 사태는 국제사회에 심각한 교훈을 주고 있다. 지난 시기 미국이 떠들기 좋아하던 '리비아 핵포기 방식'이란 바로 '안전담보'와 '관계개선'이라는 사탕발림으로 상대를 얼려넘겨 무장해제를 성사시킨 다음 군사적으로 덮치는 침략방식이라는 것이 세계 면전에서 낱낱이 드러났다. 지구상에 강권과 전횡이 존재하는 한 자기 힘이 있어야 평화를 수호할 수 있다는 력사의 진리가 다시금 확증되었다.

이번만큼은 필자도 이 조선중앙통신의 성명이 완벽하게 옳은 말이라고 생각한다.

실제로 2003년, 카다피는 북한의 지배자들이 어떤 제안에도 한사코 검토조차 거부했던 일을 단행했다. 미국을 비롯한 서방 국가들과의 관계 개선을 위해 자국의 핵물질을 포기한 것이다. 알다시피 그러한 타협은 성공하지 못했다. 자국의 국민들이 카다피를 제거하기로 결심했을 때 반군은 서방의 적극적인 군사지원을 받았으며, 강력한 서방이 자기 나라의 내정에 개입하는 것을 막기 위해 카다피가 할 수 있는 것은 아무것도 없었다. 북한 지도부는 만일 카다피가 핵 개발 프로그램을 포기하지 않았다면, 서방이 리비아에 개입하는 것을 진지하게 고려하지 않았을 것으로 본다.

핵문제에 관한 한 북한 정권은 압박이나 보상 어느 것에도 대응하지 않을 것이며, 이는 당사국들에게 점차 또렷해지고 있다. 그리하여 북한은 무시하고 그냥 안전하게만 내버려두는 게 낫다는 생각이 유혹처럼 번지고 있다. 이것이 2009년 이후 조용히 미국 대외정책의 주류가 된 '전략적 인내strategic patience' 전략의 핵심이다. 본질적으로 이 전략은 미국이 북한과 대화할 용의가 있으며, 북한이 미국이 원하는 것을

한동안 미국은 '아무것도 하지 않음으로써' 북한을 길들이려 했다. 그러나 미국이 북한을 '점잖게 무시'할수록, 북한은 관심을 끌기 위해 더 높은 수위의 카드를 준비해왔다. 결국 좋든 싫든 미국은 북한과 대화하게 될 전망이다. (『한겨레』, 2013년 4월 12일자)

할 경우(이는 물론 북한이 핵개발을 폐기하는 것으로부터 시작한다) 북한에게 금전적이고 정치적인 양보로 '보상'할 수도 있다고 말한다. 만일 북한이 그렇게 하지 않으면 미국은 북한의 돌출행동을 무시해야 한다고 전략적 인내의 지지자들은 주장한다. 북한은 결코 그렇게까지 해롭게 행동하지 않을 것이기 때문이다. 남한의 우파들 사이에서도 비슷한 태도가 지배적인 것으로 보인다. 이들은 북한의 지도부가 서울이 보기에 '이성적'인 정책에 동의할 때에만 원조와 정치적 양보가 의미를 가진다고 여긴다.

이러한 추론은 매력적일지 모르나 현실성이 떨어진다. 북한은 외톨이가 될 생각은 조금도 없다. 자국 경제의 내재적인 비효율성을 만회하기 위해 북한은 자신들이 원하는 조건으로 들어오는 외부의 도움이 절실하다. 지금까지 이러한 원조를 뜯어내는 최고의 방법은 위험하고 예측불가능하며 비이성적인 모습을 보여주는 것이었다. 그러므로 북한은 자원을 뜯어내야 하는 나라들에게 더 많은 골칫거리를 안기기 위해 계속 그렇게 행동할 것이다. 그 외의 대안은 그리 매력적이지 못하다. 자국의 제대로 작동하지 않는 경제에서 나오는, 얼마 되지 않는 데다가 심지어 줄어들고 있는지도 모르는 수입으로 연명하거나 단 하나의 후원자(중국)에게 과도하게 의존해야 하기 때문이다.

전략적 인내의 지지자들은, 북한의 지도부가 미국에게 점잖게 무시당하는 동안 핵과 미사일 전력을 개선하기 위해 전력을 다할 것이며 동시에 핵확산을 시도할 것(말썽을 부려 압박을 가하기 위해서, 동시에 추가적인 돈을 얻기 위한 방편으로)이라는 점을 이해해야 한다. 남한은 더욱 바람직하지 못한 상황에 처하게 되는데, 북한 정권과 거래를 거부한다는 것은 남한이 거의 끝없는 도발의 연속과 맞닥뜨려야 한다는 것을 의미하기 때문이다. 이는 특히 서울에게 나쁜 소식인데, 남북관계에서 긴장이 고조되면 북한보다는 남한이 입는 손해가 더 크기 때문이다.

좋든 싫든 간에 워싱턴과 서울의 전략적 인내는 제한적이다. 머지않아 두 나라 정부는 평양이 시작하고 연출하는 게임에 다시 참여하게 될 것이다. 이를 거부하면 치러야 할 대가가 너무 크다. 그러므로 적어도 장기적으로 서울과 워싱턴 그리고 최종적으로는 북한 주민 대다수에게 가장 이로운 조건으로 게임에 다시 참여하게 될 준비를 하는 것이 좋다. 북한 문제에는 즉효약이 없다. 그러나 그렇다 하여 전혀 해결책이 없다는 것은 아니다.

## 장기적으로 생각하기

북한 문제를 논의할 때 이 문제가 세 가지 차원으로 이루어져 있다는 걸 염두에 두어야 한다.

미국에게 주요한 문제는, 북한이 핵무기와 다른 대량살상무기를 개발하고 유지하고자(나아가 어쩌면 확산까지) 한다는 것과 평양이 무모해 보이는 도발을 자주 저지른다는 것이다.

남한에게 주요한 문제는, 관리 가능한 통일을 위해서는 북한의 경제성장과 정치적 변화가 필요한데 북한이 그렇게 할 수 있는 개혁 시도를 거부한다는 것이다. 평양의 그칠 줄 모르는 벼랑 끝 전술 또한 서울로서는 (지구 반대편에 위치한 미국에 비해) 심각한 문제다.

종종 언급되지 않고 넘어가곤 하는 또 하나의 차원이 있다. 바로 북한의 일반 주민들이다. 현 체제의 존속은 그들이 물질적·정신적으로 궁핍한 상태(그리고 공포에 가득 차서)로 계속 살아가야 한다는 것을 의미한다. 주변국 국민들이 경제발전의 과실을 맛보는데 그들은 그러기는커녕 하루하루 육체적인 생존을 위해 투쟁하고 있다. 북한 주민들은 보다 품위 있는 문화를 접할 단순한 기회조차도 박탈당했다. 마지막으로 그들은 국가가 빡빡하게 정해놓은 규범에서 벗어나는 짓을 하면 혹독한 처벌을 받게 된다는 걸 늘 기억하고 있다. 이러한 인간적인 삶과 에너지의 낭비야말로 김씨 가문 독재의 가장 큰 폐해일 것이다.

이미 살펴본 바와 같이, 핵과 대량살상무기 개발, 개혁 거부, 경찰국가를 유지하기 위한 노력, 지역내 긴장을 조성하려는 성향 등을 비롯한 평양의 모든 정책은 북한 체제의 본질과 밀접하게 연관돼 있다. 이러한 방법을 쓰지 않고선 북한 정권과 지배 엘리트는 심각한 위기에 처할 것이기에, 그들은 외부인이 보기에 인민과 국가의 장기적인 미래에 어떤 악영향을 초래할 것인가에 관계 없이 그러한 정책을 집요하게 고집한다. 결국 북한의 행동을 바꾸기 위한 유일한 방법은 북한 정권의 본질을 바꾸는 것이다. 그러나 이를 어떻게 할 수 있을까?

이에 대해 답하기 위해서는 그리 오래되지 않은 역사를 살펴볼 필요가 있다. 동유럽과 소련의 공산주의에 종언을 가져온 것은 무엇이었나? 결과적으로 그것은 중앙계획경제의 근본적 비효율성, 즉 선진화된 서방이 누리고 있는 소비 수준을 자국 국민들에게 제공할 수 없는 무능력이었다. 공산주의의 종말에 상당히 기여한 소수민족들의 독립 의지나 좀 더 교육받은 계층의 민주주의와 정치적 자유에 대한 열망을 부정하려는 것은 아니다. 그러나 전체적으로 볼 때, 동유럽과 소비에트 연방 공산 정권의 운명은 그 경제적 비효율성에 의해 결정된 것이지 정치적 억압 때문이 아니었다. 필자는 그러한 변화를 직접 목격했고, 때문에 공산주의 최후의 시대에 소련인들의 상상력에 결정적인 영향을 끼친 것은 미국 슈퍼마켓 매대의 광경이었지 미국의 선거 개표 광경이 아니었다고 확언할 수 있다.

역설적이게도, 동구와 소련보다는 덜 극적이었던 중국의 변화 또한 비슷한 원인에 의한 것이었다. 1970년대에 베이징의 지도자들은 마오쩌둥의 미친 실험에도 불구하고 중국이 주변국에 비해 점차로 뒤떨어지고 있음을 알고 있었으며 계획경제가 실패하고 있다는 것 또한 알고 있었다. 그들은 개혁이 필수적이라고 결론지었다. 그러나 이러한 경제적 비효율성이 정치적 동인이 되기 위해서는 먼저 주민들 대다수가 이를 인지하고 있어야 한다. 소련 지도부가 북한 정도의 격리 및 억압 상태를 유지했더라면 소련은 지금까지도 존속했을지 모른다. 그러나 스탈린 이후의 동유럽과 소련 정권들은 주민들에게 부드러웠으며 필요한 만큼의 통제를 유지하지 않았다. 결과적으로 그 곳 시민들은 선진화된 서방의 사람들이 보다 풍요롭고 당국의 통제를 덜 받는 삶을 살고 있다는 점을 점차로 깨닫게 되었다. 1970년대의 중국 지도부도 마찬가지였다. 그들은 중국이 뒤쳐지고 있다는 걸 알았으며, 그러한 지식이 그들로 하여금 대책을 마련하게 이끌었다.

북한은 소련과 동구권이 그랬던 것보다 외부의 정보에 훨씬 더 취약하다. 무엇보다도 한반도 남쪽에는 엄청난 경제적 성공을 구가하고 있는 같은 민족이 있다. 문화가 다르고 언어를 알아들을 수 없는 멀리 있는 나라의 이야기가 아니다. 오랫동안 소련의 선전물은 서방의 풍요가 자국에 미칠 영향을 최대한 완화시키기 위해, 소련의 국민들이 미국인들과 같은 소비 수준을 누리지 못하는 이유는 체제의 근본적인 문제가 아니라 역사의 불공평함 때문이라고 주장해왔다. 1960년대와 1970년대에 소련의 언론매체는 소련 국민들에게 운 좋게 외세의 침입을 한 번도 겪지 않고 전세계를 착취할 수 있었던(노예 무역과 미국 원주민들의 학살에 대한 언급이 자연스레 뒤따랐다) 미국인들과 자신들을 비교해서는 안 된다고 주장했다. 대부분의 소련 국민들은 이러한 주장을 믿지 않았지만 잠시 동안은 도움이 되었다.

북한의 선전가들은 난처한 상황에 직면해 있다. 분단 당시에는 논밭만 가득한 벽지에 지나지 않았던 곳에서, 궁핍한 북한 주민들과 똑같은 문화와 언어를 사용하는 같은 민족 집단이 놀라운 풍요를 누리고 있다는 사실을 설명해야 하는 것이다. 정보 장벽을 유지하기가 더 어려워진 오늘날, 북한의 선전가들은 남한의 성공이 염치없이 미국 제국주의에 팔려나간 결과라고 설명하려고 갖은 노력을 기울이고 있다.

그러한 술책은 약간의 효과는 있겠지만 1960년대 소련 선전물의 복잡하고 그럴싸한 설명보다 설득에 성공할 가능성이 더 낮다.

북한 정권을 외부 세계의 정보 유포에 취약하게 만드는 또 다른 특성이 있다. 김씨 가문에 대한 개인숭배는 사이비종교와 유사한 점이 있기는 하지만, 전반적으로 북한의 이념은 세속적이며 그 뿌리는 마르크스주의와 유럽 계몽주의에 기반하고 있다. 이슬람 근본주의 이론가들과는 달리, 북한의 선전가들은 제 이념에 신실한 자들이 사후에 72명의 처녀들과 영원한 행복을 만끽할 것이란 약속을 하지 않는다. 그 대신 북한의 공식 이념엔 경제적·정치적 생활을 어떻게 영위해야 하는지, 경제성장과 전반적인 복지를 어떻게 제공할 수 있는지 비결이 담겨 있다고 주장한다. 안타깝게도 북한 체제는 그러한 약속을 이행하는 데 실패했으며, 이 실패는 남한의 탁월한 성공 때문에 더욱 명백해졌다. 남한의 존재는 북한 지도부에게 가장 큰 도전이며 남한에 대한 지식이 유포되는 것은 현상 유지를 어렵게 만든다.

북한에 변화의 단초를 심기 위해서는 북한 주민들과 엘리트의 하위 계층이 북한의 지배자들을 압박하도록 만들어야 한다. 북한을 바꿀 수 있는 것은 북한 주민들뿐이다. 그들은 오늘날 불행한 상황의 가장 큰 피해자이며, 다가올 변화의 가장 큰 수혜자가 될 것이다.

그러므로 유일한 장기적 해법은 정권의 변화를 일으킬 내부의 압력을 키우는 것이며, 이를 위한 주요한 방법은 북한 사람들이 외부 세계를 더 많이 알게 하는 것이다. 만일 북한 주민들이 자신들의 엄격하고 궁핍한 삶 말고도 매력적이면서 실현 가능한 대안이 있다는 걸 알게 되면, 필연적으로 현 정부에 대한 불만이 커질 것이다. 이는 변화를 위한 내부의 압력을 만들 것이며, 북한 정부는 심지어 엘리트의 상당수(체제가 변하지 않았을 때 유지되는 기득권이 없는 이들이 대부분일 것이다)로부터 도 정당성을 잃고 있음을 깨닫게 될 것이다.

이는 정권의 붕괴로 끝날 수도 있지만, 그러한 압력을 맞닥뜨리면서 북한 지도부가 이전에는 고려조차도 해보지 않은 개혁을 시도할 가능성도 있다. 개혁은 이론상으로는 성공으로 끝날 수도 있다. 다시 말해 북한 스타일의 개발독재가 시작되는 것이다. 그러나 앞서 개괄한 원인들 때문에 개혁 시도가 단지 북한 체제의 붕괴를 촉진시킬 가능성이 더 높다. 정권의 붕괴든 정권의 변화이든, 이는 외부자들과 북한 주민들에게는 상황의 개선이 될 것이다.

인정하건대, 앞서 언급한 시나리오들 중 하나가 결국 일어날 공산이 크다. 경제발전을 이룰 수 없는 근본적인 무능력 때문에 북한 정부는 북한의 경제발전에 가장 큰 장애물이 되었다. 역사가 셀 수 없을 만큼 보여주었듯이 현대에서 경제적으로 무능력한 체제는 항상 얼마 지나지 않아 붕괴했다. 외부 세계에 대한 정보는 정부가 어떻게 하든지 간에 유포되고 있다. 이는 특히 새로운 기술(DVD플레이어 같은) 덕택이긴 하지만 대내적인 감시와 통제가 천천히 붕괴하고 있기 때문이기도 하다. 아래에서 논의할 조치들은 역사의 진로를 바꾸지는 못할 것이나 그 진로를 어느 정도 가속시킬 것이며, 또한 다가올 위기를 좀 더 관리 가능하게 만들 것이다.

정보 유포에 대한 외부의 지원은 또한 잘 알려지지 않은 또 다른 중요한 목적에 도움이 된다. 김씨 왕조의 반세기는 사회적·경제적 재앙이었으나, 김씨 왕조의 궁극적인(그리고 좋든 싫든 필연적인) 붕괴는 처음엔 그에 상응하는 정도의 재앙을 또다시 불러일으킬 것이다. 미래에 다가올 북한의 변화를 덜 고통스럽게 만들 조치를 취하기 위해, 이제는 김씨 정권 이후에 대해서 생각할 때가 되었다.

　이 정책은 짧은 시간 내에 성공하기 어려울 것이다. 따라서 우리는 북한을 다루면서 진지한 전략적 인내를 가져야 한다. 여기서의 전략적 인내는 가만히 앉아 아무것도 하지 않는 것을 의미하는 게 아니다. 반대로 이 정책(또는 정책들의 집합)은 여러 행위자들이 시행할 수 있다. 북한을 변화시키려는 노력은 북한 문제에 지분을 가진 각기 다른 나라들의 관료조직이 수행할 수 있다. 그렇지만 NGO나 개인 재단, 나아가 개인들이 참여할 수 있는 부분도 많다. 북한을 외부 세계에 대해 더 많이 노출시키는 모든 노력은 환영되어야 한다. 모든 개인간의 교류 또한 같은 목표를 향해 이루어져야 한다.

　현재 북한 주민들에게 허가되지 않은 외부 세계의 정보를 제공할 수 있는 채널은 세 가지가 있다. 첫째, 공식적으로 당국의 허가를 받은 학술적·문화적 교류로, 이러한 교류가 이루어지면 잠재적으로 위험한 지식이 필연적으로 북한 내부에 들어갈 것이다. 둘째, 라디오 방송과 디지털 매체가 북한 정권의 통제를 벗어난 소식을 전달할 수 있다. 셋째, 아직 소규모지만 점차 커지고 있는 탈북자들의 공동체(현재 남한에 거주하면서 북한의 친척과 친구들과 계속 연락하고 있는)가 이러한 소통 방식을 전파하는 데 주요하고 중요한 역할을 수행할 수 있다.

## 대화의 숨은 이점들

　앞서 언급한 세 가지 채널 중 북한과 외부 세계 사이의 공식적 교류는 특히 중요하다. 그러한 교류는 북한 당국의 허가를 받아야 하는 만큼, 참가자 대부분이 북한의 현재 엘리트 계층일 것이기 때문이다.

워싱턴이나 서울 등지의 보수 인사들은 그러한 교류에 어떠한 가치가 있느냐고 반문할지 모른다. 그러한 교류는 결과적으로 북한 지도부와 그 주변에 혜택이 가는 것이라고 말할 수도 있다. 그러한 관점에는 일말의(사실 이말이나 삼말 정도는 될 것이다) 진실이 있다. 평양의 고위 인사들과 이들의 천방지축 자제들이 가장 먼저 국제학생교류나 해외유학의 이득을 챙기리라는 점에는 의심의 여지가 없다. 그러나 솔직하게 말하자면 바로 이러한 부류의 사람들이 가장 중요하다. 북한의 변화는 밑에서부터 시작될 수도 있지만, 그보다는 엘리트 중 많은 정보를 얻고 현 정권에 환멸을 느끼는 이들에 의해 시작될 가능성이 더 높다.

통제되고 제한된 것처럼 보이는 교류가 갖는 잠재적인 힘을 보여주는 역사적인 사례가 하나 있다. 1958년 소련과 미국 사이에 학술교류 협정이 체결되었다. 미국에서 강경보수파는 그러한 협정이 그저 소련에게 간첩을 보내거나 선전가들을 교육시킬 기회만 주는 것이라며 반발했다. 반대자들은 또한 미국인이 낸 세금으로 그들을 교육시키게 될 것이라고 비판했다.

최초의 교환학생들은 보수파가 미국 땅을 밟는 걸 반기지 않을 바로 그런 사람들이었다. 모스크바는 1년 동안 컬럼비아대학에서 공부할 학생으로 단 네 명을 선발했다. 이제는 알려진 사실이지만 그중 하나는 미국인들을 염탐하는 임무를 띤 전도유망한 KGB 요원이었다. 그는 자신의 일에 충실했고 후일 소비에트의 대외정보기관에서 승승장구했다. 다른 학생 한 명은 젊지만 당시 끝난 지 얼마 되지 않은 제2차 세계대전의 참전용사였다. 미국에서 공부한 후 그는 공산당 중앙당으로 옮겨 10년 만에 선전부 제1차장이 되었다. 다시 말해 소련의 전문 선전가들 중 제2인자가 되었다는 것이다.

처음에는 회의론자들의 말이 옳았던 듯했다. 그러나 1980년대부터 상황이 달라졌다. 올렉 칼루진Oleg D. Kalugin이라는 이름의 KGB 요원 겸 교환학생은 KGB 내에서 공개적으로 조직에 도전한 최초의 인물이 되었다. 그는 당의 감시기구로서의 KGB 역할을 비판한 최초의 인물이었으며, KGB를 정규적인 첩보 및 방첩 기관으로 변화시키기 위한 운동을 벌였다.

칼루진의 동료 교환학생이었던 알렉산드르 야코블레프Aleksandr Yakovlev는 젊은 당 선전가였다. 그는 나중에 당 중앙위원회 서기가 되어 마하일 고르바초프의 가장 가까운 동료로 활약했다. 그는 모스크바에서 공산주의 정권이 붕괴하는 데 지대한 공헌을 했다. 몇몇 사람들은 심지어 고르바초프가 아닌 야코블레프가 페레스트로이카의 진짜 설계자라고 주장하기까지 한다. 처음에 그들은 입을 다물고 당에서 원하는 것만 말할 정도로 신중했지만, 나중에는 두 사람 모두 미국에서의 경험이 자신들이 세계를 보는 관점을 바꾸어 놓았다고 술회했다.

실로, 학술 및 개인적 교류는 전복적인 정보를 유포하는 가장 효율적인 방법으로 보인다. 학술 및 개인 교류의 특성상 방문하는 북한 사람들은 초대받은 곳의 사회에 깊게 몰입된다. 남한에서의 일상적인 삶을 이토록 깊이 들여다볼 수 있는 기회가 주어지면, 남한을 방문한 북한 사람들은 자신들이 꾸며진 선전용 쇼(자신들의 나라가 즐겨 사용하는 것으로 유명한)에 놀아나는 것 아니냐는 의심을 덜게 될 것이다. 이러한 접근방식은 엘리트에 속하는 사람들에게도 좋다. 돌아가서 자신들이 받은 인상을 북한 사회에서 정말로 중요한 사람들과 조용히 공유할 것이기 때문이다. 마지막으로 개인간 교류는 북한 사람들에게 수십 년에 걸친 북한의 침체가 끝났을 때 매우 긴요해질 지식과 기술을 소개하는 데 도움이 될 것이다.

북한 당국이 상당한 숫자의 학생·과학자·관료들을 미국으로 보내는 데 동의할 듯싶지는 않다. 그리고 이들이 남한을 방문하는 것은 사실상 불가능하다. 그러므로 대부분의 경우 교육 프로그램은 북한에게 호의적으로 보이는 나라들을 포함한 다른 나라에서 이루어게 될 것이다. 남한과 미국의 강경파들은 이를 문제 삼을 수 있겠지만 결국에는 그들의 생각이 틀렸음이 밝혀질 것이다: 외부 세계와의 '모든' 교류는 북한의 변화를 촉진시키는 데에 좋다.

당연히 이러한 프로그램에 대해서 북한 정부는 돈을 내려 하지 않을 것이다. 오랫동안 북한을 연구해온 에이던 포스터 카터의 말을 빌리자면, 북한의 지도자들은 돈을 내는 것처럼 천박한 짓은 결코 하지 않는 사람들이다. 그렇지만 학술 및 개인 교류 프로그램을 재정적으로 지원해야 할 필요가 있으며, 여기서 제3국의 정부 기관들이나 또는 개인 재단들이 일정한 역할을 맡을 수 있다.

이러한 일은 정치적으로 어려울 수 있다. 개인적인 경험으로 필자는 선진국의 외교관들이 북한과의 교류를 공개적으로 지지하기를 꺼린다는 것을 안다. 그러한 교류가 워싱턴에 남한과의 국제적 연대를 저버리고 잔혹하고 혐오스러운 정권에 보상을 주는 행위로 비쳐질 수 있다는 두려움 때문이다. 국제교류 문제에 대한 보수파의 자세를 생각해볼 때 그런 두려움은 수긍할 만하다. 안타까운 일이다. 교류는 북한 엘리트에게 보상을 주는 방편이 아니라 오히려 북한 사회를 변화시키는 방법이고, 그리하여 북한 엘리트의 권력을 느슨하게 만드는 방편이기 때문이다.

학술 교류 외에도 북한 사람과 외국인(특히 남한 사람)과의 교류에 도움이 되는 환경을 조성하는 모든 활동을 장려해야 한다. 사실 개성공단이 매우 좋은 아이디어인 것은 이 때문이다. 남한과 북한의 사람들이 함께 일하면 통제되지 않은 자유분방한 교류가 많이 일어날 수 있다.

북한 정권의 입장에서 볼 때 개성공단을 승인하고 심지어 장려하기까지 한 김정일의 결정은 커다란 실수였다. 어쩌면 북한의 집권층이 저지른 가장 큰 실수일지도 모른다. 이들의 생존은 주민들을 외부 세계에 무지한 상태로 유지시키는 능력에 달려 있기 때문이다. 개성공단은 북한 당국에게 상당한 수익을 가져다줄 수 있다. 그러나 한편으로 개성공단은 개성에 살거나 가족 또는 친구가 공단에서 일하는 북한 주민 15만~20만 명의 세계관을 급격하게 바꾸어놓았다. 공단에서의 비정치적인 상호작용으로 비롯될 정치적 결과에 대해, 필자가 몇 년 전 서울에서 모스크바로 향하는 비행기에서 겪었던 일과 연관지어 설명해볼까 한다. 비행기에서 필자는 50대 후반의 러시아 부부 옆에 앉고 있었다. 남편은 소련 시절에 필자의 고향인 레닌그라드에서 기술자로 커리어를 시작한 이로, 옷차림과 행동거지로 보아 꽤 성공한 사업가가 된 듯했다. 그는 필자에게 1970년대 중반 프랑스에서 온 기술자들이 새로 구입한 프랑스제 장비의 설치를 돕기 위해 공장을 방문한 이야기를 들려주었다. 공장의 '제1부(이는 KGB의 상주 지부를 말한다)'는 공장 사람들에게 정치 이야기만 하지 않으면 프랑스인들과 대화할 수 있다고 말했다. 프랑스 기술자들도 위험한 주제의 이야기를 하지 않았다. 어느날 밤, 프랑스제 장비가 작동을 멈추었다. 집으로 돌아가기에는 너무 늦은 때라 프랑스 기술자들과 러시아 기술자들은 수리팀을 기다리며 차를 마시고 대화를 하며 밤을 샜다. 대화 중에 프랑스 기술자는 이렇게 말했다. "당신들은 여기서 무척 행복하군요!" 진심이었는지 아니었는지는 몰라도 러시아 기술자는 애국자스러운 답변을 했다. "우리 사회주의 체제 덕분에 행복하지요!" 그러나 프랑스 기술자는 그냥 넘어가지 않았다. "당신들의 삶은 정말 아주 형편없습니다. 하지만 얼마나 형편없는지를 모르기 때문에 당신들이 행복한 거예요!" 물론 이러한 대화가 이 사람의 삶을 송두리째 바꿔 놓는 경험은 아니었다. 원래 단번에 인생을 바꾸어 놓는 경험은 현실보다는 B급 영화에서 더 흔하다. 그렇지만 프랑스 기술자와 나눈 그 때의 대화는 35년이 지난 후에도 러시아 기술자의 기억에 남아 있다.

이러한 관점에서 2007년 노무현정부가 논의했던 두번째 공단 건설 계획을 2008년의 이명박정부가 연기하고 취소한 것은 안타까운 일이다. 더 많은 공단이 생길수록 더 좋은 결과로 이어질 것이기 때문이다.

공단과 그 밖의 남북 협력사업이 가지는 매우 중요한 이점은 북한 사람들에게 현대적인 산업 환경과 현대 기술을 소개하는 역할을 한다는 것이다. 이러한 사업을 통해 북한 사람들은 실질적인 제조기술들을 익힐 수 있다. 이러한 기술이 특별히 뛰어난 것은 아니겠지만 장래에는 이런 대단치 않은 기술들도 큰 차이를 만들 수 있다. 그러므로 북한을 변화시키고 싶다면, 북한과 외부 세계와의 교류, 특히 남북간 교류를 적극적으로 장려해야 한다. 설사 표면적으로 그러한 교류가 돈을 제공하여 현 정권을 배불리거나 현재의 엘리트 구성원들에게 이득이 된다 하더라도 말이다. 이것이 바로 남한 우파들에게 수없이 비판과 비난을 받았던 햇볕정책이 결코 나쁜 생각이 아닌 이유이다. 햇볕정책이 상호주의 원칙에 입각하지 않은 것은 사실이지만, 북한처럼 궁핍한 나라를 상대하면서 상호주의를 기대할 수는 없다.(그리고 물론 정책의 목표는 북한을 바꾸는 것이어야지 북한과의 협력을 통해 경제적 이득을 취하는 것이 돼서는 안 된다.)

안타깝게도 지금 이 책을 쓰는 시점에서 전면적으로 햇볕정책이 재개될 것 같아 보이지는 않는다. 반대자들은 햇볕정책이 자원의 낭비이고 최악의 경우에는 잔학한 정권을 도와주는 짓이라고 굳게 믿는다. 이들은 본질적으로 북한을 무시하는 현재의 방식에 더 많은 기대를 걸고 있다. 이러한 정책 노선은 이념적으로 편향된 유권자들에게는 인기 있을지 모르나, 실제 결과는 의도했던 바와 매우 다를 것이다. 그러한 정책은 김씨 가문 정권의 기대수명을 연장시킴과 동시에 한반도에 불필요하게 높은 수준의 긴장상태를 유지시킬 것이다. 남한의 보수파가 자신들이 잘못 생각하고 있음을 깨닫지 못하고 이 가짜 강경 노선을 몇 년 더 밀어붙일 수도 있다. 이들의 완고함은 실로 시간낭비라고 할 수밖에 없지만, 그동안에도 많은 것들을 할 수 있으며 역설적이게도 이를 시행하기에 가장 적합한 사람들은 바로 보수파인 듯싶다.

### 통일의 꽃

1989년 여름, 평양은 제13차 세계청년학생축전이라는 성대한 국제 행사를 주최했다. 이러한 행사들은 기본적으로 좌파 성향의 지식인들과 예술가들이 모이는 것으로, 소련과 공산권 국가들의 지원을 받았다. 당시 평양에서의 행사는 1988년 남한에서 성공적으로 치른 올림픽 대회에 대한 상징적인 대응이었다.(이때까지만 해도 북한은 여전히 남한과 경쟁하기 위해 열심히 노력했다.)

그해 여름 북한 주민들은 수많은 사건, 사람들과 맞닥뜨렸지만, 임수경이라는 여학생만큼 강한 인상을 남기지는 못했다. 임수경은 한국외대 재학생이었고 또한 전국대학생대표자협의회(전대협)이라는 좌파 성향의 민족주의적이며 전반적으로 친북 성향인 남한 학생조직의 활동가이기도 했다.

당시 남한의 학생운동에서 친북 성향의 학생들은 매우 중요한 역할을 하고 있었다. 따라서 남한의 강력한 학생운동조직이 평양에 대표를 보내기로 결정했다는 건 놀랄 일이 아니다. 군사정권이 무너지기는 했지만 여전히 강경한 반공론자들이 대다수였던 남한 정부는 북한에 대표단을 파견하는 것을 금지했다. 그러나 임수경과 다른 운동가들 몇몇은 이를 무시하고 평양으로 향했다. 지금도 그렇지만 당시에도 북으로 곧바로 갈 수 있는 길이 없었기 때문에 이들은 제3국을 통해 평양으로 향해야 했다.

북한에서 임수경은 상상할 수 있는 가장 성대한 환영을 받았다. 북한의 선전가들은 임수경을 하늘이 보낸 선물로 여겼다. 그녀는 아름답고 매력적이며 카리스마가 있는데다 북한식 스탈린주의의 영광에 대한 믿음으로 가득했다. 선전가들은 그녀를 남한 청년들의 표상인 것처럼 보여지도록 최선을 다했다. 북한 공식 언론의 말대로라면 당시 남한 청년들은 밤낮을 가리지 않고 비밀스레 김일성과 김정일의 저작들을 공부하며 미군 기지 앞에서 시위할 계획을 세우고 있었다.

적어도 그때 당시에는 상당 수의 남한 학생들이 북한을, 진보적인 지식인들이 '미국 신식민주의의 후진국 희생양'이라고 보았던 자본주의 남한에 대한 현실적인 대안으로 진지하게 믿고 있었다는 데는 의심의 여지가 없다. 그래서 서울에서 온 학생들은 그들을 안내하는 사람들이 당황해 할 이야기는 결코 하지 않았고, 북한 당국이 원하는 정치적으로 바람직한 발언들을 열심히 했다.

그러나 20년 이상이 지나고 나니, 임수경의 북한 방문은 북한 당국의 커다란 실수였다는 걸 알 수 있게 되었다. 임수경의 개인적인 믿음이나 그녀를 받아들인 북한 당국자들의 계산과는 상관없이, 임수경의 평양 방문은 북한이 공식적으로 퍼뜨리고 있던 남한에 대한 궁핍한 이미지를 크게 불식시켰다. 공식 매체에 따르면 남한 노동자들은 굶어 죽어가고 있었고, 그 아이들은 노동착취를 당하거나 구걸하거나 또는 가학적인 미군들의 군화를 닦아주며 비참한 삶을 살고 있었다. 당시에는 이러한 이야기들을 믿지 않는 게 어려웠을 것이다. 그러나 그런 선전은 완전히 잘못된 것이었다. 당시 남한이 선진 산업사회로 변모하면서 경제 기적을 일으키고 있을 때 북한은 정체되어 있었다. 그럼에도 불구하고 북한 사람들은 자신들이 사는 곳에서 불과 수백*km* 너머에 있는 곳에서 무슨 일이 벌어지는지 전혀 알지 못했다.

오늘날 우리는 당시 북한에서 '임수경 열풍'으로 무엇이 일어났는지 설명할 수 있다. 그녀는 공식 선전물에서 '통일의 꽃'으로 일컬어졌는데 이 별칭은 지금도 거의 모든 북한 주민들이 기억하고 있다. 북한 사람들은 그녀가 건강해 보이고 낙관적이며 옷 또한 잘 차려 입었다는 것을 알아챘다. 한동안 임수경은 북한 패션의 트렌드세터가 되었다. 북한 여성들은 '임수경 스타일 바지'를 입고 싶어 했으며(당시 북한 여성들이 작업장 외의 장소에서 바지를 입는 것은 금지되어 있었다), 그녀의 단발 스트레이트 컷을 따라했다. 북한 주민들은 또한 그녀가 종종 브레지어를 입지 않는다는 사실을 (충격과 함께) 발견했다. 사람들은 그녀가 원고 없이도 편하게 발언하는 것에도 놀랐다. 이는 북한 사람들에게는 상당히 드문 일이었다. 모든 정치적인 발언들은 미리 세심하게 준비하고 수없이 리허설을 하는 것이 이들에겐 당연한 일이었기 때문이다. 그녀가 북한의 슬로건과 모순되는 이야기는 전혀 하지 않았음에도 불구하고, 그녀의 진심어린 모습과 편안하게 사람들과 대화하는 모습은 북한 사람들이 익숙하게 여기던 것과는 사뭇 달랐으며 충격적이었다.

북한에서 한 달 반 정도를 보내고, 임수경과 또 다른 남한의 좌파 민족주의자였던 문규현은 남쪽으로 돌아왔다. 한반도의 분단에 항의하는 의미로, 이들은 남한의 법에 저촉되는 일이었음에도 불구하고 1989년 8월 15일 광복절에 판문점을 통해 비무장지대를 건너기로 했다. 둘은 군사분계선을 넘었고 그 즉시 체포되었다. 북한의 대중은 임수경이 위대한 희생을 했다고 여겼다. 그녀가 여생을 남한 독재정권이 만들어 놓은 지하감옥에서 끔찍하게 보내게 될 것이라고 많은 북한 주민들이 믿었다.

임수경은 물론 남한에 돌아온 이후 재판을 받았다. 당시는 물론이고 현재도 남한에서 실정법으로 유지되고 있는 시대착오적이고 반민주적인 국가보안법은 승인되지 않은 북한 방문 모두를 범죄행위로 규정하고 있다. 그에 따라 임수경은 5년형을 언도받았고 3년 반을 복역한 후 출소했다. 두말할 것도 없이 이는 부끄러운 판결이었지만 어쨌든 그것이 이 이야기의 핵심은 아니다.

북한의 선전가들은 또다시 오판했다. 임수경의 엄청난 인기를 활용하기 위해 북한은 서울에 살고 있던 그녀의 부모와의 인터뷰를 방송한 것이다. 남한에 대한 그들의 생각에 폭발적인 영향을 미쳤기 때문에 이 인터뷰는 많은 북한 주민들이 기억하고 있다. 북한 주민들은 남한에서 정치범의 가족들이 수도에 있는 집에서 그대로 머무르고, 직업도 유지하며, 기자들에게 자유롭게 이야기할 수 있다는 걸 알고 놀랐다. 인터뷰를 본 북한 주민들은 남한이 단지 정부에서 말한 것보다 훨씬 잘 살기만 하는 것이 아니라고 의심하기 시작했다. 주민들은 서울의 '파시스트 지배층'은 내부의 반발을 다룰 때에도 대단히 관대하다는 결론에 이르렀다. 필자는 북한 주민들이 2012년에 임수경(그녀의 시각은 별로 변하지 않았다)이 남한의 국회의원이 되었다는 사실을 알게 되면 더욱 깜짝 놀랄 것이라 생각한다. 그러나 1990년대 중반 이후 북한 매체는 임수경에 대해 보도하는 것을 멈추었다.

임수경의 방문은 커다란 변화들의 시작이었다. 그로부터 수년이 지난 1990년대 후반, 외부 세계에 대한 승인받지 않은 정보들이 북한으로 스며들기 시작했다. 대부분 비디오테이프와 (나중에는) 비디오CD나 DVD의 유포 덕택이었다. 또한 중국 접경지역 통제가 사실상 무너진 것도 한몫했다. 그러나 북한의 정보 봉쇄에 처음으로 구멍을 낸 것은 바로 북한 당국 자신이었다. 당국은 남한에서 자기네 정권이 얼마나 인기가 있는지를 보여주고 싶었지만 결국은 의도치 않게 남한의 경제적 성공과 정치적 자유의 증거를 제공하고 말았다.

## 주민에게 다다가기

개인 교류는 북한 주민들에게 외부 세계의 지식을 전해주는 가장 좋은 방법일 것이다. 공식적으로 허가된 활동 말고도 다른 채널로 같은 목적을 달성할 수 있다. 그리고 그러한 목적을 위한 모든 채널이 북한 정부의 마음에 들어야 할 필요도 없다.

이전까지는 북한의 지도부를 피해 북한의 주민들에게 다가가려는 시도에 대해 회의적일 수밖에 없었다. 김일성의 시대에는 정권이 고립정책을 철저하게 유지했기 때문에 검열받지 않고 교류할 수 있는 모든 채널이 안전하게 봉인돼 있었다. 그러나 최근 10년 동안 상황이 상당히 바뀌었다. DVD 플레이어는 흔하고 컴퓨터도 이제는 금시초문의 대상이 아니다. 주파수 변경이 가능한 라디오는 여전히 엄밀하게는 불법이지만 남한 DVD들과 함께 북한 내로 밀수되는 양이 점점 늘고 있다. 또한 북한 주민들은 자기들끼리 모여서 이야기하는 것을 이전보다 덜 두려워하며, 심지어 정치적으로 위험한 주제를 화제에 올리기도 한다. 당국 또한 여전히 법으로 남아 있는 오래된 규제들을 과거보다 덜 강제하고 있다.

이러한 변화는 오늘날, 수십 년 만에 처음으로 북한 주민들에게 승인되지 않은 지식을 직접적으로 전달하는 것이 가능해지고 있음을 의미한다. 북한의 정보장벽을 뚫는 것이 가능해졌으며, 북한 주민들도 한국전쟁 이후 그 어느 때보다도 비판적인 메시지를 받아들일 준비가 잘 되어 있다. 이러한 방법 중 첫번째로 라디오 방송을 들 수 있다. 공산주의를 겪은 국가의 일반 대중과 레지스탕스 지도자들은 냉전 시기 라디오 방송의 특별한 역할을 잘 알고 있다. 폴란드의 민주주의 운동 '연대'의 지도자였던 레흐 바웬사는 자유유럽방송Radio Free Europe이 폴란드의 반정부 운동에 미친 영향에 대한 질문을 받자 다음과 같이 유명한 답을 남겼다. "그건 형언할 수 없을 정도였다. 태양 없이 지구가 있을 수 있는가?"[3]

다행스럽게도 최근 몇 년 들어 북한을 대상으로 한 방송이 매우 늘었다. 인터미디어 그룹이 2009년 여름에 실시한 연구에 따르면 북한의 청취자를 대상으로 한 라디오 방송국이 다섯 개 있었다. 여기에는 남한의 정부가 운영하는 KBS와 남한의 기독교 방송은 포함되지 않았다. 전체 방송시간은 하루에 20.5시간(여기서도 KBS는 제외)이었다. 몇 년 전만 해도 전체 방송시간이 4~5시간을 넘지 않았다는 것을 고려해보면 이는 놀라운 발전인 것이다.[4] 청취자의 규모는 추정하기가 어렵지만 여러 출처의 자료들이 그 규모가 결코 사소하지 않다는 것을 보여준다. 예를 들어 2010년 초, 피터 벡은 청취자들의 수가 100만 명(총인구의 5% 가량)에 달했을 수 있다고 추정했다.[5]

북한의 청취자를 대상으로 하는 방송은 주로 KBS, 자유아시아방송Radio Free Asia, 미국의 소리Voice of America와 같은 정부가 운영하는 대형 방송국들이 하고 있다. 탈북자들이 운영하는 소규모의 방송국도 몇 개 있다. 이들은 자금이나 전문성은 부족하지만 열의만큼은 뒤지지 않으며 북한 내부에서 중요한 정보를 수집하는 비밀스러운 인맥을 갖고 있기도 하다. 크든 작든 이러한 방송국들은 보다 적극적인 지원을 필요로 한다.

또 다른 전통적인 매체로는 전단지를 들 수 있다. 전단지는 현재 탈북자 단체들만이 전적으로 날려 보내고 있다. 정부의 전단지 살포는 10년 전에 중단됐다. 필자는 풍선에 전단지를 넣어 보내는 방법의 효과에 대해 회의적인 편이다. 종이 한 장에 인쇄된 짧은 정보에 종종 노출된다고 하여 북한 주민의 세계관에 중대한 변화가 생길 듯싶지는 않다. 그럼에도 불구하고 이러한 노력은 계속될 것이다.

디지털 시대는 이때껏 활용된 적 없는 새로운 기회를 선사했다. 예를 들어 북한 내부에서 비디오CD와 DVD가 계속 유포되는 것은 외부 세계의 정보를 소개하는 다양한 기회가 되었다. 이제는 북한 시청자를 위해 특별히 기획한 영상물(특히 다큐멘터리)을 제작하는 것이 가능해졌다. 이러한 다큐멘터리들은 시각적으로 어필할 수 있기 때문에 보다 분명한 이점이 있으며, 따라서 라디오 방송에 비해 더 효과적일 수 있다.

디지털 기술은 문자 정보의 유포 방식 또한 단순화시켰다. 냉전 시대에는 방송이 더 많은 사람들에게 전달됐으며 더 큰 영향을 미쳤다. 인쇄된 서적은 다루기가 불편하고 몰래 숨겨와 복사하기가 어렵기 때문이다. 공산주의 국가에서 복사기는 공안경찰에게 면밀히 감시되었기 때문에 복사는 대부분 타자기를 사용해야 했다. 보통의 책 하나를 너덧 부 복사하는 데 일주일이 걸렸다. 서방에서 자주 이야기되곤 하던 지하출판물이 정권에 반대하는 소수의 지식인들 사이에서만 열람되었던 것이 바로 그 때문이다.

그러나 디지털 기술의 등장으로 인해 상황이 달라졌다. 책을 스캔하여 텍스트 파일로 변환하는 것이 쉬워졌다. 그렇게 변환된 수백 개의 파일들을 하나의 USB 드라이브나 DVD 한 장에 손쉽게 담을 수 있다. 1970년대였다면 그만한 분량의 텍스트를 복제하는데 수년의 타자 작업 또는 며칠간의 복사 작업이 필요했겠지만 이제는 몇 분 내로도 끝낼 수 있다. 전자책은 종이책보다 숨기거나 파기하기도 쉽다. 디지털 기술의 효용성은 책(그보다는 '디지털 도서관'이라는 표현이 적합할 것이다) 하나만이라도 국경을 넘기만 하면 북한 내부에서 계속 확산될 수 있음을 의미한다.

그 본성상 책들은 지식인들과 하층 엘리트에게 더 매력적일 것이다. 스캔된 자료들은 주요한 사회적 문제들이나 인문학에 대한 교과서들을 포함할 수도 있고 순전히 기술적인 자료를 담을 수도 있다.(특히 컴퓨터에 대한 교과서나 설명서에 관심을 기울일 것이다.) 잘 쓰여졌으며 건전한 논의를 하고 있는 다양한 책들을 소개하는 것이 중요하다. 완전히 상반된 주장까지 포함하여 각기 다른 여러 의견을 전해줘야 한다. 북한 주민들에게 지나치게 감상적인 선전이나 반공주의 장광설을 늘어놓아서는 안 된다. 그 대신 북한 주민들은 지적인 의견 차이나 논의에 익숙해져야 한다. 그들은 좌파와 우파가 쓴 글들, 열렬한 반세계화주의자들과 고집스러운 자유주의자들이 쓴 글을 두루 읽어야 한다. 현대 세계의 모든 복잡성과 불확실성들에 노출되어야 한다.

## 남한의 탈북자들: 왜 그들이 중요한가

나중에 체코공화국 대통령이 되는 바츨라프 하벨이 1970년대에 자국의 미래에 대해 말했을 때, 그는 '이면의 사회'가 맡을 역할을 특히 강조했다. 그는 체코슬로바키아의 공산주의 정권이 조직화된 저항을 불가능하게 만들 정도로 억압적(북한 기준에서는 어처구니없을 정도로 느슨하고 자유주의적이지만)이라는 것을 인정했다. 하벨은 그래서 저항하는 유일한 방법은 정권과의 연계를 최소화하거나 피하는 것이라고 말했다. 사람들은 공개적으로 시위를 할 수는 없었지만, 대신 중앙위원회나 당청년회, 정치학습 시간이 존재하지 않는 것처럼 삶을 사는 것이다.

하벨이 설명한 방식은 1970년대에 소련과 동유럽에 존재했었다. 정권 반대자들과 직접적으로 연계했던 것은 일부 소수자들뿐이었다. 그러나 많은 사람들이 공식 언사나 공식 이념과 완전히 동떨어진 채로 살고 있었다. 1970년대 말, 모스크바(바르샤바와 프라하는 제쳐두고라도)의 지식인들 사이에서는 누군가가 현재의 소비에트 정치 체제를 진심으로 지지하는 듯한 발언을 하면 거의 수상쩍게 여겨지곤 했다. 이러한 분위기에서 당의 언사나 당 정치는 궂은 날씨 정도로 취급되었다. 그에 대해서 어떻게 할 수 없다는 건 암묵적으로 인정했지만, 비가 온다고 해서 하루 일과를 중단하거나 삶의 소소한 기쁨들을 뺏길 이유는 없었다.

이러한 비정치적인(또는 약간 반대파에 기운) 지식인들의 분위기가 적극적인 반대자들을 만든 환경이 되었다. 또한 1980년대 말 공산주의가 허물어지기 시작했을 때 중요한 역할을 했다. 이들 중 많은 이들이 결국엔 정치적 운동가, 언론인, 심지어는 산업 경영자가 되었다. 후기 공산주의의 신흥 엘리트 상당수가 이 집단 출신이었다. 이들은 지식과 경험, 그리고 몇몇 경우에는 전국적인 명성과 도덕적 권위를 가진 사람들이었다. 이들은 또한 전복된 공산주의 정부들과 협력했다는 과거가 문제시 되는 일도 없었다.

대개 한 공산주의 국가에서 그러한 '두번째 사회'가 크고 더 영향력이 있을수록 공산주의 붕괴 이후의 사회 이행이 덜 고통스럽고 더 성공적인 편이었다. 한편으로 이는 슬픈 역설을 낳았는데, 공산주의 붕괴 이후 공산당 기관원들이 가장 혹독하게 심판받은 나라들은 보통 정권이 가장 덜 억압적이었던 헝가리·폴란드·체코슬로바키아 같은 나라들이었다.

안타깝게도 북한 정권은 주민 통제에 대해서는 언제나 가장 철저했다. 그 결과로 북한에서는 '두번째 사회'가 들어설 수가 없었다. 교육을 받고 경험이 있는 북한 사람 거의 대부분을 '종신 정권부역자'라고 이르는 것도 과언이 아니다. 김씨 가문은 주민들에게 국가로부터 자율적인 삶을 살 수 있는 어떠한 기회도 주지 않는다. 적어도 사회적으로 영향력 있는 사람들에게는 그렇다. 교육받은 북한 주민들 사이에서 몰래 정권에 반대하는 사람들은 존재하지만 그들은 의심을 자기들끼리 공유하는 것조차도 두려워하곤 한다.

'두번째 사회'의 부재는 단지 김씨 가문 정권을 강고하게 만들기만 하는 것이 아니다. 미래에 현 정권이 권력을 잃게 될 때 여러 가지의 문제를 발생시킬 것이다. 모두가 떳떳하지 못하며, 감추고 싶은 과거의 죄가 있을 것이다. 그래서 두번째 사회, 다시 말해 대안적 엘리트의 부상을 촉진하는 일이 중요하다. 그러나 아무리 방송과 디지털 정보의 확산이 교육받은 북한 주민들에게 현대의 지식을 전달하는 데 큰 역할을 한다 할지라도, 대안적 엘리트는 북한 내부에서 나오기가 어려울 듯하다. 희망은 남한의 탈북자 공동체에게 걸어야 한다.

북한의 탈북자들은 냉전 시기에 서방으로 도망간 동구권 사람들과 매우 다르다. 먼저 이들에게는 '망명'이라는 표현을 사용하기가 어렵다. 대부분은 굶주림이나 기타 비정치적인 이유들로 북한을 탈출했기 때문이다. 게다가 동구와 소련의 망명자들은 잘 교육받은 이들이었으나 탈북자들은 대부분 농부나 육체노동자들이다. 얼핏 보기에는 이러한 집단에서 두번째 사회가 발현할 것 같아 보이진 않는다.

그러나 상황이 그리 절망적인 것은 아니다. 첫째, 소수이기는 하지만 결코 간과할 수 없는 숫자의 잘 교육받은 탈북자들이 있다. 남한 바깥의 사람들이 흔히 생각하는 것과는 달리 이들은 남한 정부의 적극적인 지원을 받지 못하고 있다. 그래서 북한에서 기술자를 하던 사람이 남한에서는 중국집 배달일로 연명하는 광경도 놀라운 모습은 아니다. 이러한 사람들을 위한 지원체계를 갖추고 직업을 제공하는 것이 중요하다.

탈북자들은 남한에 와서도 하층계급이기 쉽다. 그러나 이들이야말로 남한이 북한 주민에게 쉽게 다가갈 수 있는 채널이자 계속 늘어날 탈북자 공동체의 역할 모델이라는 점에서, 남한 사회는 탈북자들에게 좀더 넉넉한 관심과 배려를 건네야 한다. (『서울신문』, 2012년 11월 7일자)

둘째, 여전히 스스로를 북한 사람으로 여기지만 교육될 수 있고 또한 교육받아야 하는 젊은 탈북자들이 있다. 특히 이러한 집단을 대상으로 하는 장학제도 도입이 절실하다. 석사와 박사 학위를 위한 장학제도가 특히 중요하다. 현재 대학에 입학한 탈북자는 무료로 교육을 받을 수 있지만 이러한 특전은 오직 학사까지만 부여되기 때문이다. 그러나 오늘날 70~80%의 고등학생들이 대학에 진학하고 있는 남한에서는 학사학위만 가지고는 충분하지가 않다. 고등학위가 중요한데 석사나 박사학위를 바라는 탈북자 학생들에 대한 제도적인 지원이 현재까지는 없다.

조만간 남한 정부에서 그러한 지원을 하지 않을까 기대하는 사람들이 있을지도 모르겠다. 그러나 안타깝게도 그렇지 않다. 국내 상황과 관련한 이유로 남한 정부는 그런 지원을 제공할 의사가 별로 없다. 다른 무엇보다도 그런 특혜적 대우가 남한의 석·박사학위 지원자들과 그 가족들의 큰 반발을 부를 우려가 있기 때문이다. 그래서 그런 장학제도는 외국의 기부자가 제공해야 할 것이다. 물론 이 작지만 점차 커져가고 있는 탈북자 공동체들의 정치적이고 문화적인 활동들, 이를테면 라디오 방송국이나 신문, 예술가 집단 등을 지원할 필요가 있다. 북한 출신으로서 남한에서 언론인이나 정책 분석가나 화가가 될 사람들이 더 필요하다. 하지만 건설 기술자나 회계사, 과학자, 정수처리 전문가, 의사를 비롯한 탈북자 출신 전문직 종사자들이 더 많이 필요하다.

이러한 사람들은 앞으로 적어도 세 가지의 역할을 하게 될 것이다.

첫째, 탈북자들은 보통의 북한 주민들에게 다가가기 위한 추가적인 (그리고 매우 효과적인) 채널이 될 것이다. 오늘날 탈북자들은 북한에 있는 가족과 친구들과 연락을 유지하고 있다. 중국의 휴대폰과 더불어 사람의 이동과 송금, 서신 교환을 맡는 브로커들의 네트워크 덕택이다. 예를 들어서 회계사가 된 탈북자가 싸구려 음식점에서 일하는 탈북자보다 더 중요하고 큰 영향을 줄 수 있는 정보를 북한에 보낼 수 있으리라는 것은 쉽게 이해할 수 있다.

둘째, 북한의 최종적인 붕괴 또는 변화가 마침내 오게 되면 이들 탈북 지식인들의 일부는 분명 비무장지대 북쪽에 있는 고향으로 돌아갈 것이다. 이들 중 몇몇은 정치적 또는 사회적 활동가가 될 것이고, 다른 많은 이들은 자신들의 기술적 능력을 다시 부흥하는 북한의 경제에서 사용할 것이다. 그들은 교육자나 강사로서 북한 사람들에게 남한에서, 그리고 넓게 말하자면 현대 사회에서 일을 어떻게 하는지를 가르치는 중요한 역할을 하게 될 것이다.

셋째, 부상하는 탈북자 전문가와 지식인들은 북한의 탈북자 공동체에 역할모델이 될 것이다. 이 공동체는 한반도가 어느 방향으로 가든지 성장하게 되어 있다. 오늘날 탈북자는 남한 사회에서 하층계급에 속하는 편이다. 다른 소수자들의 경우와 마찬가지로 이러한 낮은 사회적 지위는 자기영속적이다. 역할모델이 없다면, 젊은 탈북자들은 새로운 사회에서 적응하면서 성공하기 위해 열심히 노력하지 않을 것이다. 그리고 이로 인해 나중에는 쓴 대가를 치르게 될 것이다. 탈북자 가정에서 반항하는 십대 아들에게 어머니가 외과의사가 된 삼촌이나, LG에서 디자이너가 된 이모의 이야기를 해줄 수 있다면 분명 큰 도움이 되리라.

제6장

The Real North Korea

미래를 위한 준비

장기적으로 현 북한 정권이 파국을 맞이하리라는 데는 의심의 여지가 별로 없다. 태생적이며 치유가 불가능한 경제적 비효율성과 그로 인해 꾸준히 벌어지고 있는 주변국(특히 남한)과의 소득 격차를 줄이지 못한다는 점은 북한 정권의 아킬레스건이다.

장기적으로 외부 세계와 대부분의 북한 주민들은 김씨 가문 정권의 붕괴로 이득을 얻을 것이다. 그러나 우리는 자유 투사나 혁명가 그리고 이상주의적 정치인(이런 정치인은 드물기는 하지만 분명 존재하기는 한다)들처럼 생각해서는 안 된다. 비효율적이고 잔혹한 북한 정권의 파멸이 곧바로 행복한 삶으로 이어질 것이라고 믿어서는 안 된다. 모든 역사가들이 너무나 잘 알고 있듯, 정반대로 모든 성공한 혁명과 독립, 자유의 성취는 상당한 정도의 분열과 혼돈을 가져온다. 훗날 보아서는 거의 아무런 문제도 없는 것 같았던 혁명들도 마찬가지다. 안타깝지만 미래의 북한 혁명은 부드럽게 진행될 가능성이 거의 없다. 그 뒤를 따르는 사건들은 분명 고통스러울 것이다. 북한 정권의 붕괴는 곧 북한 회복의 길고 지난한 여정의 시작이 될 것이다. 김씨 가문 정권의 오랜 악정이 낳은 폐단들을 정리하는 데는 수십 년이 걸릴 것이며, 유감스러운 과거의 몇몇 자취들은 몇 대를 걸쳐서도 남아 있을 수 있다.

이제는 김씨 가문 정권이 지나가고 나면 무엇이 일어날지, 그리고 북한의 회복을 덜 고통스럽게 하려면 어떻게 해야 하는지를 고민해야 할 때다. 간단하고 저렴하면서도 효과적일 가능성이 있고 당장 시행 가능한 조치들이 있다. 이를테면 앞서 논의한 대안적 엘리트를 육성하는 정책은 다가오는 변화의 고통과 충격을 완화하는 데 분명 도움이 될 것이다. 그리고 이제는 다가올 도전을 어떻게 다룰 것인지에 대한 솔직하고 금기 없는 대화를 시작할 때다.

## 완벽한 폭풍

수십 년 동안 한반도의 사람들은 통일이 한반도에 전례 없는 행복과 화합 그리고 번영을 가져다주는 중대하고 후련한 사건이 될 것이라고 믿어왔다. 장기적으로 볼 때, 말하자면 2133년 즈음의 역사가들의 시점에서 볼 때는 분명 그럴 것이다. 그러나 통일 직후의 수십 년을 살아가야 하는 한반도 주민들에게 이 시기는 격변과 사회 분열 그리고 심대한 충격의 때가 될 것이다.

누구도 언제 통일이 이루어질지 모른다. 이것만으로도 통일에 대한 준비를 어렵게 만든다. 게다가 통일은 갑작스럽게 다가올 것이다. 십중팔구 통일은 북한 정치권력의 위기나 정부 통제 붕괴의 결과로 일어날 것이다. 그러한 위기는 급작스레 발생할 것이며, 세계의 대통령들과 수상들조차도 자기네 외교관의 예측이나 정보기관장의 보고보다는 텔레비전 뉴스 보도로 그 위기에 대해 알게 될 것이다.

지금껏 세계는 한반도처럼 경제적·기술적 수준이 다르고 세계관이 다른 두 사회가 통일되는 모습을 본 적이 없다. 독일의 통일은 분명 하나의 선례이기는 하지만 동독과 서독은 남한과 북한처럼 동떨어져 있지 않았다. 모든 동독 가정에서는 1960년대 말부터 서독의 텔레비전 방송을 보았으며 친척 간의 방문이나 서신 교환은 쉬운 편이었다. 이는 대다수가 남한의 일상적인 삶에 대해 거의 아무것도 모르는 북한과는 전혀 다르다. 보통의 북한 주민은 남한에서의 삶에 대해 단 두 개의 정보원에 접근 가능하다. 남한의 지나치게 감상적인 드라마와 북한 공식 선전물의 괴담이다. 두말할 것도 없이, 두 정보원 모두 부족한 것이 많다.

### 통일의 비용

지난 15년 동안 사람들은 한반도의 통일 비용이 얼마나 들 것인지 추정하기 시작했다.

물론 이는 매우 추측성이 짙은 작업이다. 누구도 언제 통일이 일어날지(보다 정확히는 통일이 일어나기는 할 것인지) 모르기 때문이다. 게다가 북한 경제에 대한 믿을 만한 통계적 자료가 없다. 독일이나 지금은 잊혀진 편인 예멘의 통일 사례와의 비교는 인구학적으로나 경제학적으로 너무 달라 그리 유용하지 못하다.

또한 '비용'을 어떻게 정의하느냐에 따라 많은 것들이 달라진다. '통일의 비용'이 북한의 1인당 GDP를 오늘날 남한의 수준으로 올리는 데 드는 비용을 뜻하는 것인가? 아니면 그보다는 더 낮지만 괜찮은 수준의, 이를테면 남한의 절반 수준으로 올리는 데 드는 비용인가? 그도 아니라면 북한 경제에 다시 시동을 거는 데 드는 비용인가? 이러한 가정들이 각기 한 번씩은 다 사용이 되었으며, 그래서 예상할 수 있듯 비용을 어떻게 정의하느냐에 따라 각기 다른 연구들이 매우 다른 비용 추산을 내놓았다.

문제가 될 만한 또 다른 사항은 바로 통일의 이득에 관한 것이다. 통일의 비용이 이를테면 군비 지출의 감소나 시장 규모 확대 등의 요인들로 인해 상쇄될 것임을 의심하는 사람은 없다. 그러나 이러한 요인들은 예측하기가 어렵다. 어떤 연구자들은 이를 무시하기도 하고 또 다른 연구자들은 통일의 이득을 계산에 반영하려고 노력하기도 한다. 그럼에도 불구하고 모두가 한 가지에는 동의한다. 통일에는 매우 큰 비용이 들 것이다. 추정치는 2000억 달러에서 5조 달러까지 다양하다. 가장 작은 추정치만 해도 남한의 1년 GDP의 4분의1가량 된다. 가장 큰 추정치는 남한의 1년 GDP의 다섯 배이다.

2010년 전국경제인연합회는 통일 비용에 대해 스무 명의 남한 전문가들에게 설문을 실시한 바 있다. 추정치의 평균은 놀랍게도 3조 달러 수준이었다. 이 수치는 통일 이후 상황을 안정화시키는 데 드는 초기비용과 두 나라의 격차를 줄이는 데 드는 비용을 포함한다.[1] 전문가들에게 북한의 수입을 남한 수준으로 올리는 데 필요한 비용을 물은 것이 아니라, 단지 통일된 한국이 '단합되고 안정된 사회'를 만드는 데 드는 비용에 대해서만 질문했다는 게 특기할 만하다. 이 표현은 애매모호하지만 분명히 이런 천문학적인 투자를 하더라도 북한은 남한에 뒤쳐질 것임을 암시한다.

전경련이 선정한 전문가 패널은 시점에 대해서도 낙관적이지 않았다. 35%가 격차를 부분적이나마 줄이는 데 30년 이상이 걸릴 것이라고 보왔고, 25%는 그러한 작업이 20~30년이 걸릴 것이라고 보았다. 몇 개월 후 2011년 초에는 영향력 있는 정부 연구기관인 국가안보전략연구소의 남성욱 소장이 남한 국회에 통일 비용을 조금 더 적은 2조1000억 달러 정도로 추정한 보고서를 제출했다.[2]

물론 보다 낙관적인 의견들도 있다. 예를 들어 영향력 있는 사설 연구기관인 한미경제연구소KEI는 2012년 초 통일이 바로 일어난다는 가정 하에 그 비용이 2000억 달러가 될 것이라는 내용의 보고서를 발표했다. 이는 최근 발표된 추정치 중 가장 낙관적일 것이다.[3] 이러한 낙관론은 널리 공유되지 않는다. 2009년 크레딧 스위스는 통일 비용이 1조 5000억 달러에 이를 것이라고 추산했다. 이는 북한의 1인당 GDP를 10년 안에 남한의 60% 수준으로 끌어올리기 위해 필요하다고 추산한 액수였다.[4]

2010년, 당시 스탠포드대학 소속이었던 피터 벡은 북한의 평균 수입을 남한의 80% 정도로 끌어올리는 데 2~5조 달러가 들 것이라고 추산했다.[5] 이는 모든 추정치들 중 가장 높지만 어쩌면 정확한 것으로 밝혀질지도 모른다.

수치가 크게 오르락내리락 하는 편이라 너무 진지하게 받아들일 필요는 없어 보인다. 가용한 자료의 부족함과 불확실성, 역사적 선례의 부재를 감안하면 놀랄 만한 일은 아니다. 그렇지만 대부분의 추정치는 1조5000억 달러에서 2조5000억 달러 사이다. 이는 현재 1조 달러 정도인 남한의 전체 GDP보다 훨씬 큰 것이다. 이러한 비용의 규모를 생각해볼 때 남한 대중들이 통일에 대해 점차 조심스러워 지는 것을 그저 비판할 수만은 없는 노릇이다. 결국 통일의 비용은 남한의 납세자들이 내야 하는 것이고, 예상할 수 있듯이 그들은 이를 반기지 않는다.

사람들이 통일 비용에 대해 이야기할 때(오늘날 남한에서는 이러한 대화가 매우 흔하다), 보통은 남한의 납세자들에게 부과될 재정적 부담을 의미한다. 이 부담은 매우 클 것이지만, 남북통일은 대부분 별다른 해법이 없는 다양한 사회적 문제들 또한 야기할 것이다. 그렇기 때문에 통일 이후에 발생할 문제들을 개괄할 필요가 있다. 물론 여기서 언급한 것 외에도 전혀 예상하지 못한 많은 문제들이 발생할 것이다.

동구권에서 공산주의 정권을 무너뜨린 경험을 살펴보면, 고등교육을 받았고 도시에 살며 화이트칼라 노동자인 동구권의 중산층에 해당하는 이들이 이러한 운동에서 주도적인 역할을 했음을 볼 수 있다. 1980년대 후반 모스크바·프라하·부다페스트의 거리에 나가 민주주의와 시장경제를 요구한 사람들은 대부분 교사·하급 관리자·간호사·기술자 그리고 숙련된 공장 노동자들이었다. 만일 대중운동이 북한의 붕괴에 역할을 하게 된다면 북한에서도 비슷한 시나리오가 반복될 것이다. 그러나 현재 북한의 '중산층'은 통일 이후에 대부분을 잃게 될 사람들이다.

이는 통일이 북한의 의사나 사회과목 교사들 삶을 황폐하게 만들거라는 뜻이 아니다. 사실 그들의 절대적인 수입은 분명 즉각적이고 극적으로 상승할 것이다. 그러나 그들은 또한 자신들의 기술이 통일 이후의 사회에서 별다른 가치가 없다는 걸 발견하게 될 것이다.

북한의 전문직들은 이론은 탄탄하기 때문에 보통의 북한 기술자가 남한의 기술자보다 미적분을 더 잘할 수는 있을 것이다. 그러나 그들의 실용적·응용적 지식은 대부분 오래된 것이거나 현대 산업사회와는 별다른 연관이 없다. 미사일이나 핵개발 분야에서 일하지 않은 북한 기술자는 십중팔구 요즘의 컴퓨터를 써본 적도 없을 것이며 캐드CAD가 무엇인지도 모를 것이다. 그리고 요즘의 기술 매뉴얼이나 문서, 참고서적의 주요 언어인 영어도 거의 구사하지 못할 것이다. 평범한 북한 기술자는 대부분의 경력을 1960년대 소련 구식 장비를 유지보수하는 데 바쳤을 것이다. 남한 고용주의 입장에서, 그런 사람은 기술자로서 가치가 없다.

기근 시기에 북한에서 일했던 사람들은 모두 의사들의 놀라운 솜씨와 헌신성에 대해 말한다. 이들은 빈 맥주병을 가지고 정맥주사용 병을 만드는 법을 알고, 또한 1930년대의 장비를 가지고 어떻게 복잡한 심장수술을 하는지를 안다. 그러나 통일 이후에 북한 의사들은 자신들이 현대의학에서 표준적으로 사용되고 있는 약품과 수술법의 90%는 들어본 적도 없다는 사실을 곧바로 깨닫게 될 것이다.

교사와 교수들 또한 심각한 문제에 처하게 될 것이다. 기하학이나 유기화학처럼 이론적이고 비정치적인 과목을 가르치는 사람들은 직업을 유지할 수 있겠지만 나머지, 특히 인문학을 가르치는 사람들은 어떻게 될까? 보통의 북한 역사교사들은 실제로는 일어나지 않은 일들에 대해 많이 알고 있다. 이를테면 1919년 3·1운동에서의 김일성 가족의 역할이라든지 김정일이 존재하지 않는 백두산 밀영에서 보낸 어린 시절 같은 것 말이다. 그런데 그들은 한반도의 실제 역사를 결정한 사건들에 대해서는 거의 아는 것이 없다. 전통적인 조선의 문화에 대해 아는 것이라곤 그것이 '봉건 지배계급의 반동적 문화'라는 것뿐이다.

이 사람들을 재교육해야 한다고 주장할 수는 있지만 말처럼 쉬운 일이 아니다. 재교육은 많은 돈과 시간을 필요로 할 것이다. 몇몇 예외적인 능력과 운을 가진 사람들은 새로운 기술을 습득할 수 있겠지만 대다수의 북한 '중산층'에게 이는 불가능할 것이다. 절대적인 생활의 질은 급격히 오르게 되어 있다. 컴퓨터를 갖고 자가용을 몰며 매일 고기와 생선을 먹고 석양을 즐길 시간을 더 많이 갖게 될 것이다. 그러나 동시에 이들의 상대적인 사회적 지위는 하락할 것이고 대부분은 이를 굴욕으로 받아들일 것이다.

그러나 너무 엘리트에만 관심을 갖고, 상대적으로 특권을 누리고 있는 집단의 운명에만 걱정을 쏟아서는 안 된다. 대부분의 보통 북한 주민들 또한 흡수통일에 실망하게 될 충분한 이유가 있다. 얼마간 현재 북한 지역에 사는 주민들은 새로운 풍요를 향유하게 될 것이다. 통일 정부는 김일성이 한때 약속했던, 기와집에 앉아 쌀밥에 고깃국을 먹을 수 있는 기회를 곧바로 제공할 것이기 때문이다. 또한 새로운 개인적 자유도 누릴 것이다. 경애하는 수령 동지나 그의 가문이 등장하지 않는 노래를 들을 수 있다는 건 좋은 일이다. 그러나 그들은 곧 어쩔 수 없이 스스로를 남한의 동포들과 비교하게 되고 여전히 엄청난 차이가 존재한다는 걸 발견하게 될 것이다. 북한 주민은 통일이 자신들에게 남한 사람 수준의 삶의 질을 곧 가져다줄 것이란 생각으로 통일을 지지하고 어쩌면 심지어 통일을 위해 싸우기까지 할 것이다. 두말할 것도 없이, 이들이 곧바로 남한 사람 수준의 삶의 질을 누리게 되는 건 불가능하다.

대부분의 북한 주민들이 얼마 지나지 않아 자신들이 저임금의 비숙련 노동 말고 다른 일에는 적합지 않다는 사실을 알게 될 것이다. 이들 중 몇몇은 재훈련 과정을 겪겠지만 대부분은 저임금 노동이나 계단을 쓸면서 여생을 꾸려나가야 할 것이다. 그리고 이를 차별이라 여길 것이다. 실제로 남한의 탈북자들의 쓸쓸한 경험이 보여주고 있듯, 거의 틀림없이 북한 사람들에 대한 차별이 발생할 것이다. 그러나 차별이라

불리는 경우 대부분은 북한 노동자들의 현대적 기술 부족이라는 객관적인 약점을 반영하고 있기 십상이다.

몇몇 남한 회사들은 기술 수준은 낮지만 규율을 잘 따르며 저렴한 북한의 노동력을 발견하여 기뻐하리라. 그러나 많은 권위자들은, 현재 남한 경제가 필요로 하는 것은 저렴한 비숙련 노동력이 아니라는 데 동의한다.

많은 북한 사람들은 도시의 매혹적인 불빛을 따라 남한으로 옮겨 올 것이다. 서울은 현재 북한 지역에서 걸어서 한나절이면 갈 수 있는 거리에 있다. 북한에서 온 노동 이민자들은 남한의 비숙련 노동자들을 위태롭게 하여, 임금은 떨어지고 남북 주민들 사이에 상호불신은 커질 것이다. 몇몇은 각종 범죄행위를 시작할 것이고, 따라서 낮이건 밤이건 매우 안전했던 남한의 도시들은 통일 이후에 위험해질 수도 있다. 북한의 젊은 여성들은 아마도 조금씩 침체돼 가고 있던 남한의 성性산업 부흥에 일조할 것이다. 이 모든 일들은 예상할 수 있듯 남북이 서로를 바라보는 방식을 바꾸어놓을 것이다.

북한 주민들의 대규모 남한 이주가 상당한 사회 갈등을 일으킬 것이긴 하지만, 전체적으로 보아 더 큰 문제를 일으키는 것은 바로 북한으로 이주하는 일부 남한 사람들일 것이다. 동독 출신으로 한반도 문제에 대한 통찰력 있는 전문가인 루디거 프랑크Rudiger Frank는 필자와의 대화에서 이를 이렇게 표현했다. "한반도에 통일이 오게 되면 남한 사람들을 북한 사람들로부터 보호해야 할 필요가 있을 것이다. 그러나 북한 사람들을 남한 사람들로부터 보호하는 것이 훨씬 더 중요할 것이다. 특히 약탈적인 남한 기업들로부터 말이다."

그 외에도 심각하게 불거질 소지가 있는 여러 가지 문제들이 있다.

남한 정부가 결코 공식적으로 수용한 적 없는 1946년의 북한 토지개혁법도 그중 하나다. 과거의 지주들이 처형당하거나 위협을 받고 영원히 입을 다물게 된 중국과는 달리 대부분의 북한 지주들은 운이 좋게도 1946년과 1953년 사이에 남한으로 도망갔다. 그들은 토지 문서를 잊지 않았고, 그래서 엄밀히 따지면 북한에서 가장 경작하기에 좋은 땅의 상당 부분이 남한에서 행복하게 살고 있는 '법적 소유자'들의 것이다. 필자는 여러 차례의 경험을 통해 당시 지주의 2대 또는 3대 후손들이 이 오래된 토지 문서를 조심스레 보존하고 있음을 알고 있다.

남한의 경제성장 역사는 어처구니없을 정도로 수익성이 좋았던 부동산 투기의 역사이기도 했다. 예를 들어 서울 강남 압구정의 일부 지역은 1963년에서 1990년 사이에 땅값이 1000배 뛰었다.(이는 물가상승률을 반영한 후에 비교한 것이다!) 남한 사람들은 부동산의 잠재적 가치를 잘 알고 있다. 특히 나중에 사업체나 공장들이 많이 들어설 지역에 대해서는 더욱 그렇다. 다른 조치가 취해지지 않는다면 1946년 이전의 토지 문서를 가지고 있는 사람들은 북한의 궁핍한 마을로 가 소송을 걸어 북한 농부들에게서 그들이 가진 유일한 잠재가치가 있는 자산을 가져갈 것이다. 북한 농부들에게는 안타까운 일이지만, 1946년 이후에 남한으로 내려간 과거의 지주들은 현대 남한에서 크게 성공하였으며 많은 권력을 누리고 있는 편이다. 그들이 만일 '그들의' 자산을 갖기 위해 싸운다고 결심하면 성공할 가능성이 높다.

통일 이후의 부동산 시장에서 문제를 일으킬 사람들은 오래전 세상을 떠난 지주들의 욕심 많은 자손들만이 아니다. 북한 부동산에 투자하는 것은 장기적으로 매우 수지맞는 일이 될 것이다. 동시에 북한 내에서 부동산 암시장이 조금씩 발달하고 있기는 하지만 대부분의 북한 사람들은 부동산의 가치를 제대로 이해하고 있지 않다. 놀랄 필요는 없다. 필자가 1991년 소련에서 두번째로 큰 도시인 스탈린그라드에서 생전 처음으로 부동산을 샀을 때, 침실이 하나 딸린 아파트의 가격이 싸구려 러시아제 자동차보다 저렴했으며 새로운 IBM 컴퓨터(20MB 하드드라이브가 달린 IBM PC XT였다)보다 살짝 비싼 수준이었다. 남한의 부동산 투자자들이 '운'이 좋다면 북한 주민들을 쉽게 꼬드겨서 버려진 집을 새 냉장고나 일제 오토바이 가격에 살 수 있을 것이다. 두말할 것도 없이 도시의 북한 주민들은 곧 자신들이 속았다는 것을 깨닫고 통일의 현실에 대해 회의를 품게 될 것이다.

동유럽과 소련의 탈사회주의 이후의 경험은 공산주의 국가에 살던 주민들이 가진 또 다른 잠재적 약점들을 보여준다. 그들은 시장이 어떻게 돌아가는지에 대해 무지하고 때로는 무척 순진하기도 하다. 그래서 금방 부자가 될 수 있게 해준다는 갖가지 사업 계획들을 늘어놓는 사기꾼들에게 쉽게 속을 수 있다. 피라미드형 사기가 특히 흔할 것이다. 1994년의 러시아에서는 MMM컴퍼니라는 회사의 피라미드 사기가 500만의 구소련 시민들의 저축을 싹쓸이해버렸다. MMM사건은 정치적인 혼란으로 이어졌지만 이는 공산주의 이후의 알바니아에 비하면 아무것도 아니었다. 알바니아에서 몇몇 피라미드 사기는 알바니아 국민 전체의 ¼~½의 투자를 끌어내는 데 성공했다. 액수가 무려 12~15억 달러 정도였는데, 이는 인구 300만 명인 알바니아의 연간 GDP의 절반이었다. 1997년에 피라미드 회사들이 도산하자 짧지만 격렬한 내전이 일어났다. 이로 인해 500~1500명이 사망했다.[6] 여러 가지로 북한이랑 닮은 점이 많았던 루마니아 또한 카리타스라는 피라미드 회사의 도산으로 (폭력사태까지는 일어나지 않았지만) 큰 고통을 입었다.

안타깝게도 북한에서도 비슷한 사건들은 발생할 가능성이 많다. 북한 주민들은 북한 사회 내에서는 나름대로 영리할지도 모르지만 현대 자본주의가 돌아가는 방식에 대해서는 놀랄 만큼 순진하고 어리숙하다. 사실 우리는 이미 위험신호를 보고 있다. 최근의 연구에 의하면 남한에서 탈북자 다섯 명 중 한 명은 사기를 당하는데 이는 남한 전체 평균의 40배가 넘는 비율이다.[7] 북한 주민들은 약탈적인 외부인, 특히 남한의 약탈자들에게 손쉬운 먹잇감이다. 그리고 그 결과는 통일 이후의 한국에서 남북 사람들 간의 상호 이해에 도움이 되지 않을 것이다.

북한의 사회 변화는 모두에게 어려운 일이 될 것임은 자명하다. 그중에서도 가장 두드러질 집단은 바로 군대이다. 북한의 군대는 110~120만 명 정도로 추산된다. 이들 중 대부분은 군 복무의 개념을 확장시킬 때만 군인으로 볼 수 있다. 이들은 기초적인 군사 기술을 배우기는 하지만 기본적으로는 급료를 받지 않는 노동자들이다. 그러나 북한군은 상당한 숫자의 전사들도 보유하고 있다. 30~40만 명으로 추산되는 이들은 성인이 된 이후 평생 동안 총칼로 사람을 죽이는 기술을 익혀왔다. 이들은 특작군이나 평양방어사령부 또는 기타 엘리트 부대 소속이다.

통일 이후 이들은 달갑지 않은 상황에 놓이게 된다. 평생을 직업군인으로 살아온 이들은 민간인이 가진 최소한의 기술조차도 갖고 있지 못하기 때문이다. 또한 이들은 공식 가치체계가 붕괴되면, 다시 말해 주체사상과 김씨 가문에 대한 숭배가 공허한 거짓말이 지나지 않는다는 것을 갑작스레 깨닫게 되면 가장 큰 타격을 받을 사람들이기도 하다. 일부는 경비원 등으로 박봉을 받으며 생활하겠지만 다른 많은 이들은 범죄의 세계에서 보다 많은 돈을 벌 기회를 노릴 것이다.

## 잠정적인 연방제: 그나마 가장 수용할 만한 대안

이제 통일의 많은 이점을 살리면서도 부정적인 결과를 완화시킬 수 있는 방안에 대해 살펴보자.

가능한 해결책 중 하나는 과도기적인 연방제를 만들어 남북이 상당한 정도의 자치를 유지하고 각기 다른 사법제도와 통화 체계를 유지하는 것이다. 그러한 연방제의 주요 과제는 진정한 통일을 위한 토대를 쌓고, 북한의 미래 변화로 발생할 수 있는 치명적인 영향을 완화시키는 일이 될 것이다.

연방제는 과거에도 여러 번 제안된 바 있지만, 거의 모든 경우가 남북의 정권들이 연방제 국가를 만드는 데 동의한다는 가정을 하고 있었다. 말할 것도 없이, 북한의 지도자들이 그런 연방제 국가에서 남한과 공존할 수 있으리라고 믿으려면 무척 순진해야 할 것이다. 어떻게 해서 북한이 그런 위험한 계획을 받아들인다 하더라도 곧바로 북한 주민들은 위험할 정도로 불온해질 것이다.

실제로는 북한의 정권이 전복되거나 극적으로 변화하여 새로운 평양의 지도부가 남한의 영향을 두려워할 이유가 없을 때에만 연방제가 가능할 것이다. 다시 말해 현실적으로 김씨 가문 이후의 정부만이 잠정적 연방제에 동의하리라고 기대할 수 있다는 것이다. 이 새로운 정부가 대중혁명을 통해서든 쿠데타나 다른 것에 의해서든, 어떻게 권력을 잡게 되느냐는 그리 중요하지 않다. 이 정부가 진심으로 남한과 통일을 원하기만 한다면 연방제 체제에 참여할 것이다. 격심한 안보위기가 발생해 남한 단독의 또는 국제적인 북한 평화유지작전으로 이어지는 경우에도 잠정적 연방제의 발생은 여전히 가능한, 그리고 매우 바람직한 한반도 통일의 방안이다.

잠정적 연방제는 제한적 기간 동안 운영돼야 한다. 10~15년 정도가 이상적인 기간일 것이다. 더 길어지면 평범한 북한 주민들을 소외시킬 것이고, 결국 연방제 계획이 자신들을 저렴한 노동력으로 이용하면서도 남한의 생활양식을 완전히 향유하지는 못하게 만드려는 음모라고 여길 것이다. 반면에 기간이 너무 짧으면 심도 깊은 변화와 해야 할 일을 마무리하기에 불충분할 것이다.

이러한 잠정적 체제가 해야 할 일 중의 하나는 국경간 이동을 통제하는 일이다. 일종의 비자 체계를 만들어서 국경간 이동 통제를 확실하게 정해진 (그리고 합리적인) 일정에 따라 점진적으로 완화시키는 것이다. 예를 들어서 처음 다섯 해 동안에는 남북을 오가는 모든 개인적인 여행은 비자 형식의 허가를 받아야 하며, 북한 사람들은 일반적인 경우에는 남한에서 직업을 얻거나 장기 거주를 할 수 없도록 할 수 있다. 그리고 차차 이러한 제한을 완화하고 마지막에는 해제시키는 것이다.

현실적으로 상황을 바라보아야 한다. 이러한 국경 통제는 북한 사람들이 남쪽으로 대규모 이주하는 걸 막는 데 특별히 효과적이지는 못할 것이다. 통일 후의 국경 경비대는 불법으로 국경을 넘는 사람들에게 총격을 가하지 않을 것이며, 남한이 너무 부유하고 매력적이며 또한 너무 가깝기 때문에 벌금이나 경미한 처벌은 미미한 효과만 있을 것이다. 무엇보다도 북한 사람들은 지난 20여 년을 비정상적일 정도로 엄격한 제재와 처벌을 구사하는 정권이 내걸은 수많은 규제들을 대담하게 무시하면서 살아왔다. 그러므로 남북간의 이민은 오직 북한에서의 삶이 짧은 시간 안에 충분히 매력적인 것으로 변해야 줄어들 것이다.

이러한 목표를 달성하기 위해 북한 사람들 또한 남쪽의 동포들 중 비양심적인 이들로부터 보호받아야 한다. 잠정적 연방제 체제는 다른 종류의 투자는 장려하되 남한의 개인과 법인들이 북한의 경작지와 주택을 사는 것을 엄격하게 통제(또는 금지)해야 한다. 그리하면 남한의 욕심 많은 부동산 업자들이 대규모로 북한의 토지를 헐값에 싹쓸이할 위험을 줄일 수 있을 것이다.

1946년의 토지개혁을 분명히 인정하고 과거 지주들의 소유권 주장을 무효로 선언하는 것도 중요하다. 과거의 땅주인들을 달래기 위해 부분적인 보상은 고려할 필요가 있겠지만, 필자는 대부분 부유하고 성공한 사람들인 옛 지주들의 손자들에게 그러한 보상이 진실로 필요할는지는 확신할 수 없다. 게다가 이들 중 많은 경우는 식민지 시대 일본의 권력자들에게 부역하면서 땅을 얻은 것임을 고려해보면 더욱 그렇다.

국영 협동농장의 소유권은 동네 주민들에게 분배되어야 할 것이다. 첫째 단계로, 현재 협동농장에 경작하고 있는 농부들에게 토지를 소유물로서가 아닌 무상임대식으로 주는 것이 바람직하다. 계속 해당 토지를 경작하여 식량을 생산하고 세금을 납부하면 5~10년 내로 완전한 소유권을 부여해야 할 것이다. 이는 북한 주민들이 남쪽으로 몰려가는 것을 줄임과 동시에 북한 농업을 부흥시키는 데에 기여할 것이다. 연방제 시대가 끝날 때쯤에는 북한의 토지와 부동산은 대부분(또는 전적으로) 안전하게 북한 거주자들(그리고 최근의 탈북자들) 개인의 소유가 되어야 한다. 북한의 농부들이 통일 이후에 동독 농민들이 한 것과 같이 협동농장을 다시 설립할 수도 있다. 그러나 이는 진정한 협동농장으로, 자발적인 농민 협동조직의 엉성한 탈을 쓴 협동농장과는 거리가 멀 것이다.

연방제 체제는 북한의 전문직과 중산층의 문제를 완화하는 데도 도움이 될 것이다. 기본적으로 가장 어려울 초기 몇 년 동안 이들을 경쟁으로부터 보호할 수 있다. 연방제 체제 기간 동안, 이들을 재교육하고 새로운 환경에 준비시키고 현대의 기술을 익히도록 도와주기 위한 특별한 노력을 기울일 수 있기 때문이다. 대부분의 북한 의사·교사·기술자들은 안타깝게도 적응하지 못할 것이지만, 10~15년의 준비기간은 적어도 의지를 갖고 있고 운이 좋은 이들에게는 기회를 줄 것이고 다른 이들에게는 다른 직업을 구할 수 있는 시간을 제공할 것이다. 이 준비기간 동안 이들은 자신들의 전문 분야에서 활동할 수 있어야 한다. 최소한의 재훈련이 권장되고 심지어는 의무적이 되기는 하겠지만 말이다.

남북의 군대는 통합돼야 한다. 통합군에서 북한 군인의 할당분을 많이(어쩌면 불균형할 정도로) 예비해두어야 한다. 전직 장교들이 통일 이후의 한국군에서도 직위를 유지할 수 있다면, 그들의 뛰어난 능력과 신실한 민족주의적 열의는 유용하고 안전한 배출구를 찾을 것이다.

연방은 또한 북한 주민들이 '저렴한 노동력'의 근원으로 남아 부유한 남쪽에 의해 이용(그리고 학대)당하지 않도록 보장하는 정책을 실시해야 한다. 노동조합의 설립과 활동을 촉진하는 것도 그런 활동의 하나가 될 수 있다.

자연히 부유한 남한은 북한에 크고 꾸준한 원조를 제공해야 할 수밖에 없다. 고정된 지원에 직접적인 투자(많을수록 좋다), 그리고 용도가 정해진 정부보조금이 필요하다. 어쨌든 단 하루만에 통화를 통합한 독일의 실수를 반복하지 않는 것이 좋다. 남북의 통화를 분리된 채로 유지하는 것이 보다 나은 선택일 듯하다.

서울 상위권 대학에서 '북한 주민 특별전형'을 실시하는 것도 생각해볼 만하다. 남한에서 기업이나 정치·문화계의 최고 직위는 거의 서울에 위치한 너덧 개 대학 출신들이 독점하고 있다. 이는 유감스러운 일일 수 있지만 어쨌든 조만간에 이러한 현실이 바뀌지는 않을 것이다. 북한의 학생들은 보통 시험 전에 벼락치기를 하는 극히 부담되는 교육체계에 적응하기 어려울 것이기 때문에 입시에서 경쟁력을 보이진 못할 것이다. 이들을 서울대나 연세대 같은 곳에 보낼 수 있는 유일한 방법은 입시에서 북한 주민을 우대하는 제도이다. 교육제도에서 지역이나 계층적 편향이 조금이라도 드러나는 데 민감한 남한의 학부모들은 이러한 우대 제도를 반기지 않을 것이다. 그러나 통일된 한국 사회를 다시 만들기 위해서는 이러한 희생이 필요하다.

통일 이후 연방제에서의 정치는 까다롭고 매우 논쟁적이 될 것이다. 현재로서는 두 가지 가능한 해법이 있는 듯하다. 첫째로 과도기 전체 또는 적어도 초기 몇 년 동안 북한을 외부 정부를 통해 운영하는 방법이다. 외부 정부는 서울에서 의해 임명할 수도 있고, 또는 급변사태가 발생할 경우 유엔에서 결의한 일종의 국제 행정부 같은 형태가 될 수도 있다. 안타깝지만 이러한 행정부는 자리에서 물러나기 전에 최대한 자신을 배불리려고 할, 욕심 많고 무지한 뜨내기들로 가득할 것이다. 그렇지 않으면 '북한 총독부'의 관료들 일부는 젊고 이상주의적인 남한의 관료들로 충원될 수도 있다. 이들은 개인적으로는 청렴하고 헌신적이겠지만 또한 놀랄 정도로 순진할 것이다.

다른 대안으로 급변사태 직후 북한에 민주정이 들어설 수도 있다. 이는 매력적인 대안으로 보이지만, 북한에 대안 엘리트가 거의 존재하지 않거나 미약하리라 가정하면 새로운 민주정권에는 김씨 정권 시절의 하급 관료들이나 적어도 그들의 자식 또는 가까운 친척들이 가득하기 십상이다. 이 태생적 기회주의자들은 냉큼 낯빛을 바꾸어 평생 동안 몰래 민주주의를 지지했다고 주장할 것이다.(동유럽과 소련에서 그랬던 것처럼.)

그들의 자식들은 훨씬 더 잘 나갈 것이다. 사실 엘리트의 제2세대는 부모들이 권력에서 축출당한 후에도 성공적인 삶을 살게 된다. 두 명의 입사지원자를 상정해보자. 한 명은 평양에서 가장 좋은 대학을 나왔고 그럭저럭 괜찮은 영어를 구사하며 훌륭한 사교력을 지닌 매력적인 여성이고, 다른 한 여성은 같은 나이지만 시골 출신으로 영어도 못하고 외부 세계가 어떤지에 대해서도, 현대 경제가 어떻게 돌아가는지도 모른다. 외국계 기업이나 남한의 기업이 김씨 정권 이후의 북한에서 채용을 할 때 이 두 지원자들 중 누구를 뽑게 될 것인지를 생각해보라. 선택은 자명하다. 그러나 첫번째 지원자는 십중팔구 당 간부(정치경찰의 훌륭한 심문관이거나 수용소 관리자일 수도 있다)의 딸일 것이다. 이는 현재 오직 연줄이 있는 사람들(북한의 경우에는 손을 더럽히는 사람들)만이 자기 자식들에게 위에서 말한 것과 같은 교육을 시킬 수 있기 때문이다. 그 여성의 매력적인 외모조차도 그녀가 연례적인 노동동원(야외에서의 중노동은 피부에 매우 좋지 않다)에서 면제받는 특권을 가졌다는 뜻일 수 있다. 반면에 불운하게도 아버지나 할아버지가 김일성의 노여움을 사 유년기를 수용소나 시골에서 보냈던 이들은 위의 두번째 여성과 같을 것이다. 시골에서 숨어 사느라 그녀는 김씨 정권 이후의 북한에서 성공할 수 있게 해줄 교육이나 기술을 습득할 기회조차 없었으리라.

필자는 역사가이다. 그래서 '정의의 승리'라는 생각에 면역이 되어 있다. 역사의 불의는 대부분 되갚아지는 일이 없으며, 많은 불의들이 그 불의를 저지른 사람과 그 후손 모두에게 후한 보상을 가져다준다. 그러나 도덕적 문제는 차치하더라도 김일성 시대의 엘리트에게는 심각한 문제가 있음을 인정해야 한다. 이들은 과거의 습관을 유지할 터, 거기에는 십중팔구 뇌물에 대한 놀라울 정도의 욕구가 포함되어 있을 것이다. 현대 경제학과 기술에 대한 그들의 이해는 '하층민'들에 비해서는 우월하겠지만 남한에서 통용되기에는 크게 미흡할 것이다. 게다가 북한의 민주정부는 밑으로부터의 압력에 의해 포퓰리즘적 결정을 내리기 쉬울 것이다. 평범한 북한 사람은 자기네 사회와 경제가 어떻게 운영되어야 하는지에 대해 특히 순진한 시각을 갖고 있을 것이며, 대중투표를 통해 도입된 몇몇 정책적 실수들은 크나큰 손실을 가져올 것이다.

궁극적으로 볼 때 두 해결책 모두 약점이 있다. 현재 상황에서 어떠한 노선을 선택하든 엄청난 실수들과 선동전, 상호 비방, 포퓰리즘, 그리고 정부 부패가 예상된다. 그럼에도 불구하고 전체적으로 볼 때 부패하고 비효율적인 민주정(북한의 변절자들이 운영하는)이 비효율적이고 부패한 총독정치(외부의 뜨내기들이 운영하는)보다 더 바람직하다. 북한 사람들에게 자신들의 문제를 스스로 해결할 기회를 주는 게 좋다. 그들은 실수를 저지르며 그 대가를 치를 것이고, 뭔가를 배울 것이다. 또한 그러한 실수에 대해서 외부인들을 탓할 이유가 줄어든다는 것도 중요하다. 북한은 북한 주민들의 나라이지 외국인(진심으로 북한 주민들이 잘 되기를 바라는 외국인들일지라도)들의 나라가 아니다. 또한 남한 사람들의 나라도 아니다. 그러므로 가능한 빨리 그들에게 권한을 주어야 한다.

통일 이후 가장 곤란한 문제들 중 하나는 김씨 정권의 생존을 책임지고 있으면서 강권을 행사했던 일군의 사람들과 당시의 고위급·중위급 관료들에 대한 처분이다. 남북의 많은 사람들이 비밀경찰 간부들이나 밀고자들 그리고 간수들을 응징하라고 강력히 요구할 가능성이 상당히 높다. 북한의 감옥과 수용소의 참상을 보여주는 생생한 자료들은 그러한 요구를 더욱 강화할 것이다. 이러한 태도는 고결하며 충분히 이해할 수 있는 것이지만 안타깝게도 비현실적이다.

북한의 공안기관에 있는 필자의 지인들은 보통 기관원 한 명이 성인 40~50명당 한 명의 정보원을 가지고 있다고 말한다. 이러한 증언은 서로 알지 못하는 각기 다른 사람들 사이에서 일치하고 있으며, 숫자에 대해 거짓말을 할 특별한 이유는 없다. 이는 대략 20~30만 명의 북한 주민들이 현재 활동중인 정보원이라는 것을 의미한다. 도중에 그만둔 정보원들도 틀림없이 존재할 것이므로 전·현직 정보원의 총합은 50만 명가량으로 볼 수 있다. 게다가 25만에서 50만 명에 이르는 이 북한 주민들은 살면서 특정 기간 동안 공안기관의 돈을 받고 활동했을 수 있다. 통일한국의 사법부 전체가 수년 동안 정치경찰 인원들과 전직 정보원들을 조사하지 않는 이상 이들의 행동에 대한 정직하고 공정한 수사는 불가능하다.

북한에서 관리직이나 전문직에 종사하는 엘리트는 소련과 동구권의 나라에서 그랬던 것보다도 더 지배 관료들과 긴밀한 연계를 유지한다. 이러한 긴밀한 관계는 김씨 정권의 잔재를 걷어내려는(1945년 이후 독일에서 벌어진 '탈脫나치화'와 유사한) 솔직하고 체계적인 노력이 곧 관리직이나 전문직에 있는 거의 모든 북한 사람들을 제거하는 것으로 이어진다는 것을 의미한다. 앞서 언급했던 것처럼 대안적 엘리트를 만들려는 노력이 통일 즈음에 충분한 능력을 갖추고 윤리적으로 흠이 없는 인물들을 많이 양성할 수 있다면 좋을 것이다. 그러나 우리는 너무 낙관적이어서는 안 된다. 그러한 대안 엘리트가 등장한다 하더라도 그들의 규모는 작을 것이다.

솔직해질 필요가 있다. 김씨 가문 독재의 수하들을 단죄하기란 거의 불가능하다. 그들의 수는 너무 많고 그들의 죄악은 수십 년 동안 계속되어, 오늘날에는 철저한 수사가 거의 불가능하다. 내부분의 희생자들은 오래전부터 통계의 수치로만 남아 있다. 슬픈 일이지만, 정권의 수하와 부역자들을 거부한다는 것은 유용한 경험을 갖추고 필요한 교육을 받은 거의 대부분을 거부한다는 것을 의미한다. 그래서 단죄란 단지 불가능한 것일 뿐만 아니라 매우 치명적일 수 있다.

김씨 정권의 사람들을 처벌하는 데 서둘러서는 안 되는 또 다른 중요한 이유가 있다. 김씨 가문 정권이 개혁을 그토록 완고하게 거부했던 주된 이유 중 하나는 평양의 엘리트 사이에 팽배한, 정권이 붕괴할 경우(개혁을 실시할 경우 그렇게 될 가능성이 크다) 현재의 엘리트들이 정치적으로 몰락하고 심지어 살육을 당하게 되리란 믿음이다. 이러한 공포는 단지 국가 운영 방식을 보다 합리적으로 전환하기를 거부하는 주된 이유일 뿐만 아니라, 북한의 엘리트와 그 지지자들(전체 인구에서 소수이지만 상당한 숫자다)이 최후의 위기가 일어날 경우 체제 수호를 위해 싸울 충분한 이유이기도 하다. 과거의 과오에 대한 명명백백한 대사면 약속이 전면적인 내전을 방지하는 데 도움이 될 수 있다. 이러한 약속이 받아들여지려면 불분명한 표현을 배제하고 나중에도 철회되지 않도록 해야 한다. 그리고 물론 그러한 약속은 지켜야 한다.

이것이 김씨 정권이 저지른 악행들을 무시하고 숨겨도 좋다는 이야기는 아니다. 남아프리카에서 실시한 적 있는 '진실화해위원회Truth and

Reconciliation Commission' 같은 것이 가능한 (그리고 매우 부분적인) 해결책이다. 남아프리카의 진실화해위원회에서는 아파르트헤이트(흑인 차별 정책—옮긴이) 시절의 범죄와 인권 침해를 조사했지만 이에 대해 판결이나 처벌을 내리지는 않았다.

또 다른 방법으로는 사회주의 이후의 동구권에서 사용한 것과 비슷한 정화법lustration 체계가 있다. 이 체계에 따라, 보다 두드러진 공산 정권 부역자(비밀경찰 간부, 고위·중간급 당 간부 등)들은 행정부의 중요 직위나 사법, 경찰 부서에서 일할 권리를 박탈당했다. 동일한 정책이 북한에서도 적용 가능할 것이지만 구엘리트의 너무 많은 성원들을 목표로 삼아서는 안 된다. 어떠한 의미에서는 북한에서 고등교육을 받은 모든 북한 사람들은 정권 부역자로 볼 수 있기 때문에, 이러한 정의는 가장 억압적이고 분명한 형태의 국가폭력에 적극적으로 가담한 사람들에게만(수용소 관리자들 같은) 적용되어야 할 것이다. 그들의 범죄에 대해 완전히 조사하는 것은 후대의 언론인과 역사가에게(그리고 범인들의 후손들에게도) 맡겨야 할 것이다.

김씨 가문 또한 이러한 면책에서 예외가 되어서는 안 된다. 이들(20~30명가량 된다)이 북한을 떠나서 다른 편안한 망명지로 향한다면 더할 나위 없이 좋을 것이다. 이를테면 마카오 같은 곳에서 중국의 통제와 보호를 받으면서 살 수 있을 것이다. 중국 또한 마카오가 특별행정구이기 때문에 독재자의 가족들에게 직접적으로 안식처를 제공한다는 비난을 피할 수 있다. 이들이 가장 잘한다고 소문난 것들을 하게 내버려두자. 각종 미식을 탐하고 여자를 쫓아다니는 것들 말이다. 이들 중 몇몇은 자신들의 계획이 부패한 관료들과 '복잡한' 내부 환경에 방해받지만 않았어도 고국에 믿을 수 없을 정도의 풍요를 가져다 주었으리라고 설득력 있게 설명하는 회고록을 쓸 수도 있다. 쫓겨난 정치인들이 늘상 하는 일이다.

현재 스위스와 홍콩, 마카오에 숨겨져 있다는 김씨 가문의 자산들을 몰수하는 것조차도 그리 좋은 생각이 아닐 수 있다. 그들이 훔쳐낸 수십억은 어차피 김씨 정권 이후의 북한을 재건하는 대사업에 별다른 도움이 되지 않으며 상대적으로 평화적인 정권 교체를 위해 부담할 만한 대가일 수 있다. 또한 억만장자의 삶을 살면 스스로를 순교자 또는 불공평한 박해의 희생자로 행세하기가 훨씬 어렵다는 것을 잊어서는 안 된다.

위에서 논의한 제안들은 많은 논란을 불러일으킬 것이고, 시행이 되면 후대의 역사가들로부터 '윤리적으로 미심쩍은 타협'이나 심지어는 '남북 엘리트끼리의 뒷거래'로 묘사될 것이고 따라서 '반민주적'이며 심지어 '비도덕적'이라는 평가도 받게 될 것이다. 필자는 역사가로서 미래의 역사가들이 독선적으로 구는 것에 대해서는 개의치 않는다. 그러나 현실에서 정책 결정은 나쁜 것과 더 나쁜 것 중 하나를 고르는 일이 되곤 한다. 위의 경우에서 필자가 제시한 방안의 대안은 훨씬 더 나쁘다. 북한의 비밀경찰들은 가족을 구하기 위해 북한 시민들에게 기관총을 겨눌 것이고, 궁지에 몰렸다고 여긴 군 장성들은 위험하고 심지어 자살행위에 가까운 벼랑 끝 전술을 구사할 것이다. 소외되었지만 그 규모가 크고 영향력이 있는 과거 정권의 하층 부역자들은 남한에서 보낸 뜨내기 정부 관료들을 혐오하는 북한의 보통 주민들과 연합할 것이다. 그리고 무엇보다도 대안을 선택한다고 하여 미래의 역사가들이 기뻐하지 않으리라는 것을 명심해야 한다. 전 정권의 부역자들에 대한 단호하고 철저한 (그리고 매우 비생산적인) 단죄는 미래의 역사가들의 저술에서 '마녀사냥'으로 남을 것이다.

## 진통제

우리는 지금까지 외교적 양보나 군사적·경제적 압박 어느 것도 북한 정권에 영향을 미칠 수 없다는 것을 보아왔다. 우리는 역사의 진행을 기다리면서 꾸준하고 인내심 있는 정책을 통해 그 진행이 보다 빨라지도록 해야 한다. 기다림은 길어질 수도 있다. 김정은의 세습이 향후 수년 내로 북한 정권을 붕괴시킬 일련의 사건들을 촉발시키는 것은 불가능한 일이 아니다. 그러나 마찬가지로 김씨 가문 정권이 이러한 도전들을 이겨나고 근본적으로 변하지 않은 채 2020년 또는 심지어는 2030년까지 살아남는 것도 똑같이 가능한 일이다.

그러므로 우리는 맞닥뜨리고 있는 이 만성적인 문제는 그 해결에 긴 시간을 필요로 한다. 아마 수십 년이 걸릴 것이다. 그렇다면 그동안에는 무엇을 해야 하는가? 미국과 남한 그리고 동아시아 주변국의 정부 대부분이 민주주의를 채택하고 있기 때문에 분명 주기적으로 새로운 의사결정자들의 집단이 나타나서는 전임자들이 저지른 실수들을 반복하게 될 것이다. 지난 20여 년과 마찬가지로 진자는 포용정책에 대한 지나친 낙관과 압박에 대한 과도한 희망 사이를 왔다갔다 할 것이다. 그러나 아무리 냉철한 현실주의자와 실용주의자가 집권할지라도 북한이 존재하는 이상 북한에 대해 뭔가 해야 한다. 북한의 핵개발, 벼랑 끝 전술, 그리고 국제사회에 대한 위험한(냉소를 담아 말하자면 이성적인) 행동으로 인한 안보 위험을 줄여야 한다.

북한 문제는 위에서 개괄한 장기 정책 중 하나를 사용하는 것만으로는 다룰 수 없다. 북한의 과도한 도발행위를 예방하고, 핵확산 위협을 줄이고, 평범한 북한 주민들의 고통을 완화시키기 위한 단기적 정책들 또한 필요하다. 그러나 이러한 단기 정책들은 본질적으로 일시적일 뿐이라는 사실을 잊어서는 안 된다. 질병 자체가 치료될 때까지 증상을 감추고 삶을 견딜 만하게 만드는 진통제가 될 수는 있겠지만 문제 그 자체를 해결하지는 못한다는 것이다.

그러한 단기 정책들 중 첫째는 북한 핵개발에 대한 사실상의 수용이 될 것이다. 물론 이것은 북한의 전략가들이 원하는 바로 그 일이다. 그들은 핵개발을 동결하고 금전적 보상을 받는 데 대해 더는 이야기를 하지 않고 있지만, 보상이 충분히 높다면 더 이상의 핵개발을 중단할 준비가 되어 있음을 여러 차례 내비친 적 있다.

'완전하고, 검증 가능하며, 되돌릴 수 없는' 비핵화는 김씨 가문 정권이 통제권을 행사하는 한, 어떤 미래에도 달성이 불가능하다. 앞서 개괄했던 다양한 이유 때문에 북한은 적어도 핵 전력의 일부를 유지할 것이다. 북한 지도부는 특정한 사안들에 대해서는(충분한 보상을 받는다면) 양보할 수 있어도, 이것만큼은 협상이 불가능하다. 제2차 핵실험 이후 워싱턴의 주류도 이를 알게 되었다.

그럼에도 불구하고 북한은 미국 에너지부 연구소의 소장을 지냈던 지그프리드 헤커 박사가 최근 제안한 해결책에 관심을 보였다. '핵무기를 더 생산하지 않고, 더 개량하지 않으며, 확산시키지 않는다'는 '세 개의 노no' 제안이다. 이는 외부 세계(이는 미국을 뜻한다)로부터의 양보와 보상을 대가로 북한이 현재 보유한 핵은 유지하되 핵 연구와 생산을 중단할 수 있다고 여기는 것이다.

보상이 흡족하다면 평양은 이 제안을 수용할지도 모른다. 사실 북한은 낡은 원자로가 더는 필요치 않다. 영변에 있는 핵 연구센터는 미국의 로스알라모스나 러시아의 아르자마스-16을 능가할 수 없으며, 핵무기 보유량을 늘려봤자 북한에 정치적으로 별 도움이 되지도 않는다. 영변의 시설은 이미 몇 개의 핵 폭발장치를 만들기에 충분한 플루토늄을 생산했으며, 이는 억제와 협박의 두 가지 정치적 목적을 충족시키기에 충분하다. 북한이 이 시설을 이용하여 핵 폭발장치의 보유량을 현재 추정되는 5~10개에서 50개 또는 100개까지 늘린다고 해서 북한의 억제력 및 협박 능력이 다섯 배 또는 100배가 되는 것은 아니다. 사실 큰 변화는 없을 것이다. 따라서 이 연구 및 생산시설들은 이미 퇴물이 됐으며 폐기해도 상관없다.

어쩌면 북한이 미국의 또 다른 걱정거리인 핵확산을 더 어렵게 만드는 조치를 수용하는 데 동의하여 미국의 부담을 덜어줄 수도 있다. 어떤 형태의 조치를 받아들일 수 있을지는 논의가 필요하지만 배와 공항 시설에 대한 불시 점검 등이 허용될 수도 있을 것이다.(북한의 외교관들은 자국의 주권을 실질적으로 제한하는 그러한 큰 양보에 대해 높은 대가를 요구할 것이다.)

현재 보유하고 있는 핵무기의 일부를 포기하는 문제도 협상이 가능할 수 있다. 어쩌면 북한은 금전적인 대가를 받고서 보유중인 플루토늄과 핵 폭발장치 몇 개를 포기할 수도 있다. 어쨌든 이러한 비핵화는 '완전'하거나 '검증 가능'하지는 못할 것이다. 사실 이러한 비핵화는 매우 제한적이어야 한다. 북한의 지도부는 적어도 자신들의 핵 능력에 대해 높은 수준의 모호성을 유지하거나, 이상적으로는 어느 정도의 무기급 플루토늄 또는 농축 우라늄과 몇 개의 핵 폭발장치를 보관할 수 있다는 분명한 또는 암묵적인 인정을 받아야 할 것이다. 플루토늄 또는 우라늄 비축량과 핵 폭발장치들은 억제력과 외교적 협박 도구의 역할을 수행하기 위해 지하시설 어딘가에 안전하게 숨겨질 것이다.

물론 이 '세 개의 NO' 제안에 심각한 약점이 없는 것은 아니다. 미국의 입장에서 그러한 계약은 북한이 핵 협박으로 보상을 받게 된다는 걸 의미한다. 실제로 북한은 핵확산금지조약에서 탈퇴한 국가 가운데 작동 가능한 핵 폭발장치 개발에 성공한 유일한 케이스다. 북한이 자신의 핵무기를 보존하는 것은 물론이고 미국으로부터 금전적 원조까지 뜯어내게 되면, 이는 분명 위험한 선례가 된다. 통제, 특히 핵확산에 관한 통제 또한 쉽지 않다. 북한이 또다시 상대를 속이기 위한 기회를 노릴 것이기 때문이다. 마지막으로 서명된 조약이 북한 지도부의 사고체계에 아무런 구속력을 갖지 못한다는 것을 명심할 필요가 있다. 북한은 오직 원조와 다른 대가를 꾸준히 받을 때만 의무를 지킬 것이다.

그러나 이러한 문제와 염려들이 실재함에도 불구하고 '세 개의 NO' 방식을 수용하는 것은 합리적이다. 다른 대안들은 보다 덜 매력적이기 때문이다. 북한 정부는 워싱턴이 무시하고 있다 하여 가만히 기다리지 않는다. 북한의 외교관들이 조용히 그러나 꾸준히 핵무기 구매 의사가 있는 곳들을 물색할 동안, 북한 기술자들은 더 많은 우라늄과 플루토늄을 생산하고 가용한 기술을 보다 가다듬기 위해 노력할 것이다. 미사일 기술자들 또한 작업을 계속할 것이고, 머지않아 미국 본토를 타격할 수 있는 장거리 운반 체계를 개발할 것이다. 2011년 1월, 미국 국방장관 로버트 게이츠는 북한이 "5년 내에 대륙간탄도미사일로 미국 본토를 타격 가능할 것"이라고 말했다.[8] 미국 군부의 수장으로서 로버트 게이츠는 자연스레 위협을 과장하고자 했을 수 있고, 일부는 그가 1980년대에 CIA의 수장으로 일하면서 소련의 미사일 위협을 과장했다고 추정한다.[9] 그렇다면 아마 5년보다는 더 걸릴 것이다. 그러나 어쨌든 김씨 가문이 정권을 유지하는 한 조만간 일어날 일임에는 틀림없다. 북한의 기술자와 스파이들이 열심히 할 일을 하는 동안 북한의 정치인들은 때때로 대립 상황을 조장하여 세계가 자신들의 요구를 무시할 경우 피해를 입힐 수 있음을 일깨울 것이다.

분명한 단점에도 불구하고 이러한 사태를 막기 위해서는 '세 개의 NO' 방식을 진지하게 고려하는 것이 좋다. 그러나 이 방식을 받아들이더라도 협상에 어떠한 환상을 가지고 임해서는 안 된다. 이는 단지 시간을 벌기 위한 것이며, 그러한 측면에서조차도 그리 완벽한 방식은 아니다.

또 다른 유용하고 가능한 임시방편으로는 현재 동면 상태에 놓여 있는 6자회담을 다시 재개하는 것이 있다. 표면적으로 6자회담은 과거에 북한의 완전한 비핵화를 위해 시작되었다. 이제 이 목표는 성취가 불가능하다. 보다 정확하게 말하자면, 대화는 이 목표를 성취하는 데 그리 많은 기여를 하지 못할 것이다. 그러나 그렇다고 하여 6자회담에 아무런 가치가 없다는 것은 아니다.

6자회담이 잘 수행할 수 있는 적어도 두 가지의 중요한 기능이 있다. 첫째, 그런 협상의 존재 그 자체가 북한의 내부와 그 주변의 안정에 기여한다. 6자회담은 지역 내 군사충돌의 가능성을 조금이나마 줄여준다.

그렇지만 특별한 중요성을 갖고 있는 것은 둘째 기능이다. 6자회담은 모든 당사국의 외교관들이 북한과 관련된 문제를 논의할 수 있는 편리한 자리를 만든다. 6자회담은 북한 비핵화라는 명목상의 목표를 달성하지는 못할 것이나 주요한 위기가 발생했을 때 서로의 입장을 확인하고 조율하기에 자연스러운 자리다. 새로운 위기가 발생하면(이는 조만간 발생할 것이다) 연관된 국가들이 다양한 문제들을 놓고 논의할 귀중한 시간이 거의 없을 것이다. 따라서 모든 주요 이해당사자들 간의 빠르고 신뢰할 수 있는 교류가 매우 중요해진다. 유엔의 거추장스러운 관료제나 통상적인 외교 채널은 그러한 위기 상황을 다루기에 충분할 만큼 효율적이거나 빠르지 못하다. 위험부담이 너무 크기 때문이다.

따라서 6자회담을 유지하는 것은 좋은 방안이다. 부분적으로는 긴장을 완화하고 현재의 문제를 다루기 위한 방편으로 사용될 것이나 대체로는 미래의 북한 관련 문제들을 빠르고 결단력 있게 논의할 수 있는 자리로 활용될 수 있다. 북한의 정권 붕괴시 발생 가능한 정치적·외교적 결과를 따져볼 때 이는 저렴하고 효과적인 방안이 분명하다. 그러나 주요 목표에서 시선을 거두면 안 된다. 바로 북한 내부에서의 정권 변화를 기다리는 것이다. 위에서 개괄한 조치들은 현실적으로 평가해야 한다. 단기적 정책들은 진통제일 뿐, 항생제가 아니다.

# 결론

 이 책에서 결론을 내리면서 무엇을 말해야 할까? 어쩌면 두 가지 나쁜 소식에서부터 시작해야 할지 모른다. 첫째로 북한은 문제다. 그리고 둘째로 이 문제에는 빠르거나 간단한 해결책이 없다.
 북한의 비극에 대해 누구에게 책임이 있을까? 거대한 불의와 불평등에 에워싸인 상황에서 초기 자본주의 체제에 대한 대안을 제시했던 1840~1850년대 몽상가적 서구 지식인들? 혹은 마르크스주의적(또는 레닌주의적) 방식을 민족구제의 방편으로 열렬히 숭상했던 1920년대 동아시아의 젊은 이상주의자들? 또는 조선의 인민들을 '해방'시키고 싶어 했으며 인접국에 우호적인 정부를 만들었던 노련한 소비에트의 지휘관들? 혹은 소비에트(내지 스탈린주의) 모델이 강력하고 풍요로우며 자랑스러운, 새로운 조국 건설의 청사진이 될 것이라 믿었던 1950년대의 북한 사람들? 북한 이야기에서 슬픈 부분은 주인공(혹은 주범이라고 해야 할까?)들 대부분이 대개 고귀하고 존경할 만한 동기로 행동한 훌륭한 사람들이었다는 것이다. 그들은 당시로서는 논리적으로 보였던 결정을 내렸다. 그렇지만 그러한 결정들이 누적된 결과는 쉽고 보편적으로 수용될 수 있는 해결책이 전혀 보이지 않는 완전한 난장판이다.

북한은 외부 세계에서 하나의 문젯거리로 남아 있다. 살아남기 위해 북한의 의사결정자들은 위험하게 사는 것 말고는 다른 선택의 여지가 없기 때문이다. 북한이 저지르는 (진짜이든 가짜이든) 핵확산의 시도나 핵과 미사일 실험, 그리고 가끔의 교전들은 북한 지도부가 미치도록 호전적이라든지 비이성적임을 보여주는 것이 아니다. 정반대로 이러한 행동들은 평양의 소수 엘리트의 입장에서 볼 때는 다른 가능한 대안이 없는, 꽤 합리적인 생존 전략이다.

우리와 같은 외부인들은 북한의 현 상황에서 일차적인 피해자가 아니라는 사실을 명심해야 한다. 가장 큰 고통을 겪고 있는 것은 북한이라는 비극의 주된 피해자인 북한 주민들이다. 동아시아의 다른 나라 주민들은 생활수준과 교육적 성취, 그리고 기대수명에 있어서 전례 없는 발전의 시대를 만끽하고 있으나 북한 주민들은 정치적으로는 억압적이고 경제적으로는 기괴할 정도로 비효율적인 체제에 갇혀 있다. 많은 이들은 버텨내는 방법을 찾았으나 전반적으로 볼 때 현재의 상황은 셀 수 없이 많은 생명들을 앗아갔으며 인간의 창의력과 에너지를 크게 낭비했다. 그런 일은 현재도 계속되고 있다.

게다가 북한 문제에는 아무런 손쉬운 해결책이 없다. 지금까지 서울과 워싱턴의 정책은 강경노선과 온건노선 사이에서 요동쳐왔다. 그러나 둘 중 어느 것도 북한 엘리트의 대내외적 행태에 별다른 영향을 끼치지 못한다. 이들은 돈을 쥐어준다고 하여 스스로와 나라를 바꾸지 못하며, 협박을 한다고 하여 개혁을 하지 못한다.

그럼에도 불구하고 희망적인 소식들도 있다. 북한 정권은 장기적으로 지속가능하지 않다. 미묘하고 자발적인 변화가 점차로 북한 정권의 이념적, 정치적, 심지어 경제적 기반까지도 부식시키고 있다. 북한 정부는 이러한 자발적 변화가 얼마나 위험한지 알고 있지만 달리 대처할 방안이 별로 없다. 이러한 부식은 되돌리기는커녕 멈출 수도 없다. 김정은과 그의 미래의 측근들이 북한판 '개발독재'를 지향하며 위험을 감수하고 개혁에 나서는 것이 불가능한 일은 아니다. 단계적인 발전이 보통은 극적이고 격렬한 격변보다는 낫기 때문에 일이 잘 되길 바랄 수는 있겠지만, 안타깝게도 그러한 개혁 정권은 너무나 가까우면서도 부유한 남한의 존재 때문에 안정을 유지할 확률이 거의 없다.

그렇다면 외부 세계가 할 수 있는 일은 무엇이 있을까? 솔직하게 말하자면 그리 많지 않다. 몇몇 수단을 사용해 변화를 요구할 세력을 만들어서 김씨 가문 독재의 느릿느릿한 부식을 가속화할 수 있으며, 다른 한편으로는 다가올 위기가 덜 혼돈스럽고 덜 고통스럽게 할 수 있다. 상황 진행을 가속화하는 것은 어느 정도 유익하다. 피할 수 없는 일이라면 몇 년이라도 빨리 일어나는 게 수용소에서 죽어나가는 사람 수를 줄이고 더 많은 사람들이 보다 나은 사회에서 살면서 일하고 자식을 키울 수 있는 기회가 늘어남을 의미하기 때문이다. 외부 세계에는 큰 위기가 한두 개 정도 줄어드는 의미가 있을 것이다. 그럼에도 불구하고 불가피한 것을 가속화하는 노력에 너무 열중해서는 안 된다. 아무리 감탄스럽고 유용하다 할지라도 그러한 노력들은 상대적으로 현 상황에 미치는 영향이 그리 크지 않을 것이기 때문이다.

통일 이후의 혼란에 대비하는 일이 더욱 중요하다. 통일은 지금까지 잘 예견되지 않았던 어려운 도전들을 가져올 것이고 북한 위기는 혼란스러울 수밖에 없기 때문이다. 물론 북한의 붕괴가 잠재적으로 얼마나 위험할지에 대해서는 많이들 이해하고 있지만, 사람들은 이 때문에 중국식의 단계적인 정권 변화가 '연착륙'을 가져올 수 있는 방법이라는 환상을 품기도 한다. 연착륙은 불가능하지 않으며 당연히 바람직하지만, 안타깝게도 가능성이 크지 않다. 대신 우리는 두 시나리오 중 하나와 맞닥뜨릴 가능성이 높다. 하나는 경착륙이며, 다른 하나는 현재 상태의 북한 정권이 일정 기간 좀 더 연명하다가 더 심한 경착륙을 하게 되는 것이다. 그러므로 바람직한 연착륙을 성취하기 위한 유일한 방법은 경착륙을 가능한 만큼 부드럽게 만드는 것이다. 보다 분명하게 말하자면 북한이 맞이하게 될 붕괴가 가져올 사회적·경제적 재앙을 완화시킬 방법을 찾는 것이다.

그러나 우리가 명심해야 될 문제 하나가 있다. 결국 북한을 변화시키는 데 도움이 될 정책은 그러한 변화를 추진해야 할 나라들, 무엇보다도 미국과 남한에게 별로 인기가 없을 것이다. 이러한 정책들이 값비싸거나 실시하기가 어렵다거나 불필요한 문제들을 만들기 때문이 아니다. 정반대로 이러한 정책들은 너무 저렴해서 몇몇 경우에는 개인들의 기여로도 효과를 낼 수 있을 정도이다.

그러나 이러한 정책들 모두에는 심각한 문제가 있다. 다음 선거 이후에나 성취할 수 있을 법한 목표를 위해 장기간 노력해야 한다는 것이다. 이런 식의 정책들은 민주정에서 인기가 없다. 최소한 정부 관료조직과 정치인 의사결정자들이 연루돼 있으면 그러하다. 대북방송 지원이나 탈북자들에게 장학금을 제공하는 정책은 1년에 수백만 달러 정도밖에 들지 않는다. 그러나 그 정책의 결과는 다음 세대나 느낄 수 있을 것이며 그 성과를 정책 덕택으로 돌리기도 꽤 어렵다는 걸 직업

정치인들이 깨닫게 되면, 이러한 정책들이 강력한 지지를 받을 거라 기대하기는 어려울 것이다.

우리가 상대하고 있는 정권이 억압적인 세습 독재정권이라면 강경책이 잘 팔린다. '우리는 악과 협상하지 않는다. 우리는 악을 무찌른다'는 고매한 주장이 사실상 무책임한 허세일 뿐이고 투표소 바깥의 세계에는 아무런 영향도 미치지 못하는 때에도, 그러한 주장은 정치인들의 자부심과 선거 결과 양쪽 모두에 매우 좋다.

온건파의 호소력 또한 마찬가지로 강력하다. 분명 북한의 의사결정자들 또한 '자신의 가족을 사랑하는 사람들'이라고 말하는 것은 호소력이 있으며 그들을 상대할 때 어느 정도의 친절을 보이는 건 상호 조화의 멋진 세상을 만드는 데 도움이 될 것이다. 북한의 지도자들 또한 자기 가족을 사랑하는 사람이라는 데는 의심의 여지가 없다. 사실 이런 고귀하고 훌륭한 감정이 그들이 저지르고 있는 일들의 주요한 이유 중 하나일 수 있다. 우리가 이미 살펴보았듯이, 북한의 지도부는 자신들의 미래뿐만 아니라 자신들이 사랑하는 이들의 미래까지도 정권의 존속 여하에 달려 있으며, 현 정권은 오직 노련한 외교적 벼랑 끝 전술을 구사하면서 국내에 공포정치를 넉넉히 행사해야 유지된다고 믿고 있다.

이는 윈스턴 처칠이 한때 "최악의 정부 형태"라고 표현한 현대 민주정치의 안타까운 현실이다. 그러나 처칠은 나중에 "이전에 시도되었던 다른 모든 형태의 정부들보다는 낫다"고 덧붙였으니 절망하지는 말자. 정부 관료기구가 특별히 관심을 갖지 않는다면 필요한 일의 일부는 사립재단 또는 개인들이 수행할 수 있으며 또한 그리 되어야 할 것이다. 북한과 외부 세계 사이의 교류를 증진시키는 모든 일들은 환영과 지지를 받아야 한다.

　북한의 역사는 고매한 이상과 좋은 의도가 어떻게 나쁘게 변할 수 있는지를 보여주는 또 다른 슬픈 사례이다. 북한을 세운 이들은 잔혹하고 간교했을 수는 있지만 결코 냉혈한 살인마라든지 권력에 굶주린 정치꾼은 아니었다. 그들은 오히려 완벽한 사회를 만들고 싶었던 신실한(또는 인정사정없는) 이상주의자들이었다. 그러나 그들은 잘못된 결정을 내렸고, 결과적으로 그들의 자식과 손자들은 잔혹하고 비효율적인 체제의 포로가 되었다. 이는 누가 의도한 결과가 아니었다. 북한에서 일어난 비극의 주인공 대부분은 합리적이고 보통 선의를 갖고 있던 사람들이었기 때문이다. 그럼에도 불구하고 그 결과는 재앙이었고, 여전히 재앙으로 남아 있으며, 이 재앙은 앞으로도 수년에서 수십 년까지도 계속될 것으로 보인다. 그 결과는 한반도 주민들을 다음 세대에도 괴롭힐 것이다.

- 주석

## 제1장

1. 북한 역사를 더 깊이 알고 싶은 사람들에게 최고의 입문서는 아드리안 부조의 짧은 저작이다. (그러나 이 책은 1965~1995년의 사건들을 주로 다루고 있다.) Adrian Buzo, *The Guerilla Dynasty: Politics and Leadership in North Korea* (Boulder, Colo,: Westview Press, 1999).
2. 최종석(Chay Jongsuk), *Unequal Partners in Peace and War: The Republic of Korea and the United States*, 1948-1953 (Wesport, Conn.: Praeger, 200), 32-33.
3. 북한 지도부의 파벌과 1940년대의 복잡한 국내 정치에 대해서는 Andrei Lankov, *From Stalin to Kim Il Sung: the Formation of North Korea*, 1945-1960 (New Brunswick: Rutgers University Press, 2002)를 참조하라.
4. 김일성에 대한 최고의 전기는 1980년대에 서대숙이 집필한 것이다. 당시는 소련의 문서가 공개되어 많은 추가적인 자료가 제공되기 전이었으나, 그가 1980년대에 쓴 대부분의 저작들은 문서 공개 이후에도 놀랄 만큼 오래 살아남았다. Dae-Sook Suh, *Kim Il Sung: The North Korean Leader* (New York: Columbia University Press, 1988) 서대숙 지음, 서주석 옮김, 『북한의 지도자 김일성』(청계연구소, 1990)을 참조하라.
5. 이러한 지시에 대한 (보존자료의 출처와 긴 인용까지 모두 포함한) 보다 상세한 논의에 대해서는 *Andrei Lankov, From Stalin to Kim Il Sung: the Formation of North Korea, 1945-1960* (New Brunswick: Rutgers University Press, 2002)를 참조하라.
6. 이 회의에 대한 (스티코프의 남아 있는 일기의 증거에 기반한) 상세한 묘사에 대해서는 전현수, 특별연구「쉬띄꼬프 일기」가 말하는 북한정권의 성립과정, 역사비평 1995년 가을호(통권 32호), 1995.8, 133-162를 참조하라.
7. 영문으로는 찰스 암스트롱의 훌륭한 연구에서 그러한 지원에 대한 수많은 증거들을 찾을 수 있다. 암스트롱은 한국전쟁 당시 미군이 노획한 다량의 북한 문서들을 참고했다. Charles Armstrong, *The North Korean Revolution, 1945-1950* (Ithaca, N.Y.: Cornell University Press, 2003).

8. 한국전쟁의 기원에 관한 새로운 증거들에 대한 최신의 검토에 대해서는 냉전 국제역사 프로젝트(Cold War International Project)의 자료를 참조하라. 특히 중요한 것은 캐스린 웨더스비의 예비 논문이다. Kathryn Weathersby, "Should We Fear This?" *Stalin and the Danger of War with America* (Washington, D.C.: Woodrow Wilson International Center for Scholars, 2004).

9. 1956년 위기와 그 결과에 대한 상세한 묘사는 Andrei Lankov, *Crisis in North Korea: The Failure of De-Stalinization, 1956* (Honolulu: University of Hawai'i Press, 2005)를 참조하라.

특히 중요한 것은 발라즈 샬론타이의 훌륭한 연구이다. 그는 김일성의 독특한 '민족주의적 스탈린주의'의 형성을 면밀히 추적하기 위해 동유럽의 문서들을 사용했다. Balázs Szaontai, *Kim Il Sung in the Khrushchev Era: Soviet-DPRK Relations and the Roots of North Korean Despotism, 1953-1964* (Stanford: Stanford University Press, 2005).

10. 만주 항일유격대의 교육적 배경에 대한 연구는 와다 하루키가 수행했다. 와다 하루키, 『김일성과 만주항일전쟁』(서울: 창작과 비평사, 1992), 303.

11. Bernd Schaefer, *North Korean "Adventurism" and China's Long Shadow, 1966-1972* (Washington, D.C.: Woodrow Wilson International Center for Scholars, 2004), 9.

12. 같은책, 5.

13. 같은책, 2.

14. 같은책, 7~9.

15. 1970년대의 차관 실패에 대한 연구는 그리 많지 않다. 기초적인 정보를 위해서는 Sophie Roell, "For North Korean Exposure Try Buying Its Debt," *Dow Jones Newswires*, Pyongyang, 2001년 5월 7일자를 참조하라.

16. 북한의 밀수에 대한 공개 자료를 포괄적으로 검토한 것으로는 Sheena Chestnut, "Illicit Activity and Proliferation: North Korean Smuggling Networks," *International Security* vol. 32 iss. 1 (2007): 80~111.

17. 일본 시민의 납치에 대해서는 많은 연구가 있다. 예를 들어 Patricia Steinhoff, "Kidnapped Japanese in North Korea: The New Left Connection," *Journal of Japanese Studies*, vol. 30, (Winter 2004): 123~142.

18. 조선족들의 북한 이주 이면의 정치학에 대한 상세한 연구로는 Tessa Morris-Suzuki, *Exodus to North Korea: Shadows from Japan's Cold War* (Lanham, Md.: Rowman & Littlefield, 2007) 참조.
19. 1969년 차드와 중앙아프리카공화국은 남북한 모두와 전면적인 외교관계를 유지한 최초의 국가들이 되었다. Barry Gills, *Korea Versus Korea: A Case of Contested Legitimacy* (London and New York: Routledge, 1996), 132페이지를 참조하라.
20. Mitchell Lerner, *Kim Il Sung, the Juche Ideology, and the Second Korean War* (Washington, D.C.: Woodrow Wilson International Center for Scholars, 2011).
21. 배급제의 시작과 1990년대의 붕괴에 대한 포괄적인 개관을 위해서는 노용환, 연하청,『북한의 주민 생활보장정책 평가 [국가배급제도를 중심으로] 』(서울: 한국보건사회연구원, 1997), 47~62 페이지를 참조하라.
22. 더 자세한 정보를 위해서는 Viola Lynne (ed.), *Contending with Stalinism: Soviet Power and Popular Resistance in the 1930s* (Ithaca, N.Y.: Cornell University Press, 2002), 173; Alex Dowlah, and John Elliot, *The Life and Times of Soviet Socialism* (Westport, Conn.: Praeger Publishers, 1997), 168 페이지를 참조하라.
23. Chad Raymond, "No Responsibility and No Rice: The Rise and Fall of Agricultural Collectivization in Vietnam," *Agricultural History* 1 (2008), iss. 1: 49.
24. Michael Nelson, *War of the Black Heavens: The Battles of Western Broadcasting in the Cold War* (Syracuse, N.Y.: Syracuse University Press, 1997), 163.
25. 연합뉴스 보도, 2011년 1월 18일자
26. 영문으로 된 북한의 수감 체제에 대한 가장 상세한 묘사는 David Hawk, *Hidden Gulag, Second Edition* (Washington, D.C.: U.S. Committee for Human Rights in North Korea, 2012)를 참조하라.
27. 같은책, 30.
28. 강철환의 회고록을 참조하라. 강철환,『수용소의 노래』(서울: 시대정신, 2005)
29. 강철환,「북한 교과서 속의 남한」,『조선일보』, 2001년 12월 7일자
30. 이효범, 최현호,「북한 교과서 분석을 통한 청소년 가치관 연구 : 고등중학교 공산주의 도덕 3,4학년 중심으로」,『북한연구학회보』, 2000
31.『조선민주주의인민공화국 2008년 인구통계』(평양: 중앙통계청, 2009)

32. *World Health Statistics 2011* (Geneva: World Health Organization, 2011), 116~122.
33. Brian Myers, "The Watershed That Wasn't: Re-evaluating Kim Il Sung's 'Juche speech' of 1955," *Acta Koreana*, 2006, iss. 9: 89~115.
34. 김정일, 『주체사상에 대하여』(평양: 조선노동당출판사, 1982), 7.
35. 김정일의 삶은 많은 저작들의 주제가 되었다. 하지만 김정일 정권의 특성상 사실과 뜬소문을 구분하기가 어렵다. 현재까지 영문으로 나온 가장 종합적인 김정일 전기는 Michael Breen, *Kim Jong-il: North Korea's Dear Leader* (Singapore and Hoboken, N.J.: Wiley, 2004)이다.
36. George McCune, *Korea* (Cambridge, Mass.: Harvard University Press, 1950), 56~57.
37. 앵거스 매디슨과 그의 연구진이 엮은 역사적 통계이다. 다음의 주소에서 내려받을 수 있다: www.ggdc.net/maddison/Historical_Statistics/horizontal-file_02-2010.xls
38. 북한군의 규모에 대해서는 Nicholas Eberstadt, *Korea Approaches Reunification* (Armonk, N.Y.: M. E. Sharpe, 1995), 51~72 페이지를 참조하라.

## 제2장

1. 무역 통계에 대해서는 Kongdan Oh, Ralph Hassig, *North Korea Through the Looking Glass* (Washington, D.C.: Brookings Institution Press, 2000), 44~45 페이지 참조.
2. Daniel Goodkind, Loraine West, "The North Korean Famine and Its Demographic Impact," *Population and Development Review*, vol. 27 (2001), iss. 2: 219~238
3. Pak Keong-Suk, "Economic Hardship and Famines since the 1990s and Their Impact on Population Dynamics in North Korea," Presentation at the 51 Asia Seminar at Waseda University, Tokyo, Japan, December 2010
4. Daniel Goodkind, Loraine West, Peter Johnson, "A Reassessment of Mortality in North Korea, 1993-2008," Paper presented at the annual meeting of the

Population Association of America March 31 – April 2, 2011, Washington, D.C.

5. Kim Byung-Yeon and Song Dongho, "The Participation of North Korean Households in the Informal Economy: Size, Determinants, and Effect," *Seoul Journal of Economics*, vol. 21 (2008), iss. 2, 373.
6. 김병연, 양문수, 『북한 경제에서의 시장과 정부』(서울: 서울대학교출판문화원, 2012), 124
7. 같은책, 124
8. 정부의 지원을 받는 마약 생산의 감소는 AFP통신이 미국 국무부를 인용하여 보도했다. "US says N. Korea's State Drug Trafficking on Wane," *Asiaone News*, 2011년 3월 4일자 참조. 이는 본 저자의 관찰과도 일치한다.
9. 이영국은 최근에 출간한 책에서 자신의 이야기를 밝혔다. 『이영국, 나는 김정일 경호원이었다』(서울: 시대정신, 2004)
10. 『두만강을 건너온 사람들』(서울: 정토출판, 1999), 27
11. 중국에 있는 탈북자들의 수에 대한 현존하는 연구에 대한 검토는 Stephan Haggard, Marcus Noland, *Witness to Transformation: Refugee Insights Into North Korea* (Washington, D.C.: Peterson Institute for International Economics, 2011), 2페이지 참조.
12. 이러한 고급 탈북(한 연로한 여성의 딸이 어머니를 위해 마련한)에 대한 설명은 Barbara Demick, *Nothing to Envy: Ordinary Lives in North Korea* (New York: Spiegel & Grau, 2010), 239~247 페이지를 참조하라. 이 책은 많은 정보를 담고 있는 매우 추천할 만한 책이며, 저자 바바라 데믹은 훨씬 흔한 저렴한 탈북 방법에 대해서도 상세한 묘사를 제공한다.
13. 본 저자를 비롯하여 많은 사람들이 2009년에서 2011년까지의 송금액 규모에 대한 대략적인 추산을 시도했다. 추산치는 500만~2000만 달러 사이이다.
14. 국제위기감시기구(ICG), *Strangers At Home: North Koreans in the South Report N°208* (Brussels: International Crisis Group, 2011), 14~15. 이 보고서는 남한의 탈북자 문제를 다루고 있는 몇 안 되는 영문 자료들 중 가장 최신이며 아마도 가장 훌륭한 보고서일 것이다. 한편 한국어로는 많은 자료들이 존재한다.
15. 비디오의 유포에 대해서는 언론과 탈북자들에 의한 많은 증언이 있었다. 북한의

'비디오 혁명'에 대한 자세한 설명은 이주철, 「북한주민의 외부정보 수용 태도 변화」, 『한국동북아논총』, 46호 (2008): 245~248 페이지를 참조하라.

16. InterMedia, "International Broadcasting in North Korea: North Korean Refugee/ Traveler Survey Report," April–August 2009

17. 신분 상징으로서의 컴퓨터의 역할에 대한 논평에 대해서는 김보근, 「북한주민들 부의 상징인 5장 6기」, 『통일한국』 통권 301호 (2009): 80페이지 참조. 내가 탈북자들과 나눈 대화에서도 컴퓨터의 새로운 상징적 중요성이 자주 언급되었음을 덧붙이고 싶다.

## 제3장

1. Surjit Bhalla, *Imagine There's No Country: Poverty, Inequality, and Growth in the Era of Globalization* (Washington, D.C.: Institute for International Economics, 2002), 16

2. 오늘날 가장 존경받는 경제사가인 앵거스 매디슨의 계산에 따르면, 1960년의 남한의 1인당 GDP는 1226달러였고, 소말리아는 1277달러, 대만은 1353달러, 세네갈은 1445달러였다. (1990년의 국제달러(기어리-카미스 달러)로 측정한 것이다)

3. Chad Raymond, "No Responsibility and No Rice: The Rise and Fall of AgriculturalCollectivization in Vietnam," *Agricultural History*, vol.82 (2008), iss.1: 54~55

4. Sang T. Choe, "North Korea Moving from Isolation to an Open Market Economy: Is It time to Invest or to Continue Observing?" *Competitiveness Review*, vol. 13 (2003), iss.2: 60~69

5. Terence Roehrig, "Creating the Conditions for Peace in Korea: Promoting Incremental Change in North Korea," *Korea Observer*, vol. 40 (2009), iss.1: 222

6. 북한 GDP의 실제 규모에 관한 진행 중인 논쟁에 대해서는 이종석, 「북한 국민 소득 재평가」, 『정세와 정책 3』(2008): 1~4 페이지를 참조하라.
가장 최근의 북한 GDP 추정에 대해서는 『2011 북한의 주요 통계 지표』(서울: 통계청, 2012)를 참조하라.

7. Richard Vinen, *History in Fragments: Europe in the Twentieth Century* (London:

Abacus, 2002), 513

8. 사실 이 전직 특권층과 (보다 넓게 말하자면) 공산당원들이 공산주의 이후 사회에서 성공할 수 있었던 이유에 대해서는 아직까지 논란이 계속되고 있다. 다수 의견은 기존의 제도와 인맥이 살아남았기 때문이라고 보는 반면 소수 의견은 기회주의, 야망, 조직 능력과 같은 그들의 개인적인 특질 때문이라고 보고 있다. 그러나 이에 대해 너무 자세하게 들어갈 필요는 없다. 구엘리트가 사회를 계속 장악하고 있다는 것에 대해서는 의심의 여지가 없으며 널리 인정되고 있는 사실이다. Akos Rona-Tas, Alya Guseva, "The Privileges of Past Communist Party Membership in Russia and Endogenous Switching Regression," *Social Science Research 30* (2001): 641–652

9. 『도쿄신문』, 2011년 2월 2일자

10. 니콜라스 에버스타트는 북한의 외교를 '원조를 물색하는 책략의 연속'이라고 적절하게 표현한 바 있다.

11. '식량 전환 문제'에 대한 자세한 연구는 Stephan Haggard, Marcus Noland, *Famine in North Korea: Markets, Aid and Reform* (New York: Columbia University Press, 2007), 108~125 페이지를 참조하라.

12. 오랫동안 기다려온 중국식의 개혁의 시작으로 여겨졌던 7·1조치는 수많은 학자들이 연구해왔다. 영문으로 된 가장 훌륭한 정리는 Young Chul Chung, "North Korean Reform and Opening: Dual Strategy and 'Silli (Practical) Socialism,'" *Pacific Affairs*, vol. 77 (2004), iss. 2: 283~305 페이지를 참조. 한국어 자료로는 강일선, 공선영, 「7.1 경제관리개선조치 1년의 평가와 재해석」, 『통일문제연구』 15권 (2003): 131~146 페이지를 참조하라.

13. *Wall Street Journal*, 2004년 6월 20일자; Victor Cha and Chris Hoffmeister, "North Korea's Drug Habit," *New York Times*, 2004년 6월 3일자; Howard W. French, "North Korea Experiments, with China As Its Model," *New York Times*, 2005년 3월 28일자를 각기 참조하라.

14. 임경훈, 「북한식 경제개혁에 대한 평가와 전망: 7·1 경제관리개선조치를 중심으로」, 『한국정치연구』 16권 (2007): 290, 295~391

15. 남성욱, 「농업 분야의 개혁 단행과 배급제 재개」, 『북한』 2005년 12월호: 81

16. 2005년 5월과 6월 사이 함흥시장의 쌀 가격은 1킬로에 950원이었다. 김영진, 「함북 무산지역 쌀값 소폭 하락」, 『데일리NK』, 2005년 7월 17일자 참조
17. 김영진, 「배급700g 대상은 모두 직장 출근하라」, 『데일리NK』, 2006년 12월 7일자
18. 이 금지령에 대해서는 소문이 퍼지기 시작한 10월에 보도되었다. 금지령은 2007년 12월 1일부터 발효되었다. 『오늘의 북한 소식』, 2007년 12월 6일자 2면 참조
19. 『오늘의 북한 소식』, 2008년 3월 12일자, 2~3
20. 『오늘의 북한 소식』, 2008년 11월 6일자, 1~2
21. 2006년부터 2008년까지 중국에 숨어있는 탈북자들의 수를 고려해 볼 때 이는 여전히 큰 추정치이기는 하지만 본 저자는 윤여상에 동의하는 편이다. 윤여상, 「해외 탈북자 실태와 대책」, 『북한』 2008년 5월호: 70 페이지 참조. 윤여상은 2007년에 3~5만 명의 북한 사람들이 중국에 숨어 있다고 결론내린다. 2007년 5월에는 중국에서 활동하는 NGO 대표들 또한 탈북자 수가 3만 명에 가깝다고 동의했다. 「탈북행렬 10년…숫자 줄고 계층 다양」, 『데일리NK』, 2007년 5월 14일자 참조. 이러한 추정치들은 본 저자가 2007년과 2008년에 북중 국경지대를 방문하였을 때 중국 관리들과 독립연구자들로부터 들은 수치와 일치한다.
22. 이 인터뷰는 언론에 대대적으로 보도되었다. 예를 들어 Kim Jong Il's Son Talks Succession," *CNN World*, 2010년 10월 12일자 참조.
23. 『연합뉴스』 보도 2011년 1월 28일자 인용

## 제4장

1. Gregory Schulte, "Stopping Proliferation Before It Starts," *Foreign Affairs* (July/August 2010): 83
2. 시리아와 북한의 핵 협력에 대해서는 Gregory Schulte, *Uncovering Syria's Covert Reactor* (Carnegie Endowment for International Peace, 2010)를 참조하라.
3. 남한의 단명한 핵무기 개발 프로그램에 대한 설명은 돈 오버도퍼, 『두 개의 한국』 (서울: 길산, 2003)를 참조하라.
4. Walter Clemens, "North Korea's Quest for Nuclear Weapons: New Historical Evidence," *Journal of East Asian Studies*, vol.10 (2010), iss.1: 127

5. 핵개발에 대한 미국의 집착은 이에 관한 수십 권의 책에 수백 개의 논문들을 양산했다. 북한의 핵개발 초기 역사에 대해 문서를 기반으로 접근한 짧은 소개를 위해서는 제임스 몰츠James Clay Moltz와 알렉상드르 만수로프Alexandre Y. Mansourov가 편집한 *The North Korean Nuclear Program: Security, Strategy, and New Perspectives from Russia* (New York: Routledge, 2000)을 참조하라. 보다 최신의 정보에 대해서는 미 의회조사국(CRS)의 보고서가 큰 도움이 될 것이다: Larry Niksch, *North Korea's Nuclear Weapons Development and Diplomacy* (Washington, D.C.: Congressional Research Service, 2010). 북한 핵 개발에 대한 짧으면서 매우 전문적인 분석은 로스알라모스 연구소의 전 소장이었던 지그프리드 헤커의 글을 참조하라: Siegfried Hecker, "Lessons Learned from the North Korean Nuclear Crises," *Daedalus* 139 (2010): 44–56

6. Korean Peninsula Energy Development Organization, *2005 Annual Report* (New York: KEDO, 2005), 13

7. KEDO의 역사에 관한 짧지만 종합적인 리뷰를 위해서는 Yoshinori Takeda, "KEDO Adrift," *Georgetown Journal of International Affairs*, vol. 6 (2005), iss. 2: 123~131 페이지를 참조하라. 이 글이 출판되고 얼마 지나지 않아 KEDO는 운영을 멈추었기 때문에 본의 아니게 이 글이 부고로 읽힐 수 있다.

8. Jeffrey Smith, "U.S. Accord with North Korea May Open Country to Change," *Washington Post*, 1994년 10월 23일자, A36면. 당시 언론인들 사이에서는 붕괴가 임박했다는 기대가 은연중에 만연해 있었다. 예를 들어 Jim Hoagland, "The Trojan Horse at North Korea's Gate," *Washington Post*, 1995년 8월 2일자, A25면

9. 유엔세계식량계획의 INTERFAIS 데이터베이스. www.wfp.org/fais

10. 감시 체제에 대한 상세한 묘사는 Stephan Haggard and Marcus Noland, *Famine in North Korea: Markets, Aid and Reform* (New York: Columbia University Press, 2007), 92~102 페이지를 참조하라.

11. Siegfried Hecker, "Lessons Learned from the North Korean Nuclear Crises," *Daedalus* 139 (Winter 2010): 47

12. 한국 통계청 데이터베이스는 http://kostat.go.kr/에서 접속 가능하다.

13. 『2010 통일 의식 조사』 (서울: 서울대학교 통일평화연구소, 2010), 22~23

14. Aidan Foster-Carter, "Towards the Korean Endgame," The Observer, December 1, 2002
15. 유엔세계식량계획의 INTERFAIS 데이터베이스. www.wfp.org/fais
16. 통계청,『북한의 주요통계지표』(서울: 통계청, 2010), 35, 87
17. 금강산 사업에 대한 통계는「금강산 관광 10주년 관련 자료」『북한경제리뷰』 2008년 11월호: 78~95 페이지 참조.
18. 개성공단 상황에 대한 영문으로 된 가장 훌륭한 요약은 Dick Nanto, Mark Manyin, *The Kaesong North-South Korean Industrial Complex*. RL 34903 (Washington, D.C.: Congressional Research Service, 2011)을 참조하라.
19. Hahm Chaibong, "South Korea's Miraculous Democracy," *Journal of Democracy* 19 (2008): 138
20. 간도(중국명 젠다오)는 두만강 서쪽 경사지에 위치한 지역이다. 이 지역의 정확한 국경은 논란의 대상이지만 보다 급진적인 한국 민족주의자들은 만주의 큰 부분을 간도에 포함하고 있다.
21. 『한겨레』, 2004년 9월 4일자
22. 남북한과 중국 사이의 역사 분쟁에 대한 자세한 내용은 Terence Roehrig, "History as a Strategic Weapon: The Korean and Chinese Struggle over Koguryo," in *Korean Studies in the World: Democracy, Peace, Prosperity, and Culture*, ed. Seung Ham Yang, Yeon Sik Choi, and Jong Kun Choi (Seoul: Jimoon-dang, 2008)와 Peter Hays Gries, "The Koguryo Controversy, National Identity, and Sino-Korean Relations Today," *East Asia*, vol. 22 (2005), iss.4: 3~17 그리고 Andrei Lankov, "The Legacy of Long-Gone States: China, Korea and the Koguryo Wars." *Japan Focus*, September 2, 2006을 참조하라.
23. 2010년의 자료는『중앙일보』2011년 5월 27일자 참조. 다른 자료는 Dick Nanto and Mark E. Manyin, *China-North Korea Relations* (Washington, D.C.: Congressional Research Service, 2010), 15 페이지 참조. 2011년의 자료는『2011년도 북한의 대외 경제 실적 분석과 2012년도 전망』(서울: 대외경제정책연구원, 2012), 4 페이지 참조.
24. "China, South Korea Start Talks on Free-Trade Pact," *Bloomberg News*, 2012년 5

월 2일자

25. 중국의 현재 북한 경제 내 진출 상태를 보다 자세히 살펴보려면 Jaewoo Choo, "Mirroring North Korea's Growing Economic Dependence on China: Political Ramifications," *Asian Survey* 48 (2008): 343~372 페이지 참조.

## 보론

1. "North Korea: 6 Million Are Hungry," *Reuters*, 2011년 3월 26일자; Charles Clover, "Catastrophe in North Korea; China must pressure Pyongyang to allow food aid to millions threatened by famine," *The Times*, 2010년 3월 22일자, 2면; Blaine Harden, "At the Heart of North Korea's Troubles, an Intractable Hunger Crisis," *Washington Post*, 2009년 3월 6일자, A.1면; "Food Shortage Looms in North Korea," *International Herald Tribune*, 2008년 4월 17일자, 3면
2. 2009년 북한 경제성장률 추정 결과 (서울: 한국은행, 2010), 1

## 제5장

1. Wade L. Huntley, "Sit Down and Talk," *Bulletin of the Atomic Scientists* 59 (2003): 28.
2. Wade L. Huntley, "Threats All the Way Down: U.S. Nuclear Initiatives in a Unipolar World," *Review of International Studies* 32 (2006): 49~67.
3. Lee Edwards, *Mediapolitik: How the Mass Media Have Transformed World Politics* (Washington, D.C.: Catholic University of America Press, 2001), 126.
4. InterMedia, *International Broadcasting in North Korea: North Korean Refugee/Traveler Survey Report April–August 2009* (Washington, D.C.: InterMedia, 2009).
5. Peter Beck, "North Korea's Radio Waves of Resistance," *Wall Street Journal*, 2010년 4월 16일자

## 제6장

1. "Korean Unification Will Cost Over US$3 Trln, Experts Say," *Asia Pulse*, September 14, 2010. 원문은 전국경제인연합회 홈페이지 www.fki.or.kr 에서 읽을 수 있다.

2. "Think-Tank Estimates Unification Cost for Koreas at $2.14 tln," *Korea Herald*, 2011년 2월 27일자

3. Kim Hee-jin, "Post-Kim Unification Cost Estimates Keep Rising," *Korea Joongang Daily*, 2012년 1월 12일자

4. 이 보고서는 공개되어 있지 않으나 크레딧 스위스의 자금 지원이 당시 보도되었다. 예를 들어 "Peace Worries Some Korea Watchers More than War," *China Post*, 2009년 10월 28일자 참조.

5. Peter Beck, "Contemplating Korean Reunification," *Wall Street Journal*, 2010년 1월 4일자

6. 러시아의 MMM 사기사건에 대해서는 William Rosenberg, *The Democratic Experience in the Transitional Russia. In Extending the Borders of Russian History: Essays in Honor of Alfred Rieber* (Budapest and New York: Central European University Press, 2003), 525~526페이지 참조. 1997년의 알바니아 내전에 대해서는 Dirk Bezemer (ed.), On *Eagle's Wings: The Albanian Economy in Transition* (New York: Nova Science, 2008), 22~24 페이지 참조

7. International Crisis Group, *Strangers at Home: North Koreans in the South Report N°208*, (Brussels: International Crisis Group, 2011), 17

8. Elisabeth Bumiller, David Sanger, "Gates Warns of North Korea Missile Threat to U.S.," *New York Times*, 2011년 1월 11일자

9. Doug Waller, "The Second Time Around for Bob Gates," *Time*, 2006년 12월 4일자

# 찾아보기

2 · 29합의 193
386세대 220~222, 224, 226~227, 240
6자회담 217, 219, 272, 343~344
7 · 1조치 160, 170-171
7 · 4남북공동성명 62
8월 종파사건 38, 45, 251
CIA 77, 101, 121, 210, 222, 343
KAL기 폭파사건 0
KGB 61, 281

## ㄱ

간도협약 249, 274
강철환 82~83
경수로 212, 216
경제특별구역/경제특구 135, 160, 236~238, 250
개발독재 9, 12, 159, 263, 266, 294, 347
개성공단 229, 232~235, 242, 299
개성관광 229, 242
개인숭배 63~64, 85, 192, 196, 293
게이츠, 로버트 Gates, Robert 343
고난의 행군 119, 253
고농축 우라늄HEU 프로그램 215, 246
고르바초프, 미하일 Gorbachev, Mikhail 115, 264, 297
고영희 90

관리소 81~83
국가안전보위부/보위부 84, 150
금강산 관광 229~231, 233, 241~242
기본합의agreed framework 211
김경희 55, 188~189, 192
김대중 226~227, 229, 240
김대중정부 240
김두봉 41
김삼룡 41
김성애 55, 89
김정남 90, 166~167, 186, 189~190
김정숙 64, 86, 89, 105, 196
김정은 7~9, 11~12, 17, 55, 63, 85~86, 90~91, 167, 186~198, 256, 262, 264, 339, 347
김정일 7~9, 12, 24, 50, 55, 61, 63~66, 81, 86~91, 94, 104~106, 116, 122, 134, 145~146, 163, 166~167, 178, 180~181, 185~193, 196, 210, 216, 228, 238, 246, 256, 259, 261~263, 299, 302, 322
김옥 90~91, 196,
김일성 7, 24~25, 27~33, 35~42, 44~46, 50, 54~60, 63~66, 68~69, 73~75, 79~82, 84~94, 97~101, 104~107, 110~112, 114, 116, 118, 123~124, 129~130, 133~134, 145~146, 153~155, 169, 172~173,

175~176, 187~188, 191, 196, 199~201,
229, 258, 260, 262~263, 302, 306, 322, 323,
333~334

김일성종합대학 186

김책 41

김현희 51

김형직 87, 145

## ㄴ

남조선노동당/남로당 40

노동교화형 125

노무현 226~227, 239

노무현정부 232, 239~240, 300

나진 125, 135, 236

나진/나선/나진-선봉 125, 135, 160, 236

놀런드, 마커스 Noland, Marcus 5, 258

농업근로자동맹 73

## ㄷ

다구치 야에코 51

대량살상무기WMD 247, 272, 290,

대약진운동 43, 100, 110, 120

## ㄹ

레닌, 블라디미르 Lenin, Vladimir 85, 222

레닌주의 84, 105, 109, 159, 221, 223, 345

로동신문 45, 92, 144~147

로릭, 테런스 Roehrig, Terrence 160~161

로스알라모스 207, 246, 341

리설주 91, 195~196

리승엽 40

리영호 192, 197

린뱌오(임표) 105

## ㅁ

마르크스, 카를 Marx, Karl 85, 105, 222

마르크스주의 26, 33, 53, 55, 87, 104~105, 345

마르크스-레닌주의 34, 104~105

마오쩌둥 11, 28~29, 42~43, 80, 85, 100, 104~105, 110, 160, 190, 291

마오이즘 44, 84

마이어스, 브라이언 Myers, Brian 104, 151

문규현 304

문화혁명 46

미국의 소리VOA 77, 307

민족주의적 스탈린주의/민족주의적 특성을 가진 스탈린주의 99~100, 112, 114, 123, 155, 260

민주여성동맹 73

## ㅂ

바웬사, 레흐 Walesa, Lech 306

반공주의/반공주의자 58, 61, 220~221, 223~224, 309

방코델타아시아/BDA 216, 219, 282

박일우 41

박정애 41, 55

박헌영 38, 40, 80

빨치산 40, 58, 100

배급제 67, 107~108, 118~119, 125, 131, 154, 170, 172~173, 175~176, 182

벡, 피터 Beck, Peter 307, 320

벨벳 혁명 267, 269

벼랑 끝 전술 13~14, 18, 238, 290, 338, 340, 349

부시, 조지 W. Bush, George W. 215~216, 220

부시정부 215~216, 219

북방한계선/NLL 244, 246

브레즈네프, 레오니트 Brezhnev, Leonid 46

비넨, 리차드 Vinen, Richard 164

비무장지대 70, 148, 231~233, 244, 280, 304, 313

비핵·개방 3000 240~241

## ㅅ

생활총화 73~74, 153

성분 74~75, 121, 124

성혜림 90

세계청년학생축전 301

소년단 72~73

송두율 59

수용소 16, 31, 79~84, 133~134, 138, 153, 165, 234

수퍼노트supernote 49

스탈린, 이오시프 Stalin, Joseph 15, 28, 31, 35~36, 38, 43, 54, 66, 68~71, 77~81, 85, 91, 104~105, 117, 178, 199

스탈린주의 13, 24, 38, 45, 59, 104, 124, 169~170, 183, 260, 302, 345

스트라우브, 데이빗 Straub, David 252

스티코프, 테렌티 Shtykov, Terenti 32, 36

## ㅇ

아르자마스-16 341

악의 축 216, 286

암시장 48, 123~124, 178, 181, 263, 326

애국자법 216

야코블레프, 알렉산드르 Yakovlev, Aleksandr 297

양빈 237~238

여행허가증 70, 72, 163

연평도 포격 246

영변 핵시설 207, 213, 341

엥겔스, 프리드리히 Engels, Friedrich 85

오바마, 버락 Obama, Barack 241

오바마정부 244

오웰, 조지 Orwell, George 78, 97, 169, 191

완전통제구역 83~84

이명박 146, 239, 241

이명박정부 146, 240~242, 300

이승만 35, 99

이승만정부/이승만정권 33, 35, 57, 99

인민반 71~73, 76, 79

임수경 301~305

## ㅈ

자유라디오 77

자유아시아방송RFA 307

잠정적 연방제 328~330

장거리 미사일/대륙간탄도미사일 194, 218, 242, 343

장성택 189, 192

전략적 인내strategic patience 244, 284, 287~289, 295

전략적 파트너십 환상the strategic partnership fantasy 252

정화법 337

조선공산당 87

조선노동당 32, 37~40, 72~73, 106, 144, 153, 187

조선노동당 중앙군사위원회 188, 191

조선노동당 중앙위원회 38~41, 106, 135, 197, 200

조선중앙통신 241, 286~287

종합시장 171

주체사상 58, 86, 92~95, 104~105, 161, 222

직업총동맹 73

진실화해위원회 337

## ㅊ

차우셰스쿠, 니콜라에 Nicolae, Ceausescu 265

천안함 사건 245, 281

총련 51~53, 82

## ㅋ

카다피, 무아마르 Muammar Gaddafi 10, 210, 287

카티야 신초바 120~122

칼루진, 올렉 Kalugin, Oleg D. 297

커밍스, 브루스 Cumings, Bruce 86

클레멘스, 월터 Clemens, Walter 208

클린턴, 빌 Clinton, Bill 243

클린턴정부 212

## ㅌ

탈북자 50, 84, 134, 137~144, 148, 150~151, 174, 177, 295, 307, 309, 311~314, 324, 327, 331, 348

토지개혁/토지개혁법 31~32, 330

## ㅍ

페레스트로이카 116, 297

포스터-카터, 에이던 Foster-Carter, Aidan 152, 227, 298

포트, 폴 Pot, Pol 42

푸에블로호 60~61

프라우다 45, 77

프랑크, 루디거 Frank, Rudiger 324

# ㅎ

하벨, 바츨라프 Havel, Vaclav 309

한국전쟁 56, 58, 75, 93, 95, 107, 124, 141, 220~221, 306

한반도에너지개발기구/KEDO 212, 216, 238

핵실험 35, 218~219, 242~243, 246, 279, 340

핵확산금지조약/NPT 209, 211, 216, 249, 342

햇볕정책 227~228, 238~239, 300~301

허가이 37, 40

허정숙 55

허헌 41, 55

헌틀리, 웨이드 Huntley, Wade 284~285

헤커, 지그프리드 Hecker, Siegfried 217, 246

혁명화구역 83~84

협동농장 43, 68~69, 123, 330

호치민 29, 160

호크, 데이빗 Hawk, David 80

화폐개혁 175, 177~184

흐루시초프, 니키타 Khrushchyov, Nikita 46